江苏省法学会比较法研究会
北京市京师（南京）律师事务所 组编

比较法学 第一辑
前沿问题探索

主编 季金华 李宝团 董晓波

东南大学出版社
SOUTHEAST UNIVERSITY PRESS
·南京·

图书在版编目（CIP）数据

比较法学：前沿问题探索. 第一辑 / 季金华，李宝团，董晓波主编. — 南京：东南大学出版社，2024.10
ISBN 978-7-5766-1273-8

Ⅰ. ①比… Ⅱ. ①季… ②李… ③董… Ⅲ. ①比较法学-研究 Ⅳ. ①D908

中国国家版本馆 CIP 数据核字（2024）第 036013 号

责任编辑：徐 潇　责任校对：子雪莲　封面设计：毕 真　责任印制：周荣虎

比较法学（第一辑）：前沿问题探索
Bijiaofa Xue(Di-yi Ji)：Qianyan Wenti Tansuo

主　　编	季金华　李宝团　董晓波
出版发行	东南大学出版社
出 版 人	白云飞
社　　址	南京市四牌楼 2 号（邮编：210096　电话：025-83793330）
网　　址	http://www.seupress.com
电子邮箱	press@seupress.com
经　　销	全国各地新华书店
印　　刷	广东虎彩云印刷有限公司
开　　本	787 mm×1092 mm　1/16
印　　张	15.5
字　　数	380 千字
版　　次	2024 年 10 月第 1 版
印　　次	2024 年 10 月第 1 次印刷
书　　号	ISBN 978-7-5766-1273-8
定　　价	68.00 元

本社图书若有印装质量问题，请直接与营销部联系，电话：025-83791830。

编写团队

主编

季金华　　李宝团　　董晓波

编者

谢冬慧　　张　镭　　侯菁如　　李　洋
李海峰　　王树良　　金　鑫　　仲　威
陈晓良　　石文军　　顾朱辰　　岳靖峰
王　艺　　孟睿智　　许畅文　　刘　迈

京师南京律所简介

总体概况

北京市京师（南京）律师事务所（以下简称京师南京）成立于2016年，是北京市京师律师事务所在华东地区重点打造的综合型律师事务所。坐落于玄武湖内，毗邻南京站，拥有优越的现代办公条件和典雅的生态人文环境。前踞龙蟠，后拥荷花，飞檐宝顶，古色古香，古朴素雅的建筑外观和明亮现代的办公场所完美融合。"水光潋滟晴方好，山色空蒙雨亦奇"，拥有如诗如画的办公环境。

京师南京汇集了来自各个专业领域的一百五十多名律师，诸多法学专家受聘作为团队的技术支持和顾问。京师南京对专业部门进行了科学、深入的划分，设立了专业指导委员会并下设有二十多个专业法律部门。各个专业部门组建了由资深律师与专业助理相互协作的稳定团队，团队分工清晰，具有极强的团队协作力及创新力。通过科学管理、专业分工、团队协作，京师南京充分发挥集体智慧为客户提供全面、专业、精准的法律服务。

竞争优势

北京市京师律师事务所创设于1994年,是一家特殊的普通合伙律师事务所,秉持着党建为魂、律师为本、规模为基、专业为王、品牌为力、国际为向、执业为民的理念,连续五年被评为北京地区规模最大律师事务所。总部设于北京,并在深圳、重庆、郑州、上海、武汉、沈阳、无锡、杭州、泉州等地设有51家国内办公室,覆盖全国经济发展活跃的各大主要城市。北京市京师律师事务所在全国现已拥有一支由超过400位合伙人、6 000位执业律师组成的8 000余人的专业法律服务队伍。与此同时积极拓展全球法律服务网络,在美国纽约、英国伦敦、加拿大蒙特利尔、波兰、德国、新加坡、柬埔寨、俄罗斯、乌克兰、匈牙利及非洲地区喀麦隆、肯尼亚、马拉维共设17个海外办公室,通过不断提升律师涉外法律服务能力,京师已成为一家能够为客户提供多语种法律服务的全球性律师事务所,且连续多年上榜 The Lawyer、ALB 等全球知名法律评级机构榜单。

荣 誉

序号	时间	级别	内容
1	2018年3月	市级荣誉	南京市"年度优秀成长律师事务所"
2	2020年7月	省级荣誉	"江苏省律师行业先进党组织"称号
3	2021年4月	市级荣誉	"2019—2020年南京行政法学立功单位"
4	2021年5月	市级荣誉	南京市法律咨询广场活动突出贡献先进单位
5	2021年6月	市级荣誉	南京市律师行业"行业先进基层党组织"
6	2021年11月	市级荣誉	妇女儿童维权公益法律服务签约律所
7	2021年12月	市级荣誉	全国中小企业法制体检服务站
8	2023年7月	市级荣誉	最具奉献精神律师事务所

目录 CONTENTS

宪治与国际政治的距离：日本《航空法特例法》的启示

引言 …………………………………………………………… 001

一、日本《航空法特例法》中的"特殊规定" ……………… 001

二、被架空的日本《航空法》第六章 ……………………… 003

三、学理规范：《日本国宪法》第 9 条的尴尬境遇 ………… 004

四、实践波折：伊达判决与"讲政治"的最高裁 …………… 007

五、现实表征：宪法与政治的紧张关系 …………………… 009

结语 …………………………………………………………… 012

法国民用航空器法律制度评析与启示

一、法国民用航空器法律制度概述 ………………………… 014

二、法国民用航空器所有权制度 …………………………… 016

三、法国民用航空器担保权制度 …………………………… 019

四、法国民用航空器法律制度对我国的启示 ……………… 023

结语 …………………………………………………………… 027

论自主性武器的国际法规制问题及"中国方案"

一、问题的提出 ……………………………………………… 028

二、自主性武器的定义与特征 ……………………………… 029

三、自主性武器的国际法规制 ……………………………… 031

四、国际法规制的中国方案研究 …………………………… 035

五、结论 ……………………………………………………… 037

数字版权时代下反通知规则研究

一、问题的提出 ……………………………………………… 039

二、现行制度的不足及其关联后果 ………………………… 040

三、DMCA 的经验及完善路径 ·· 048
　　结语 ··· 053

律师事务所在证券虚假陈述中的责任分析

　　引言 ··· 056
　　一、证券虚假陈述中律师事务所承担责任的基础 ················· 058
　　二、律师事务所注意义务的认定标准 ································ 060
　　三、立法与司法的不足及建议 ·· 065
　　四、余论 ··· 068

认罪认罚常态下值班律师有效法律帮助何以实现？

　　一、问题的提出 ··· 070
　　二、认罪认罚常态下法律帮助质量的实证考察 ··················· 071
　　三、认罪认罚常态下无效法律帮助的成因审思 ··················· 076
　　四、认罪认罚常态下法律帮助质量的提升路径 ··················· 080
　　结语 ··· 092

数据隐私保护的制度现状与进路探析

　　一、我国数据隐私保护的制度现状 ································· 094
　　二、数据隐私保护的张力及域外考察 ······························ 098
　　三、探究数据隐私保护的可行路径 ································· 102
　　结语 ··· 107

国际商事仲裁中的经济制裁风险及其法律克服

　　一、仲裁机构受理经济制裁纠纷的风险 ···························· 111
　　二、当事人利用国际商事仲裁解决制裁纠纷的法律风险 ······· 114
　　三、专业人士为经济制裁纠纷提供法律服务的风险 ············· 117
　　四、克服国际商事仲裁中制裁风险的主要途径 ··················· 119

国际法院解决国际环境争端中的科学证据采用研究

　　引言 ··· 127
　　一、国际法院采用科学证据的主要习惯做法 ······················ 128
　　二、国际法院习惯做法之成因 ·· 136

  三、完善科学证据采用制度的对策 ························· 139
  结语 ··· 147

欧盟法对德国履行障碍法的影响：以拆装费赔偿为例

  一、引入 ·· 148
  二、德国旧债法 ·· 149
  三、德国新债法 ·· 152
  四、欧盟《消费买卖指令》································· 155
  五、德国联邦最高法院的努力 ······························ 158
  六、德国立法者的选择 ······································ 160
  七、欧盟《商品买卖指令》································· 161
  八、"超额转化"欧盟指令 ··································· 162
  九、我国的履行障碍法 ······································ 163
  十、总结 ·· 165

公司捐赠行为审判标准研究

  一、公司捐赠行为概念及其发展历史 ······················ 166
  二、提出问题 ··· 167
  三、公司捐赠行为审查标准：基于我国事例与学术见解的考察 ······ 172
  四、公司捐赠行为审查标准：基于韩国司法案例与学术见解的考察 ··· 174
  五、总结与建议 ·· 178
  结语 ··· 188

当代世界的司法审查：回顾与展望（上）

  一、传世著作的起源 ··· 189
  二、回溯——司法审查与公法 ······························ 194

犯罪与公司：让惩罚适合公司

  一、旧的神话和新的现实：公司幕后使者是谁？ ········· 215
  二、经济处罚在多大程度上能威慑和强制守法？ ········· 223
  三、使惩罚适合公司 ··· 226
  四、结论 ·· 235

宪治与国际政治的距离：日本《航空法特例法》的启示

洪 骥①

摘要： 日本《航空法》自1952年公布以来就有另一部《航空法特例法》的同时施行，该特例法基于二战后的日美安保体制应运而生，不可避免地被打上了诸多"优待美军"的政治烙印。另外，日本二战战败后在美国人的帮助下又制定实施了新宪法，即《日本国宪法》，该宪法第9条标榜的放弃战争与非军事化和平主义的精神一直被当成规范去认识、解释。于是围绕驻日美军乃至安保条约的合宪性问题，二者间就不可避免地产生了本质上的冲突，这也尖锐地反映出《日本国宪法》与日美安保体制之间超越传统法秩序框架的、异常的"紧张关系"。

关键词： 日本《航空法特例法》；《日本国宪法》第9条；日美安保体制；国际政治；紧张关系

引言

日本自二战战败以来，就一直处于美军的严格管控之下。日本列岛遍布美军的军事基地等各种关联设施，如果依照国际法上的基本要素来衡量日本的现实状况的话，我们都很难认定它是一个独立自主的"主权国家"。按照日本人较为熟悉的思维习惯，本文试图首先通过微观的"虫之眼"（虫の目），即一部不太为人所知的日本国内的小法律《航空法特例法》入手，具体呈现日本在和美国共同构筑的安全保障体制下所不得不承受的一系列"奇特现象"；在此基础之上，进而管中窥豹、一叶知秋，逐步把视野放大到整个战后日本所面临的法秩序与政治现实中去，这又用到了宏观的"鸟之眼"（鳥の目）；最后，通过微观与宏观的双重考察，综合评价法治理想中的日本国内法秩序（《日本国宪法》）与政治现实中的国际法秩序（日美安保体制）二者间的"紧张关系"与纠葛，再把视线转移回到开篇所运用到的微观问题上，即正因为宪法与政治剪不断理还乱的"紧张关系"，才导致了《航空法特例法》所表征的各种非常态化问题，这种视线回移的方法相当于是动态的"鱼之眼"（魚の目）了。

日本《航空法特例法》中的"特殊规定"

日本国内法中有一部《航空法》② 自昭和二十七年（1952年）制定公布实施以来，

---

① 洪骥，南京航空航天大学法律系讲师，硕士生导师，早稻田大学法学博士，研究方向：比较宪法学。
② 航空法：根据昭和二十七年法律第231号公布并施行，根据令和元年法律第38号修改。

我国学界对该法本身的研究少之甚少①，更不用说对另一部伴随该法于同年实施的《航空法特例法》②的关注了，在笔者管见的范围内，我国目前尚无有关该特例法的详细研究出现。本文旨在从该法最重要的一项"特殊规定"（即第 3 条）出发，结合日本《航空法》的具体条文乃至日本的宪法解释学理论，深度剖析战后日本宪法秩序下的"非制度性因素"及其背后的政治力学。

《航空法特例法》第 3 条规定："关于**前项之航空器**以及乘坐该航空器并从事其飞行业务者，除政令规定之外，**不适用航空法第六章之规定**。"③ 而这里的"前项之航空器"，指的正是该法第 2 条中的两类主体，即"为了合众国或者在合众国管理之下的、以公共目的而飞行的航空器"与"依照联合国军协定第 4 条第 1 款所规定的联合国军队、为了该军队或者在该军队管理之下的、以达成该协定之目的而飞行的航空器"。同理，法条所指的机载人员当然都对应这两类航空器的范畴。众所周知，二战结束后，不同于对德国的"分区占领模式"（英法美占领区与苏联占领区），对日占领政策因为当时各种势力博弈与政治环境因素的综合影响最终被敲定为"美军单独占领模式"，日本战后秩序的重建基本上都是在盟军最高司令官总司令部（General Headquarters，GHQ），事实上仅由道格拉斯·麦克阿瑟将军率领的驻日美军组成）④ 的监督下完成的。所以，日本《航空法特例法》中所规定的两种"航空器"在现实中几乎可以等同视为**美军飞机**。

那么，问题来了：《航空法特例法》的这一"特殊规定"的具体内容又是什么呢？我们仅仅靠阅读该法的几处条文是得不到答案的，因为它的作用无非就是给美军在日本军事基地的各项活动"开绿灯"而已，法条本身少之甚少（通篇共 3 条，其余均为实施附则），甚至都有"挂羊头卖狗肉"的政策性法律之嫌。如果想要认识其实际的规范内容，就不得不仔细考察在日本国内适用的《航空法》的相关条文了，即《航空法》第六章（第 57～99 条）。

---

① 在知网上以"日本 航空法"为关键词检索，只出现一篇先行研究。参见付翠英：《日本航空法律体系简述：几点启示》，载《北京航空航天大学学报（社会科学版）》，2010 年第 5 期，第 34-38 页。

② 全称：『日本国とアメリカ合衆国との間の相互協力及び安全保障条約第六条に基づく施設及び区域並びに日本国における合衆国軍隊の地位に関する協定及び日本国における国際連合の軍隊の地位に関する協定の実施に伴う航空法の特例に関する法律』。根据昭和二十七年法律第 232 号公布并施行。

③ e-Gov［イーガブ］電子政府の総合窓口・法令検索：『航空法特例法』）『日本国とアメリカ合衆国との間の相互協力及び安全保障条約第六条に基づく施設及び区域並びに日本国における合衆国軍隊の地位に関する協定及び日本国における国際連合の軍隊の地位に関する協定の実施に伴う航空法の特例に関する法律』）昭和二十七年法律第 232 号，https://elaws.e-gov.go.jp/search/elawsSearch/elaws_search/lsg0500/detail?lawId=327AC0000000232（法条的中文翻译及其中字体加黑部分均为笔者所作。）

④ 从日本正式签署二战战败投降书（1945 年 9 月 2 日）到其单方面与美国等战胜国缔结的《旧金山和约》生效之日（1952 年 4 月 28 日）为止的这段期间内，日本国内秩序实际上都是由麦克阿瑟主导的 GHQ 来维持的（包括新宪法《日本国宪法》的起草），而日本政府则只在形式上施行"间接统治"。由此历史事实不难看出，1952 年制定的《航空法特例法》背后所隐藏的浓厚政治色彩。

被架空的日本《航空法》第六章

早在二战前，大日本帝国政府就于1921年依照《巴黎公约》制定了一部《航空法》（即"旧航空法"），航空事业得到可观的发展。但二战战败后，由于美国对日本民航业曾在旧航空法体制下积极参与军事侵略的"前科"耿耿于怀，遂勒令禁止其所有民航活动，旧航空法旋即失效。但1952年，日本恢复主权并加入了《芝加哥公约》，重新制定并施行了《航空法》（即"新航空法"）[①]。本文讨论的当然是1952年制定实施并多经修改而沿用至今的"新航空法"。该法第六章的名称为"航空器的飞行"（「航空機の運航」），依次严格规定了日本领空内的航空器得以合法飞行的诸多必要条件。具体如下："航空器国籍等信息的标示"（第57条）、"航空日志"（第58、59条）、"确保航空器航行安全的装置"（第60条）、"记录航空器飞行状况的装置"（第61条）、"急救工具"（第62条）、"航空器的燃料"（第63条）、"航空器照明"（第64条）、"必须乘坐航空器的人员"（第65、66条）、"航空从业者携带的文件"（第67条）、"乘务分配的标准"（第68条）、"最近的飞行经验"（第69条）、"酒精或药物"（第70条）、"身体残疾"（第71条）、"驾驶员的监视义务"（第71条之2）、"特定驾驶技能的审查等"（第71条之3）、"供航空运输事业之用的航空器乘务机长的要件"（第72条）、"机长的权限"（第73条）、"危难情况下的措施"（第74、75条）、"报告之义务"（第76条）、"飞行管理者"（第77、78条）、"起飞降落的地点"（第79条）、"飞行的禁止区域"（第80条）、"最低安全高度"（第81条）、"巡航高度"（第82条）、"航空交通管制圈内的速度限制"（第82条之2）、"冲突预防等"（第83条）、"编队飞行"（第84条）、"粗暴驾驶的禁止"（第85条）、"爆炸物等的运输禁止"（第86条）、"无驾驶者航空器"（第87条）、"物品的拖航"（第88条）、"物品的投掷"（第89条）、"降落伞降落"（第90条）、"特技飞行等"（第91条）、"飞行训练等"（第92条）、"仪表导航以及依照仪表操作方法的飞行"（第93条）、"仪表气象状态下的飞行"（第94条）、"航空交通管制圈内的飞行"（第95条）、"航空交通的指示"（第96条）、"飞行计划及其批准"（第97条）、"到达的通知"（第98条）、"信息的提供"（第99条）。

如前文所述，依照《航空法特例法》第3条的规定，以上所有条款对于在日本活动的美军飞机而言，都是被排除适用的。而在这些条文当中，比较重要的当属第64条、第70条、第81条、第85条以及第91条。何出此言呢？因为这些条文的内容直接关涉航空器的基本飞行规则，如不遵守，轻则影响正常的航空秩序，重则可能造成重

[①] 参见付翠英：《日本航空法律体系简述：几点启示》，载《北京航空航天大学学报（社会科学版）》，2010年第5期，第34-35页。

大的生命财产损失（受害者对象主要为航空事故发生地的日本平民）。具体来说，可将以上几条的内容翻译整理如下。《航空法》第64条规定："航空器在夜间（指从日落到日出之间的时段，下同）飞行或者于供夜间使用的机场等设施处停留的情形下，应当依照国土交通省令所指示的内容提供照明……"第70条规定："航空器机组成员在受到酒精或者药物作用的影响而可能导致航空器无法正常飞行期间，不得遂行其航空业务。"第81条规定："在起飞与着陆之外的情况下，航空器应当考虑地面上或水上的人或者物品的安全，在国土交通省令规定的高度之下飞行……"第85条规定："航空器不得在无飞行之必要的条件下实施低空飞行、发出高音量、紧急迫降或者以其他各种给他人制造困扰的方式进行驾驶。"第91条规定："航空器如若不在以下条目所示空域之外并以国土交通省令所规定的高度之上飞行，且飞行能见度低于国土交通省令所规定的距离之情形时，不得实施空翻、侧翻等其他国土交通省令所规定的特技飞行、航空器试飞或者国土交通省令所规定的显著高速飞行（以下称"特技飞行等"）……一、人或房屋密集地区的上空；二、航空交通管制区；三、航空交通管制圈。……"

相较于美军飞机对如上重要条文的"完全不适用"，日本本国自卫队飞机的"豁免内容"则逊色不少，非但范围不如美军宽泛，还限制性地设定了"仅在出动防卫力量之时"这样一个触发条件。如果将前者比作"无限开绿灯"，后者或许充其量只能被称为"限时亮黄灯"吧。再进一步把以上条文的内容凝练成表格，个中情况就一目了然了（表1）。

表1　驻日美军飞机与日本自卫队飞机适用日本《航空法》对照表

日本《航空法》第六章的主要条款	美军飞机	日本自卫队飞机
夜间照明（第64条）	×	※
饮酒或药物效果残留状态下的飞行禁止（第70条）	×	○
最低安全高度的遵守（第81条）	×	※
粗暴驾驶的禁止（第85条）	×	○
特技飞行（第91条）	×	※

注：○为适用；×为适用排除；※为只有在出动防卫力量之时才允许排除适用。（本表格的翻译整理参照了日文报刊当山幸都《琉球新报》（當山幸都『琉球新報』）2019年3月18日）

三、学理规范：《日本国宪法》第9条的尴尬境遇

通过上一部分的归纳总结，我们不难发现一个奇怪的现象：二战后的日本，即使在自己国家的领空里，也不太具备独立国家本应该享有的主权。可以毫不夸张地说，

1952年《旧金山和约》生效后至今，日本都一直处在美军强大军事力量的笼罩下，官方却将其美化为日美同盟的"坚实保障"。而这种"保障"的形成机制无论是出于美方战略布局上的强迫还是出于日本保守政治家的主动迎合，好像都不那么重要了。上述现象的根源当然可以顺藤摸瓜地归结成日美安保体制，其最直接的表现内容之一便是本文开篇的"问题意识"所引出的《航空法特例法》给予驻日美军莫大优待的"特殊规定"。然而，本文不是一篇单纯的历史叙事记录，更无意于仅仅客观描述并确认日美政治关系的现状，而是希望从法学的视角揭露二战后标榜和平主义与放弃战争的日本宪法理想秩序被该国政治因素强行扭曲破坏的事实。因此，接下来有必要概观一下日本宪法中有关和平主义的规定。

　　二战后制定实施的新宪法（即《日本国宪法》，1946年制定、1947年实施）虽然最终在形式上由日本政府起草颁布，但整个过程受到GHQ"麦克阿瑟草案"的强烈影响（干预）。起初，在东京审判等进步国际舆论环境下[①]，天皇制本身的存废都是个问题，但美国考虑到该制度对于统合日本国民乃至维持其国内秩序的作用，加之代表保守旧势力的日本政府极力维护，最终才在新宪法第一章中使得天皇制续命残存（当然此时已受到宪法规范的严格制约从而区别于战前《明治宪法》下的"旧天皇制"）。不过，正因为保留了天皇制，美国人对于日本法西斯可能东山再起还是忧心忡忡的，所以除了在各个领域主导了大刀阔斧的民主化改革外，还在军事层面加以事先预防以期杜绝天皇制法西斯死灰复燃的可能性。起源于"麦克阿瑟笔记"第二原则的"废除战争"，这恐怕正是新宪法第9条诞生的"初心"了，很显然，它的政治妥协色彩昭然若揭[②]。

　　《日本国宪法》第二章"放弃战争"（「戦争の放棄」）只有一个条文，即第9条。其具体内容如下：

　　　　日本国民真诚地希冀以正义与秩序为基调的国际和平，作为解决国际纷争的手段，永远放弃通过国家权力发动战争、通过武力实施威胁或者行使武力。

　　　　为达前款之目的，不保有陆海空军以及其他战力。不承认国家的交战权。

[①] 当时参加远东国际军事法庭审判的一些国家（苏联、澳大利亚、中国等）的法官是主张追究裕仁天皇战争责任并废除天皇制的。

[②] 正因为《日本国宪法》制定时的浓厚政治背景，其国内保守势力从一开始就提出了排斥这部宪法的"强加宪法论"（「押し付け憲法論」），认为它是美国人因为帝国战败而强加给日本人民的，需要修改宪法，从而实现"自主立宪"。有关包含和平主义基本原理的《日本国宪法》之制宪权正当性问题，可参见胡大路：《日本宪法和平主义的制宪权解读》，载《太平洋学报》，2016年第4期，第12-22页。

对于该条文的解释，二战后日本学者们倾尽心血，相关的研究也是汗牛充栋①。第9条内容本身构成较为复杂，而宪法解释学说又侧重对文面的教义学剖析，故论点也各式各样。其中较为重要的论点可分为以下几类：① 宪法第9条是否放弃自卫战争；② 第9条第2款所说的"不保有战力"这一规定，是否禁止为实现自卫之目的而保有的实力；③ 在宪法上应如何界定"自卫权"这一概念等。显然，自卫队的合宪性成为学说讨论的焦点②。不过，本文讨论的重点在于驻日美军，而非日本自卫队，所以就不对自卫队以及自卫权的相关学说做介绍分析了。这里需要特别注意的是第9条第2款中"不保有战力"这个说法。此处的"战力"（日语原文为「戦力・せんりょく」）到底所指为何，以及容许何种限度的"实力"，都是颇为值得玩味的地方。日本内阁法制局长期以来给出的官方解释都是自卫队不属于"战力"，而仅仅是国家为行使自卫权而保有的"必要最小限度的实力"（「必要最小限度の実力」），从而据此主张自卫权乃至自卫队的存在不违反宪法第9条（即合宪）③。但是众所周知，除了自卫队在此容易"踩红线"外，驻日美军更是个不可忽视的存在。美国在日本有多处军事基地，无论从人员配备还是从装备质量上来说都比自卫队强大得多，它和《日本国宪法》之间的关系遂成为学理难题。

驻日美军的合法性依据是《日美安全保障条约》④。该条约规定：日本政府施政的区域在遭到武力攻击的情况下两国需共同采取行动；另外，为了"维持远东地区的国际和平与安全"，条约允许美军在日本领土内的驻留活动。规定了此种内容的安保条约在涉及其合宪性问题之时，自然便引发出两个疑问：驻日美军是否属于宪法第9条第2款所禁止的"战力"？与特定国家之间签署的安全保障条约是否和宪法中的和平主义原理相抵触呢？日本宪法学界对这两个问题的看法也存在严重分歧。有学说指出第9条第2款所说的"战力"应限定为日本拥有指挥权、管理权的部队，即日本本国的战力，而并不包含外国军队⑤；也有学说主张驻留美军是以联合国集体安全保障为前提的部队，所以可将其看作"准联合国军"并认定合宪⑥；还有学说认为在联合国的集体安全

---

① 仅举两例相关领域的研究成果（已被翻译成中文），二者分别从宪法学与政治学的角度进行了细致的考察。[日]深濑忠一：《日本宪法和平主义的历史意义与现实意义》，[日]铃木敬夫、白巴根译，载《太平洋学报》，2008年第11期，第26—37页；[日]杉田敦：《在实践中形成的宪法——兼谈日本国宪法第9条》，满喆译，载《太平洋学报》，2009年第5期，第45—51页。
② [日]戶波江二：『憲法［新版］』，ぎょうせい，1998年，90—91頁。
③ 本文因为选题因素，就不过多讨论自卫队的宪法相关问题了。
④ 『日本国とアメリカ合衆国との間の相互協力及び安全保障条約』，中译全称为《日本国和美利坚合众国之间的相互合作及安全保障条约》，于1951年9月8日在旧金山签署，1952年4月28日生效。1960年，两国政府为修订安保条约，又签订了《日美共同合作和安全条约》（即《新日美安全条约》），于同年生效，条约有效期为10年，但在1970年到期后由日本政府通知美方将其自动延长实施至今。
⑤ [日]佐藤達夫：『憲法講話［新版］』，立花書房，1989年，19頁。
⑥ [日]法学協会：『註解日本国憲法（上）（1）』，有斐閣，1953年，239頁。

保障体系构筑完成之前，外国军队的驻留作为一种"过渡性质的暂行措施"是可以承担起安全保障任务的[①]；另外有学说认为，即使是外国军队，只要是通过条约基于日本的意思而驻留的，都应该认定其违宪[②]。这四种主要学说观点，从"无条件合宪"到"有条件承认合宪"再到"违宪"的认识，其保守程度是递减的。再分析各个学说提出者的社会地位与立场（佐藤达夫是曾在战前旧内务省任职，并担任过法制局长官的政府官僚；法学协会以及东京大学教授宫泽俊义都代表了日本法学界"中规中矩"的学术立场；鹈饲信成则是相对自由进步的宪法学者），便大体上吻合了。

四、实践波折：伊达判决与"讲政治"的最高裁

前文从学理层面概观了《日本国宪法》第 9 条所揭示的规范内容，特别是对于"不保有战力"这一内容的宣誓。如果深度贯彻宪法的和平主义理念与放弃战争的根本宗旨，那么安保条约与驻日美军的存在从严格意义上来说都应该是违宪的。那些企图以"政治因素"为美军正名的学说都是站不住脚的。学说状况如此，那么司法判例是如何对待这一问题的呢？"砂川事件"便是一个绕不开的话题了。

20 世纪 50 年代中后期，冷战加剧与日美安保体制的大背景下，驻日美军着手对位于日本东京的立川军用机场进行扩容规划，而此举招致了大量社会异见人士、工会成员以及学生团体等势力的激烈反对。1957 年 7 月 8 日，反对美军测量土地的一批活动家将该区域的界限标识栅栏损毁约 10 米，并闯入该机场内部。美国方面恼羞成怒，援引《日美安全保障条约》（旧安保条约）第 3 条所衍生的《日美行政协定》，主张该行为违反了该行政协定框架下的《刑事特别法》第 2 条的规定，并诉至东京地方裁判所[③]。

东京地方裁判所针对此案给出了一审判决[④]，这便是著名的"伊达判决"。该判决的详细内容不做过多介绍，在此截取其中有关美军驻留问题的宪法判定的内容。院方认为：宪法第 9 条"虽然并未否定自卫权，却不允许使用以自卫为目的的战力发动战争以及为了自卫而保有战力，就更不用提侵略战争了"；"事实上，退一万步说……可将志在成为国际和平团体的联合国机关之安全理事会等机构采取的军事安全措施视为最低标准线，（宪法第 9 条）决心据此去维持我国的安全与生存"；驻留美军供防卫日本所使用的情形下，该驻留行为"正因为存在我国政府的要求与合众国政府的承诺这

[①] ［日］宮澤俊義，芦部信喜補訂，『全訂日本国憲法』，日本評論社，1978 年，180 頁。
[②] ［日］鵜飼信成：『新版憲法』，弘文堂，1968 年，63 頁。
[③] ［日］浦田一郎：「自衛権・戦力・駐留軍―砂川事件」，長谷部恭男＝石川健治＝宍戸常寿：『憲法判例百選 II［第 6 版］』，有斐閣，2013 年，360 頁。
[④] 東京地判 1959［昭和 34］3・30 下刑集 1 巻 3 号 776 頁。

二者意思一致的情况，因此可以判定合众国军队的驻留一方面也正是遵照我国政府的行为才产生的"，"从本质上进行考察的话，我国为防止来自外部的武力攻击，而将容许合众国军队驻留这一事实视作供自卫目的而使用，在此情况下，无论指挥权的有无、合众国军队出动义务是否存在，其都应被认定为《日本国宪法》第9条第2款前段所禁止的陆海空军以及其他战力的保有"。最后，一审判定驻日美军违反宪法，被告人无罪①。

上述东京地方裁判所的"伊达判决"一出，在当时的日本社会，特别是在政界引起了轩然大波。仅从法学理论的角度来看，判决内容严格解释宪法第9条的规范内容，积极维护立宪主义宪法秩序，为了战后入宪的和平主义崇高理想甘愿承担各种政治风险。但是当时日本政府内部保守势力（也一直是主流政治力量）却认为涉案法官没有考虑到东亚地区日美军事同盟的特殊政治环境，"没有大局观"的司法实践严重影响了两国"友好"关系，所以针对此一审判决，检方依据刑事诉讼法相关规定立刻向最高裁判所提起了"越级上诉"（「跳躍上告・ちょうやくじょうこく」）。

日本最高裁判所作为其国内终审机关与本应该被期待的"宪法守护者"（「憲法の番人」），对于该案件的审理却表现出了惊人的"效率性"和高度的"政治性"。其具体判决内容②也不做赘述，主要截取有关驻日美军与安保条约合宪性的内容进行考察。院方认为，宪法第9条第2款所禁止保有的"战力"具体指的是"以我国为主体并对此得以行使指挥权、管理权的战力，归根结底指代我国自身的战力，而外国的军队，即使其驻留在我国，也不应该将其解释为这里所说的战力"；最高裁认为美利坚合众国军队驻留的合宪性问题本质上应归结为日美安保条约的合宪性，进而又给出说理："关于安保条约的目的，依照其前文规定，是鉴于和平条约生效时我国尚不具备行使自卫权的有效手段，考虑到应对不负责任的军国主义之危险，和平条约承认我国作为主权国家拥有缔结集体安全保障条约的权利。进一步说，依照联合国宪章承认所有国家都享有个别以及集体自卫的固有权利这一点，作为我国防卫的暂行措施，为阻止武力攻击，我国容许美利坚合众国享有在我国境内以及周边配置军队的权利等事项，正是为了确保我国安全与防卫而决定的必要事项，个中缘由一目了然。"另外，"如前述，应该认为安保条约在我国作为主权国家的存立基础这一问题上关系极其重大，具有高度的政治性，有关其内容是否违宪的法的判断，原则上是不适合接受以纯粹司法功能为使命的司法裁判所之审查的。因此，只要乍一看不是极其明显的违宪无效（「一見極めて明白に違憲無効であると認められない限り」），它都属于裁判所司法审查权的范围之外，应当首先交给拥有条约缔结权的内阁以及对内阁该行为拥有承认权的国会去判

---

① [日]浦田一郎：「自衛権・戦力・駐留軍—砂川事件」，長谷部恭男＝石川健治＝宍戸常寿：『憲法判例百選 II［第6版］』，有斐閣，2013年，360頁。
② 最大判1959［昭和34］12・16刑集13巻13号3225頁。

断……"① 最高裁给出的判决结果自然是显而易见的了,因为属于"高度政治性"问题,且驻日美军的存在"乍一看并没有明显违宪",便撤销了原审判决。最高裁的判决文书中,只有几名法官的补充意见,连一份反对意见都没有。

针对同一事件,东京地方裁判所和最高裁判所给出了云泥之别的判决结果。如果仅仅停留在讨论合宪性审查技术的层面上,或许会牵扯到所谓的"统治行为理论"(模仿美国宪法判例法理上的"Political Issue"),但其实背后都是风云诡谲、反映时代特征的政治因子。

了解那段历史的人都知道,砂川事件发生的年代,正是《日美安全保障条约》修订交涉的关键时期。1959 年 3 月 30 日,鉴于本案中给出驻日美军违宪判断的东京地方裁判所的"不成熟表现",日美两国政府都受到了巨大冲击。不过,同年 12 月 16 日,最高裁判所以"乍一看不是极其明显的违宪无效"而对旧安保条约作出终极审判,使得两国政府如释重负。从那时算起大约仅过了 1 个月,1960 年 1 月 19 日,新安保条约成功签署②。而又过了很多年,随着 21 世纪 10 年代以后美国外交文书的解密,当年的真相才昭示于天下。事情的原委如下:本案给出一审判决的第二天,即 1959 年 3 月 31 日,当时的驻日美国大使馆给美国国务院发了一通电报,电文显示,这天上午 8 时许,美国驻日大使道格拉斯·麦克阿瑟二世会见日本外相藤山爱一郎,建议对于本案立刻向最高裁判所越级上诉。对此,藤山回答说,希望本日 9 点钟将此建议提请内阁讨论。根据同年 4 月 24 日的电报内容,担任本案审理的最高裁判所长官田中耕太郎对麦克阿瑟大使说,离本案结案"至少需要几个月"时间③。

五、现实表征:宪法与政治的紧张关系

根据前文对于日本学理与实务的综合考察,不难看出其有关驻日美军乃至安保条约合宪性问题的意见并非铁板一块,甚至可以说呈现出截然相反的观点。一方面,一些宪法学者认为应当严格解释宪法第 9 条第 2 款,将驻日美军也归入该款所禁止的"战力"射程中来,从而达到贯彻宪法和平主义精神的目的,这在理念上和砂川事件一审的伊达判决异曲同工;另一方面,官方的学说或根据现实政治环境限制性认定驻日美军的"合法地位",并独创出简单粗暴的"乍一看"审查基准("乍一看不是极其明显的违宪无效"),推导出其合宪性,抑或干脆直接把"外国军队"排除在宪法第 9 条

---

① [日] 浦田一郎:「自衛権・戦力・駐留軍—砂川事件」,長谷部恭男=石川健治=宍戸常寿:『憲法判例百選 II [第 6 版]』,有斐閣,2013 年,360-361 頁。
② 参见 [日] 浦田一郎:「自衛権・戦力・駐留軍—砂川事件」,長谷部恭男=石川健治=宍戸常寿:『憲法判例百選 II [第 6 版]』,有斐閣,2013 年,362 頁。
③ [日] 新原昭治=布川玲子:「砂川事件『伊達判決』に関する米政府解禁文書」,山梨学院大学法学論集 64 号,202 頁。

第 2 款所规制的 "战力" 范围外，这些学说又与砂川事件最高裁判决的结论气味相投。另外，我们又从砂川事件美国解密外交文书的内容中获得了巨大的信息量，从而发现该案（以及它背后所折射出的宏观问题）已经远远超出了单纯的宪法解释学（即规范理论）范畴；换句话说，《日本国宪法》第 9 条所讴歌的和平主义崇高理想与充满意识形态色彩的日美安保体制之间，从一开始就是同床异梦般的存在，它本质上是一个赤裸裸的政治问题。造成不同宪法学说之间针锋相对、一审与终审之间南辕北辙结果的，与其说是法规适用中的解释技术差异，倒不如说是博弈中的政治力学使然①。

笔者作为一名独立于日本国内秩序的 "他者"，在客观认识与分析了杂糅着法与政治等多重因素的本文主题后，自然倾向于对日本宪法条文的规范解释。上述学说中，直接将外国军队（驻日美军）排除出 "战力" 之外的观点显然从正面积极承认了日美两国的军事同盟关系，这和贯彻和平主义的宪法前文及第 9 条的宗旨是互相矛盾的；而将驻日美军视作 "准联合国性质的军队" 以及对联合国集体安全保障体系寄予厚望的学说，也严重忽视了 "联合国集体安全保障本来具有的核心部分（军事性强制措施）与《日本国宪法》和平主义之间的紧张关系"②；因此，只要是把《日本国宪法》第 9 条当成规范去解释的话，就应该得出驻日美军乃至《日美安全保障条约》违反宪法（第 9 条）的结论，即使这样的认识可能 "过于理想主义" 或 "忽视了现实政治状况"，却是和宪法的 "本意" 最接近的观点了③。

理想很美好，但现实却一如既往的残酷。特别是近些年日本国内政治状况着实令人担忧。2014 年，安倍政权通过内阁决议（「7・1 閣議決定」），推翻了历来内阁法制局对于个别自卫权与集体自卫权的官方宪法解释，解禁了自卫队的集体自卫权④，在政治上极大加强了日美安保体制的同时，也使日本的宪法规范遭受了灭顶之灾。在此之前，无论是官方的有权解释还是学界的通说观点，都是否认集体自卫权的，安倍内阁在不修改宪法的前提下（修改难度也很大），直接通过内阁的有权解释就让日本的军事

---

① 二战后很长一段时间内，日本政坛中的党派势力也确实保持着 "保守 v. 革新" 的构图，以 "五五年体制" 为标志，自由民主党执政（三分之二席位）、日本社会党在野（三分之一席位）的格局一直持续到 20 世纪 90 年代初。他们的政治博弈具体到宪法层面，便是 "修宪 v. 护宪" 的斗争。

② ［日］水島朝穂『平和の憲法政策論』（日本評論社，2017 年）265 頁。

③ 日本也有少数学者提出了 "非武装永久中立主义" 的观点（类似于奥地利等永久中立国），认为从 "不保有战力" 推导出禁止外国军队在日本驻留、从 "否认交战权" 推导出禁止向交战当事国的一方提供任何军事援助，宪法第 9 条还可以解释成不允许在本国设置外国军事基地以及不参加任何军事同盟，这些具体内容都是 "永久中立" 所包含的基本要素。不过，像这样 "小国寡民"、与世无争的思维必然会招致雄心勃勃的日本右翼政治家们的猛烈抨击，因为战后日本的保守系政治家（主要是历代自民党元老）一直都是渴求打破战后国际秩序对日本的束缚，力图恢复当年大日本帝国的政治军事地位。有关少数学说的具体文献可参见：［日］田畑忍：「永世中立論と日本国憲法」，宪法研究所：『永世中立の諸問題』，宪法研究所出版部，1969 年，1 頁；［日］澤野義一：『非武装中立と平和保障』，青木書店，1997 年，76 頁。

④ 笔者当年正于早稻田大学法学研究科攻读公法学博士学位。2014 年，位于东京的日本最高立法机关国会议事堂前，学者、学生、劳动者、普通市民以及各方社会贤达将近十万人汇聚一堂，举行了声势浩大的反对安倍政权解禁集体自卫权的大游行。这是一场和平合法的集会活动，笔者也跟随早稻田大学的师长同窗见证了这个历史性的时刻。作为一个宪法研究者，应该理论与实践相结合，不纸上谈兵，也算是对自己有所交代了。

环境"换了人间"。这样粗暴的做法无疑进一步加剧了政治现实与宪法第9条规范之间的裂痕,在兵不血刃的情况下让宪法第9条名存实亡,这不但是对《日本国宪法》和平主义的"谋反",更是对立宪主义基本精神的践踏,让战后多年积淀下来的法治国家理念蒙上阴影①。

再回到本文开篇的"问题意识"中来,日本《航空法特例法》为驻日美军"开绿灯",使得日本国内的《航空法》整个第六章都对其不适用。因此,夜间无照明、低空飞行并产生轰鸣噪声的,既不是民航客机,也不是自卫队飞机,而是美军飞机。在东京首都圈设置的美军基地,如厚木基地和横田基地等,每天都有美军飞机不厌其烦地重复着起飞着陆的动作,进行着各种军事训练。其法律依据正是《航空法特例法》。这就好比是免于适用道路交通法规的暴走族,在深夜鸣起高分贝发动机,以超过100公里的时速重复着S形驾驶动作,无休止地徘徊在住宅区狭窄的道路上。这种状况在日本,一直持续了半个世纪以上的光阴,至今未变。除了东京以外,神奈川、埼玉等首都圈9个县的上空区域,高度在2 450米至7 000米的空间被划分成了6个不同的排列次序,皆由美军横田基地统一监管。日本本国飞机起飞降落在仅有的2个民用机场(成田、羽田)时,遇到这个"空中障壁"的话都必须绕道迂回航行。这就是被称为"横田空域"(「横田ラプコン」)的旷世奇观。正因为这个"横田空域"的存在,从羽田机场起飞着陆时,航路密度集中、飞机异常接近的危险、绕道迂回导致燃料浪费的现象时有发生,而且降落过羽田机场的乘客都会注意到飞机在完全着陆之前一般都会来一个"大盘旋",也正是根源于此。其实再追本溯源的话,"横田空域"现象也并非有特别的法律依据存在,而是仅仅依照《日美安全保障条约》第6条,根据"日美联合委员会"(驻日美军副司令官与日本外务省北美局局长)这样一个实务机关的同意设定的。这其实对于日本而言是个极其不利的框架体系,因为安保条约要求日方无限期地为美军提供军事基地,即"全国基地方式"(「全土基地方式·ぜんどきちほうしき」),真可谓"草木皆(美国)兵"。同为二战战败国的德国、意大利原本也都有美军驻扎,不过两国政府为了本国居民的生命健康以及财产安全,都和美国方面进行了长期艰难的交涉。例如,东西德国统一后,通过修改1993年的《关于驻留德意志联邦共和国之外国军队即与北大西洋公约当事国之间关涉军队地位的补充协定》(简称《波恩补充协定》),使得美军在基地之外的犯罪行为成功被德国国内警察权覆盖;市长等地方政府官员的基地探视权也得到承认,且美军军事活动产生的噪声和水质污染等问题也被划入德国国内环境法的管辖范畴②。意大利也以一次美军军机低空训练产生的人身事故为契机,开始与美方重复交涉,最终于1999年使得意大利航空法也适用于美

---

① 有关安倍政权2014年解禁集体自卫权的研究,可参见下列文献:[日]水岛朝穗:『平和の憲法政策論』,日本評論社,2017年,215-231页;洪骥:《2017年日本宪法学研究综述》,载《日本法研究》,2018年第1期,第193页。
② 有新闻报道显示,特朗普命令美军1.2万人从德国基地撤离,只因默克尔政府拖缴驻军费用(当然其背后的美德关系等国际政治背景颇值得寻味),而日本政府则一直主动积极地负担着驻日美军费用。

军,对其低空飞行训练实施严格的规制。而时至21世纪,日本全国30多个都道府县都设有美军基地,其国内航空法不适用于美军的情况依然如故,这其实是日方丧失空域主权、无条件承认美国"治外法权"的最好证明。而在"迎合与忖度的日美安保"大旗下,对于让日本国内法同样适用于美军这件事,日本政府似乎丝毫没有同美方进行交涉的意思与意志。东京上空这种异常的状况,日本国民却鲜有人知,因为这是该国"不太方便被人知道的真相"①。

结语

本文将实施至今的日本《航空法特例法》作为一个引子,从法学的问题意识入手,通过深入考察学理与实务上的核心论点,最终折射出本质上的政治问题。

想来,《日本国宪法》和日美安保体制都出自美国人之手。前者是为了对二战战败的老帝国进行"政治清算"与民主化改造而制定;后者则出于之后冷战局势发展下的现实政治需要以及美国国家利益的考量,以牺牲日本民主化改革步伐为代价换取在当时对抗以苏联为首的社会主义国家。殊不知,这两者之间,特别是关涉到战争与和平的领域内却产生了一种不可规避的矛盾,即本文所论述的那层"紧张关系"。考虑到这一切都是出自美国在不同历史时期的"大手笔",或许可以称之为"成也萧何,败也萧何"吧。美国人的"上帝视角"直接剥夺了日本政府特别是日本普通国民发挥主观能动性的机会,在"东亚和平"与"日美同盟"的大义美名之下,一切丑恶都可以得到正名。《日本国宪法》代表着和平主义与立宪主义的"宪法规范体系",《日美安全保障条约》则代表着强权对抗与完全军事化的"国际法体系"。二战后至今,日本国民都生活在这样的"两个法体系"(「二つの法体系」)之下,虽然他们也都为完全实现前一个法体系的崇高理想努力过,或者正在痛苦地努力着。

---

① 该部分内容根据早稻田大学法学学术院水岛朝穗教授于2019年9月25日应邀在南京航空航天大学主办的"第二届中国航空产业法治论坛暨2019年航空工业法治国际研讨会"上所做的主旨发言整理而成,笔者当时承担口译工作。同样的内容亦可参见教授主页的日语文章:[日]水岛朝穗:"憲法9条と「日本の空の非常識」を語る——南京の旅(3・完)",直言・平和憲法のメッセージ,http://www.asaho.com/jpn/bkno/2019/1028.html,最后访问日期:2023年3月22日。

法国民用航空器法律制度评析与启示[1]

叶佳杰[2]　孙也龙[3]

摘要：法国民用航空器制度以其国内法调整为主，欧盟法规调整为辅。法国国内法对"民用航空器"概念进行了有效界定，所有权登记制度较为严格，权利性质为"准不动产"。航空器抵押权设立的形式、主客体要件及抵押权有限存续期间等制度具有良性规范作用。法国法中航空器优先权具有物债二性，且包含我国民法意义上的"留置权"，兼备区分基本优先权和其他优先权之功能。法国民用航空器法律制度为我国立法展示了更为严密的所有权登记制度样例、相对全面的抵押权制度版式、统一立体的留置权与优先权制度路径，并在无人机物权制度完善和中法航空器贸易合规中提供思考和启示。

关键词：法国航空法；民用航空器；运输法典；所有权

2023年4月6日，中国航空器材集团有限公司（CASC）与总部在法国图卢兹的空中客车公司订立了标的为160架民用客运飞机的采购合同；上海捷德航空技术有限公司与空中客车直升机公司于次日订立了标的为50架H160直升机的采购合同。空中客车公司首席执行官傅里（Guillaume Faury）自2023年4月5日起随法国总统马克龙访华，前者在接受媒体采访时表示，空中客车公司将在中国的天津市建设一条总装配生产线，将具备生产、装配空客A320和A321的技术基础。

近年来，中法两国在航空领域合作紧密，中法间的航空器贸易发展蓬勃，如国产民航客机C919所装配的LEAP-1C发动机即由法国赛峰集团（SAFRAN）及其子公司提供。除航空器采购和技术合作外，2023年4月7日由中法两国发布的《中华人民共和国和法兰西共和国联合声明》（简称《中法联合声明》）还提及了另一项对我国国产民航客机量产和实际投入使用颇有裨益的合作，即中国民航局和欧盟航空安全局（European Union Aviation Safety Agency，EASA）对适航认证项目进程的推进[4]。法国在航空法领域起步较早，1919年在法国巴黎订立的《关于管理空中航行的公约》即为世

---

[1] 基金项目：江苏高校哲学社会科学研究一般项目"数据跨境流动的法律规制研究"（项目批准号：2020SJA0207）；中国法学会民法学研究会青年学者研究项目"生前预嘱的法律规则研究"（项目编号：2022MFXH010）。
[2] 叶佳杰，南京师范大学法学硕士研究生，研究方向：民商法学、行政法学。
[3] 孙也龙，华东政法大学中国法治战略研究院讲师，法学博士，研究方向：民商法学。
[4] 《中法联合声明》第20条："中法两国对达成中方航空公司采购160架空客飞机的'批量采购协议'表示欢迎。两国将视中国航空运输市场和机队恢复和发展情况，适时研究中方航空公司的货运和长途运输等需求。双方欢迎中国民航局和欧盟航空安全局加强合作，将在均认可的国际安全标准基础上加快适航认证进程，特别是Y12F、H175、达索8X等项目的适航认证进程。双方欢迎两国企业就可持续航空燃料达成协议。双方继续开展工业合作，特别是空客天津新总装线项目。"

界首个航空法国际条约。揆诸当下，法国在飞机设计制造、民航调度管理等诸多航空相关领域处于世界前列，其民航相关法律制度亦有独到之处。

随着国际环境不确定性增加，航空产业所面临的"黑天鹅"风险持续攀升；瑞士、英国、欧盟等国家和地区设置的碳排放权交易体系[①]将高额罚款的达摩克利斯之剑悬于企业项上，增加了航空产业的运行维护成本，对航空企业产生了冲击；故而，航空企业所拥有的民用航空器的所有权和担保物权变动愈发频繁，产权形式愈发繁复。法国民航虽受欧盟相关法律规范约束，但其国内法《法国民用航空法典》和《法国运输法典》民用航空编仍具有重要的法律规制价值。然而，目前我国学界关于法国航空器法律制度之研究寥寥，系统论述更无从觅寻。本文将以此为切入点，评述法国民用航空器法律制度，阐论其于我国民用航空器法律制度的启示意义。

一、法国民用航空器法律制度概述

一直以来，学界对法国航空法著述较少，对于法国民用航空器的所有权取得、抵押权、留置权、优先权和强制出售等权利保护和权利限制制度的关注则更是寥寥，本部分简要阐述法国民航领域的法律规制现状和法国民用航空器法律制度框架。

（一）法国"民用航空器"概念界定

"民用航空器"是本文的重要概念之一，需将其在法国法框架内进行界定。《法国运输法典》第 L6100-1 条规定："本法中所称航空器是指能够在空中上升或移动的任何装置和设备。本部分中第一卷第三编关于所有人或经营人责任的规定仅适用于军用飞机和属于国家并被指派执行专门公务的航空器。"[②] 此规定并不要求航空器具备一定的自主动力，或能够主动离开地面进行运动，故滑翔机和无燃料的中低空飞行气球亦属于其调整的对象。第 L6100-1 第二款对军用航空器和国有公派航空器进行了特殊规定，实则通过反面定义的方法划定了民用航空器的边界。因此，法国航空法视角下的"民用航空器"是指投入民用用途的各种航空器，常见于商业航空、通用航空、运动航空或私人航空等活动中，不包括用于国防、军事或政府公务的航空器，可以具备动力也可以不具备动力，可以载人也可以不载人，可以由人进行实时操控也可以由计算机自主导航或由自然因素决定行程。

依据法国法规定的民用航空器之种类、性质、财产价值、对公共安全产生影响的程度等因素，可将民用航空器分为三类：其一为商用喷气式飞机。此类航空器是最为

[①] 高志宏：《欧盟航空碳排放交易指令的法理评析与中国应对研究》，载《南京航空航天大学学报（社会科学版）》2022 年第 2 期。

[②] Art L6100-1 de la Code des transports.

常见的民用航空器种类,具有生产技术复杂、财产价值高昂、驾驶或操控难度较大、对公共安全影响较大等特点。此类航空器的所有权人主要为各航空公司,在航空公司商事活动中常作为大宗资产发生所有权的变更、移转,故而其也是本文讨论的重点。其二为私人所有的喷气式飞机、直升机、滑翔机等载人航空器。此类航空器的财产价值通常低于商用喷气式飞机,其登记和所有权移转的法定程序也较前一类更为简易。其三为无人机、无人观测气球等不载人航空设备。不论是工业级无人机还是消费级无人机,抑或是专业气象气球,其财产价值均显著低于前两类航空器,且无人航空设备体积、质量较小,主要以电力作为动能来源,不使用燃料或使用燃料较少,对公共安全的影响与前两类航空器相比有较大差距。故而,第三类民用航空器更接近于我国民法概念中的"普通动产"。

(二) 法国民用航空业的监管机构

此处"监管机构"之语义近似于我国行政法语境下的"主管部门",有国内行政机关和国际组织两维。国内民航监管机构可追溯至1946年由法国运输和公共工程部成立的民用和商业航空总秘书处。时至1976年,法国公务员系统进行职务改革,撤销了前述秘书处秘书长一职,法国民用和商业航空总秘书处遂更名为法国民航总局。现在的法国民航总局是隶属于法国生态转型和国土协调部的直属机构,由生态转型和国土协调部的一名负责交通事务的部长级代表分管,主管包括民用航空器适航许可、民用机场建设管理、空中交通管制、无人机监管、航空税、航空培训和考试①等在内的民航相关事务。作为欧盟成员国之一,法国的民航产业在国际组织层面受到欧盟航空安全局监管。

(三) 欧盟法规对法国民航的规制

对欧盟航空领域相关法规②进行梳理,可将欧盟对其成员国,亦包括法国民航业之监管总结为如下方面:其一,初始适航③和持续适航④审定。欧盟航空安全局需要对在法国境内生产和使用的民用航空器进行适航审定,确保符合全球民用航空安全标准。其二,空中管制制度⑤。欧盟航空安全局负责对法国民航的运营进行空中交通管理、提供航行服务,确保飞行安全和效率;此外,欧盟航空安全局还负责对法国的空中交通

---

① 参见法国生态转型和国土协调部网站,https://www.ecologie.gouv.fr/politiques/aviation-civile,最后访问日期:2023年4月30日。
② 参见欧盟航空安全局网站,https://www.easa.europa.eu/en/regulations,最后访问日期:2023年5月1日。
③ 参见《适航和环境认证规则》Airworthiness and Environmental Certification(Regulation(EU)No 748/2012);《附加适航规范》Additional Airworthiness Specifications(Regulation(EU)No 2015/640)。
④ 参见《持续适航规则》Continuing Airworthiness(Regulation(EU)No 1321/2014)。
⑤ 参见《空中交通管理和航行服务条例》Air Traffic Management/Air Navigation Services(Regulation(EU)2017/373)。

服务提供商进行审批。其三,空勤人员资质认定①。欧盟航空安全局负责审批法国民用航空器的空勤人员的资质,确保其具备必要的知识技能,能够安全、专业地保障航空器运营。其四,高空气球②和滑翔机③相关业务。欧盟航空安全局负责对在法国境内从事气球和滑翔机运营的机构和个人进行审批监管。其五,空域使用制度④。欧盟航空安全局负责审批和监管法国民用航空器所需飞行空域,以确保航空器运营的安全和高效。其六,无人机相关规范⑤。欧盟航空安全局负责对法国的无人机制造商和操作人员进行监管,确保无人机行业的安全性和合规性。其七,事故报告制度⑥。在法国发生航空事故或进行事故调查时,欧盟航空安全局将从事故报告和调查角度为法国民航总局提供支持,帮助法国政府了解事故成因、构建防范措施。此外,法国是1999年《统一国际航空运输某些规则的公约》(蒙特利尔公约)的缔约国,该公约主要规定航空事故发生时旅客人身和财产责任承担制度,欧盟法规(EC)第889/2002号则将公约所述的民航损害责任承担制度的调整范围扩展至欧盟成员国国内航空事故。

由前述梳理可知,欧盟航空法律规范与民用航空器法律制度之联系并不紧密,欧盟航空法律规范对于成员国航空业的监管主要涉及适航、空管、空勤人员等方面,并没有对航空器法律制度进行深入探讨和细致规范,因此在探讨法国民用航空器法律制度时,应重点关注法国国内法。此外,我国法院在依据国际冲突法裁判航空器所有权、抵押权等类型案件时,可能存在适用法国法、引致前述《法国运输法典》等规范的情形,故而明晰法国法及其适用规则是颇有裨益的。

二、法国民用航空器所有权制度

(一)法国法体系中的民用航空器制度框架

法国国内法的民用航空器法律制度可以从一般规范和民用航空器特殊规范两个维度进行审视。即该类社会关系既受到一般法《法国民法典》(Code Civil)第三卷"财

---

① 参见《机组人员规定》Aircrew (Regulation (EU) No 1178/2011);《飞机飞行模拟训练设备规定》Aeroplane Flight Simulation Training Devices (CS-FSTD (A));《直升机飞行模拟训练设备规定》Helicopter Flight Simulation Training Devices (CS-FSTD (H))。
② 参见《气球规则手册》Balloon Rule Book (Regulation (EU) 2018/395)。
③ 参见《滑翔机规则手册》Sailplane Rule Book (Regulation (EU) 2018/1976)。
④ 参见《空中避撞的空域使用要求和操作程序》Airspace Usage Requirements and Operating Procedures for Airborne Collision Avoidance (Regulation (EU) 2011/1332);《关于基于性能导航的空域使用要求和操作程序》Airspace Usage Requirements and Operating Procedures Concerning Performance-Based Navigation (Regulation (EU) 2018/1048)。
⑤ 参见《无人机系统规范》Unmanned Aircraft Systems (Regulation (EU) 2019/947 and Regulation (EU) 2019/945)。
⑥ 参见《事件报告规则》Occurrence Reporting (Regulation (EU) No 376/2014)。

产与所有权变更"和第四卷"担保权益"调整,又受到特别法《法国民用航空法典》(Code de l'aviation civile,2010 年部分废止)和《法国运输法典》(Code des transports)调整。在一般法维度中,动产所有权和担保制度的规定较为清晰且已有学者著述。如《法国民法典》第 1583 条对买卖合同中标的物所有权转移的规定"一旦标的物和价款达成一致,即使标的物尚未交付、价款尚未支付,买受人即取得标的物所有权"①,明确了法国民法中动产所有权转移为纯粹的意思主义规则;再如第 2333 条对质押的规定,"质押是出质人根据质押合同给予债权人就现有或将有的动产或一系列有形资产优先于其他债权人受偿的权利"②,阐明了质押适用的对象和法律后果。为更细致阐述法国民用航空器法律制度的特点,尊重特别法的规范价值,避免向一般规则逃逸,本文将以特别法规范为主进行讨论。

法国国内法中对民用航空器物权问题进行规制的特别法规范主要有《法国民用航空法典》和《法国运输法典》,前者已于 2010 年被部分废止,仅余"法国本土以外机场规则"③"航空货运合同规则"④"民航机组人员养老金规则"⑤等章节的部分条款仍然有效。《法国民用航空法典》主体部分虽已失效,但其中有关民用航空器物权的规定已被《法国运输法典》完整承继,后者于 2010 年被法国立法者创制,出台后历经多次修订,最新一次修订为 2023 年 4 月 4 日的 2023 - 252 号法令。《法国运输法典》立法部分的第六个版块对民用航空器的物权制度进行了详尽规定,明确阐述了民用航空器的登记、所有权取得和变动、抵押权、留置权、优先权、扣押和强制出售等规范。这些规范作为研究法国民用航空器物权制度的重点,将在本文中逐一讨论。

(二)法国民用航空器所有权登记制度

在法国法中,自制造商将航空器生产、装配完成时,航空器所有权便由该生产者原始取得,但原始取得的所有权却是不完全的,是部分的,其行使将受限制。《法国运输法典》第 L6111-1 条第一项规定:"航空器只有在经注册登记的情况下才能流通。"⑥该规范意指航空器在未经所有权登记机关对其所有权进行登记前,其所有权权属不能发生变动。但该规范属于宣示性条款,旨在强调民用航空器所有权需被纳入较为严格的登记管理体系,而非旨在说明航空器所有权登记前的物权变动在民事法律行为意义上无效。其后的第 L6111-1 条第二项对第一项的规定进行了限制:"为对本条第一项的效力进行减损,在本法第 L6214-1 条规定的情形下,没有机组人员并由远程飞行员操

---

① Art 1583 de la Code civil.
② Art 2333 de la Code civil.
③ Art L270-1 de la Code de l'aviation civile.
④ Art L321-6 à L321-7 de la Code de l'aviation civile.
⑤ Art L426-4 à L426-5 de la Code de l'aviation civile.
⑥ Art L6111-1 de la Code des transports.

作的飞机,满足以下所有条件时不受注册义务的约束。"该规范设置的具体条件包括:① 航空器的质量不超过 25 千克;② 航空器的设计不违反欧洲议会和欧盟理事会于 2018 年通过的一系列关于民用航空领域共同规则和建立欧盟航空安全局的条例。与此同时,根据该法第 L6214-1 条的规定,前述在没有机组人员的情况下运行并由远程飞行员操作的航空器(即无人机),如果质量大于或等于法规规定的 800 克阈值上限,则应当遵守电子登记程序并符合相应条件方可被投入使用。该规范规定了一定质量范围内的无人机可以免予登记,随后将为其他种类航空器和其他特殊情形设置补充规定的权力赋予国务委员会。规范中提及的《法国运输法典》第 L6214-1 条[①]是关于无人机远程飞行员的规定。

民用航空器的国籍符合法国法规定也是其所有权获准登记的前提。在法国行政机关处登记的航空器具有法国国籍[②],自不待言。然法国法对允许在法国进行登记的航空器进行了限定[③],即仅当待注册民用航空器的所有权人是具有欧盟成员国、欧洲经济区成员国籍的自然人或法人,或经法国民航总局予以行政许可的航空公司时,该航空器才能在法国获得注册[④]。当已经登记注册的航空器的所有权人不符合前述条件时,该民用航空器将失去法国国籍。此外,法国不承认民用航空器的双国籍属性[⑤],故而已经登记的航空器会因取得他国国籍而失去登记效力。如本节所述,法国民用航空器所有权管理制度相对严格、限制较多,此种严格的制度设计有助于提升民用航空器的运行安全。同时,受欧盟法规影响,《法国运输法典》对非欧盟公民或法人所有的民用航空器限制愈冗、监管愈复。

（三）法国民用航空器所有权性质

《法国民法典》第 528 条规定:"动产本质上是指可以由一处移动至另一处的货物。"[⑥] 依照此规定,民用航空器无疑属于法国法规定的动产。《法国运输法典》第 L6121-1 条规定:"民用航空器在法国注册登记处登记等同于产权证明;登记册是公开的。"[⑦] 其中"titre de propriété"即"产权证明文书",指不动产所有权证明文件,如房契、地契等,在此处用以对民用航空器所有权进行描述,可见民用航空器虽然属于动产,但其具有一定的不动产产权属性,是法国法上特殊的动产。《国际承认航空器权利公约》(1948 年《日内瓦公约》)约定由缔约国国内立法确定未登记航空器所有权对

---

① Art L6214-1 de la Code des transports.
② Art L6111-2 de la Code des transports.
③ Art L6111-3 de la Code des transports.
④ Art L6111-4 de la Code des transports.
⑤ Art L6111-5 de la Code des transports.
⑥ Art 527 de la Code civil.
⑦ Art L6121-1 de la Code des transports.

抗第三人的效力[1]，因而《法国运输法典》第 L6121-2 条规定："民用航空器所有权转让应当以书面形式记录，只有在法国行政机关登记簿上登记后才对第三人有效。任何因自然人死亡、法人人格消灭而转移所有权以及任何转让、使当事人取得或确认所有权的判决均应按照新所有人的要求登记在册。"[2] 该规范明确了民用航空器虽作为动产，但应当受到较为严格的登记管理制度调整，未经登记的民用航空器之所有权发生变动时，无法对任意第三人产生对抗效力。综览前述，法国民用航空器的性质为动产，仍受《法国民法典》第二卷第一编第二章相应规范调整，但作为具有价值高昂、关乎公共安全、体积和质量较大等特殊属性的动产，《法国运输法典》给予了其"准不动产"的法律地位。

法国民用航空器担保权制度

（一）民用航空器抵押权制度

法国法中的"抵押"和"质押"与我国民法概念中的抵押和质押不同。《法国民法典》第 2329 条规定："动产上的担保权是：1. 动产优先权；2. 有形动产质押；3. 无形动产质押；4. 作为担保而保留或者转让的财产。"[3] 第 2375 条规定："不动产的担保权益是留置权、不动产质押和抵押。不动产的所有权也可以作为担保保留或转让。"[4] 由此可见，法国民法中的抵押制度在《法国民法典》框架下仅适用于不动产，而动产质押则分为有形动产质押和无形动产质押两种。民用航空器作为《法国民法典》规定的动产，其抵押权制度有别于一般动产，是法国物权法领域的例外情形。

1. 民用航空器抵押权的设立

在调整民用航空器的特别法中，法国立法者对《法国民法典》的规范进行了突破，扩展了抵押物的性质。《法国运输法典》第 L6122-1 条规定，在法国注册登记处注册的飞机可以抵押，但其只能由常规抵押贷款（或译"传统抵押贷款"，hypothèque conventionnelle）负担[5]。此规范与前述第 L6121-1 条相耦合，使民用航空器的"准不动产"性质更加明确，但虑及民用航空器与实质上的不动产终有区别，故而对此抵押的种类进行限制，所谓"常规抵押"是相对于"法定抵押"和"司法抵押"而言的一种法国

---

[1] 《国际承认航空器权利公约》第 2 条第 2 项："除本公约另有规定外，登记本公约第 1 条第 1 款所列的权利对第三人的效力，根据该项权利登记地的缔约国的法律确定。"
[2] Art L6121-2 de la Code des transports.
[3] Art 2329 de la Code civil.
[4] Art 2375 de la Code civil.
[5] Art L6122-1 de la Code des transports.

法上的抵押种类，规定在《法国民法典》"抵押"章的第四节，即第2409条至第2417条中。"常规抵押贷款"需要满足如下条件：其一，抵押行为必须由公证书进行确认[①]；其二，抵押行为只能由有权处分人作出[②]；其三，不得在不受法国法管辖的地域签订的合同中约定对具有法国国籍的财产进行抵押，但国家政策文件或已经签署并生效的国际条约另有规定的除外[③]。除前述《法国民法典》对"常规抵押"作出的一般性限制外，《法国运输法典》另行设置了特别规范，其中亦有对"常规抵押"规范的突破，如第L6122-2条中规定："抵押权应当以书面形式设置，否则无效。设置抵押权的组成文件可以是公证文书，也可以是私证文书。它应当提及与抵押有关的每一个要素。抵押权可能存在顺序，在此种情况下，抵押权的转移需要以背书为前提。"[④] 此外，民用航空器抵押还应遵守两项原则：民用航空器抵押应当包含飞机、机身、发动机、螺旋桨以及其他持续用于航空飞行的各类部件[⑤]，即"从物一并抵押"原则；民用航空器本身的抵押可以辅助性地扩展到该型号航空器的法定种类备件上[⑥]，即"备件一并抵押原则"。

整合前述规范，可将法国民用航空器一般抵押权设立规则归纳为形式要件规范、主体要件规范、客体要件规范三个类型。形式要件规范较为繁复，要求为法国民用航空器设立抵押权的合同必须在法国订立，民用航空器抵押合同必须为书面，但公证文书和私证文书均可。主体要件规范要求抵押行为必须由有权处分该航空器的主体作出。客体要件规范规定民用航空器的发动机、螺旋桨等部件，专属于该航空器的同型号备件也属于抵押物范围；此外，如果预先向民用航空器登记主管机关申报，正在建造的航空器也可以成为航空器抵押权的客体[⑦]。除一般抵押权外，《法国运输法典》还设置了航空器集合抵押制度[⑧]，即航空器所有权人可以将其所有的全部或部分航空器（全部或部分机队）在一份抵押合同中一次性进行抵押，但必须列明所抵押的每一台航空器的型号、编号等可供差异化识别的信息，以免该"机队"中的航空器成为种类物。经此类型进行抵押的航空器仍可以出售，买受人应当向所有权人而非抵押权人支付价款，该笔价款将替代售出的航空器担保主债权的履行。航空器集合抵押类似于我国的动产浮动抵押制度，为航空器制造商提供了大量融资空间。各类民用航空器制造商可通过这一制度获取大量流动性资金，投入航空器研发后即可制造技术水平更高的航空器；已经持有大量飞机的航空公司也可以通过这一制度迅速获得融资，平稳度过受周期性

---

① Art 2409 de la Code civil.
② Art 2410 de la Code civil.
③ Art 2413 de la Code civil.
④ Art L6122-2 de la Code des transports.
⑤ Art L6122-3 de la Code des transports.
⑥ Art L6122-6 de la Code des transports.
⑦ Art L6122-5 de la Code des transports.
⑧ Art L6122-4 de la Code des transports.

旅游淡季或地缘政治影响而产生的资金周转困难，为法国民航业持续、稳定、高质量发展提供了制度推进力。

2. 民用航空器抵押权的存续

在法国法中，未经主管部门登记的航空器抵押行为是有效的，抵押权人在抵押合同成立并生效后即取得抵押权，但此抵押权不得对抗第三人[①]。故而在合同生效之后、登记之前，抵押权虽然已经设立，但并未处于具有实质意义的"激发态"，其保障主债权人的作用尚未开始显现。因此，登记并非法国民用航空器抵押权设立的要件，而是其抵押权有效存续的要件；换言之，在法国航空法中，抵押权的存续实质上是登记效力的存续，抵押权的存续规则就是抵押权的登记制度。

法国民用航空器抵押权的登记制度中设置有激发机制、保证机制、竞合机制和时效机制。激发机制指登记将民用航空器抵押权从不具备保障主债权人债权实现的状态激发至具备该功用的状态，从而使权利人真正获权。保证机制指登记本身具有承诺担保性质[②]，即抵押登记时，应当在所担保主债务的本金以外另行保证偿付三年的利息，以此对抵押权人实现权利时的合理开支和孳息损失进行担保。竞合机制指多个抵押权存于同一航空器时的处理方式，即当多个权利人的债权不能全部完满实现时，受偿顺序由登记日期的先后决定，先登记先受偿；同一天登记的民用航空器抵押权无论时间先后均为平等[③]。时效机制指抵押权存续期间有限，以制度督促权利人行使权利。作为物权的抵押权本应是持续的、不因时间经过而消逝的稳定权利，但民用航空器抵押权登记制度对该权利的存续期间进行了限制[④]，民用航空器抵押权自登记之日起十年内有效，在有效期内需按照《法国民法典》的规定进行续展，否则抵押权将失去效力；同时，根据《法国民法典》的规定[⑤]，即使在有效期内续展，抵押权存续的期间最长也不得超过五十年。激发机制、保证机制、竞合机制和时效机制是民用航空器抵押权登记制度的核心，对其机能进行了全面构建。

（二）民用航空器留置权与优先权制度

近年来，物权法学界对留置权概念、性质等相关问题的讨论弥艰益深，前人之述充实[⑥]，且该问题并非本文所讨论的对象，故在此不行展开。简言以述，物权法学界讨

---

① Art L6122-8 de la Code des transports.
② Art L6122-12 de la Code des transports.
③ Art L6122-15 de la Code des transports.
④ Art L6122-11 de la Code des transports.
⑤ Art 2429 de la Code civil.
⑥ 章程：《论我国留置权的规范适用与体系整合——民法典时代的变与不变》，载《法商研究》2020年第5期；王利明：《我国民法典物权编中担保物权制度的发展与完善》，载《法学评论》2017年第3期；梅夏英、方春晖：《对留置权概念的立法比较及对其实质的思考》，载《法学评论》2004年第2期；孙鹏：《完善我国留置权制度的建议》，载《现代法学》2017年第6期。

论的留置权通常包括债权性留置权和物权性留置权两类;《德国民法典》①最早明确规定"留置权"制度,但此处的留置权具有债权请求权属性;《日本民法典》②则将留置权明确为担保物权;瑞士③和我国台湾地区的留置权制度则与日本相近,亦将留置权明确为担保物权。留置权并非《法国民法典》中明确规定的担保物权,即不存在专门的法语法律术语以描述"留置权",故而本文仅使用国内现行法语境下的"留置权"来阐述法国的留置权和法国民用航空器的留置权制度。《法国民法典》并未采取债法独立成编的编撰体例,自2006年《法国民法典》开始系统修订后,原规定于第三卷"取得财产的各类方式"的担保制度经完善补充后被调整为单独一卷,即第四卷"担保制度"。然则无论是附于第三卷之中还是独立成卷,法国的留置权制度始终未能明确其属性。法典中充斥着大量"优先权"的表述,这些优先权既有占有动产情形下最先获得动产变价价款的"类留置权"④,又有在双务合同中守约方得行使的"类双务合同抗辩权"⑤,亦有依照法律特别规定,特定群体对特定债务享有的"类优先受偿权"⑥。因此,法国民用航空器"留置权"具有复合属性,是融合"法定质权""双务合同抗辩权""法定优先受偿权"的具有交叉属性的权利。故本文主张无须划清法国民用航空器"留置权"与"优先权"之边界,而应从权利的实质内容角度进行考量,将法国民用航空器的留置权归入优先权之列,在此基础上对《法国运输法典》民用航空编的特殊规范进行分析。

如前所述,留置权亦并非《法国运输法典》所规定的概念,故而其仅在航空器担保物权章中规定了航空器"优先权"(或译"特权",Privilège)。此适用于民用航空器的优先权制度又有基本优先权和其他优先权之分。基本优先权是制度设计之初即存在于该编中的优先权项,是航空器优先权中最应当受保护的部分,故而此类优先权在与其他担保物权发生竞合时,则可以不受注册时间顺序限制,直接实现权利⑦;其他优先权则应当按照与其他担保物权的登记时间先后顺序受偿。其他优先权散见于政府法令和特别规定中,基本优先权则规定在《法国运输法典》第L6122-16条,即有三类优先于抵押权受偿的情形。其一是为实现航空器出售及其价格分配而产生的法律费用债务,符合债权人共同利益的,债权人应当就航空器出售的价款享有优先权;其二是为打捞航空器而应当支付的报酬;其三是对航空器进行保存、保护所产生的基本费用⑧。此三

---

① 《德国民法典》,卢谌、杜景材译,中国政法大学出版社1988年版。
② 《日本民法典》,王书江译,中国人民公安大学出版社1999年版。
③ 《瑞士民法典》,殷生根译,法律出版社1987年版。
④ Art 2332 de la Code civil.
⑤ Art 2331 de la Code civil.
⑥ Art 2331-1 de la Code civil.
⑦ Art L6122-19 de la Code des transports.
⑧ Art L6122-16 de la Code des transports.

类优先权人得真正优先于一切担保物权受偿航空器变价所得的价款,并且按照层级顺序享有受偿权[1],即出售航空器的法律费用债权最优先,对航空器进行保存保护所产生的费用债权列最后。当同类债权产生竞合、无法均受偿完整债权时,第一类债权按金额比例进行分配,第二、三类债权按照发生日期先后的相反顺序获偿,即先发生的债权后获偿,后发生的债权先获偿。

四、法国民用航空器法律制度对我国的启示

(一) 完善我国民用航空器所有权登记制度

近年来,受外部因素影响,我国民用航空器融资业务数量显著提升,相关权益主体增加,涉民用航空器债权债务关系也愈加复杂。在此情形下,完善航空器所有权登记体系之重要性逐渐凸显;法国的民用航空器所有权登记体系可以为我国制度之完善提供启示。

如前文所述,《法国运输法典》规范了民用航空器进行登记时航空器的机身、发动机、螺旋桨、各类部件及法定种类备件均属考察范畴,由此可见法国民用航空器所有权登记的客体范围不限于航空器本身,而是扩张至从物和附随的其他物。《中华人民共和国民用航空法》(简称《民用航空法》)第十条、第十一条虽然规定了航空器的主体构架、发动机、螺旋桨、无线电设备和其他用于民用航空器的设备均属于需登记的客体,然相应具体实施条例中却并未作出相应规定,致使《民用航空法》的这一规范处于悬置状态。《中华人民共和国民用航空器权利登记条例》(简称《民用航空器权利登记条例》)第五条中规定的所有权登记所需申请材料中并未涉及相应设备或部件;此外,由《民用航空法》第十二条第一款可知,若民用航空器设备和部件需进行登记,应当与该航空器登记于同一权利登记簿中,但第十条中亦未有相关事项列明。《民用航空法》之设置被具体实施条例所架空,究其原因便在于《民用航空器权利登记条例》制定日久,宜对该条例进行修订完善,以维护上下位法之间的一致性,利于民用航空器所有权登记制度妥善运行。

法国法中民用航空器所有权的登记机关是法国民航总局,但对于作为融资租赁合同租赁物的航空器,法国法另规定其必须由当地法院进行融资租赁登记[2],否则将不产生对抗效力,于任意第三人而言均可越过出租人的权利主张航空器所有权。此双登记机关制度致使许多民用航空器所有权人不得不进行二重登记,在民用航空器所有权管理上造成了不必要的冗复。揆诸我国,亦有中国民航局和中国人民银行征信中心两处

---

[1] Art L6122-18 de la Code des transports.
[2] 张义:《民用航空器权利登记制度的比较研究》,中国民航大学 2020 年硕士学位论文。

登记机关，若能进行制度完善，统一民用航空器所有权登记机关，则将减少政出多门、管理交错之现象。

在登记的效力问题上，我国现行的《民用航空法》与法国法有相近之处。如受《移动设备国际利益公约》和《移动设备国际利益公约关于航空器设备特定问题的议定书》（合称《开普敦公约》）生效之影响，我国与法国均采登记对抗主义，即航空器所有权的取得、转让等必须由登记机关予以登记，否则不得对抗第三人；再如我国与法国均有"民用航空器应当登记"[①]和"航空器须经登记后方得流通"[②]之宣示性条款，但其旨意并非强调民用航空器的物权变动规则为登记生效主义，而在于使得权利人明晰航空器登记的重要性。法国采意思主义的物权变动模式，故而即使双方此前尚未订立航空器所有权转让合同，提交登记机关登记时即可形成合意，所有权即在其时变动。在我国，动产物权变动须以交付为前提，倘若登记行为发生于交付之前，则买受人虽有权利外观却无权利之实，出卖人仍拥有权利却无公示外观。由于此公示外观效力较一般公示外观更强，得对抗任意第三人，故而宜设置相应规范对处于此情形下的交易双方予以保护，以免恶意第三人与违约方侵害守约方权利。

（二）完善我国民用航空器担保权制度

《法国民法典》与我国民法典不同，其并未将民用航空器以规范形式列为"特殊动产"，而是将其在担保物权领域的特殊规定纳入《法国运输法典》，此立法体例可简化《法国民法典》关于"动产"部分的规定，使章节中的法律规范旁支较少，后详细规定于其他法律也更易于查找。然究其客观原因，在于《法国民法典》订立时尚未有"民用航空器"概念，后续修订又未将特殊动产规范加入。民用航空器是"特殊的特殊动产"，对登记制度的依赖性更强。举一航空器担保制度为例，未经登记的民用航空器抵押权不得对抗任意第三人，其要求高于《中华人民共和国民法典》（简称《民法典》）第二百二十五条之规定。寻探其原因，即在于航空器财产价值较大、运行成本较高、生产技术要求较多、对公共安全影响较大，故而更应当受到行政机关监管。

我国民用航空器抵押权制度中有设备和各类部件一并抵押的规定[③]，但并未对所抵押型号民用航空器的法定配件进行规制；法国法则规定处于库存中的、在规划中将被用于该抵押航空器的备用零部件[④]也属于抵押权的权利对象，若此部分零备件被用于其他航空器，则应当将其立即拆卸下来。零备件并非航空器实现其功能所必需的物，亦非专属于该航空器的从物，之所以如此规定，目的在于使航空器的功能实现的形态更

---

① 《民用航空法》第十一条。
② Art L6111-1 de la Code des transports.
③ 《民用航空法》第十条。
④ Art L6122-6 de la Code des transports.

加完整，即使设备和各类部件出现故障，抵押权人仍得主张留存的备用零部件上的权利，可以更好保障抵押财产价值的充实，有助于抵押权的完满实现。法国法中抵押权存续制度的四项机制亦有其规范价值，其中的保证机制和时效机制可为我国完善规范提供思路。保证机制下，民用航空器所有权人设立抵押、注册登记时即应当将三年利息一并登记在册，使得对抵押权人之保护更加完满；时效机制下，航空器抵押权期限制度①限制了航空器抵押权的存续期间，迫使当事人及时行权、按时续展，为督促抵押权人行权、促进抵押财产发挥实际功能和使用价值提供了途径。

此外，法国法中还设置了航空器集合抵押制度，即航空器所有权人可以将其所有的一系列航空器（"机队"）以一份抵押合同一并抵押，只需确保其中航空器编号、型号等信息可以识别，便可自由处分前述"机队"，出卖时所得价款替代航空器本身作为担保主债权实现的标的②。此制度类似于我国民法中的动产浮动抵押制度③，对抵押物的限制较少，抵押物所有权人得自由转让抵押的航空器；我国《民用航空法》中则明确规定航空器所有权人不得擅自转让被抵押的航空器④。航空器融资租赁时出租人的登记和权利保护制度为航空公司提供了融资和度过资金艰难时期的制度桥梁，而航空器集合抵押制度则为航空器生产者提供了融资渠道和资金回流空间，充实航空器生产者的财产更有助于航空器制造行业的发展和航空器生产技术水平的提升。

若从法教义学角度阐论法国民用航空器领域的"留置权"制度，将得到无实际意义的答案——如前文所言，法国法中并无真正实在的"留置权"概念。然而，法国法在优先权中的部分规定仍可以给我国立法以启示。在我国担保法体系中构建"统一优先权"或作为特别权利的优先权的观点时有学者提出⑤，为民用航空器构建特别留置权的观点也颇受学界重视⑥，若以对航空器优先权制度的重新思考为创新契机，以法国民用航空器优先权制度中债权性优先权和物权性优先权的统一规制为启示，或可尝试构建包含留置权属性的综合性优先权，以单章形式规定于我国《民用航空法》中。

（三）完善我国无人机物权制度

我国《民用航空法》⑦对民用航空器的范围进行了限定，但规范作用仅在限定"民

---

① Art L6122-11 de la Code des transports.
② Art L6122-4 de la Code des transports.
③ 《民法典》第三百九十六条。
④ 《民用航空法》第十七条。
⑤ 田土城、王康：《论民法典中统一优先权制度的构建》，载《河南师范大学学报（哲学社会科学版）》2016年第6期；王洪亮：《所有权保留制度定性与体系定位——以统一动产担保为背景》，载《法学杂志》2021年第4期；田野：《优先权性质新论》，载《郑州大学学报（哲学社会科学版）》2016年第2期。
⑥ 彭国元：《航空器留置权法律问题研究》，武汉大学2013年博士学位论文；姚琳文：《中国民用航空器留置权建构研究》，南京航空航天大学2020年硕士学位论文；孔得建：《民用航空器留置权特别立法建议——兼论〈民用航空法〉修订与〈民法典〉实施的协同》，载《青海社会科学》2022年第3期。
⑦ 《民用航空法》第五条。

用",而未规定"航空器"之范围。法国法上将"航空器"的概念阐释为可以在空中停留或移动的各类设备①,既未作质量、价值、体积或控制模式的要求,也未对其自身是否具有动力进行规定;因此,无人机在法国法上当然就属于民用航空器,由《法国运输法典》进行调整。故而无人机的所有权取得登记、物权流转规则、担保物权存续规则等与喷气式客机、民用直升机等在原则上相同。然无人机因其具有由远程控制端进行操控、不搭载机组人员等特性,在飞行距离、飞行高度、机体质量体积、设备操作复杂程度及机体与配套设施价值方面与载人航空器具有较大差距,法国法遂对无人机进行二分,以一般动产标准和航空器动产标准分别对其所有权移转问题进行规制。具体来说,质量在 25 千克以下且符合一系列欧盟法规②的无人机可以不受《法国运输法典》中诸多登记规则限制,其所有权可以一般动产形式自由取得、移转和消灭。

现行法中,《民用无人驾驶航空器实名制登记管理规定》只是对无人机在行政管理中的实名登记③进行了规定,《民用无人驾驶航空器经营性飞行活动管理办法(暂行)》则是为民用无人机的运营设置行政许可④而非进行物权确认;《无人驾驶航空器飞行管理暂行条例》中,亦明确规定我国无人机登记管理体系仅包括"实名登记"和"国籍登记"⑤。此类规范均为行政机关对无人机设备采取的行政管理措施,目的在于限制民用无人机的使用,以保障社会公共安全和国家安全。此种立法逻辑近似于法国法中质量超过 800 克的无人机须按照欧盟法规进行电子登记的规定,经电子登记的无人机还应满足若干欧盟法规设置的无人机飞行要求。由此可见,我国对无人机所有权登记并无规定,存在一定程度的规范缺失。无人机在我国法规中的规范性表达为"无人驾驶航空器",从文本文义角度分析,无人机当然属于"航空器"范畴,其所有权相关问题亦应当纳入民用航空器所有权管理体系予以规制。然虑及消费级、中小型工业级无人机之价值远小于载人航空器,对公共安全和国家安全的影响亦不可与载人航空器相提并论,故而可以对部分无人机进行"产权管理豁免",即参考法国法规定,设置一定的质量、体积或技术标准,将无人机分为一般动产无人机和特殊动产无人机,二分后构建其产权制度。如此,既可保护价格昂贵、技术复杂的大型工业级无人机之产权,又可便于消费级或中小型工业级无人机之物权取得、流转,激发无人机市场内生活力,

---

① Art L6100-1 de la Code des transports.
② Art L6111-1 de la Code des transports.
③ 《民用无人驾驶航空器实名制登记管理规定》第 1.3 项"登记要求"中规定:"自 2017 年 6 月 1 日起,民用无人机的拥有者必须按照本管理规定的要求进行实名登记。2017 年 8 月 31 日后,民用无人机拥有者,如果未按照本管理规定实施实名登记和粘贴登记标志的,其行为将被视为违反法规的非法行为,其无人机的使用将受影响,监管主管部门将按照相关规定进行处罚。"
④ 《民用无人驾驶航空器经营性飞行活动管理办法(暂行)》第五条。
⑤ 《无人驾驶航空器飞行管理暂行条例》第十条规定:"民用无人驾驶航空器所有者应当依法进行实名登记,具体办法由国务院民用航空主管部门会同有关部门制定。涉及境外飞行的民用无人驾驶航空器,应当依法进行国籍登记。"

促进其蓬勃发展。

（四）中法民用航空器贸易的法律风险应对

如前文所述，中法间航空器贸易频繁，而两国航空器法律制度差异颇多，因此，我国企业在同法国企业进行航空器贸易时应当注意以下风险点：其一，航空器金融化的产权归属问题。成熟的国际航空公司所占有的航空器中，自有产权航空器、融资租赁航空器和承租经营航空器一般各占三分之一，加之法国法中物权变动模式采意思主义，故而我国企业在处理法国航空企业金融化航空器，尤其是涉融资租赁航空器法律问题时，应当厘清其背后的所有权、抵押权和优先权归属，以免产生不必要的讼争。其二，航空器及航空器制造材料进出口的行政处罚问题。中法企业间开展航空器及相应设备材料贸易时，常有申报不实等各类违规情形，在维修保证金、加工贸易料件、减免税设备数量和种类、零备件维修更换费用、租金增值税和航空器材归类等方面，我国航空企业时而存在申报不清、面临中法两国海关行政处罚的情形。我国企业宜厘清相应报关规范，以免企业信用受到影响。其三，中法航空器贸易中的争议解决规则适用问题。对中法两国国内法和国际条约的选择适用是国际私法与航空法的交叉问题，我国法与法国法在物权变动模式、航空器所有权登记要件、航空器抵押权存续期间、无人机物权规范等方面存在不同，前文已备述，在此仅作为风险点予以列明。此外，诉诸国际仲裁解决产权争端亦不失为我国企业在中法航空器贸易中的有益选择。

结语

2023年3月5日，习近平总书记在参加十四届全国人大一次会议江苏代表团审议时强调，高质量发展是全面建设社会主义现代化国家的首要任务[①]。新时代下，航空事业是关于国家命脉的重要事业，其高质量发展与配套制度的高水平构建息息相关，完善航空器法律制度，是推动我国航空事业实现技术攻关、产业升级、国际影响力提升的关键一步。

他山之石，可以为错、可以攻玉；法国民航事业在飞机制造、管理运营、国际市场份额占有率等方面位于世界前列，其制度亦有可借鉴之处。本文对法国民用航空器法律制度进行了概览式的解读，法国民航制度分布错杂，产权规范与我国制度有诸多不同之处，本文无法一一详述，然其中提及笔墨较多之处如航空器集合抵押、备用零部件一并抵押、无人机产权性质二分等规范仍可为我国制度建设提供启示。

---

① 《习近平在参加江苏代表团审议时强调：牢牢把握高质量发展这个首要任务》，https://www.gov.cn/xinwen/2023-03/05/content_5744877.htm，最后访问日期：2023年3月26日。

论自主性武器的国际法规制问题及"中国方案"

贺蔼文[①] 姚婷文[②]

摘要： 人工智能与武器的结合已逐渐走入现实，而国际法上对于自主性武器的规制仅停留在相对陈旧的国际条约与习惯国际人道法等。随着自主性武器不断发展，其冲击了现有国际人道法的区分原则、比例原则、责任原则。同时，由于军事大国对于是否能够发展以及怎样发展未能达成一致意见，因此国际法缺乏具有进一步拘束力的规制。中国作为负责任的大国在自主性武器上保持高度配合的态度，但因未能有国内相关法律配合衔接，缺乏国际治理经验，产生众多不必要的误解。中国应当占据主动权，正确积极表达自己的立场与见解，进一步从践行和平共处五项原则、践行利益和责任共同体、提升国家软实力、加强高端人才培养与输出、鼓励中国的非国家行为体积极参与等方面输出符合"人类命运共同体"价值的中国方案，彰显中国智慧。

关键词： 自主性武器；国际人道法；中国方案

问题的提出

近年来，人工智能不断渗透生产、生活的各个角落，其与武器的结合自然也不断深入。2022 年，俄乌冲突中双方就不同程度地使用智能化程度越来越高的武器。比如乌克兰使用的 Bayraktar TB-2（无人作战飞行器、智能微型弹药），它能够跟随激光到达目标[③]。据报道，俄方则使用 Kalibr 精确主动式雷达制导导弹，以及卡拉什尼科夫康采恩旗下的 Zala Aero 公司研发的 KUB-BLA 巡飞弹（又称"游荡弹药"）[④]。根据联合国报告[⑤]，其实早在 2020 年利比亚战争中，土耳其武器制造商 STM 制造的一款无人机 KARGU 就已投入使用。不论是 KUA-BLA 还是 TB-2，都引发了众多对于其是否是自主性新武器的争议与猜测[⑥]。

---

① 贺蔼文，华东政法大学外语学院讲师。
② 姚婷文，华东政法大学国际法学院，法律硕士。
③ Jon Guttman, "Ukraine's Secret Weapon Against Russia", https：//www.historynet.com/bayraktar-drone-history/，最后访问日期：2022 年 5 月 16 日。
④ Zachary Kallenborn, "Russia May Have Used a Killer Robot in Ukraine. Now What?" https：//thebulletin.org/2022/03/russia-may-have-used-a-killer-robot-in-ukraine-now-what，最后访问日期：2022 年 3 月 15 日。
⑤ 《联合国安理会报 S/2021/229》，https：//documents-dds-ny.un.org/doc/UNDOC/GEN/N21/037/71/PDF/N2103771.pdf? OpenElement，最后访问日期：2021 年 3 月 8 日。
⑥ 也有认为其非自主性武器的声音：根据荷兰的自主性武器专家兼和平组织成员达恩·凯泽（Daan Kayser）的描述，尽管二者都具有相当程度的自主性，但许多功能仍然由人类操作（完全自主地巡航、辨识、跟踪目标），最终决定是开火还是终止行动的仍是人类。Daan Kayser, "Increasing Autonomy in Weapons Systems: 10 Examples That Can Inform Thinking", https：//paxforpeace.nl/news/overview/increasing-autonomy-in-weapons-systems-ten-examples-of-weapon-systems-with-increasing-autonomy，最后访问日期：2021 年 12 月 16 日。

而在国际上，土耳其的科技水平并不高，STM 也只是小型的武器制造商，所以可以想象其他国家也正在研发这类武器，自主性武器的发展已不仅仅存在于想象之中。

国际上对于自主性武器是否应被禁止普遍存在较大分歧，其中主要体现为美俄等大国反对禁止自主性武器。国际法更多的是从国际人权法角度进行规制，而尚未达成明确的可有效限制其发展、使用的规定。因而更多情况下，是通过 1980 年联合国大会通过的《禁止或限制使用某些可被认为具有过分伤害力或滥杀滥伤作用的常规武器公约》（简称《特定常规武器公约》）、国际人道法的各项原则、习惯国际人道法等进行约束。这些规制对于人工智能支持下日渐繁复、精巧甚至致命的自主性武器而言显得力不从心。一方面自主性武器迅速发展、技术不断提升，另一方面责任主体躲在一串层层叠叠的数据代码后面，陡然增加了归责、追责难度。如此，未来自主性武器带来的军事驱动力将完全超出承担违法责任的代价，自主性武器的使用成了大势所趋。有学者认为，当前既有的军控体系已千疮百孔，而新兴领域存在"安全真空"，各国可能会利用这种"安全真空"展开人工智能军备竞赛，并且马斯克也有警告，人工智能的军备竞赛可能成为第三次世界大战的起因[1]。早有学者警告，拖延达成协议将使人类付出高昂的代价[2]，并且随着自主性武器不断肆意发展，规制的难度也将不断提高。若欠缺有意义的人类控制的武器——也就是自主性武器被允许存在，是否有武器从客体摇身一变成为主体的可能？如果是，则不仅将对全人类的安全造成威胁，还将给全人类的尊严带来挑战。这都需要各国际法主体共同协作。

作为负责任的大国，中国对此应当加强发挥应有的作用。事实上，中国历来支持并重视裁军、军备控制，并且积极参与各类大型国际会议，还在各种公开文件中充分表达了对自主性武器安全问题的重视及参与国际军控活动的诚意，但实际参与度明显不足，缺乏公开的相关法律、政策文件，甚至因此被误解为"言行不一""战略性模糊"，成为大肆宣传"中国威胁论"的佐证之一[3]。这些显然是中国不愿意看到的。因此，如何在人类命运共同体价值观的指引下，更好地发挥中国的作用，形成中国方案，是当前一个重要的议题。

自主性武器的定义与特征

自主性武器不等于人工智能加武器。根据红十字国际委员会（ICRC）给出的定义，

---

[1] 冯玉军、陈宇：《大国竞逐新军事革命与国际安全体系的未来》，载《现代国际关系》2018 年第 12 期，第 12 - 20 页。
[2] 王玫黎、杜陈洁：《美国参与自主性武器国际军控的战略关切及角色定位》，载《国际观察》2021 年第 2 期，第 127 - 156 页。
[3] Elsa B. Kania, "'AI Weapons' in China's Military Innovation", *Global China*, 2020.

自主性武器是指"任何在关键功能中具有自主性的武器系统,换言之,是在没有人为干预的情况下能够选择(搜索或探测、识别、追踪、选择)和攻击(使用武力打击、压制、破坏或摧毁)目标的武器系统"[①]。美国国防部的定义为"一旦被激活,就可以选择并瞄准目标而无需人工干预的武器"[②]。《人权观察》将其定义为"可以在缺乏有意义的人类控制的情况下,识别并攻击目标的武器"[③]。当然,关于"自主性"的讨论仍然离不开讨论其与人工智能的关系,但这仅代表了其智力能力,而实则"自主性"更多显示了人类的脱离程度,这与武器是否可控有着密切联系,即判断是否有人类参与其中、是否能够始终可控。这是讨论其是否符合国际人道法的重要前提和基础。国际上,一般称此类具有高人工智能程度、完全排除有意义的人类控制的武器为"自主性武器"。

按照人类参与程度,自主性武器可以分为人类控制系统、人类监控系统、人类脱离系统[④];按照自主性智能程度,其又可以分为远程操作武器系统、自动武器系统、自主性武器系统。本文中所探讨的、需要额外关注其规制问题的就是人类脱离系统下的自主性武器系统。

通过上述定义与分类,可以总结出以下特征:其一,定义处于流变之中,人工智能始终处于不断发展之中,自主性武器系统的表现形式也就不会固定,因而相对合适的定义应当关注人类参与程度而非过分关注智能化程度。其二,难以区分自动武器与自主性武器。自动武器只能在计算机程序编码描述的环境下做出相应的反应,而自主性武器则无须依赖人类事先的部署指令。但是实际上的区分则很困难,因为一个武器系统通常包含了多种人工智能与自动化技术[⑤]。其三,相较于传统武器有明显优势。包括自主性武器在内的所有人工智能武器都普遍能够执行 4D(Dull, Dirty, Dangerous, Deep)任务,在极端环境下作战,反应敏捷,能够缩短进程、提高效率,而且在使用中也不会被情绪左右。当然,更重要的是能够减少投入战场的人员数量,也就减少了伤亡。由于相对低的成本,其对于人口资源贫乏的国家来说有着重大意义。所以,如果能够对其合理利用,严格审查,理论上是存在发挥其相较于传统武器优势的可能性的。其四,相较于传统武器有明显风险。其具体表现为对国际人道法的各种冲击,这将会在下文阐述。在极端情况下,自主性武器这一客体似乎转而在某种程度上具备了

[①] 《自主武器系统》,https://www.icrc.org/zh/war-and-law/weapons/autonomous-weapon-systems,最后访问日期:2022年5月22日。

[②] 美国国防部指令(Department of Defense Directive, DODD)将其定义为:A weapon system that, once activated, is intended to only engage individual targets or specific target groups that have been selected by an operator.

[③] Amanda Sharkey, "Autonomous Weapons Systems, Killer Robots and Human Dignity", *Ethics and Information Technology*, Vol. 21, No. 2, 2019, pp. 75-87.

[④] Peter Layton, "Fighting Artificial Intelligence Battles: Operational Concepts for Future AI-Enabled Wars", *Centre for Defence Research*, 2021.

[⑤] 张卫华:《人工智能武器对国际人道法的新挑战》,载《政法论坛》2019年第4期,第144-155页。

法律主体资格①，从而威胁到人类的尊严。

以上特征表明其有巨大军事优势，比传统武器易获得，但正因为对其难以区分、难以追踪，因此更加难以追责，因而针对自主性武器的国际法规制更加迫切且重要。

自主性武器的国际法规制

（一）现有法律规制

首先，适用武力的前提是必须目的正当、行为合法，并且根据"最后手段"原则（Last Resort），在国际争端中，使用武力只能作为"最后手段"，即只有在所有解决冲突的非军事手段已经被尝试用尽之后才能够使用②。根据《联合国宪章》第2条确立的基本原则，在使用时必须符合限制使用武力或以武力相威胁原则，其内涵就是禁止非法使用武力或以武力相威胁。各国合法使用武力的情形包括第51条规定的武装自卫，即可排除他国的武装侵略而进行武装自卫，但需要符合比例性、相称性等规则。因而仅就使用武器来说并非完全禁止的，所以核心在于自主性武器在与传统武器相比具有显著风险与优势的前提下，是否仍然合法以及是否需要特别规制。具体来说，关于武器的现有国际法规制如下：

国际条约方面，从武器控制角度看，目前仅有管制特定类型武器的条约，主要限制和禁止了核武器、生化武器和某些残忍的常规武器③。虽然目前未有专门的条约禁止或限制自主性武器系统，但是显然自主性武器搭载上任意一种上述限制或禁止的武器都是不允许的。鉴于自主性武器只是平台，需要搭载其他具体的武器，因此若要判断其是否合法，还需结合考虑所应用时的方式与环境，即还应从国际人道法角度，考察其具体是否符合国际人道法中的作战手段与作战方式等规定。国际人道法主要包括海牙公约体系与日内瓦公约体系。其中海牙公约体系包括1899年和1907年的两次海牙和平会议上通过的一系列公约、宣言等文件④，其主要是涉及禁止或限制作战手段和方法的规则。日内瓦公约体系则包括1949年签订的日内瓦四公约与1977年签订的日内

---

① 张卫华：《人工智能武器对国际人道法的新挑战》，载《政法论坛》2019年第4期，第144-155页。
② 王铁崖：《国际法》，法律出版社1995年版，第190页。
③ 何蓓：《性质与路径：论自主性武器系统的国际法规制》，载《西安政治学院学报》2016年第4期，第97-103页。
④ 1907年的《海牙第四公约》（也被称为《陆战法规与惯例公约》），作出了一系列限制作战方法和手段的规定，如：第二篇第一章第22条"交战者在损害敌人的手段方面，并不拥有无限制的权利"；第25条、第27条规定禁止攻击不设防的城镇、村庄、住所和建筑物，尽可能保全专用于宗教、艺术、科学和慈善事业的建筑物，历史纪念物，医院和病者、伤者的集中场所。

瓦四公约的两个附加议定书①，主要针对的是战争和武装冲突状态下的敌对双方行为，对其具有法律拘束力。日内瓦公约体系更侧重保护平民和受难者②。此外，还应接受《特定常规武器公约》（CCW）的约束③。《特定常规武器公约》本身不包含关于使用特定常规武器的实体规范，而是通过制定一系列附加议定书禁止或者限制无法检测碎片的武器、地雷、燃烧武器、激光致盲武器，形成一个开放的、极具特色的国际人道法条约体系④。

国际习惯方面，红十字国际委员会（ICRC）耗时多年制定并且仍在更新的《习惯国际人道法》包含：第一部分，区分原则；第二部分，受特别保护的人与物体；第三部分，特定作战方法；第四部分，武器；第五部分，平民与丧失战斗力者的待遇；第六部分，实施⑤。它消除了国际人道法对没有批准或接受国际人道条约的国家的适用障碍，同时也消除了在非国际性武装冲突中难以适用的障碍，形成了对国际人道条约的重要补充。

除国际条约、国际习惯这类正式的国际法渊源外，根据《国际法院规约》第 38 条规定，还有诸如公法学说、一般法律原则、公允及善良等非正式渊源。笔者认为这实则与著名的马尔顿斯条款（Martens Clause）所论述的内容有高度一致性⑥。根据马尔顿斯条款，即使条约中并无明文规定，任何类型武器的使用都不可违背人道主义原则和公众良知，即不可行法约之外的恶。

（二）自主性武器对现有国际法规制的冲击

现有国际人道法的基本原则中受到自主性武器冲击的部分主要包括区分原则、攻

---

① 1949 年日内瓦四公约，即《改善战地武装部队伤者病者境遇之日内瓦公约》《改善海上武装部队伤者病者及遇船难者境遇之日内瓦公约》《关于战俘待遇之日内瓦公约》和《关于战时保护平民之日内瓦公约》；1977 年两个附加议定书即《一九四九年八月二十日日内瓦四公约关于保护国际性武装冲突受难者的附加议定书》（简称《第一附加议定书》）和《一九四九年八月二十日日内瓦四公约关于保护非国际性武装冲突受难者的附加议定书》（简称《第二附加议定书》）。参见蒋圣力：《论国际人道法在联合国维持和平行动中的适用》，载《西部法学评论》2018 年第 2 期，第 37-44 页。
② 管建强、郑一：《国际法视角下自主武器的规制问题》，载《中国海洋大学学报（社会科学版）》2020 年第 3 期，第 105-114 页。
③ 《特定常规武器公约》框架下对自主性武器议题的讨论开始于 2014 年非正式专家组会议，之后陆续召开了 4 届非正式专家组会议。2016 年缔约国全体会议上决定设立一个关于致命性自主性武器系统领域新技术的不限成员名额的政府专家组（GGE），并且每年召开 2 次会议。
④ 张卫华：《人工智能武器对国际人道法的新挑战》，载《政法论坛》2019 年第 4 期，第 144-155 页。
⑤ 区分原则包括区分平民与战斗员、区分民用物体与军事目标、禁止不分皂白的攻击、攻击中的比例性原则、攻击中的预防性措施、防止攻击影响的预防措施等内容（Jean-Marie Henckaerts, Louise Doswald-Beck, *Customary International Humanitarian Law Volume I: Rules*, Cambridge University Press, 2009）。
⑥ 马尔顿斯条款最先由俄罗斯国际法学家马尔顿斯先生于 1899 年第一次海牙和平会议上提出，该条款解决了在国际法没有相应规定的情形下，平民和战斗员是否应受到人道原则、既定习惯和人类良知保护的问题。日内瓦四公约《第一附加议定书》第 1 条第 2 款也有相关规定。参见杨成铭、魏庆：《人工智能时代致命性自主武器的国际法规制》，载《政法论坛》2020 年第 4 期，第 133-143 页。

击中的比例性原则、武器使用一般原则①、攻击时的预防原则以及违法者应当承担责任的原则。

区分原则是一项有关敌对行为的国际人道法基本原则，其在多份国际公约、习惯法中都有提及②。区分既包括对平民与战斗员的严格区分，也包括对民用物体与军事目标的严格区分。质言之，只准许对战斗员和军事目标进攻，同时需要保护平民与民用物体。而自主性武器的使用则极有可能与其相冲击继而遭到抵触。其一，自主性武器难以精准区分攻击目标。目前来说，其缺乏多维度精准的感官和视觉处理体系。小小的一个像素的误差就可能会产生识别偏差，酿成惨剧。况且其对于平民的定义也不够清晰，比如是否所有非战斗员都等于平民。其二，自主性武器缺乏足够的公允及善良。也就是说，它因缺乏人类基本的判断力和对人类复杂、多变行为背后深层意思的理解，以及缺乏对价值的理解和对事件发展方向的预期③，而只会遵从设计者的设定。这就过度依赖于设计者、制造者的公允及善良。一旦事先的审查有任何疏漏，后果将难以想象。

比例性原则指的是对军事目标进行攻击时最大限度减少对平民和民用物体等造成的附带损害，其在国际公约、国际习惯④以及一般法律原则⑤中都有体现。它是国际人道法中最复杂的原则之一。首先，标准不具客观性。关于是否超出限度，国际审判庭遵循的是"合理理性人"标准，红十字国际委员会遵照的是"常识"和"善意"两个条件。可见，限度的标准难免具有主观色彩。其次，目前对于比例性原则的解释也相对不固定。比如，有从减少无辜平民伤亡的角度考虑的，也有从以削减敌人军事力量为目标的角度考量的⑥。多元且主观的评价标准使得该原则本身并不客观，因人而异，也很难想象有人工智能或者其他技术能够在瞬息万变的战场上达到武装行动与所造成

---

① 这里指禁止使用引起过分伤害或不必要痛苦性质的作战方法和手段。
② 这里包括：《第一附加议定书》第48条强调区分民用物体与军事目标，仅以军事目标为对象；第51条强调区分平民与战斗员，平民不应成为被攻击对象，并禁止不分皂白的攻击；第57条再次强调应经常注意不伤及平民。《习惯国际人道法》也有相关规定。
③ Christof Heyns, "Report of the Special Rapporteur on Extrajudicial, Summary or Arbitrary Executions", https://digitallibrary.un.org/record/771922，最后访问日期：2014年1月1日。
④ 比例性原则规定于日内瓦四公约《第一附加议定书》第51条第5款（b）、第57条，同时在《特定常规武器公约》的《禁止或限制使用地雷（水雷）饵雷和其他装置的议定书》（第二号议定书）和《战争遗留爆炸物议定书》（第五号议定书）中都可以找到相关规定。
⑤ 一般法律原则不同于国际法基本原则，根据《国际法院规约》第38条，其为文明各国所承认者。因此，其是指各个国家法律体系中共有的原则。事实上，关于比例性原则，的确在世界上大量的军事手册中都能找到，包括澳大利亚、比利时、加拿大、克罗地亚、厄瓜多尔、法国、德国、匈牙利、印度尼西亚、以色列、肯尼亚、尼德兰、新西兰、尼日利亚、菲律宾、南非、西班牙、瑞典、瑞士、英国、美国等；同时也有许多国家已经通过立法，将违反比例性原则所进行的攻击作为犯罪处理，包括亚美尼亚、澳大利亚、白俄罗斯、比利时、加拿大、哥伦比亚、新西兰、尼日利亚、挪威、西班牙、瑞典、英国、津巴布韦等国。
⑥ 格劳秀斯认为不得发动任何可能会造成无辜平民伤亡的袭击；《圣彼得堡宣言》认为武器和作战手段及方法不能超出以削减敌人军事力量为目标的程度。

的结果之间的客观权衡。

责任原则是指一国应当对可归咎于其违反国际人道法的行为承担责任。如果自主性武器完全脱离了人类控制、反客为主,加之其使用的隐蔽性,将存在难以找到背后责任主体,产生责任逃逸的情况。此外,即使找到了背后责任主体,但归咎于实际的程序员、制造者、部署者等的依据在哪里?究竟归咎于程序开发编写者,还是战场指挥官?如果都需承担责任,比例又如何?这些问题都需要解决。

由于人工智能等技术的不断发展,自主性武器的发展必然越来越跳脱出人类目前的想象,甚至有逃脱人类控制的危险,因而仍然需要法律规制,不可能如有些国家所述,完全摆脱"抢先性规制"[①]。甚至随着自主化程度越来越高,其将给全人类的安全和尊严带来更大的挑战。但武器即使再精确、再精妙,也都必须严格符合基本的法律与原则。所以,应当探讨的问题并非能否允许发展自主性武器,毕竟无论 AI 在智慧与工艺技术上多么不同于过往的科技革新,其终究还是没有全然逸脱"工具"的性质[②]。自主性武器就是更加高阶的武器,不论如何智能,都只是由人类直接或者间接创造,至少都是有机会可以在人类掌控之中的。若谈论到失控,那也不仅仅是自主性武器单独的缺陷,即使冷兵器时代也会有误伤的情况。坚决抵制自主性武器发展,只会造成大国各自为政、小国抱团取暖的局面僵持不下、难以调和。因此,重点不是一味抵制武器升级,而是应当关注怎样引导、规制这些比传统武器效率高、轻巧得多也难以管控的新型武器。

但目前的法律规制显然不够。比如国际人道法以存在武装冲突(包括国际性的和非国际性的)为适用条件,对于非武装冲突下的问题显然未作规定。事实上,关于自主性武器是否应当发展以及如何规制,各国始终存在差异,联合国 CCW 会议一直未能达成一致意见。而自主性武器关乎全人类的安全与尊严,大国之间或者全球对自主性武器的立场未达成一致并不是可以肆意发展、运用自主性武器甚至逃脱责任的借口。民间反对组织的情绪也日益高涨(如 Stop Killer Robots[③])。与此同时,随着武器智能化、自主化水平不断提高,自主性武器的成本相较于传统武器并不高,并且其越来越精巧,因而对自主性武器愈发难以防控,愈加难以追责。这都使得自主性武器究竟应当如何规制以保障无辜平民安全显得愈发重要:一是自主性武器能否遵守国际人道法中的作战规则;二是因自主性武器的使用而导致违反人道法时,其后果应当由谁来承担。对于第一个问题,显然,自主性武器缺乏专门的硬性规制,是无法确保遵守国际人道法中的各项规则的。至于第二个问题,其是国际法规制中的一个核心问题。

---

① 抢先性规制(preemptive ban/regulation)存在两种情形:其一是直接禁止自主性武器;其二是允许其存在,但应在法律允许的范围内研发、部署、使用以及出售。但二者都有一个核心,即具有法律约束力。
② 谭伟恩:《AI 时代的国际关系:只有更聪明,没有最聪明,但谁呢?》,载《全球政治评论》2019 年第 1 期,第 7-14 页。
③ Stop Killer Robots 是一个日益壮大的全球民间社会组织联盟,在 67 个国家和地区开展工作,旨在推动制定新的国际法以确保人类对武力使用进行有意义的控制。

四、国际法规制的中国方案研究

中国历来重视并且支持国际裁军和军备控制，不断参与国际会议，参加一系列重要的国际军控与裁军条约或公约等，向国际社会展示中国的担当以及对国际和平与安全的重视。对于自主性武器，我国基本态度为支持自主性武器在联合国法律框架内进行，并同意进一步达成具有法律拘束力的"抢先性规制"[1]，但未见明确的公开法律、政策文件支持中国开展自主性武器的法律审查等法律实践。与此同时，中国在军事领域人工智能的数量每年看涨[2]，令欧美国家忧心忡忡，其炮制的"中国威胁论"又浮上水面。2021年10月，北约通过了首项人工智能战略，投资10亿欧元，明确了四个主要目标、六项原则[3]，意图确保其在科技领域领先，进而威慑俄罗斯，抗衡中国。与中国相比，美国在自主性武器的立场上非常积极，且态度鲜明地反对"有意义的人类控制"并提出以"适当的人类判断"为替代，不愿受到强制性约束[4]，强调自主性武器的益处以及法律审查的重要性；英国提出其不会在缺乏"与环境相适当的人类参与"（context-appropriate human involvement）的前提下，使用致命自主性武器，并且不愿

---

[1] "Statement of the Chinese Delegation at the Thematic Discussion on Conventional Arms Control at the First Committee of the 74th Session of the UNGA", http：//un.china-mission.gov.cn/eng/chinaandun/disarmament_armscontrol/unga/201911/t20191113_841 2343.htm，最后访问日期：2019年10月25日。

[2] 根据荷兰和平组织（PAX）的研究，在2005年至2015年期间，美国在军事领域人工智能的新专利占专利总数的26%，而中国则占25%。之后中国就超过了美国。参见 The Washington Post, "The Future of Warfare Could Be A Lot More Grisly than Ukraine", https://www.washingtonpost.com/technology/2022/03/11/autonomous-weapons-geneva-un/，最后访问日期：2022年3月11日。

[3] 这四个目标是：To provide a foundation for NATO and Allies to lead by example and encourage the development and use of AI in a responsible manner for Allied defence and security purposes（为北约和盟国以身作则奠定基础，并鼓励以负责任的方式开发和使用人工智能，以实现盟国的国防和安全目的）；To accelerate and mainstream AI adoption in capability development and delivery, enhancing interoperability within the Alliance, including through proposals for AI Use Cases, new structures, and new programmes（加速人工智能在能力开发和交付中的采用，增强联盟内的互操作性，包括通过人工智能用例、新结构和新计划的建议）；To protect and monitor our AI technologies and ability to innovate, addressing security policy considerations such as the operationalisation of our Principles of Responsible Use（保护和监控我们的AI技术和创新能力，解决安全政策考虑因素，例如我们的负责任使用原则的实施）；To identify and safeguard against the threats from malicious use of AI by state and non-state actors（识别和防范国家和非国家行为者恶意使用人工智能所带来的威胁）。这六个原则是：Lawfulness（合法性）；Responsibility and Accountability（责任和问责）；Explainability and Traceability（可解释性和可追溯性）；Reliability（可靠性）；Governability（可治理性）；Bias Mitigation（偏差缓解）。参见 North Atlantic Treaty Organization, "Summary of the NATO Artificial Intelligence Strategy", https://www.nato.int/cps/en/natohq/official_texts_187617.htm，最后访问日期：2021年10月22日。

[4] 这里指反对 "sufficient human control"，认为 "non-binding Code of Conduct" 是最好的方式。参见 "Convention on Certain Conventional Weapons (CCW) Group of Governmental Experts (GGE) on Emerging Technologies in the Area of Lethal Autonomous Weapons Systems (LAWS) Opening Statemen", https://geneva.usmission.gov/2021/12/03/convention-on-ccw-group-of-governmental-experts-on-emerging-technologies-in-the-area-of-laws，最后访问日期：2021年12月3日。

意按照联合国的提议，受到除国际人道法之外更进一步的法律约束①。由此可见，英美均明确表示不禁止自主性武器，仅愿意受制于国际人道法而不同意联合国提议的进一步的法律约束，对"有意义的人类控制"有不同的提议与见解。而值得注意的是，美国和英国是仅有的两个已知的制定了自主性武器法律审查政策的国家。显然，其具有丰富的经验能够通过发现、研究问题以及提出、论证和倡导新理念而迅速掌握话语权，从而达到以国际法话语体系的外衣维护自身利益的目的。因此，正如习近平总书记所强调的，要把维护国家安全的战略主动权牢牢掌握在自己手中，同时还应引导国际社会共同塑造更加公正合理的国际新秩序②。但目前中国尚未发挥应有的作用。中国应当占据主动权，正确积极地表达自己的立场与见解，减少不必要的误解，并且进一步倡导符合全球利益、符合"人类命运共同体"价值的中国方案，彰显中国智慧。

其一，应当积极践行和平共处五项原则。正如卢梭所言，除非把强力转化为权利，把服从转化为义务，否则即使是最强者也绝不会强大到永远做主人③。同样，国际社会若缺乏进一步明确对自主性武器的原则性规制，已经存在的规则真空只会扩大，今后法律束缚的难度只会增加。和平共处五项原则虽不能等同于国际法基本原则，却是我国在国际上建立中国话语权的重大实践。我国应当将倡导付诸实践，具体来说需要积极表态，阐明我国对于自主性武器的立场，同时本着互相尊重、平等互利的原则，在求同存异之后积极推动促成具有法律拘束力的一致意见，包括是否同意完全没有人类控制的自主性武器存在、"抢先性规制"的具体形式究竟是何种、在国内法中应当如何衔接，从而带领形成严格的多环节全过程的法律审查监管，加强落实归责。

其二，应当积极践行人类命运共同体。正如习近平总书记所强调的，不能牺牲别国安全来谋求自身所谓的绝对安全；安全应该是普遍、平等和包容的④。在此基础上，考虑将安全领域的人类命运共同体具体化。具体来说，包括利益共同体的逻辑起点以及责任共同体的逻辑诉求。首先，在利益共同体方面，当前各国尽管各执己见，尚未达成积极的一致的规制意见，但是可以把重点放在自主性武器的预防性特征上，优先保障处于相对劣势、完全排斥自主性武器发展的小国具备自主性武器的防御功能。毕竟防御意味着自卫，因此重视自主性武器的防御则意味着保障正当的自卫权。在配备了与攻击性自主性武器具备相当程度的防御性武器之后，再在所谓的军事强国与弱国之间进行基于全人类共同利益的磋商，将会具有更大的成功可能性。其次，在责任共

---

① UK Parliament, "Autonomous Weapons Systems Volume 815", https://hansard.parliament.uk/lords/2021-11-01/debates/8E4085C5-CA55-40C5-B218-93412 DADFDB6/AutonomousWeaponsSystems, 最后访问日期：2021年12月1日。
② 习近平：《习近平谈治国理政》（第二卷），外文出版社2017年版，第382页。
③ 卢梭：《社会契约论》，何兆武译，商务印书馆2009年版，第9页。
④ 习近平：《积极树立亚洲安全观 共创安全合作新局面——在亚洲相互协作与信任措施会议第四次峰会上的讲话》，https://www.gov.cn/xinwen/2014-05/21/content_2684055.htm，最后访问日期：2023年3月20日。

同体方面，对于全人类来说，自主性武器相关规制最重要的核心就是责任的承担。一般来说，自主性武器不宜界定为"战斗员"，否则会造成责任空缺。因而应当明确最终责任主体，推动建立多元责任体系，既强调自主性武器研发、制造、使用国家的责任，又强调指挥官、研发者、操作者的责任。因此，必须倡导加强对自主性武器的实质性管控，包括加强对所有人工智能武器的登记、保险、管理。欧盟议会曾提出"电子人格制度"，为人工智能武器确立伦理原则并建立强制保险制度和赔偿基金①。也有学者提出，应针对不同自主性程度的武器适用区分化的责任体系，自主性武器、致命武器系统应适用无过错责任，而半自主性以及非致命武器系统则适用过错责任②。

其三，应当提升国家软实力以及高端人才的培养与输出，提升国际影响力。由时常被冠以"战略性模糊"而进一步引发对我国的敌意可见，中国尚且缺乏国际引领的能力、清晰表达诉求的能力。因此，一方面是国家整体软实力、话语权的体现，另一方面也是缺乏精通国际法并对自主性武器技术有充分认识的高端人才的体现，而这一点恰恰是微观层面能够快速改善这一现状困境的有力措施。

其四，应当鼓励中国的非国家行为体积极参与自主性武器的相关规制活动。市民社会对于致命性自主性武器的态度将影响甚至改变国家对致命性自主性武器的态度。人工智能领域的科学家、实业家及非政府组织也发挥着独特的作用。国际上如马斯克和 Skype 创始人、谷歌均有参与签署禁止致命性自主性武器方面的宣言。笔者注意到，我国大型商用无人机制造商大疆创新在此次俄乌冲突中保护无辜平民方面也有发挥自己的作用。它在 2022 年 4 月 26 日宣布暂停在俄罗斯和乌克兰的运营，并且是第一家公开表示因俄乌冲突而离开俄罗斯的中国公司③。应大力鼓励这类非国家行为体的符合国际人道法原则的行为，这有利于树立起我国负责任大国的形象，对提升话语权将产生潜移默化又深远的影响。

五、结论

自主性武器显著的优势与劣势，以及各个国家之间的利益冲突，使得是否允许自主性武器付诸实践应用的讨论难以达成一致意见，但迟迟未达成一致意见会导致法律真空始终存在。因此，在国际人道法基础上形成进一步的法律约束是迫切且必要的，更多的目光应当投射到能够达成统一以及能够规制且亟须规制的部分。在自主性武器

---

① 杨成铭、魏庆：《人工智能时代致命性自主武器的国际法规制》，载《政法论坛》2020 年第 4 期，第 133-143 页。
② 林昕璇：《AI 自主性武器系统在国际法上适用之研析》，载《军法专刊》2021 年第 4 期，第 44 页。
③ "DJI Reassesses Sales Compliance Efforts in Light of Current Hostilities", https://www. dji. com/au/news-room/news/dji-statement-on-sales-compliance-efforts，最后访问日期：2024 年 6 月 4 日。

国际法进一步规制的进程中,我国应当不断提高自身软实力与话语权,发挥大国的优势,肩负大国担当,彰显中国智慧,提升国际影响力,鼓励国内各方力量积极参与,最终推动全球安全治理进程。

数字版权时代下反通知规则研究

高天阳[①]　马旭霞[②]　叶小萍[③]

摘要：避风港规则肇始于美国《数字千年版权法案》，并在我国法律体系中逐步完善。它由通知规则与反通知规则组成。然而，由于此前研究侧重于通知规则，对于反通知规则的关注较少，现行反通知规则不够成熟。在我国，不合格通知的告知补正义务缺失，可能架空反通知规则；错误反通知的责任缺失，可能降低反通知可信度；网络用户的被动地位与等待期限的模糊，会影响反通知效果。对此，可以借鉴并转化美国《数字千年版权法案》中的条款，设置告知补正义务，避免反通知规则失效；明确错误反通知的责任，提升反通知可信度；规范设置网络用户的等待期限，限制必要措施维持时间，强化反通知效果。科学恰当的学说继受与法律移植对使权利人、网络服务提供者、网络用户之间达到利益平衡有所助益。

关键词：数字版权；避风港规则；反通知规则；利益平衡

一、问题的提出

自互联网发展进入 Web 2.0 时代以来，得益于音视频等技术的发展，网络产品的制作门槛和创作成本大幅降低。伴随而来的则是网络产品的生成机制发生了革命性转变，在传统的 PGC（专业生产内容）模式之外，兴起了 UGC（用户生产内容）模式，即用户将自己创作的内容通过互联网平台进行展示或者提供给其他用户。在中国，较为典型的 UGC 平台有"抖音""快手""哔哩哔哩""知乎""豆瓣"等网站。UGC 模式的兴起，既对信息的积累和传播起到极大的促进作用，又给网络版权治理机制带来考验。

对于网络上的版权治理问题，通行做法是"避风港规则"。避风港规则肇始于美国 1998 年的《数字千年版权法案》（以下简称"DMCA"），作为各方利益主体角逐的结果，它被视为平衡著作权保护、传播业发展的代表性制度，成为世界各国治理网络版权问题的基本范式。尽管不同国家在不同时间段内所确立的避风港规则各有差异，但其运行原理可以大致概括为通知规则和反通知规则两部分。通知规则的运行原理是：当网络服务提供者收到权利人发出的侵权通知时，就应当对涉嫌侵权的内容及时采取删除等措施，以免承担相应的间接侵权责任，并将侵权通知转送给涉嫌侵权的网络用

[①] 高天阳，浙江省建德市人民检察院，第五检察部检察官助理。
[②] 马旭霞，浙江财经大学法学院副教授，硕士生导师。
[③] 叶小萍，浙江省建德市人民检察院，第五检察部主任。

户。而反通知规则则是作为一种为网络用户提供救济途径和抗辩手段的抗衡制度而设计的,其基本原理是:当网络服务提供者收到涉嫌侵权的网络用户发出的反通知后,应当将其转送给权利人,告知其及时起诉,否则就将恢复先前被删除的作品。

我国最早于 2000 年在《最高人民法院关于审理涉及计算机网络著作权纠纷案件适用法律若干问题的解释》(已于 2003 年修正)第八条第一款中尝试引入避风港规则。2006 年的《信息网络传播权保护条例》(以下简称《条例》,已于 2013 年修订)第十四至十七条则针对信息网络传播权,较为系统地规定了通知规则与反通知规则。2009 年的《中华人民共和国侵权责任法》(已废止)确立了通知规则,但对反通知规则的表述较有争议。2021 年实施的《中华人民共和国民法典》(简称《民法典》)相较于前面几部法律文件,在第一千一百九十五至一千一百九十六条中较为系统完整地规定了通知规则与反通知规则,并将删除"升级"为必要措施,是避风港制度在我国进一步完善的标志性成果。

国内外学界对通知规则的研究较多,但对作为平衡权利人、网络服务提供者及网络用户三方主体利益重要支点的反通知规则则关注相对较少。实践中很少有网络用户发出反通知,即使发出了反通知也难以发挥实质性作用。例如,推特(Twitter)平台 2021 年 7~12 月的统计数据显示,共收到侵权通知 15 万件,收到反通知 2 万件,收到反通知的比例约为 13.3%①。再如,Github 平台统计显示,自 2021 年 1 月至 2023 年 12 月期间,每个月要求删除的通知数量在 113 条到 267 条之间不等,但反通知数量从未超过 10 条②。在我国也存在类似情况,由于理论研究的匮乏与现行制度下存在的诸多漏洞,反通知规则无法发挥出应有的效果,甚至存在被架空的风险。

现行制度的不足及其关联后果

(一) 不合格通知的告知补正义务缺失

1. 告知补正义务在理论与实践中的争议

《民法典》第一千一百九十五条第一款③与《条例》第十四条④规定了一份合格的通

---

① 参见"Twitter Transparency, Copyright Notices", https://transparency.twitter.com/en/reports/copyright-notices.html#, 最后访问日期: 2023 年 7 月 17 日。
② 参见"DMCA notices processed", https://transparencycenter.github.com/dmca/, 最后访问日期: 2023 年 8 月 30 日。
③ 《民法典》第一千一百九十五条第一款:"……通知应当包括构成侵权的初步证据及权利人的真实身份信息。"
④ 《条例》第十四条第一款:"……通知书应当包含下列内容:(一)权利人的姓名(名称)、联系方式和地址;(二)要求删除或者断开链接的侵权作品、表演、录音录像制品的名称和网络地址;(三)构成侵权的初步证明材料。"

知所应具备的要件,其中都要求权利人提供构成侵权的初步证据。何谓"不合格通知"?从广义上理解,其是指不符合"合格通知"要件的通知;在实践中,通常表现为"构成侵权的初步证明材料"这一要件不完备,例如权属证明、侵权内容信息、侵权分析表等要素存在不完整甚至缺失等问题。为了明确讨论范围,本文的"不合格通知"界定为"初步证明材料"这一要件缺失,导致仅能将权利人所主张的侵权事实证明至较低的盖然性,从而使所涉内容不足以具备"侵权"外观,进而无法证明网络服务提供者负有采取删除等必要措施的义务。法律规定,网络服务提供者接到通知后,应当及时采取删除等必要措施。但采取上述措施显然不是无条件的,而是以通知合格为前提的。但是,如果通知不合格,网络服务提供者对权利人是否有告知补正的义务?法律对此语焉不详。

在司法实践中,有的裁判对上述义务持否定态度。例如在"北京乐动卓越科技有限公司诉阿里云计算有限公司侵害作品信息网络传播权案"[①](以下简称"阿里云案")中,北京知识产权法院认为乐动卓越向阿里云发送的三次通知均不构成合格通知,阿里云对此不负有告知补正的义务。法院认为,要求网络服务提供者进一步联系、核实、调查,会引发对缺失哪些要件的通知,网络服务提供者有义务进一步联系、核实、调查的争论,以及由于权利人联络渠道或专业能力不同而导致不能通过一次联络解决问题,进而讨论进一步联系、核实、调查的频次和核实到何种程度等问题。在法律未规定的情况下,上述要求必然使得网络服务提供者面临责任承担的不确定性。《最高人民法院关于审理涉及计算机网络著作权纠纷案件适用法律若干问题的解释》第八条第一款也规定:"著作权人发现侵权信息向网络服务提供者提出警告或者索要侵权行为人网络注册资料时,不能出示身份证明、著作权权属证明及侵权情况证明的,视为未提出警告或者未提出索要请求。"其言外之意为网络服务提供者没有告知补正的义务。

但有学者认为,如果"一刀切"地否定告知补正义务,可能导致大量通知因未满足要件而"石沉大海",与通过权利人和网络服务提供者合作减少网络侵权的目的相悖[②]。甚至有学者指出:不合格的通知会对网络服务提供者产生警示作用,进而使其对涉嫌侵权内容产生审查义务;否则,就是对涉嫌侵权行为的视而不见[③]。若在后续诉讼中查明网络用户确实构成侵权,则网络服务提供者将面临被认定为具有主观过错而承担侵权责任的风险。《最高人民法院关于审理侵害信息网络传播权民事纠纷案件适用法律若干问题的规定》第十三条也规定,网络服务提供者收到通知及构成侵权的初步证

---

① 北京乐动卓越科技有限公司诉阿里云计算有限公司侵害作品信息网络传播权案,北京知识产权法院(2017)京 73 民终 1194 号民事判决书。
② 徐伟:《网络侵权中"合格通知"规则检视及其完善——以〈民法典〉第一千一百九十五条第一款第 2 句为中心》,载《法治社会》2023 年第 3 期,第 18-32 页。
③ 梁志文:《论通知删除制度——基于公共政策视角的批判性研究》,载《北大法律评论》2007 年第 8 卷第 1 期,第 168-185 页。

据后，未及时根据初步证据和服务类型采取必要措施的，应当认定其明知相关侵害信息网络传播权行为。从理论上讲，通知固然以合格为必要前提，但许多时候网络服务提供者并不能非常有把握地判断通知是否达到合格标准，进而面临较大的不确定性。

2. 网络服务提供者的占优策略可能架空反通知规则

实质上，是否构成侵权与通知是否合格并无必然联系。权利人的通知不合格时，网络用户既可能不构成侵权，也可能构成侵权，但通知未提供足够的证据材料却是事实，例如上述"阿里云案"。针对后者，唯一合理的解释就是权利人主观上不知道应当如何发出合格通知；而网络服务提供者又不知道权利人属于前后哪种情况，因此也没有过多的动机去继续联络权利人告知补正。

就权利人—网络服务提供者这一侧来看，在权利人发出通知后（无论其合格与否），网络服务提供者采取删除等必要措施是占优策略。若采取必要措施，则能安全地驶入"避风港"；若不采取必要措施，就面临被起诉的风险，一如乐动卓越起诉阿里云。尽管在通知不合格时，不易认定网络服务提供者具有主观过错；但从权利人的角度来看，其必然认为自己发出的通知应属合格，若网络服务提供者不及时采取必要措施，则仍然存在被卷入后续诉讼的风险。特别是对于能力不强的网络服务提供者来说，其并不能确保自己的审查结果与法院保持一致，因而选择不采取必要措施是一种较为"冒险"的策略。

就网络服务提供者—网络用户这一侧来看，在网络用户发出反通知后，网络服务提供者维持必要措施是占优策略。假设网络用户对权利人不构成侵权，若网络服务提供者解除必要措施，则没有理由被追究责任；若维持必要措施，该当如何？此处暴露出的另一个基础规则漏洞，是未构建被投诉人的反通知请求权基础。尽管法律规定网络用户可以就造成损害的错误通知向权利人主张侵权责任，但没有明确规定网络服务提供者违反反通知时，侵害了什么民事权益，应当承担什么法律责任①。一种可能的救济思路是，通过《民法典》第一千一百六十五条，即一般侵权行为的规则来处理，但在不宜对网络服务提供者科以过重审查义务的前提下，要认定其主观过错并非易事。因此，即使在不构成侵权的情况下，选择维持必要措施的法律风险仍然相对较小。再假设网络用户对权利人构成侵权，若网络服务提供者维持必要措施，则同样没有理由被追究责任；若解除必要措施，又当如何？不言而喻的是，解除必要措施应以反通知合格为前提，换言之，网络服务提供者对反通知仍然负有一定的注意义务。而在明知网络用户构成侵权的情况下，权利人很难去相信网络服务提供者会基于对反通知的善意相信而选择解除必要措施。权利人更愿意去怀疑网络服务提供者没有对反通知的内

---

① 沈弈婷：《反通知规则"六要素"审查方法研究——以〈民法典〉第 1196 条的司法续造为视角》，https://mp.weixin.qq.com/s/EedRGp11YJnrnmuDcDviPQ，最后访问日期：2022 年 5 月 10 日。

容尽到合理的注意义务，进而主张其主观上存在过错，要求其承担相应的法律责任。因此在构成侵权的情况下，选择解除必要措施的法律风险相对较大。

综上所述，可以得到的一个推论是：当网络服务提供者收到一份不合格通知及反通知时，在侵权与不侵权的可能性大致相当的情况下，维持必要措施是占优策略（参见表1）。此时，反通知对网络服务提供者的行为策略不会产生明显的影响，因而反通知规则尚存在被架空的风险。

表1 通知不合格→无法对侵权与否形成确信

类别	侵权（约50%）	不侵权（约50%）
维持必要措施	无责任	反通知请求权基础不明→法律风险小
解除必要措施	反通知合格概率低→法律风险大	无责任

3. 告知补正有益于反通知规则发挥作用

需要特别注意的是，得出"维持必要措施是网络服务提供者的占优策略"这一结论的前提是"通知不合格时不告知补正"。在现有证明材料不足以让网络服务提供者形成"侵权事实"确信的情况下，到底是根本不构成侵权行为，还是事实上构成侵权行为，但权利人没有给出足够的证明材料？若不继续联络权利人，网络服务提供者可能无法确定哪一种情况的可能性更大。在上述前提下，为了法律风险最小化，维持必要措施是相对合理的策略。但是，如果网络服务提供者在收到不合格通知后继续联络权利人，就可以督促其就通知内容提供更为充分的证明材料。通过继续联络权利人并主动提供相关参考指引，网络服务提供者可以就通知内容的真伪（即侵权指控的成立与否）进一步形成确信：如果权利人善意地认为侵权指控成立，那么他会在能力范围内尽可能地提供证明材料；若合理期限内无正当理由不能提供更多的证明材料，则可以反推出权利人确实不具备更多的证明材料①（参见表2）。

表2 补正程序的有无对网络服务提供者确信的影响

类别	侵权	不侵权
无告知补正程序	无法形成确信	
有告知补正程序	权利人能够提供更为充分的证据→网络服务提供者更能形成"侵权确信"	权利人无法提供更为充分的证据→网络服务提供者更能形成"不侵权确信"

一旦网络服务提供者通过上述方式能够从"无法形成确信"向"确信不侵权"转变，就意味着前述推理的前提发生了改变，即在网络服务提供者心中"不侵权"的可

---

① 通过提供足够明确的参考指引，可以排除权利人不知道如何发送合格通知的可能性，进而可以根据合理期限内无正当理由不能提供更多证明材料的结果，反推出不具备相关材料的原因。

能性明显高于"侵权"。此时,应当在不侵权的条件下,对比维持必要措施与解除必要措施的风险。虽然"在不侵权前提下维持必要措施"相对于"在侵权前提下解除必要措施"而言法律风险较小,但仍然存在通过一般侵权行为规则来追究违反反通知责任的可能性,故在不侵权的前提下,相对于"解除必要措施","维持必要措施"仍然具有明显的法律风险,因而选择"解除必要措施"是更为稳妥的策略。此时,反通知才发挥出其真正的价值和功能(参见表3)。

表3 通知不合格→告知补正(→对"不侵权"形成确信)

类别	侵权(约20%)	不侵权(约80%)
维持必要措施	无责任	反通知请求权基础不明→法律风险小
解除必要措施	反通知合格概率低→法律风险大	无责任

此处还需回答的一个问题是:当网络服务提供者继续联络权利人并告知补正后,发现权利人无法进一步提供证明材料时,是否还可能走到反通知这一步?答案是肯定的。因为虽然此时网络服务提供者可能形成"不侵权"的确信,但在收到网络用户的反通知之前,其行为策略的逻辑基础并没有改变,采取必要措施仍然是其占优策略。因而,即使网络服务提供者继续联络权利人并告知补正,仍然需要在网络服务提供者收到反通知之后,"不侵权"确信才能影响其行为策略。

(二)错误反通知的责任缺失

1. 错误反通知的责任缺失

《民法典》第一千一百九十六条第一款[①]与《条例》第十六条[②]都规定了反通知的要件。从文义的角度解释,服务对象的姓名(名称)、联系方式和地址都属于网络用户的真实身份信息,作品的名称与网络地址也可以被纳入不侵权的初步证据范围,同时也为了尊重《民法典》作为上位法、提供一般性规则的定位,故可以确定反通知的要件有二:不构成侵权的初步证据和网络用户的真实身份信息。

所谓错误反通知,则可从以下角度理解:从形式上来说,错误反通知通常具备反通知所应有的要件,包括不侵权初步证据与网络用户的真实身份信息;从内容上来说,错误反通知的内容是虚假不真实的,一般体现于"不构成侵权的初步证据"这一要件上,即所主张的事实与最终认定的权利状态不符。此外,"错误"乃是一种对反通知

[①] 《民法典》第一千一百九十六条第一款:"网络用户接到转送的通知后,可以向网络服务提供者提交不存在侵权行为的声明。声明应当包括不存在侵权行为的初步证据及网络用户的真实身份信息。"

[②] 《条例》第十六条第一款:"……书面说明应当包含下列内容:(一)服务对象的姓名(名称)、联系方式和地址;(二)要求恢复的作品、表演、录音录像制品的名称和网络地址;(三)不构成侵权的初步证明材料。"

内容的客观描述，并不涉及网络用户的主观心态，故错误反通知既可以是基于故意而作出，也可以因过失或无过错而为之。

《民法典》第一千一百九十五条第三款与《条例》第二十四条都规定了权利人发出错误通知的法律责任，其中《条例》只提及对服务对象的赔偿责任，而《民法典》则从网络用户延伸到了网络服务提供者的法律责任。但与此同时，反通知作为与通知相对应的抗衡机制，却没有规定对应的错误责任。此外，虽然《条例》第十六条第二款规定"服务对象应当对书面说明的真实性负责"，但网络用户对发出错误反通知应当承担何种责任，我们无法从中得出任何有效结论。

2. 权利人与网络用户之间的"表面平衡"

从立法角度来看，似乎没有必要就发出错误反通知应当承担何种责任的问题予以单独规定。因为《民法典》与《条例》中所规定的错误通知的责任，并非基于通知错误本身，而是由于网络服务提供者因"权利人"发出错误通知而采取断开、删除等必要措施，进而造成网络用户损失的责任。简言之，这种责任本质上是旨在"填平"损害的赔偿责任。

若网络服务提供者采取了必要措施，但通知指控的侵权事实不成立，则网络用户可依据《民法典》第一千一百九十五条第三款、《条例》第二十四条等条款追究权利人的侵权责任；若网络服务提供者未采取必要措施，但通知指控的侵权事实成立（即反通知的不侵权陈述虚假），则权利人可以追究网络用户侵犯其知识产权的赔偿责任。既然追究双方的法律责任，本质上都需要以损害的发生为前提，那么现有规定也看似平衡。

但换一种角度思考，可以发现并非如此：从风险角度考量，网络用户发送反通知时所承担的风险远远小于权利人发送通知的，进而可能造成两边可信度的失衡。

3. 反通知易成网络用户的"零风险"策略

对于权利人而言，当其向网络服务提供者发送通知时，通知的错误与否成为其必须考量的风险因素：若通知错误，则可能对网络用户造成损失，进而产生承担侵权责任的风险。这能够倒逼权利人在发送通知时，尽最大可能地确保通知的真实性与准确性；至少其在恶意进行虚假陈述时，需要慎重地考虑收益与成本。

但对于明知自己侵犯他人知识产权的网络用户而言，当其在选择是否发送反通知时，可能构成侵犯知识产权的事实已然发生，可能的法律风险早在其进行相关网络活动时就已酿成，并且上述情况也被网络用户知晓。那么对于网络用户而言，即使网络服务提供者发现反通知错误后选择维持必要措施，网络用户除了面临被权利人以侵犯知识产权为由起诉的风险之外，并不会为此付出额外的法律代价；反过来看，就算网络用户在收到通知后不发出反通知，也不会因此而对已经构成的侵权事实起到减轻责任的作用。何况网络用户还可能通过错误反通知来欺骗网络服务提供者，进而达到使侵权作品继续传播于网络的目的。当然，上述推论的前提是：从"理性经济人"的假设出发，网络用户因认为自己能从侵权中获得的好处足以抵消可能的法律代价，故主观上希望侵权作品继续传播于网络。特别是"抖音""哔哩哔哩"等视频网站中，有大量的影视剧剪辑类的二创视频作品。一方面，这些剪辑类的二创作品就是视频发布者赚取流量和收益的方式；另一方面，视频发布者也往往难以判断是否侵权或打了"擦边球"。

此时，对于明知侵权的网络用户而言，发送反通知是一种"零风险而可能有收益"的占优策略，这看似是有利于网络用户的结果。然而，切换到网络服务提供者的角度分析，却可以发现反通知的"策略占优性"可能降低反通知的可信度。

4."零风险"削弱反通知的可信度

在明知侵权或不侵权的条件下，网络用户发送反通知时考量风险的必要性远远小于权利人发送通知时的。因此从法律风险的层面来看，相较于通知而言，反通知在网络服务提供者心中的可信度就处于先天的"劣势"境地。

究其本质，在于权利人可能需要为通知错误造成的损害付出相应代价，这种代价能为权利人在网络服务提供者心中起到一种类似于"担保"的作用；而发出错误反通知的网络用户不必为反通知的错误付出行为代价（而是为侵权行为付出代价），无法为反通知的真实性提供"担保"。因而网络服务提供者在具体审查通知与反通知之前，就容易形成不利于网络用户的心理预设，进而影响到所有反通知规则的实际效果。

尽管对通知与反通知的最终判断仍然应当通过双方提供的初步证明材料来综合考量，但不利于网络用户的心理预设，却可能导致网络服务提供者索性将对反通知提出过高的受理标准、审核标准作为应对策略，从而阻碍反通知发挥作用。例如，有学者通过实证分析发现，近一半的网络服务提供者认为只要求权利人提出通知即可，要求权利人提供构成侵权的初步证明材料的仅占四分之一多。与此形成鲜明对比的是，网络服务提供者原则上不受理反通知。提供了新证据、新理由才予以受理的占到全部反通知数量的 63.64%，没有任何理由对反通知不予受理的占到 18.18%，而对反通知均受理，重新审查涉事信息的数量为零①。再如，在"上海美询实业有限公司诉苏州美伊娜多化妆品有限公司、浙江淘宝网络有限公司网络侵权案"②（以下简称"美询公司案"）中，淘宝公司因适用高度盖然性的证据审核标准而对反通知未予采信，而其在对美伊娜多公司侵权通知所附证据的审核中，并无对投诉商品与检测报告应有关联性的基本要求。两相比较，淘宝公司对反通知证据的审核标准明显高于侵权通知证据。

---

① 蔡唱、颜瑶：《网络服务提供者侵权规则实施的实证研究》，载《时代法学》2014年第2期。
② 上海美询实业有限公司诉苏州美伊娜多化妆品有限公司、浙江淘宝网络有限公司网络侵权案，上海市第一中级人民法院（2020）沪01民终4923号民事判决书。

(三) 反通知的效果不足

1. 《民法典》中网络用户的地位被动

《民法典》第一千一百九十六条规定，网络服务提供者接到反通知后，应当将其转送至权利人，并告知其有权投诉或起诉。若网络服务提供者未在合理期限内收到权利人已经投诉或起诉的通知，则应当及时终止所采取的必要措施。从上述条款中可以看出，虽然解除必要措施与否的直接决定者是网络服务提供者，但网络服务提供者决定解除必要措施与否仍然要视权利人的行动而定。从网络用户收到网络服务提供者转送的侵权通知后，还需要经过"网络用户→网络服务提供者""网络服务提供者→权利人""权利人→网络服务提供者"共三次信息传达；相比之下，权利人只需发送一次通知就可以使网络服务提供者采取必要措施。在发出反通知后，网络用户却只能等待。

另外，在未收到起诉通知书的情况下，网络服务提供者应当解除必要措施；但如果收到起诉通知书，网络服务提供者是否就应当继续维持必要措施呢？对此，法律没有明确说明。需注意的是，此处网络服务提供者收到的仅仅是起诉书，并非具有司法效力的裁判文书，若允许网络服务提供者仅仅依据权利人单方面发出的文书，就可以在判决结果出来前持续维持必要措施，显然对网络用户不公平；若不构成侵权，则网络用户将持续受到必要措施的限制，所遭受的损失仍在继续。

当已经经过合理期限并进入起诉阶段之后，权利人应当已经做好了必要的起诉准备，完全可以通过向法院申请行为保全的方式，请求法院要求网络服务提供者维持必要措施。此时必要措施的正当性来源不应再是通知书，而是裁判文书。若法院初步认为权利人主张事实成立且有必要，则可以要求网络服务提供者维持必要措施；反之，若法院认为起诉人的现有证据材料不够充分，则网络服务提供者也不宜再维持必要措施。尽管网络用户可以申请"反向行为保全"，但若其仅能依靠该种方式寻求救济，则不仅可能在事实上架空反通知规则，更有悖于"谁主张，谁举证"的原则，无端增加网络用户的维权成本，实为不妥。

尽管《条例》第十七条规定，网络服务提供者接到服务对象的书面说明后，应当立即恢复并将书面说明转送权利人，但《民法典》作为上位法具有更优越的地位，网络服务提供者完全可能根据《民法典》的规定行事。这种规定的不统一也易使网络用户的合法权益难以得到保障。

2. 等待期限不清晰

《民法典》第一千一百九十六条中，没有规定网络服务提供者在接到反通知后应当多久将其转送至权利人，而对权利人的等待期限表述为"合理期限"；《条例》第十七条则要求网络服务提供者"立即"恢复被删除的作品、表演、录音录像制品。虽然在具体程序上有所区别，但此处"合理期限"与"立即"应当作相同理解。首先，"立即"不能被理解为"不假思索地"。如前所述,为确认"反通知"是否合格,网络服务提供者应当尽到一定的注意义务,而这个过程需要花费一定的时间。其次,若把两者区别理解,就会出现以下疑问:难道对"立即"的认定不需要"合理",抑或"合理期限"的意涵不包括"立即""尽快"?这显然是荒谬的。只能说立法者在两个条款中想突出表达的侧重点不同,但本质上并无二致。

一方面,使用弹性的表述固然能够避免条文僵化而带来的适用问题,特别是《民法典》作为基础性法律,其中的避风港规则条款适用于各种网络侵权场景,因而法官需要被赋予更多的自由裁量空间,以便具体问题具体分析。另一方面,具体何以判定"立即""合理",既没有在法律中作出明确规定,也没有在实践中形成判定标准。若依据《民法典》,这段时间不仅是对于网络服务提供者与网络用户的等待期限,也是权利人进行投诉或起诉的材料准备期限,换言之,权利人与网络用户在期限上的长短之争存在根本性矛盾。而上述条款在实务中可操作性的欠缺,容易使各方主体陷入充满不确定的境地。

DMCA 的经验及完善路径

(一)设置告知补正义务

1. 设置告知补正义务的必要性

将告知补正设置为法定程序是否有必要?当通知不合格时,尽管网络服务提供者难以就"侵权"或"不侵权"形成内心确信,但其仍然可以将"采取必要措施"与"维持必要措施"作为比较确定的占优策略。何况继续联络权利人意味着网络服务提供者需要付出更多的时间与精力,要具备更为专业的知识背景,因此网络服务提供者本身并没有太多的动机去主动继续联络权利人。

然而如前分析,网络服务提供者采取占优策略的背后,是以架空反通知规则为代价的。换言之,网络用户的利益将成为现有运行机制下的牺牲品。一方面,如果放任网络用户的权益成为牺牲代价,那么显然不利于在实际效果层面维持权利人与网络用户之间的平衡,亦不符合制度设计初衷与法律精神。另一方面,这种决定行为者(网络服务提供者)与利益受影响者(网络用户)错位的局面,决定了不能完全寄希望于各方主体在现有制度框架下去积极解决上述矛盾。因此,有必要通过重新调整制度安排,以保障反通知规则发挥出应有的价值功能。

2. DMCA 的规定

美国 DMCA 第 512(c)(3)(B)(ii)条规定,若通知实质上没有符合第 512(c)(3)(A)条规定的合格通知的所有要件,但实质上符合(A)条的(ii)(iii)和(iv)

所规定的要件①,则只有在网络服务提供者立即尝试联系权利人或采取其他合理措施来协助接收实质上符合(A)条所有规定的通知时,才可以适用第512(c)(3)(B)(i)条。第512(c)(3)(B)(i)条规定,若版权所有人或被授权人发送的通知未能实质性符合(A)条的规定,则不得将其作为考量因素来推断(A)条规定的网络服务提供者事实上知道侵权内容,或基于侵权行为明显的事实或情境而意识到侵权内容。

从上述规定可以得知,DMCA为网络服务提供者设定了有限的补正告知义务。在DMCA的语境下,根据遗漏的要件不同,不合格通知被区分为两种情况:一种是欠缺了部分要件的通知,此时网络服务提供者应当继续联络权利人并告知补正;另一种是完全不合格的通知,网络服务提供者不负有告知补正义务,并不必为此承担法律风险。另言之,只有当通知中所遗漏的是权利人或被授权人的签名、善意相信被投诉内容未经授权的声明以及愿对虚假陈述承担责任的声明时,网络服务提供者才有继续联络并告知补正的义务。

3. DMCA的告知补正义务何以被我国借鉴

从表面来看,除了权利人信息、案涉作品等信息(名称等)与定位信息(网络地址等)等要件大同小异之外,我国法律规定的其他要件与DMCA规定的截然不同。无论是《民法典》还是《条例》,都要求权利人提供初步证明材料;与此同时,DMCA却要求提供签名,作出善意相信声明与保证内容真实准确并愿意承担伪证罪处罚的声明。简而言之,我国法律要求提供证据,DMCA要求作出声明。

但从目的来看,中美两国的法律之所以在避风港制度中要求权利人提供证据或作出声明,都是为了保障网络服务提供者确信自己采取或解除必要措施是正当的。网络服务提供者归根结底仍然是民事主体,并非拥有公权力的行政机关或司法机关,却可以在收到通知后采取必要措施,其效力几乎不亚于诉前行为保全,其正当性何在?解答这个问题的关键在于如何避免权利人滥用通知规则。对此,中美两国不同的路径,体现了不同的思路。在我国法律制度下,是通过"要求权利人提供初步证明材料+网络服务提供者审查"来实现的;而在美国DMCA下,是通过"要求权利人作出善意、真实声明+施以伪证罪处罚"来实现的。换言之,我国设置了证明标准,美国设置了法律责任,本质上都可以视为增加了权利人的行为成本。在这个意义上,两者是相通的。

因此,只有权利人在通知时向网络服务提供者表明自己已在证据或责任层面付出了足够的行为成本(达到证明标准或设置法律责任),网络服务提供者才能确信所采取的必要措施是正当的。反言之,如果没有继续联络并告知补正的程序,网络服务提供

---

① 分别是案涉作品的信息、案涉作品的内容和足以定位侵权内容的合理信息、足以供网络服务提供者联系权利人的合理信息。

者就无法在"侵权"或"不侵权"之间形成相对明确的确信,进而无法"有把握地"根据反通知解除必要措施。在这个意义上,DMCA 有关告知补正的条款对我国有较好的借鉴意义。

4. 违反告知补正义务的法律责任

没有责任的义务不是义务,但如何设定违反告知补正义务的法律责任?根据上述分析可得,中美两种路径有一定的相通性,但两者仍然存在明显差异。在 DMCA 中,由于告知补正的材料是签名、声明等,只存在"有"或"无"的问题,因此网络服务提供者只需做相对较低标准的形式审查即可;若无法具备上述要件,则"权利人"无法根据通知主张网络服务提供者明知或应知侵权事实,网络服务提供者也不再具备采取必要措施的正当性基础。

然而在我国法律中,可以告知补正的是初步证明材料,存在证明程度的问题,因而无法直接套用上述规则,具体可以作如下处理。在收到不合格通知后,网络服务提供者应当就其内容进行全面审查,并就其中可能影响证明效果的瑕疵或缺少的内容①,一并告知权利人补正。网络服务提供者在收到不合格通知后,若既没有告知权利人补正,也未采取必要措施,而事后查明网络用户构成侵权的,则权利人仍可主张网络服务提供者存在过错,进而要求其承担侵权责任,网络服务提供者不得以通知不合格为由抗辩;若没有告知权利人补正却采取了必要措施,并在收到反通知后仍维持必要措施,而事后查明网络用户不构成侵权的,则网络用户可主张网络服务提供者存在过错,进而要求其承担侵权责任②。

(二)明确错误反通知责任

1. DMCA 的规定

DMCA 第 512(g)(3)(C)条规定,反通知的内容应当包括"一份接受伪证罪处罚的声明",即用户善意地相信被删除或禁用的材料是基于错误或误认而被删除或禁用的;否则,就要接受伪证罪的处罚。这一规定表面上是对反通知的要件予以规定,但本质上是为网络用户设置法律风险,即网络用户不得在反通知中虚假陈述,而是应当在善意地确信不构成侵犯知识产权的前提下发送反通知;否则除了支付诉讼费用和承担侵权责任之外,网络用户还可能承担因伪证而遭受惩罚的成本。

通过自愿承担伪证罪风险,网络用户为反通知的行为提供了"担保"。如此,对于明知侵权的网络用户而言,反通知不再是一种零风险的策略;对于网络服务提供者而言,其也不必再因反通知的"零风险"而对反通知的可信度产生隐忧,从而对证据审

---

① 例如权属证明(在先证明材料、合法权利来源等)、侵权内容信息、侵权分析表等。
② 后者本质上乃是网络服务提供者对通知和反通知的证明材料采取双重审核标准,将其认定为过错的做法已在"美询公司案"中得到体现。此处可在法律上予以进一步确认,以起到更清晰的指引作用。

核设置不必要的双重标准。一方面通过设置伪证罪的惩罚，能够倒逼网络用户确保反通知的真实性与准确性；另一方面通过倒逼网络用户，能够在整体上提升反通知对于网络服务提供者的可信度。因此，DMCA 中有关伪证的责任设置对我国有借鉴作用。

2. 错误反通知的归责原则

如前所述，通过设置法律责任以保障反通知的真实性是有必要的，但问题在于如何认定错误反通知的责任。

DMCA 第 512（f）条有关"不实陈述"的条款可兹参考，其将发出错误（反）通知的人认定为"知道而实质性作出下述不实陈述的人"（Any person who knowingly materially misrepresents under this section）。可见 DMCA 对错误（反）通知的认定侧重于（反）通知人的主观明知，而是否明知（knowing）的问题则主要通过是否善意（has good faith）来判断。在"伦兹诉环球唱片公司案"中体现的标准是，只要"权利人"主观上相信投诉所涉内容侵权即可认定为善意，从而不必被纳入 DMCA 第 512（f）条的归责条款，即便最终认定权利人的判断是错误的[①]。在"罗西诉美国电影协会案"中也体现出，若因不知情而作虚假陈述，则不必被追究责任[②]。据此可知，美国对错误（反）通知的归责原则对应到我国应为过错原则（且多为故意）。

而在我国的反通知规则下，亦可采用上述归责原则，理由如下：第一，对错误反通知设置法律责任的目的在于使反通知对于明知侵权的网络用户来说不再是零风险策略，进而使网络服务提供者对通知与反通知的可信度达成平衡的心理预设，使不知侵权的网络用户并不会因为零风险而发送反通知，故以故意为要件符合设置法律责任的必要性。第二，通过对错误反通知的合理限缩，可以在对反通知起到规范作用的同时，也鼓励网络用户"善意地"积极行使反通知权维护合法权益，避免出现"寒蝉效应"。第三，以故意为要件符合民事诉讼制度中有关当事人虚假陈述的类似规定。

因此，在追究错误反通知责任时，以主观故意为要件较为妥当。

3. 错误反通知的处罚措施

如何借鉴 DMCA 中的伪证处罚？照搬 DMCA 的做法显然不可取。DMCA 第 512（g）（3）（C）条中的伪证罪（penalty of perjury）是一种刑事责任，可以被判处罚金或监禁等刑罚。但与美国的刑事立法不同，《中华人民共和国刑法》（简称《刑法》）中的伪证罪是在刑事诉讼活动中作虚假证明、鉴定、记录、翻译，意图陷害他人或隐匿罪证的行为。我国伪证罪的适用领域是刑事诉讼，但网络侵权领域中所调整的法律关系属民事领域。抛开侵犯知识产权的问题不谈，在我国的法律观念中，在反通知中作虚假陈述的社会危害性，显然不可与我国《刑法》中的伪证罪相提并论。

---

① Lenz v. Universal Music Corp., 815 F. 3d 1145, 1153-1154 (9th Cir. 2015).
② Rossi v. Motion Picture Association of America, 391 F. 3d 1000, 1004-1005 (9th Cir. 2016).

《最高人民法院关于民事诉讼证据的若干规定》第六十三条第三款[①]与《中华人民共和国民事诉讼法》(简称《民事诉讼法》)第一百一十四条[②](原为第一百一十一条)可兹借鉴,理由如下:第一,网络服务提供者在收到通知或反通知后,可以采取或解除必要措施,对权利人和网络用户的权益产生直接影响,具有极强的效力。这样的"通知—反通知"机制已经具备一定的准司法色彩。第二,网络服务提供者虽为民事主体,但在网络侵权中扮演居中解纷者的角色。网络用户在反通知中对网络服务提供者如实陈述的重要性,并不比当事人在诉讼中向法庭如实陈述的重要性逊色。第三,权利人与网络用户之间的侵权纠纷仍然是平等主体之间的法律关系,故可以参考民事诉讼的相关规则,对发出错误反通知的网络用户予以罚款等措施。

(三) 强化反通知效果

1. DMCA 的规定

DMCA 第 512 (g)(2)(c) 条规定,网络服务提供者在收到反通知后告知权利人在 10 天内起诉;未在 10 天内起诉的,网络服务提供者应在 10~14 天内,恢复被移除的内容;除非权利人已经起诉并寻求法庭命令,以限制网络用户从事的相关侵权行为。不难发现,DMCA 在等待期限的设计上框定了大致的时间范围,通过相对明确的指引为各方行为主体心理预期注入了更多确定性。然而需要注意的是,DMCA 所适用的是数字版权领域,因而 10~14 天的等待期限也必然是基于该领域的特点而设计的。我国在借鉴有关做法时应当适当转化,使之与我国现行法律制度体系更加契合。

2. 规范设置等待期限

从立法体例来看,一方面,《民法典》处于基础性地位,其所规定的避风港规则适用于各类网络侵权场合,而不同网络侵权的场合各有行业或领域特征,不宜"一刀切"地设置等待期限,应通过一定的谦抑性保障《民法典》的通用性,因此可以维持现有"合理期限"的表述,以便为法律解释留下必要的余地。另一方面,为了减少表述过于模糊、笼统的不确定性,可以在《民法典》现有规定的基础上,结合不同互联网场景、行业与权利的特性,通过司法解释等途径,进一步完善细化等待期限的规则。

从具体内容来看,一方面为了维护权利人、网络服务提供者、网络用户三方主体权益平衡,有必要设置等待期限的上限,在减少网络用户不确定性的同时,又督促权利人积极行使诉讼权利,但具体规定则需要根据不同场合与领域进行分类讨论。另一

---

① 《最高人民法院关于民事诉讼证据的若干规定》第六十三条第三款:"当事人故意作虚假陈述妨碍人民法院审理的,人民法院应当根据情节,依照民事诉讼法第一百一十一条的规定进行处罚。"
② 《民事诉讼法》第一百一十四条:"诉讼参与人或者其他人有下列行为之一的,人民法院可以根据情节轻重予以罚款、拘留;构成犯罪的,依法追究刑事责任:(一)伪造、毁灭重要证据,妨碍人民法院审理案件的;……"

方面，权利人在现实中可能会遇到本人无法控制的特殊情况，为了避免理论设计过于僵化机械导致与现实的冲突，也可以允许权利人向网络服务提供者说明正当理由后申请延长期限或不将其计入期限。对此，最高人民法院已有初步探索[①]，但仍有细化完善空间。

3. 限制起诉或投诉后的必要措施维持时间

如前所述，仅依据起诉书维持必要措施不甚妥当。进入诉讼程序后，权利人应当将司法权作为维持必要措施的正当性来源，因此仅仅在准备申请行为保全和等待法院审理的意义上，网络服务提供者还有维持措施的必要。网络服务提供者只要结合法院作出行为保全裁定的所需时间，在收到起诉通知书后适度延长即可。如果权利人未积极申请行为保全，或提供的证明材料不足以使法院作出行为保全，则相关不利后果理应自行承担。此时，网络服务提供者即使解除必要措施，也不得被认定为具有过错，直至法院下达要求网络服务提供者重新采取必要措施的裁判文书。

而行政投诉的程序一般相对简单，网络服务提供者可以将一般的行政投诉处理周期折半，作为收到投诉通知书后的必要措施延长期限。若在解除必要措施后收到有关行政部门的行政决定文书，则执行该文件即可。

结语

避风港规则自诞生于美国以来，逐渐被世界各国立法吸纳。我国在建立避风港规则的过程中，经历了从引入通知规则到引入反通知规则，从司法解释、行政法规上升到法律的渐进过程，为我国的网络版权治理问题提供了有效的解决方案。然而，我国大多数研究侧重于通知规则，目前理论界对反通知规则的关注较少，实务中对反通知的使用积极性也不高，甚至有些平台没有建立完善的反通知规则。正是上述现象，反映出反通知"无人问津""不为人知"的现状，甚至存在失效、被架空的风险。在众多学者研究如何治理网络侵权问题，保护权利人知识产权的背景下，网络用户的合法权益也应当受到必要的关注，才能使避风港规则更加符合作为各方主体利益平衡机制的定位。

本文通过回到 DMCA 文本，并参考美国有关裁判，与我国法律文本及司法实践互相比对，发现我国避风港规则中仍然存在程序缺失、语焉不详、表述模糊、弹性过大等一些不足之处，成为影响反通知规则发挥实效的因素，亟待完善。第一，不合格通

---

① 《最高人民法院关于涉网络知识产权侵权纠纷几个法律适用问题的批复》："三、在依法转送的不存在侵权行为的声明到达知识产权权利人后的合理期限内，网络服务提供者、电子商务平台经营者未收到权利人已经投诉或者提起诉讼通知的，应当及时终止所采取的删除、屏蔽、断开链接等下架措施。因办理公证、认证手续等权利人无法控制的特殊情况导致的延迟，不计入上述期限，但该期限最长不超过 20 个工作日。"

知告知补正义务的缺失，导致采取和维持必要措施成为网络服务提供者的占优策略，进而架空反通知规则。第二，错误反通知的责任缺失，使反通知呈现出"零风险"策略的形象，进而影响其在网络服务提供者心中的可信度。第三，网络用户的被动地位与等待期限的不清晰，导致反通知效果在制度设计层面就存在缺陷。

但是在参考域外经验的同时，也切忌"拿来主义"；必须立足于我国现有的法律体系与理念，将相关有益经验进行转化之后与现行规定进行有机衔接，方有参考价值。虽然目前对反通知规则的研究并不多，主要还是在通知规则下聚焦于如何保护权利人，但也有部分学者开始关注到反通知规则失灵的问题。作为避风港规则的重要组成部分，只有充分发挥反通知应有的抗衡制约作用，才能在权利人、网络服务提供者、网络用户之间达到利益的平衡。

参考文献

[1] 王泽鉴. 侵权行为法 [M]. 北京：北京大学出版社，2009.

[2] 王胜明，全国人大常委会法制工作委员会民法室. 中华人民共和国侵权责任法解读 [M]. 北京：中国法制出版社，2010.

[3] 王迁. 网络环境中的著作权保护研究 [M]. 北京：法律出版社，2011.

[4] 刘春田. 知识产权法 [M]. 北京：中国人民大学出版社，2014.

[5] 王迁. 知识产权法教程 [M]. 6版. 北京：中国人民大学出版社，2019.

[6] 梁志文. 论通知删除制度：基于公共政策视角的批判性研究 [J]. 北大法律评论，2007，8 (1)：168-185.

[7] 蔡唱，颜瑶. 网络服务提供者侵权规则实施的实证研究 [J]. 时代法学，2014，12 (2)：36-47.

[8] 熊文聪. 避风港中的通知与反通知规则：中美比较研究 [J]. 比较法研究，2014 (4)：122-134.

[9] 王烈琦，唐艳. 论著作权法上"通知-移除"规则的移植问题 [J]. 知识产权，2017，27 (7)：44-50.

[10] 孙那. 避风港制度中反通知机制的完善：以UGC内容为分析视角 [J]. 私法，2019 (2)：216-231.

[11] 徐伟. 网络侵权中错误通知人的归责原则：兼论《民法典》第1195条第3款的适用 [J]. 法学，2022 (6)：114-127.

[12] 蔡元臻. 知识产权错误通知责任规则重构 [J]. 知识产权，2022，32 (11)：75-93.

[13] 林星阳，胡延杰. 数字版权时代下短视频平台义务范围研究 [J]. 电子科技大学学报 (社科版)，2023，25 (6)：56-66.

[14] 徐伟. 网络侵权中"合格通知"规则检视及其完善：以《民法典》第一千一百九十

五条第一款第2句为中心 [J]. 法治社会, 2023 (3): 18-32.

[15] 徐佳会. 短视频平台版权侵权中"避风港"规则的司法裁判分析 [D]. 南昌: 江西财经大学, 2022.

[16] 姜苹苹. 权利人错误通知行为的认定及其后果研究 [D]. 上海: 华东政法大学, 2022.

[17] 王心雨. 知识产权侵权通知处理中的反通知规则研究 [D]. 上海: 上海财经大学, 2022.

[18] 沈弈婷. 反通知规则"六要素"审查方法研究: 以《民法典》第1196条的司法续造为视角 [EB/OL]. (2022-02-10) [2022-05-10]. https://mp.weixin.qq.com/s/EedRGp11YJnrnmuDcDviPQ.

[19] 郑春燕. 论城乡规划的司法审查路径 以涉及城乡规划案件的司法裁判文书为例 [J]. 中外法学, 2013, 25 (4): 803-816.

[20] 林明锵. 国土计划法学研究 [M]. 2版. 台湾: 元照出版公司, 2018.

[21] 陈立夫. 都市计划之法律性质 [J]. 台湾"本土"法学杂志, 2003 (9).

[22] 傅玲静. 都市计划与撤销诉讼之程序标的: 由都市计划之种类及层级进行检讨 [J]. 月旦法学教室, 2015 (7).

[23] 陈清秀. 都市计划之审查诉讼问题探讨 [J]. 月旦法学杂志, 2020 (7).

[24] 王珍玲. 都市计划之法律性质 [J]. 月旦裁判时报, 2018 (6).

[25] 傅玲静. 主要计划之通盘检讨与都市计划审查程序 [J]. 月旦法学教室, 2020 (4).

[26] 王珍玲. 都市计划审查诉讼中重新自我审查程序之探讨 [J]. 月旦法学教室, 2021 (6).

[27] 季晨溦. 城市规划利害关系人权利保护研究 [D]. 南京: 南京大学, 2017.

[28] 于洋. 公益性规划申诉制度的困局与消解: 以规划督察制度为视角 [J]. 城市规划, 2018, 42 (4): 75-83.

[29] 何海波. 理想的《行政诉讼法》:《中华人民共和国行政诉讼法》学者建议稿 [J]. 行政法学研究, 2014 (2): 9-39, 103.

[30] 李成玲. 现代行政法意义上的城市空间利益 [J]. 北京行政学院学报, 2019 (3): 82-91.

[31] 罗智敏. 我国行政诉讼中的预防性保护 [J]. 法学研究, 2020, 42 (5): 122-138.

律师事务所在证券虚假陈述中的责任分析

——一般注意义务与特别注意义务的比较研究视角

单 锋[①] 宋轶凡[②]

摘要：随着我国资本市场进入全面注册制时代，证监会在市场交易领域的角色逐渐弱化，律师事务所等中介机构的职能愈发凸显，再次引发了关于IPO业务中律师事务所注意义务边界的讨论。律师事务所在证券虚假陈述中承担责任的理论基础是看门人理论，但该理论存在固有缺陷。为明确律师事务所的责任边界，需进一步区分一般注意义务与特别注意义务，并厘清行业准则与生效行政处罚在注意义务认定中的作用。面对较为混乱的规则体系及说理不充分的司法判决，证券律师应当提高职业素养，尽量规避可能的风险。

关键词：律师事务所；虚假陈述；看门人；注意义务；勤勉尽责

引言

北京市东易律师事务所（以下简称"东易所"）于2016年在丹东欣泰电气股份有限公司（以下简称"欣泰电气"）欺诈发行一案中受到行政处罚[③]。中国证监会作出处罚决定的核心理由在于：其一，东易所的法律意见书中存在虚假记载[④]；其二，东易所存在系列程序问题，主要是直接引用了保荐机构提供的相关资料而未对明显瑕疵履行一般注意义务[⑤]。东易所表示不服并将中国证监会诉至北京市第一中级人民法院，但其诉讼请求被驳回；后又向北京市高级人民法院提起上诉，被驳回上诉维持原判[⑥]。然而，上述处罚决定及司法裁判并非理所当然，争议点之一在于，律所是否可以直接引用其他中介机构出具的报告；争议点之二在于，前述瑕疵是否属于显而易见，东易所

[①] 单锋，法学博士，江苏省新的社会阶层人士统战工作理论分众研究基地（律师行业统战工作研究院）特邀研究员，南京大学法学院教授。
[②] 宋轶凡，南京大学法学院法学硕士研究生。
[③] 参见中国证监会〔2017〕70号行政处罚决定。
[④] 其法律意见书中称"根据上市申请人提供的相关文件……审计报告……最近三年财务会计报告中无虚假记载"，这与欣泰电气财务数据虚假记载的事实不符，中国证监会因此认定其构成故意虚假记载。
[⑤] 中国证监会对东易所进行处罚的关键原因是，认为其作为律师事务所，未对会计师事务所出具的报告履行一般注意义务，具体指没有关注到客户未对应收账款回款做确认这一"显而易见"的瑕疵，从而认定其在对重大债权债务核查时未勤勉尽责。
[⑥] 参见北京市高级人民法院（2018）京行终4657号行政判决。

是否未尽到一般注意义务①。

近年来，随着法治化进程的不断推进，针对律师事务所等中介机构在虚假陈述中的责任追究，逐渐从以行政处罚为主的"准司法化"模式进入"司法化"模式。在最高人民法院发布的作为2021年全国法院十大商事案件之一的"五洋债案"中，法院判决上海市锦天城律师事务所（以下简称"锦天城"）须在5%的范围内承担连带责任，理由在于，锦天城对不动产权属尽职调查不到位，未能发现占比较高的重大资产减少情况给五洋建设集团股份有限公司（以下简称"五洋建设"）偿债能力带来的法律风险，故锦天城违反一般注意义务，未勤勉尽责，遂酌情判决其在5%的范围内与五洋建设承担连带赔偿责任②。而在"李某某等诉中安科股份有限公司等证券虚假陈述责任纠纷案"中，上海金融法院驳回了原告要求广东华商律师事务所（以下简称"华商所"）对因虚假陈述造成的损失承担连带责任的诉讼请求，理由在于，华商所并非专业审计机构，故要求其对基于专业机构评定的资产价值的准确性、真实性、完整性负责缺乏依据③。从上述司法判决的差异可知，注意义务的履行情况是判断律师事务所是否应当承担责任的关键。从规范层面来看，除《中华人民共和国证券法》（简称《证券法》）第一百六十三条外，关于律师事务所的注意义务判断标准及监管规则，散见于《最高人民法院关于审理证券市场虚假陈述侵权民事赔偿案件的若干规定》（以下简称《虚假陈述若干规定（2022）》）及《律师事务所从事证券法律业务管理办法》（以下简称《管理办法》）等规范性文件中。

另外，中国证监会于2023年2月17日发布《首次公开发行股票注册管理办法》（以下简称《注册管理办法》），将注册制推及全市场及各类公开发行股票行为，意味着中国资本市场进入全面注册制时代。在此背景之下，证券监管部门将会逐步弱化其在证券发行等市场交易领域中的角色，将精力集中于市场监管之上；而证券服务机构将真正扮演资本市场的看门人角色。律师事务所作为其中重要的一环，在证券虚假陈述案件中扮演着重要角色，并应当承担相应的注意义务和责任。

然而，我国尚未就律师事务所的注意义务标准、操作规范等形成统一法律体系，相关规范性文件存在过于笼统、效力层级底、注意义务内涵不清、责任认定不明等问题，进而导致法院在司法实践中缺乏统一可适用的规范，相关判决在对律师事务所注意义务的判断标准、过错程度等方面的认定均十分模糊，容易造成"只有1%过错的却要对100%的损失承担责任"的情形，难谓公平④。因此，本文拟结合《证券法》、相关

---

① 参见张逸凡、郑依彤：《新〈证券法〉视野下证券律师勤勉尽责义务的实证分析》，载《上海交通大学学报（哲学社会科学版）》2022年第2期。
② 参见浙江省杭州市中级人民法院（2020）浙01民初1691号民事判决。
③ 参见上海市高级人民法院（2020）沪民终666号民事判决。
④ 参见郭雳、吴韵凯：《虚假陈述案件中证券服务机构民事责任承担再审视》，载《法律适用》2022年第8期。

规范性文件及司法判例的观点,对证券虚假陈述纠纷中律师事务所的注意义务问题进行梳理分析,以供参考。

一、证券虚假陈述中律师事务所承担责任的基础

(一)看门人理论的基本内涵

在错综复杂的资本市场中,信息不对称是天然存在的,包括发行人、投资者、监管者在内的主体都很难仅凭一己之力掌握所有信息。在此情况下,设置一个既能向发行人、投资者提供专业信息,又能协助监管者实现有效监管的角色十分必要,这就是看门人理论产生的背景。看门人理论最初由斯坦福大学法学院教授吉尔森与时任耶鲁大学法学院助理教授克拉克曼于1984年在其经典论文《市场效率机制》(The Mechanisms of Market Efficiency)中首次提出。该理论认为,信息不对称是资本市场中的永恒问题,而律师事务所、会计师事务所、资信评估机构等中介机构拥有专业知识及信息优势,同时是资本市场中少有的反复博弈者,具有市场声誉,由其介入证券发行中,有利于缓解信息不对称的情况,保障发行人及上市公司信息的真实性,保护投资者的资金安全①。该论文的具体主张包括:其一,看门人具有重大影响,发行人及上市公司基于对其专业水平的信赖而委托其提供专业意见,如律师具有拒绝出具不合格法律意见书的市场力量,发行人要求更换律师将会付出较高的转换成本;其二,市场声誉对看门人来说十分重要,可以认为看门人是一种声誉中介,其介入证券发行活动并为发行人、上市公司出具专业意见的行为,本质上是在出借或抵押其"声誉资本",在此前提之下,为发行人充分消除其面临的法律风险、保证其行为的合法性成为实现共赢的最优选择②;其三,看门人具有认证功能,有能力向投资者提供一种保证发行人信息披露真实、准确的措施;其四,应当通过严格的责任制迫使看门人履行看门职责,否则其可能无法发挥"看门"之功能③。

可以认为,作为看门人的中介机构主要承担了以下职能:

(1)信息中介。中介机构通过收集、整理和分析市场信息,向投资者提供相关数据及报告,降低了证券市场运行风险,提高了投资者信心,帮助投资者作出投资决策。

(2)信息验证。中介机构对市场参与者提供的信息进行验证和审查,以确保信息的真实性及准确性。如律师事务所对发行人的合规风险进行评级,并向投资者提供法

---

① 参见陈洁:《证券虚假陈述中审验机构连带责任的厘清与修正》,载《中国法学》2021年第6期。
② 参见王然、彭真明:《证券虚假陈述中的律师侵权赔偿责任——兼评487名投资者诉五洋公司、上海锦天城律师事务所等被告证券虚假陈述责任纠纷案》,载《社会科学家》2022年第4期。
③ 参见邢会强:《资本市场看门人理论在我国的适用困境及其克服》,载《政法论坛》2022年第6期。

律意见书作为依据。

（3）监管与合规。基于对声誉的保护及法律责任的约束，中介机构有动力充分调查、监管市场参与者的行为，确保后者遵守相关法规及合规要求，提高资本市场中的公平性和透明性。

由上可知，看门人理论的核心在于，将审慎监管市场的注意义务由监管机构转移至具备专业知识的中介机构，以期能更好地保护投资者利益、维护市场公平性和透明性、促进市场有效运行。据此，律师事务所作为提供法律服务的中介机构，同样也是证券市场的重要参与者，其应当履行相应的注意义务，对虚假陈述进行识别、防范和揭示，向委托人及监管机构提供准确、全面的法律意见书①。

(二) 看门人理论的固有缺陷

看门人理论尽管在资本市场中起到了重要的指导作用，但在我国实践中存在固有缺陷，可能无法发挥预期效用。

首先，中介机构不具有强大的市场力量。看门人理论得以良好运转的前提是中介机构具有较高的市场地位和不可替代性，但这与我国实际情况不符。在我国资本市场的各类中介机构中，实力最庞大的证券公司尚且需要屈从于规模更大的发行人，几乎没有特殊权利，声誉资本也有限的律师事务所又怎么可能拥有不可替代的影响力呢？此外，从现有判决可知，虚假陈述涉及的赔偿金额通常都高达上亿元，律师事务所即使承担5%的连带责任，也可能面临上千万元的赔偿金，几乎没有哪家律师事务所有能力承担如此重大的责任②。

其次，存在委托代理关系下的利益冲突。"受人之托，忠人之事"是委托代理关系的核心，具体而言，发行人基于对中介机构专业化水平及经验的信赖，委托其为自己提供服务并支付报酬，后者理应维护其委托人的利益，此时要求中介机构履行监管职能，将发行人利益置于投资者利益之下，难免产生利益冲突。有论者指出，中介机构为谁看门，就应由谁向其支付报酬。然而，这并不现实：一方面，投资者很难有足够动力另行支付费用聘请中介机构；另一方面，若由证监会、证交所等聘请中介机构，后者可能会过于严厉地履行监管职能，从而有可能减少发行数量，损害资本市场活力③。

可见，看门人理论在我国并不具有天然正当性，以之作为依据追究律师事务所等中介机构的责任时应十分慎重，尤其不应草率认定其存在过错，而应当进一步明晰注意义务的边界与认定标准。

---

① 参见邢会强：《资本市场看门人理论在我国的适用困境及其克服》，载《政法论坛》2022年第6期。
② 参见邢会强：《证券中介机构法律责任配置》，载《中国社会科学》2022年第5期。
③ 参见邢会强：《证券中介机构法律责任配置》，载《中国社会科学》2022年第5期。

二 律师事务所注意义务的认定标准

从前述案例可知，不论是证监会对律师事务所进行行政处罚，还是法院判决律师事务所承担连带赔偿责任，其核心理由都在于认定律师事务所未勤勉尽责或未尽到相应注意义务。可见，注意义务的标准几乎决定了律师事务所责任的边界，故下文拟对此展开讨论。

(一) 规则体系

《证券法》第一百六十三条规定："证券服务机构为证券的发行、上市、交易等证券业务活动制作、出具审计报告及其他鉴证报告、资产评估报告、财务顾问报告、资信评级报告或者法律意见书等文件，应当勤勉尽责，对所依据的文件资料内容的真实性、准确性、完整性进行核查和验证。其制作、出具的文件有虚假记载、误导性陈述或者重大遗漏，给他人造成损失的，应当与委托人承担连带赔偿责任，但是能够证明自己没有过错的除外。"本条确立了包括律师事务所在内的证券服务机构在证券发行、上市、交易过程中的勤勉尽责义务，并明确其在虚假陈述民事责任承担中适用过错推定规则，但未进一步对过错的类型进行划分。

《管理办法》第十五条规定："律师在出具法律意见时，对与法律相关的业务事项应当履行法律专业人士特别的注意义务，对其他业务事项履行普通人一般的注意义务，其制作、出具的文件不得有虚假记载、误导性陈述或者重大遗漏。"这是规范性文件首次对特别注意义务及一般注意义务进行区分，但本条规定较为笼统，未进一步明确两者的查验标准。

《虚假陈述若干规定（2022）》对《证券法》第一百六十三条的相关规定进行了完善。首先，本规定第十三条明确，过错仅包含故意及重大过失两种，而不包括一般过失和轻过失，若律师事务所证明其已尽到相应注意义务却因虚假陈述内容隐蔽等仍核查有误，则可能构成一般过失或轻过失而不承担责任。其次，第十八条将律师事务所的责任限定于其专业领域，并区分特别注意义务与一般注意义务。对于专业领域的事项，律师事务所应当保持严格的职业谨慎；而对于其他领域的事项，律师事务所应当排除职业怀疑并形成合理信赖。

《注册管理办法》第八条对证券服务机构的注意义务进行了更为明确的规定：(1) 对与本专业相关的业务事项履行特别注意义务，对其他业务事项履行普通注意义务，并承担相应法律责任；(2) 应当保护投资者合法权益，审慎履行职责并作出专业判断与认定，保证所出具文件的真实性、准确性及完整性。

《监管规则适用指引——法律类第 2 号：律师事务所从事首次公开发行股票并上市

法律业务执业细则》（以下简称《执业细则》）对一般注意义务和特别注意义务进行了进一步区分。其中，《执业细则》第四条明确规定了律师事务所对其他证券服务机构的基础工作及专业意见形成合理信赖的查验事项及程序，而《执业细则》中第二章到第九章规定的主要查验事项即属于特别注意义务下的职责范围。相较于此前的规范性文件，《执业细则》对律师事务所注意义务的边界进行了更明确、细致的划分。

显然，上述规则是混乱且分散的，加之在效力层级上处于较低位阶，可能引发各方对律师事务所注意义务边界之争议，且很难被适用于司法实践中，更难满足全面注册制下的监管要求。

（二）注意义务之具体判断标准

1. 注意义务之基本内涵

注意义务（duty of care）本是公司法上的概念，一般是指公司经营管理者对公司（或股东、其他利益相关者）应当负有的义务，属于信义义务之一，也被称为"勤勉义务"，《中华人民共和国公司法》（以下简称《公司法》）中就采用了"勤勉尽责义务"的表述。该项义务最早可追溯至1742年的慈善公司诉萨顿案（Charitable Company v. Sutton）。在本案中，公司管理人员被指控通过欺诈行为侵吞公司财产，法院在审理过程中对董事的合理勤勉（due diligence）进行了考察，而"合理勤勉"这一概念在公司法中存在了很长时间[①]。

在注意义务的具体判断标准上，美国模式一般采用以下标准：（1）董事会成员在履行董事职责时，应当（a）善意地（in good faith），（b）以该董事合理相信的、为公司最佳利益的方式行事；（2）董事会及其委员会的成员，当知悉（becoming informed）与其履行决策职能相联系的信息，或致力于关注其监督职能（oversight）的时候，应当采取如同处于相似位置的人在相似情形下会合理相信是妥善的方式以履职[②]。英国学者则分别从主观和客观两个维度进行考量：主观标准类似于"理性人标准"，要求董事必须在善意情形下为公司谋取最大利益，并采取合理谨慎的注意水平；而客观标准强调必须勤勉、亲自出席并行使公司事务的裁量权[③]。

而证券法语境下的注意义务或称勤勉义务与之存在不同内涵。我国《证券法》第一百六十三条明确规定证券服务机构负有勤勉尽责义务。美国法上的类似规定可见于1993年《证券法》第11条（b）所谓的"合理勤勉抗辩"。在被指控为不实的报告中，对于有专家意见支持的部分，仅需作出"没有理由认为专家意见是虚假或有重大遗漏的"肯定性抗辩（affirmative defense）即可。而对于没有专家意见支持的部分，被告

[①] 参见邓峰：《普通公司法》，中国人民大学出版社2009年版。
[②] 参见邓峰：《普通公司法》，中国人民大学出版社2009年版。
[③] 参见邓峰：《普通公司法》，中国人民大学出版社2009年版。

必须证明其在经过合理调查（reasonable investigation）之后，确信陈述在注册文件生效时是真实的。上述抗辩意在证明看门人在证券发行时已经过合理、勤勉、全面的尽职调查，以否认其存在过错①。

值得注意的是，虽然与公司法上的勤勉义务即注意义务名称相似，但两者在法理基础和内涵上全然不同，证券服务机构的注意义务并不属于信义义务的一部分。首先需要澄清的是，证券服务机构的注意义务的对象并非发行人或上市公司，而是投资者，其仅对发行人或上市公司承担合同中约定的义务即可。信义义务不仅包含注意义务，还应包括忠实义务（duty of loyalty）。证券服务机构虽需兼顾发行人与投资者之利益，但毕竟受发行人之委托并收取相应费用，理应倾向于其委托人的利益，若要求其忠实于作为交易对手的投资者，难免过分苛责。因此，证券服务机构的注意义务并非源于信义义务，而是来自法律的强制性规定，是法律为保护和平衡公共利益所作出的制度安排。另外，也不宜要求证券服务机构对投资者承担"信义义务"，前者必然因与发行人及上市公司的"委托-代理"关系而不具备完全的独立性，此时若对证券服务机构科以过高标准的注意义务，会给投资者带来虚假的安全感，不利于其风险意识的培养，甚至可能徒增投资风险。

2. 一般注意义务与特别注意义务之区分

律师在从事证券法律业务时需尽到两种类型的注意义务，以专业性为核心进行区分，分别是特别注意义务与一般注意义务。其中，对于与法律专业相关的事项，应当履行法律专业人士的特别注意义务；而对于与法律专业无关的其他事项，如财务、会计、评估业务，律师应当尽到普通人所具有的一般注意义务。

虽然规范性文件将律师对专业事务的注意义务表述为"特别注意义务"，但这并不意味着每位证券律师都应以法律专家的标准行事，否则将对其过分苛责。事实上，这里的特别注意义务应理解为特殊职业团体中的专业人员应当具备的平均水平，即同处证券行业内、从事相同业务的律师在通常情况下会履行的注意义务，实际上是律师行业内的一般注意义务。《律师事务所证券法律业务执业规则（试行）》（以下简称《执业规则》）将是否尽到特别注意义务的判断交给律师，由律师就业务事项是否与法律相关、是否应当履行法律专业人士的特别注意义务进行判断，并自行拟定特别注意义务的手段和方式。这种主观的判断标准考虑到了律师的自身能力，但该判断可能与监管部门存在偏差，因此应当结合社会公众的认知，综合判断行为人的行为是否符合合格的证券律师在相同或类似条件下应采取的谨慎行为。总体来说，证券律师的"特别注意义务"高于普通人的一般注意义务，高于律师从事非证券业务的要求，在证券律

---

① 参见邢会强：《证券市场虚假陈述中的勤勉尽责标准与抗辩》，载《清华法学》2021年第5期。

师行业中处于中游水平即可①。在具体执业过程中，律师应当达至以下标准，方能认为其尽到了法律专业的特别注意义务：（1）在对相关事项进行核查、验证之前，律师应当制订完整且全面的核验计划，并对查验程序保持全程控制；（2）全面尽职调查，律师不仅应当对其委托人的经营状况、财务状况、内部结构等进行全面调查，还应对可能的交易对象进行调查，并对交易市场及相关行业的发展趋势进行分析，在发现"危险信号"时向客户提出警示，并及时报告给监管机构或其他相关方；（3）及时出具真实、准确、完整的法律意见书、律师工作报告，对文件的成果质量进行控制，避免出现文字错误、签章缺漏等形式错误，以及违反禁止性规定的实质错误；（4）律师事务所应当对法律意见书进行讨论、复核，就每项法律意见所依据的事实、法律及得出结论的过程详细记录，形成完整且清晰的工作底稿，从律所层面对法律意见书的内部质量加以控制②。

理论上，在面对财务、会计、评估等领域的事项时，律师仅需达到符合常理的基本审查要求，履行普通人的一般注意义务即可，且仅对其未关注到的其他中介机构提供的专业报告中的明显瑕疵承担法律责任。但关于如何界定明显瑕疵，规范性文件并未给出明确答案，司法裁判也未形成统一标准。虽然《执业细则》第四条明确指出，律师事务所应当对保荐机构、其他证券服务机构的基础工作或专业意见保持职业怀疑，并在履行必要的调查、复核工作的基础上形成合理信赖，但此条仍然十分抽象，对职业怀疑应当达到何种程度，必要调查复核中"必要"的标准是什么，哪种合理程度足以产生信赖，如何理解重大异常、重大矛盾、重大差异中的"重大"等问题，均未明确阐述。规范的缺失也造成裁判者在司法实践中缺乏统一可适用的标准，从而使得对律师事务所是否尽到一般注意义务的判断成为相关案例中的争议焦点。如在前述东易所一案中，中国证监会及法院均认定，东易所没有关注到其委托人未对应收账款回款做确认这一"显而易见"的瑕疵，未对会计师事务所出具的报告履行一般注意义务，未能做到勤勉尽责。而在五洋债案中，法院认为锦天城未能发现重大资产减损给五洋建设偿债能力带来的法律风险，故违反一般注意义务，未勤勉尽责。东易所与锦天城的主要抗辩理由为：虚假陈述存在于财务、会计报告中，属于财务、会计方面的专业判断事项，超出律师事务所的工作范围与专业领域，且以普通人的标准很难识别出相关报告中的虚假陈述部分，其已经尽到了勤勉尽责义务。对于律师事务所的上述抗辩理由，法院均进行了笼统回应。事实上，由于标准审计报告的内容几乎一样，律师仅凭文字表述难以找到财务报表及审计报告的明显瑕疵，只有在审查资产负债表、利润

---

① 参见吴凌畅：《从欣泰电气案看证券律师的勤勉尽责义务》，载《证券法苑》2019年第2期。
② 参见程金华、叶乔：《中国证券律师行政处罚研究——以"勤勉尽责"为核心》，载《证券法苑》2017年第5期。

表、现金流量表等附件后，才可能发现问题及错误，但这需要律师具有较强的财务方面的专业知识，对法律专业的律师来说未免过分苛责，显然也超出了一般注意义务的范畴①。

(三) 行业准则在注意义务判断中的作用

在"康美药业案"②及"大智慧案"③中，案涉会计师事务所的抗辩事由之一是其已经遵守执业准则、规则确定的工作程序，并依据审计准则出具报告，因此不存在过错，不应当承担责任。但几乎没有律师事务所以行为符合行业规范或执业准则为由主张不承担责任，这主要是因为相较于律师行业，会计师行业存在体系完整且行之有效的行业准则。会计师行业经过长期发展已形成一套成熟的准则体系，"准则"二字几乎被视为会计师执业圭臬，在该规则体系之下，会计师"如果严格遵守审计准则，但仍未能揭示被审计事项中的个别错误，就属于审计的固有风险，注册会计师因此没有责任"④，可见，准则的存在使得会计师的执业标准及责任界限都相对清晰，会计师也能更好地行使其勤勉尽责义务。

相较之下，律师行业并不存在类似会计师行业的强有力准则。以2022年颁行的《执业细则》为例，一方面该细则并不"细"，部分规定仍然不够具体明确；另一方面，该细则在效力层级上较低，很难作为监管及司法裁判的依据。虽然律师与会计师的工作属于不同专业领域，但两者存在逻辑上的共通之处，因此可以借鉴会计师行业制定规则体系的思路，从规定一般性程序要求到若干具体核验事项，从而构建律师的注意义务监管体系⑤。

然而，即使建立了强有力且行之有效的行业准则体系，也不能仅以律师事务所是否严格遵守这些准则为由直接得出其存在过错或可以免责的结论。行业准则应当是律师事务所执业的基础门槛，因此，律师事务所必须严格遵守其中的各项规则，但这仅能作为判断律师事务所是否勤勉尽责的参考要件，还应综合考虑其他事项，如律师事务所是否曾经参与、审阅及讨论拟作出法律评价的招股说明书等文件。又如，会计领域对财务报告真实性的要求着重强调程序的正当性，即审验机构只要遵循了正当的审计程序，即使结果与实际存在一定偏差，也可以被认定为"真实的财务报告"，这与法律上强调财务报告内容的真实性、准确性和完整性的标准大相径庭。另外，行业协会

---

① 参见吴凌畅：《从欣泰电气案看证券律师的勤勉尽责义务》，载《证券法苑》2019年第2期。
② 参见最高人民法院《2021年全国法院十大商事案件》，https://www.court.gov.cn/zixun/xiangqing/344441.html，最后访问时间：2024年6月12日。
③ 参见上海市高级人民法院（2018）沪民终147号民事判决。
④ 参见张逸凡、郑依彤：《新〈证券法〉视野下证券律师勤勉尽责义务的实证分析》，载《上海交通大学学报（哲学社会科学版）》2022年第2期。
⑤ 参见张逸凡、郑依彤：《新〈证券法〉视野下证券律师勤勉尽责义务的实证分析》，载《上海交通大学学报（哲学社会科学版）》2022年第2期。

在制定规则时,很可能会偏向于本行业的利益,从而制定更为宽松的审计准则,公正性存在疑问①。美国法亦否认了行业准则直接作为免责事由的可能性。在赫茨菲尔德诉拉文索尔(Herzfeld v. Laventhol)一案中,法院就曾作出这样的表述:"在那些运用一般会计准则就能够完整而公正地披露(信息)的案件中,会计师不需要承担更多义务。但是如果运用会计准则不足以充分地告知投资者,会计师就要将投资者准确判断财务陈述所需要的全部事实加以公开。"综上,行业准则可以作为律师事务所注意义务的判断标准之一,但不能直接以律师事务所行为符合行业准则作为免责事由。

(四)已生效行政处罚在注意义务判断中的作用

如果律师事务所已经受到证券监管机构的行政处罚,可能意味着其违反了相应的注意义务。行政处罚中通常涉及律师事务所未能履行其法律职责、提供虚假信息、违反保密义务等方面的行为。这些违法行为与注意义务的履行密切相关,可能表明律师事务所在虚假陈述案件中存在不当行为。然而,无论是在"康美药业案"还是"大智慧案"中,法院都直接依据证监会的行政处罚决定书认定相关证券服务机构"未尽勤勉尽责义务",存在过错,进而应当承担连带赔偿责任。这种直接依据已生效行政处罚认定证券服务机构存在过错的方式由来已久,或许与长期存在于《证券法》中的虚假陈述民事诉讼前置程序有关,即提起民事诉讼的前提为存在生效刑事判决或经证监部门行政处罚。在这一前置屏障的阻碍下,生效行政处罚成了民事诉讼的必要条件。但这一规则显然不利于投资者利益之保护,因此在《虚假陈述若干规定(2022)》中,该屏障被取消。在此背景下,法院更应该摒弃将过错与行政处罚捆绑认定的做法,而应当对过错要件进行独立认定,否则将有违侵权法的一般原理。另外,受到行政处罚的虚假陈述中可能存在不具有重大性的部分,如果跳过过错要件的判断而直接认定证券服务机构需对该部分承担责任,则将扩大其责任范围,难言公平。

因此,已生效行政处罚同样只能作为判断律师事务所是否履行注意义务、是否存在过错的参考依据而非决定性因素,不能径行以生效行政处罚直接认定存在过错,亦不能因未受到行政处罚而否认过错的存在。

三、立法与司法的不足及建议

(一)立法与司法的不足

《证券法》第一百六十三条仅对证券服务机构的勤勉尽责义务进行了概括性规定,

---

① 参见彭真明:《论会计事务所不实财务报告的民事责任——兼评上海大智慧公司与曹建荣等证券虚假陈述责任纠纷案》,载《法学评论》2020年第1期。

未进一步明确注意义务的类型及内涵,涉及律师事务所注意义务的相关规定多散见于各类部门规章、部门工作文件、部门规范性文件中,这些监管规则并非严格按照逻辑顺次形成,发布的时间跨度也较大,规则体系总体较为混乱、复杂,适用起来也相对困难。

例如,部分规则过分强调证券律师在执业中的程序和形式,容易矫枉过正。根据《执业规则》对于查验形式及程序的规定,律师应当在对相关信息进行核查后,就查询该信息的内容、时间、地点、载体等制作查询笔录。然而,随着互联网及大数据的发展,律师可以进行查验的方式逐渐多样化,当部分发行人涉及成百上千个商标或专利时,律师往往会通过国家知识产权局官网查询并截图保存,而很少也很难对网络检索状况逐一制作查询笔录。

又如,部分规则与全面注册制下信息披露的要求不一致。招股说明书是注册制下发行人信息披露的主要载体,《注册管理办法》强调按重大性原则掌握企业的基本法律合规性和财务规范性,在招股说明书中突出说明具有重要性、针对性的公司治理结构、经营状况、财务状况等,而将部分缺乏重要性的事项通过附件的形式披露。然而,《执业细则》并未依据全面注册制下信息披露的要求,按照重大性原则对律师事务所的特别注意义务进行规定,律师仍然需要对可能不具有重大性的事项进行核验。但在招股说明书精简冗余或不再披露非重要信息时,仍要求律师对此等信息履行特别注意义务并发表法律意见,无疑给律师徒增负担,也没有必要。

综上,规范性文件虽然初步确立了证券律师在执业中的特别注意义务和一般注意义务,但这些规则多是混乱、复杂且不成体系的,加之其产生于特定历史背景之下,难以适用于全面注册制下的监管及司法实践之中。

此外,立法层面的缺失必然导致司法裁判中缺乏可适用的统一标准,呈现在个案中即表现为法院对律师事务所违反相应注意义务、存在过错的说理不充分,通常仅笼统地表述为律师事务所"未注意到明显瑕疵"或"未尽到一般注意义务"等,更进一步的说理在当前的司法裁判中几乎是未曾有过的[①]。

(二) 建议

1. 从立法的角度

现有规则对注意义务的规定仍然较为笼统,或集中于形式、程序层面,律师事务所在执业过程中缺乏明确的责任边界,这一方面赋予了法官自由裁量权,另一方面也可能使得律师事务所承担了本不应承担的责任,造成过责不相当的局面。

鉴于此,有学者借鉴《公司法》中的异议董事免责制度,提出了所谓"提出可减

---

① 具体案例见前文,此处不再赘述。

免制度",即中介机构在遇到仅凭自身专业知识难以调查的事项时,应当主动向该专业领域的其他中介机构提出联合调查,提出方遂可因提出该主张而在相应范围内免责,被邀请联合调查的一方则需要对该事项承担责任。如律师事务所对财务、审计事项缺乏调查能力时,可以邀请会计师事务所与其对该事项进行联合调查,此时律师事务所因提请而相应减免责任,会计师事务所则应对该事项承担特别注意义务。该"提出可减免制度"既缓解了律师事务所在履行一般注意义务时的压力,又将责任转移至另一中介机构,因此不会出现无人承担责任的真空状态。事实上,现有法律法规为该制度的设计预留了空间,主要是要求中介机构对合理怀疑进行讨论并记录于工作底稿,但如何逐步构建减免的一般原则与适用边界,并在后续的规则修订中予以固化完善,还需要各市场参与主体的共同努力①。

2. 从律师事务所的角度

除需要符合法律法规及行业准则对律师核查验证行为的要求外,为应对可能愈发严格的民事责任,律师事务所还应加强对以下方面的关注:

首先,律师事务所应提高尽职调查的标准,在进行核查、验证时绝不能存有任何侥幸心理,应当遵循穷尽原则,具体方式包括实地调查、面谈、书面审查、查询和函证、网络检索等,其中应以现场调查为主,确实存在客观困难时才采用其他手段弥补尽职调查之不足,并应当制作、留存完整的工作底稿②。

其次,律师事务所还应当确保其出具的法律文书的真实性、准确性、完整性。律师应当基于充分的核查及验证出具法律意见书,不得使用"基本符合""未发现"等含糊措辞。另外,若发现《管理办法》第二十四条规定的情形③,律师事务所应当在法律意见书中发表保留意见甚至否定性意见,并揭示其风险及影响,此外还需经过严格的讨论复核,并留存工作底稿。由于尽职调查并非短周期内能够完成,因此律师事务所应当对此期间发生的新变化予以关注,并及时在工作底稿、律师工作报告、法律意见书中予以呈现。即使在相关文件被报送至证监会之后,律师事务所仍然应当密切关注其委托人的最新动态,若出现重大事项变更,应当及时向证监会出具补充性的法律意见书及律师工作报告。

---

① 参见张逸凡、郑依彤:《新〈证券法〉视野下证券律师勤勉尽责义务的实证分析》,载《上海交通大学学报(哲学社会科学版)》2022年第2期。
② 参见李俭:《法律尽职调查完全手册》,法律出版社2017年版,第14-15页。
③ 《管理办法》第二十四条 有下列情形之一的,律师应当在法律意见中予以说明,并充分揭示其对相关事项的影响程度及其风险:(一)委托人的全部或者部分事项不符合中国证监会规定;(二)事实不清楚,材料不充分,不能全面反映委托人情况;(三)核查和验证范围受到客观条件的限制,无法取得应有证据;(四)律师已要求委托人纠正、补充而委托人未予纠正、补充;(五)律师已依法履行勤勉尽责义务,仍不能对全部或者部分事项作出准确判断;(六)律师认为应当予以说明的其他情形。

四、余论

我国现行法律法规对证券律师的注意义务之规定存在诸多不完善之处，尚未形成规则体系。与此同时，法院在司法实践中通常采用较为严苛的过错认定方式，这样无疑有利于惩罚不规范行为，提升投资者对证券市场的信心，保障信息的真实性及投资安全性，且有利于证券市场的改革。然而，律师事务所只是证券发行、上市、交易中的辅助者，并不具备信息输出的独立性，对虚假陈述后果的贡献力往往也是附属的，若对其科以过重的注意义务，则可能造成过度威慑，对律师事务所来说是极为不公的。因此，更为完善的规则体系尚待建立。另外，裁判者在个案中也不宜结论先行，以虚假陈述的后果倒推参与者存在过错，而应结合律师事务所出具的法律文件，律师在执业时的具体行为、能力水平及应当达到的执业标准等，综合判断其是否尽到注意义务。与此同时，为应对可能愈发严苛的民事责任，律师事务所在执业过程中应规范自身行为，将承担责任的风险降至最低。

参考文献

一、著作类

[1] 朱锦清. 证券法学 [M]. 4 版. 北京：北京大学出版社，2019.

[2] 帕尔米特. 证券法 [M]. 徐颖，周浩，于猛，注. 北京：中国方正出版社，2003.

[3] 邓峰. 普通公司法 [M]. 北京：中国人民大学出版社，2009.

二、论文类

[1] 彭真明. 论会计师事务所不实财务报告的民事责任：兼评上海大智慧公司与曹建荣等证券虚假陈述责任纠纷案 [J]. 法学评论，2020，38 (1)：185-196.

[2] 缪因知. 证券虚假陈述赔偿中审计人责任构成要件与责任限缩 [J]. 财经法学，2021 (2)：98-116.

[3] 孙杨俊. 中美证券市场"看门人"机制对比及其启示 [J]. 江淮论坛，2020 (6)：79-85.

[4] 陈云良，孙杨俊. 新《证券法》实施后"看门人"独立性解析 [J]. 江淮论坛，2021 (3)：27-32.

[5] 陈洁. 证券虚假陈述中审验机构连带责任的厘清与修正 [J]. 中国法学，2021 (6)：201-221.

[6] 丁宇翔. 证券发行中介机构虚假陈述的责任分析：以因果关系和过错为视角 [J]. 环球法律评论，2021，43 (6)：156-171.

[7] 王然，彭真明. 证券虚假陈述中的律师侵权赔偿责任：兼评487名投资者诉五洋公司、上海锦天城律师事务所等被告证券虚假陈述责任纠纷案 [J]. 社会科学家，

2022 (4): 120-127.

[8] 郭雳, 吴韵凯. 虚假陈述案件中证券服务机构民事责任承担再审视 [J]. 法律适用, 2022 (8): 41-54.

[9] 吴凌畅. 从欣泰电气案看证券律师的勤勉尽责义务 [J]. 证券法苑, 2019 (2): 209-230.

[10] 邢会强. 资本市场看门人理论在我国的适用困境及其克服 [J]. 政法论坛, 2022, 40 (6): 177-188.

[11] 邢会强. 证券中介机构法律责任配置 [J]. 中国社会科学, 2022 (5): 83-102, 206.

[12] 邢会强. 证券市场虚假陈述中的勤勉尽责标准与抗辩 [J]. 清华法学, 2021, 15 (5): 69-85.

[13] 张逸凡, 郑依彤. 新《证券法》视野下证券律师勤勉尽责义务的实证分析 [J]. 上海交通大学学报 (哲学社会科学版), 2022, 30 (2): 89-102.

认罪认罚常态下值班律师有效法律帮助何以实现？
——基于实证法学与社科法学的比较视角

刘文轩[①] 黄旭巍[②]

摘要： 值班律师制度是认罪认罚从宽制度得以正当运行的关键所在。然实证考察表明，认罪认罚常态下，值班律师囿于介入诉讼延迟化、提供服务形式化、权利行使消极化、履行职责片面化、工作衔接无序化、身份定位偏失化等多重弊病。社科法学视域下审视发现，无效法律帮助"表象"背后潜藏人力配给不足导致"全面覆盖难"、物质保障不足导致"动力维持难"、情感激励不足导致"深入参与难"三重诱因。鉴于"有效"与"符合标准"分别为法律帮助质量的理想目标与底线要求，可从优化法律援助资源配置以贯彻轻重分治，扩大值班律师权利范畴以实现平等武装，强化法律帮助保障机制以激发服务动能，构建无效法律帮助制度以落实权利救济四个方向助力法律帮助整体质量提升。

关键词： 认罪认罚从宽；值班律师；法律帮助质量；检察讯问律师在场权；无效法律帮助制度

一、问题的提出

值班律师制度本是舶来品，我国在辩护供需矛盾日渐突兀的大环境下，引入值班律师制度可谓是在"相对合理主义"语境下保障"底线正义"的理性之选[③]。早在2006年，我国就以个别试点的形式探索值班律师制度，但因当时法律援助制度正兴，学界对其关注甚少，一度呈"偃旗息鼓"之势。直到2014年，乘以审判为中心司法体制改革（以下简称"审判中心改革"）"春风"，值班律师制度与认罪认罚从宽制度、速裁程序一道被纳入司法改革的框架之中。此后，从2018年10月值班律师制度被写入《中华人民共和国刑事诉讼法》（以下简称"2018年《刑事诉讼法》"）到2019年10月"两高三部"联合发布的《关于适用认罪认罚从宽制度的指导意见》（以下简称《认罪认罚指导意见》）对值班律师制度的细化规定，从2020年8月《法律援助值班律师工作办法》（以下简称《值班律师办法》）的出台为值班律师制度提供实践范本到2021年8月《中华人民共和国法律援助法》（以下简称《法律援助法》）在"国家法"层面

---

① 刘文轩，法学博士，南京大学犯罪预防与控制研究所特约研究人员，主要从事刑事诉讼法与司法制度的研究。
② 黄旭巍，南京大学法学院副教授，主要从事刑法学的研究。
③ 参见叶青：《程序正义视角下认罪认罚从宽制度中的检察机关沟通之维》，载《政治与法律》2021年第12期，第77页。

将值班律师制度纳入刑事法律援助制度体系，值班律师的身份定位逐步明朗、职责范畴逐步细化、权利配置逐步丰富，充分体现了顶层设计者对值班律师制度的高度重视及全面落实司法人权保障的决心[①]。

值班律师制度虽独立于认罪认罚从宽制度，但从实用主义的角度来看，该制度的"复苏"很大程度上是为了配套认罪认罚从宽制度的运行。目前，认罪认罚从宽制度在我国刑事诉讼中已呈常态化运行，诚如数据显示，2021年以来，认罪认罚从宽制度全国平均适用率高达90%以上[②]。与此同时，超过70%的认罪认罚案件都是由值班律师提供法律帮助的[③]。因此，无论从理论层面还是从实践层面来看，"值班律师制度是认罪认罚从宽制度得以正当运行的关键制度"[④]。法律帮助质量的高低决定着认罪认罚从宽制度运行的健康与否，决定着我国刑事辩护制度的整体发展水平，甚至决定着我国刑事司法人权保障水平乃至法治文明程度。本文首先基于实证法学方法，对认罪认罚常态下法律帮助质量进行现状实描；其次，在社科法学视域下，对现实层面无效法律帮助的问题成因进行多维审视；最后，针对性地提出法律帮助质量的提升路径。求教于学界同人之余，希冀助益于审判中心改革框架下认罪认罚从宽制度与值班律师制度的健康长效发展。

一、认罪认罚常态下法律帮助质量的实证考察

"法律的生命在于经验，而不在于逻辑。"这句法彦告诫我们，评价一项制度的优劣得失，不仅要从逻辑层面进行考察，更要从制度实施效果予以评判[⑤]。近年来，值班律师制度的实践质效饱受学界诟病，但没有调研就没有发言权，唯有"亲自体验"，才能辨识真伪。2023年6月1日至8月1日，笔者（及其团队）通过实地调研、线上访谈、座谈会、问卷调查等方式，对J省N市8家检察院与4家看守所展开调研，发现实践中值班律师存在介入诉讼延迟化、提供服务形式化、权利行使消极化、履行职责片面化、工作衔接无序化、身份定位偏失化等多重弊病。

（一）介入诉讼延迟化

侦查阶段是认罪认罚从宽制度适用的第一阶段。笔者调研基层检察院时，有检察

---

① 参见刘文轩：《辩护人化抑或转任辩护人：值班律师的身份前瞻》，载《中国刑警学院学报》2021年第4期，第66页。
② 参见《最高人民检察院工作报告——2023年3月7日在第十四届全国人民代表大会第一次会议上》，https://www.spp.gov.cn/spp/gzbg/202303/t20230307_606720.shtml，最后访问日期：2023年4月5日。
③ 参见周新：《值班律师参与认罪认罚案件的实践性反思》，载《法学论坛》2019年第4期，第43页。
④ 杨立新：《认罪认罚从宽制度理解与适用》，载《国家检察官学院学报》2019年第1期，第56页。
⑤ 参见陈瑞华：《刑事辩护的理念》，北京大学出版社2017年版，第76页。

官向笔者透露，对于进入审查起诉阶段的案件，被追诉人在侦查阶段就表明认罪认罚的比率高达80%~90%。然而现行立法对于值班律师是否可以在侦查阶段及时介入含糊不清，为值班律师在侦查阶段的"不作为"增加了立法弹性。诚如《认罪认罚指导意见》第10条第2款之规定，被追诉人自愿认罪认罚的，如无辩护人，公安司法机关应当通知值班律师为其提供法律帮助。从效果看，提供法律帮助的时间节点应是在被追诉人认罪认罚前，而非在其认罪认罚后。只有如此，才能保障被追诉人认罪认罚的自愿性以及认罪认罚程序的合法性。若在其认罪认罚后才提供法律帮助，无异于舍本逐末，功效大打折扣[①]。再拿值班律师会见权来说，虽然在立法层面完成了从"单方约见权"到"双向会见权"的转变，但并未规定值班律师行使会见权的具体时间节点，是像辩护律师那样在侦查阶段被追诉人第一次被讯问或被采取强制措施之时，还是其他时间节点？这直接导致值班律师丧失了侦查阶段介入的基本"手段"。此外，从实践效果来看，侦查阶段值班律师为被追诉人提供释法明义、变更强制措施的法律帮助数量较少，导致侦查阶段被追诉人权利保障不足。值班律师法律帮助的核心场域一般仅在审查起诉阶段，甚至仅聚焦在认罪认罚具结程序中。毫不避讳地说，介入诉讼延迟化是值班律师法律帮助质量低迷的重要诱因之一。

（二）提供服务形式化

司法实践中，值班律师主要采用的坐班方式为轮流坐班制。笔者查阅J省N市QH区检察院值班律师坐班时刻表后发现，一般值班律师会在周二下午与周四的下午值班，且这两个下午还不是由同一位律师值班，是由2~3位律师轮流坐班。J省N市XW区检察院，一般周二、周四、周五三天有值班律师坐班，且每周这三天分别是由4名、5名、6名律师轮流值班，同时三天轮流值班的律师之间并无交叉。其他的检察院值班律师坐班情况也是大同小异。驻J省N市XW区检察院若干值班律师向笔者透露，很多情况下他们都是周二拿到案卷，周四就要见证具结程序，甚至还存在当天接受任务、当天见证的情况。即使他们在具结程序前想会见、阅卷也没有时间。有时直到他们出现在见证现场，才是首次"面对面"接触被追诉人[②]，甚至才刚刚获悉被追诉人姓名，更遑论了解案情了。为了完成检察院规定的"留痕"任务，甚至出现值班律师见证被认罪认罚后再进行阅卷用以补充材料之事（表1）。

---

① 参见韩旭：《认罪认罚从宽案件中有效法律帮助问题研究》，载《法学杂志》2021年第3期，第5页。
② 参见叶婷、崔志丹：《检察机关实施认罪认罚从宽制度实证研究——以吉林省检察机关为例》，载《人民检察》2020年第24期，第52页。

表1   J省N市4家检察院值班律师坐班情况汇总（节假日除外）

单位	周一	周二	周三	周四	周五
QH区检察院		半天/2人轮班		半天/3人轮班	
XW区检察院		1天/4人轮班		1天/5人轮班	1天/6人轮班
JN区检察院	半天/3人轮班		半天/4人轮班		
LS区检察院		半天/3人轮班		半天/3人轮班	

（三）职责履行片面化

综合2018年《刑事诉讼法》第一百七十三和一百七十四条、《认罪认罚指导意见》第12条、《值班律师办法》第6条之规定，在认罪认罚案件中，值班律师应履行如下职责：(1) 提供法律咨询；(2) 提供程序选择建议；(3) 帮助被追诉人申请变更强制措施；(4) 对检察机关指控罪名、量刑建议、诉讼程序适用等事项提出意见；(5) 帮助被追诉人及其近亲属申请法律援助；(6) 向被追诉人释明认罪认罚的性质和法律规定；(7) 被追诉人签署认罪认罚具结书时在场。笔者在调研J省N市8家区检察院后发现，从未发生过值班律师为被追诉人申请变更强制措施的情况。原因主要有二：一是驻检察院的值班律师所参与的案件九成以上是被追诉人未被审前羁押的案件，审前羁押案件占比不高。二是值班律师实行轮班制，今天值班明天可能就不值班了，而申请变更强制措施往往不能当天解决，需要值班律师不断跟进。对于律师个人而言，履行申请变更强制措施职能"费事费力"，还需承担一定的过错风险[①]。此外，就连帮助被追诉人及其近亲属申请法律援助的情况都少之又少。为了充分论证数据的可靠性，笔者通过问卷调查的形式对值班律师履责情况做了统计[②]，结果与笔者（团队）的实地调研数据基本吻合（图1）。从目前值班律师履行职责的情况来看，坊间流传的"多做多错，少做少错，不如不做"的"谈资"并非捕风捉影。

---

① 参见上海市宝山区人民检察院、上海大学法学院联合课题组：《认罪认罚案件值班律师权利研究》，载《犯罪研究》2022年第1期，第74页。

② 2023年3月1日至5月1日，笔者采取线上与线下发放问卷的形式就值班律师的履职情况展开调查，调查对象为有过值班律师经历的律师群体，共收到有效问卷103份。鉴于调查对象具有较强的主观性，数据难免存在"虚高"现象，在此说明。

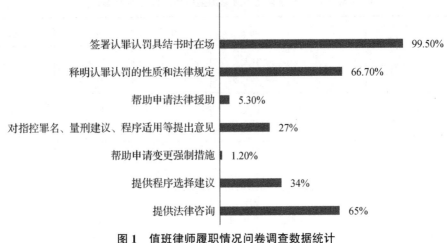

图 1　值班律师履职情况问卷调查数据统计

（四）权利行使消极化

从立法层面来看，审前阶段值班律师几乎被赋予了除调查取证权之外与辩护律师（包含委任律师和法律援助律师）相同的权利范畴，但在其责任、任务与收益、风险的不相对称的情况下[①]，所谓的"权利"甚至被值班律师视为某种"义务"。实践中，值班律师大多在认罪认罚具结程序前，既不会见，也不阅卷，更不会主动参与量刑协商[②]。往往只是在检察人员通知其到场后，值班律师才与检察官、被追诉人作简单交流，便立即告知被追诉人可以同意量刑建议和程序适用[③]。在决定量刑建议的核心（协商）环节，俨然异化为被追诉人"一个人在战斗"[④]。有学者断言，若仅作为见证之用，值班律师并非必要之选，任何一名普通证人都可以见证，甚至同步录音录像便可实现这一目的[⑤]。实际上，在应然层面，值班律师无论是会见还是阅卷，都是为提出意见或者参与量刑协商做准备，但协商的结果再好，值班律师的经济收益也不会增加分毫。此外，由于值班律师与被追诉人之间不存在委托代理关系，也难以使他们获得被追诉人及其近亲属的肯定和赞誉，因此他们更愿意"公事公办"，走走过场、敷衍了事[⑥]。

---

① 参见汪海燕：《三重悖离：认罪认罚从宽程序中值班律师制度的困境》，载《法学杂志》2019 年第 12 期，第 16 页。
② 参见韩旭：《认罪认罚从宽案件中有效法律帮助问题研究》，载《法学杂志》2021 年第 3 期，第 4 - 5 页。
③ 参见许世兰、陈思：《认罪认罚从宽制度的基层实践及思考》，载胡卫列、董桂文、韩大元：《认罪认罚从宽制度的理论与实践——第十三届国家高级检察官论坛论文集》，中国检察出版社 2017 年版，第 357 页。
④ 参见韩旭：《认罪认罚从宽制度中的协商问题》，载《法学论坛》2022 年第 6 期，第 95 页。
⑤ 参见刘泊宁：《认罪认罚案件中值班律师有效法律帮助制度探究》，载《法商研究》2021 年第 3 期，第 188 - 200 页。
⑥ 参见陈文聪：《论我国量刑协商机制的非对称性问题》，载《法学论坛》2021 年第 6 期，第 154 页。

（五）工作衔接无序化

一方面，不同诉讼阶段值班律师的法律帮助衔接不畅。为节约司法成本、提高服务效率，《值班律师办法》第十一条规定，对于被羁押的被追诉人，在不同诉讼阶段，可以由派驻看守所的同一值班律师提供法律帮助。对于未被羁押的被追诉人，前一诉讼阶段的值班律师可以在后续诉讼阶段继续为被追诉人提供法律帮助。但笔者在调研过程中发现，值班律师"各管一段"的问题并未根治，表现为驻看守所的值班律师和驻检察院的值班律师来源根本不同，要么法律帮助服务是由不同的律所承包，要么是由不同批次的值班律师分管负责，难以实现侦查阶段与检察阶段法律帮助的有效衔接，更难实现同一值班律师对同一案件"负责到底"。这势必造成值班律师"重复劳动"，增加一些本不需要的工作量。此外，若不同阶段两名值班律师对案件提出不同意见，可能会造成被追诉人进退维谷，甚至质疑值班律师群体专业性的后果。

另一方面，值班律师与辩护律师的法律服务衔接不畅。在实践中，不乏被追诉人在中途聘任律师或者申请法律援助律师的情况，这便涉及不同类型律师之间的工作衔接问题。但目前值班律师与辩护律师缺乏及时的沟通和交接程序，值班律师先前对案件信息的掌握和评判不能有效传递给辩护律师，尤其是在法律援助律师接续法律服务时，难免造成整体法律援助资源的浪费。

（六）身份定位偏失化

法律制度一经颁布实施，就不再是立法者所能完全"操控"的，而成为一种"生命有机体"。有了合适的"土壤""养料""气候环境"，它就会茁壮成长；否则，就可能"枯萎""凋亡"[①]。基于立法者之期望，值班律师至少要同时扮演"权利告知者""释法解惑者""程序选择建议者""量刑协商参与者""处理意见提出者""具结程序监督者"等多重角色[②]。但在现实层面，本应作为被追诉人"诉讼权利保障者""诉讼利益维护者"的值班律师不仅异化成了认罪认罚具结程序的"见证人"，甚至还呈现出明显的"公诉人化"倾向，他们不仅不为被追诉人据理力争，反而更倾向于与检察官结成"联盟"说服被追诉人认罪认罚，或者动员被追诉人接受检察机关提出的量刑建议，对被追诉人诉讼利益置若罔闻。为此，有学者戏称，值班律师似乎在为检察机关实施认罪认罚"值班"，而非为维护被追诉人认罪认罚权利而"辩护"[③]。若按照如此态势发展下去，值班律师制度不免沦为认罪认罚从宽制度"食之无味，弃之可惜"的鸡肋配

---

① 陈瑞华：《刑事诉讼中的前沿问题》，中国人民大学出版社2011年版，第405页。
② 参见刘文轩：《辩护人化抑或转任辩护人：值班律师的身份前瞻》，载《中国刑警学院学报》2021年第4期，第66页。
③ 参见郭华：《认罪认罚从宽制度的权力俘获及纾困程序》，载《清华法学》2022年第5期，第95页。

置,甚至会拉低我国刑事辩护制度的整体水平。

认罪认罚常态下无效法律帮助的成因审思

有果必有因,无效法律帮助的形成也绝非偶然。但学者之前的研究多聚焦在值班律师无效法律帮助的表象上,少有学者系统地论证无效法律帮助背后的深层原因。值班律师制度不论对国家而言,还是对社会公众而言,都是一项公益性质的法律服务。"为众人抱薪者,不可使其冻毙于风雪。"即使目前法律帮助质效不彰,也不可盲目地将值班律师作为"口诛笔伐"的对象;否则,估计会有越来越多的律师群体"寒心",将此项公益事业"拒之门外"。不妨秉持"重解决问题、轻批评打击"的态度,设身处地地剖析值班律师提供有效法律帮助的现实阻碍。值班律师制度,本质上属于一种国家宏观调控行为,单纯的法教义学研究无法窥探该制度的全貌。原因在于,法教义学的最大缺陷就是将法律制度视作一个相对封闭的系统,将某种原则和价值套到各种经验事实之上,而不是根据经验和事实来发展与分析法律概念和理论①。而社科法学更注重制度和规则产生的内在因素与外界环境,可以一种更加包容、多元的姿态弥合法教义学过于自负的理性主义立场②。在社科法学视域下,大可将值班律师群体视为一种组织③。充足的人力资源是组织行为的基本前提,也在很大程度上决定着组织目标的可及性。

(一)人力配给不足:全面覆盖难

目前,虽然我国犯罪结构特征呈现轻缓化趋势,但是年犯罪总量依然高位徘徊,相对有限的辩护资源无法满足犯罪总量的增速。事实上,尽管我国推行刑事辩护全覆盖政策多年,但相对有限的值班律师资源尚无法满足每一位被追诉人在审前每一个诉讼阶段均能获得律师帮助这一目标。从笔者调研的 N 市 XW 区检察院的驻地值班律师的工作量来看,3 名值班律师每周二、周四两个下午轮流值班,据不完全统计,他们在近 4 个月的时间内办理认罪认罚案件共计 470 余件。结合具体值班时长,每名律师每天要办理 27 个案件,也就是说在律师值班的半天时间内他们平均要具结 13~14 个案件。如此大的工作量怕是仅参与具结就已捉襟见肘,哪有时间会见、阅卷,更遑论其他法定职责的履行。

---

① 参见谢海定:《法学研究进路的分化与合作———基于社科法学与法教义学的考察》,载《法商研究》2014 年第 5 期,第 87-94 页。
② 参见刘文轩、董慧娜:《认罪认罚自愿性的重申与重释》,载《西南政法大学学报》2022 年第 3 期,第 73 页。
③ "组织"是指一群人为了实现某个共同目标而结合起来协同行动的集合体。参见《管理学》编写组:《管理学》,高等教育出版社 2019 年版,第 19 页。

此外，值班律师配给的充分度一般与当地的经济发达程度呈正相关关系。从 N 市的经济发展情况来看，2022 年其城市 GDP 排名位于全国第 10 位，试想经济水平处于中等甚至落后的地区值班律师岂非案件压力更大？实际上，我国律师资源在空间上分布极不均衡。目前全国约 80% 的律师业务集中在 20% 的城市①，执业律师大多分布在华北、东南沿海等经济较发达省市，中部及西北部欠发达地区的律师资源十分薄弱。如图 2 所示，北京、上海两地区的律师占有比（当地人口数量/当地律师人数）约为 750∶1、854∶1，甘肃、宁夏两省的律师占有比约为 9 328∶1、8 720∶1，而云南省律师占有比甚至为 19 570∶1②（图 2）。在中西部地区，受语言、地理等因素的综合影响，律师资源一度短缺，通晓双语的律师更是凤毛麟角，无法满足审前阶段法律帮助的整体需求，有些地方还存在值班场所受限的问题。

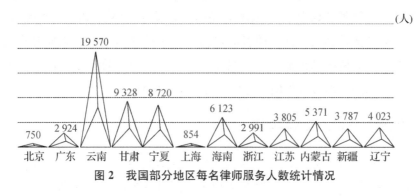

图 2　我国部分地区每名律师服务人数统计情况

（二）物质保障不足：动力维持难

无论从配套认罪认罚从宽制度考量，还是从保障被追诉人权利考量，值班律师制度的运行关系程序正义的实现，不能仅靠律师自觉和奉献，必须依靠相对可观的物质激励与较为充足的财政支持。我们不能奢求每一位社会律师都大公无私地成为值班律师，更不能奢求每一位值班律师在收入微薄的情况下还可以提供高质量的法律服务。否则，即便他们空有一腔热血，早晚也会屈从于生计，导致值班律师队伍名存实亡③。

而在实践中，值班律师每天经济补贴大约在 100～300 元不等，经济发达城市可达 500 元，全国各地情况基本上大同小异。无论值班律师在一天办理了多少案件，也无论其所办理的案件效果如何，报酬基本固定不变。而这些费用，也不一定全部归值班律师所有，有时他们所在的律所还要按比例抽取一部分费用④。在一些经济欠发达的地

---

① 参见侯猛：《中国律师分布不均衡的表现与影响——从北京刑事辩护市场切入》，载《法学》2018 年第 3 期，第 114 页。
② 文中相关数据参照 2020 年地区人口总数与地方执业律师数量计算所得。
③ 参见孟婕：《值班律师制度保障的三重维度》，载《中国政法大学学报》2023 年第 1 期，第 269 页。
④ 参见陈文聪：《论我国量刑协商机制的非对称性问题》，载《法学论坛》2021 年第 6 期，第 154 页。

区，值班律师甚至无偿地提供法律服务。且不说与社会律师相比值班律师收入的不相称性，其收入也远远低于法律援助律师①。以湖南省为例，值班律师的值班补贴是每人每天200~500元，而法律援助辩护律师在侦查阶段、审查起诉阶段、审判阶段每件刑事案件补贴标准分别为800~1 800元、800~1 800元、1 500~3 200元②。再看杭州市，值班律师的经济补贴每人每天平均约为430元，而法律援助律师在侦查阶段、审查起诉阶段、审判阶段的补贴分别为1 760元、2 060元、3 230元③。笔者在调研J省N市QH区检察院值班律师后了解到，他们每天经济补贴为200元，而该区法律援助律师的经济补贴为每一个诉讼阶段1 500元/件。一言以蔽之，时间紧、任务重、回报低、风险高，已成为实践中值班律师工作样态的基本特征。因此，对于绝大多数社会律师来说，尤其是案源稳定、收入颇丰的资深律师，若不是强制性义务，他们很难积极主动参与到值班律师计划中来④。此外，笔者在调研J省N市几家检察院后了解到，就是这么微薄的经济补贴也无法保障及时给付，拖欠法律援助补贴现象时有发生。无独有偶，还有学者的调研结果显示，在东北三省，由于地方政府无法负担值班律师的工作补贴，甚至出现了财政部门向司法局"打白条"的现象⑤。

（三）情感激励不足：深入参与难

组织成员在行为时，除了物质需求之外，还有强烈的情感需求，如融洽的人际关系、职业归属感、工作成就感等。但在实践中，值班律师面临审前机关不够重视、受援对象不够信任等问题，导致值班律师缺乏自我认同，这势必影响其职业归属感与工作成就感，进而产生消极行为，致使法律帮助浮于表面、流于形式。

1. 审前机关：缺乏必要重视

《值班律师办法》和《法律援助法》都规定了公检法三机关有义务保障被追诉人获得法律帮助的权利，同时有义务为值班律师开展工作提供必要便利⑥。但实践层面，值班律师很难获得权力机关的重视，表现为值班律师行权保障机制落后，甚至还存在办案机关"排挤"值班律师的现象。

一是值班律师行权保障机制落后。从实践现状来看，值班律师介入案件的时机基本上是由审前机关决定的，审前机关何时指派认罪认罚案件，值班律师就何时介入。

---

① 参见陈凯、董红民、唐晔旎：《刑事案件律师辩护全覆盖的实践和思考——以杭州市为例》，载《中国司法》2018年第11期，第38-45页。
② 详见《湖南省法律援助经费使用管理办法》第七条。
③ 详见《杭州市法律援助经费使用管理办法政策解读》（杭司〔2020〕179号）。
④ 参见宋善铭：《值班律师分类管理及转任辩护人的路径探析》，载《贵州民族大学学报（哲学社会科学版）》2021年第6期，第152页。
⑤ 参见孟婕：《值班律师制度保障的三重维度》，载《中国政法大学学报》2023年第1期，第270页。
⑥ 详见《值班律师办法》第四条、《法律援助法》第六条。

会见何人、何时会见，值班律师几乎无权自主决定，只能在到岗后被审前机关临时告知会见任务[1]。此外，笔者调研发现，即使值班律师行使会见权利，一般也由办案人员陪同，且会见时间往往受到限制，根本无法和被追诉人进行深入沟通，与被追诉人的交流内容主要以一般性法律常识为主，关系具体案情的较少[2]。《认罪认罚指导意见》第12条规定，值班律师自审查起诉之日，可以查阅案卷材料、了解案情。而司法实践中，认罪认罚案件适用速裁程序的比率越来越高，导致认罪认罚案件的办理呈现时限紧、节奏快的显著特征[3]，从值班律师介入到认罪认罚具结书签署仅间隔1～2天，导致值班律师即使想阅卷，也只能流于形式[4]，难以在对案件信息充分了解的情况下针对性地提供法律服务。从认罪认罚具结程序的时长来看，一般短则5～10分钟，最长也不过30分钟，除去简单地提供法律咨询外，值班律师几乎没有深度参与的空间和时间，更别说参与量刑协商。

二是审前机关对值班律师深入参与心存芥蒂。从域外经验来看，无论是英美法国家还是大陆法国家，都建立了检察机关或法院与被追诉人及其辩护律师共同协商的制度[5]。正是这种共同协商制度，在保障被追诉人认罪认罚自愿性的同时，确保了控辩协商的对等性。但当前我国认罪认罚从宽制度并未摆脱职权主义色彩，从量刑协商的启动到意见的听取以及具结书的签署大多由检察机关主导。实践中，检察机关为了提高办案效率，更愿意先听取被追诉人意见，与被追诉人达成一致后再通知值班律师开展法律帮助。此时，即使值班律师发现了案件定性或量刑上存在问题，但因被追诉人已经同意量刑建议，值班律师也只能"当过且过"[6]。

2. 受援对象：缺乏基本信任

一方面，受援人员对值班律师缺乏信任与法律帮助的公益性相关。与委托律师服务的有偿性不同，值班律师为被追诉人提供免费的法律服务。由于缺乏共同的利益指引（关联），值班律师很难在短时间内与被追诉人建立一种非常牢固的信任关系。我们通常也会这样理解：产品价值或者服务质量往往与价格成正比，便宜往往没好货，免费会不会是骗局？不少受援人员有这样的疑问：我没有向值班律师支付报酬，他们是不是办案机关在公审前请来探我虚实或者规劝我认罪认罚的？尤其是被追诉人看到值班律师与办案人员几乎同时出现在会见场所、具结现场，这不免让其担心值班律师与办案机关是"一伙"的，难以对值班律师产生信任。另一方面，实践层面本应作为被

---

[1] 参见郭航、杨馨儿：《值班律师有效法律帮助的理论反思与制度完善——基于C市值班律师制度的实证研究》，载《新疆大学学报（哲学社会科学版）》2022年第6期，第24页。
[2] 参见王迎龙：《值班律师制度研究：实然分析与应然发展》，载《法学杂志》2018年第7期，第115页。
[3] 参见柴晓宇：《认罪协商中的信息偏在与法律矫正》，载《政法论坛》2022年第2期，第142页。
[4] 参见耿永洁：《值班律师参与认罪认罚案件的实践观察与思考》，载《中国律师》2023年第5期，第79页。
[5] 参见马明亮：《协商性司法：一种新程序主义理念》，法律出版社2007年版，第52-54页。
[6] 参见朱孝清：《认罪认罚从宽制度相关制度机制的完善》，载《中国刑事法杂志》2020年第4期，第10页。

追诉人"诉讼权利保障者""诉讼利益维护者"的值班律师不仅异化成了认罪认罚具结程序的"见证人",甚至还呈现出明显的"公诉人化"趋势,更加深了受援人员对值班律师的"误解",加重了受援人员对值班律师的不信任。

3. 值班律师:缺乏自我认同

组织成员的人际关系深刻影响着组织行为的整体效能。当审前机关不重视、受援对象不信任,值班律师就被莫名地"孤立"起来,甚至会产生严重的自我怀疑。加之物质激励不足,只好无奈选择"躺平",其外在表现就是工作消极懈怠、服务动力不足、服务质量低下。在调研过程中,有年轻的值班律师向笔者袒露道:"说心里话,我们比任何人都想实现法律帮助实质化。每一位值班律师至少都通过了法律资格考试,获得了执业律师或实习律师资格,相信没有一位值班律师过来坐班就是为了充当'工具人',都希望能发挥自己的专业所长,为被追诉人提供实实在在的法律服务。哪怕不为了报酬,对于年轻律师而言,能从中学习到一些执业经验也是好的。但是从当前的形势来看,复杂的人际关系、微薄的经济收入,值班律师消极行为、得过且过确实也是无奈之举。有时,我们多怀疑自己作为值班律师的价值何在。"

四、认罪认罚常态下法律帮助质量的提升路径

值班律师制度作为一项复杂、精密的组织系统,离不开各个环节、各项制度、各种程序间的相互作用、倾力配合。针对上述无效法律帮助的三大成因,本文建议,可从优化法律援助资源配置、扩大值班律师权利范畴、强化法律帮助保障机制、构建无效法律帮助制度四个层面提升法律帮助质量。

(一) 优化法律援助资源配置:贯彻轻重分治

如果说委任律师决定着认罪认罚常态下我国刑事辩护质量的"上限",那么法律援助律师特别是值班律师则决定着我国刑事辩护质量的"下限"。本文建议,对刑事法律援助资源配置做出结构性调整。在全部诉讼阶段,将刑事法律援助范围扩展到所有的重罪案件。鉴于值班律师无法出庭辩护,可规定审前阶段由值班律师负责办理轻罪案件[①]。如此,既可贯彻轻重分治理念,也一定程度上纾解了值班律师在人力供给上的压力。

---

① 目前,我国实体法中并无重罪与轻罪的界分。"重罪"与"轻罪"本就是一组相对的、动态的概念。但笔者以为,从程序法的角度,对重罪、轻罪区分治理既有利于保证诉讼经济,也有利于实现多元公正。从目前我国刑事案件整体的刑罚结果分布上看,将被追诉人可能判处3年以上有期徒刑的案件归为重罪案件,将被追诉人可能判处1年以上3年以下有期徒刑的案件归为轻罪案件,将被追诉人可能判处1年以下有期徒刑的案件归为微罪案件,较契合我国现实国情。鉴于笔者对刑事实体法认识的局限性,本文的界分标准未必科学、准确。但为了后续研究的必要,下文将以此标准展开相关问题的讨论。

1. 扩大法律援助范围：覆盖重罪案件

从被追诉人利益出发，一般情况下，其被指控的罪行越重，想要获得辩护的期望值就越大，这是个颇为简单的道理。从国家利益出发，重罪案件的被追诉人与轻罪案件的相比，也更需要法律援助。其主要原因在于，重罪案件对被追诉人财产、自由甚至生命等基本人权的限制或剥夺比轻罪案件一般要严重得多，同时前者的纠错成本也明显高于后者。此外，从世界各国法律援助制度发展来看，除美国、英国、加拿大等国家的完全覆盖型，其他法治较为发达的国家最低也会将被追诉人可能面临被指控（判处）一定刑罚的重罪案件纳入应当进行法律援助或强制辩护的范围。为此，我国可考虑将被追诉人可能判处3年以上有期徒刑的案件纳入应当提供法律援助的范围。从可操作性层面来讲，目前重罪案件占比仅为15%，刨除可能判处死刑、无期徒刑的案件占比（5%左右），额外增加的案件比例也仅有10%左右。此外，2022年10月发布的《关于进一步深化刑事案件律师辩护全覆盖试点工作的意见》就规定在审查起诉阶段，将被追诉人可能判处3年以上有期徒刑案件纳入应当指定辩护的范围，也似乎释放了这一强烈"信号"①。

2. 壮大值班律师队伍：覆盖轻罪案件

目前，由于值班律师的需求量较大，法律援助机构的律师远远无法满足数量上的要求，故还是要依靠社会律师。为解决律师资源表现出的总体供给不充分、地区供给不均衡的问题②，力求有充足的值班律师资源覆盖至轻罪案件，如下几种方案可供采纳：其一，有条件的地区加大政府购买服务的力度，特别是加大对贫困地区的经费支持力度和定向帮扶。其二，在中西部极度缺乏律师资源的地区探索建立值班律师公设化③，即借鉴公设辩护人的思路，拨付专项资金，给定人员编制，招募具有公务员或者参公身份的公职值班律师，以保障值班律师的稳定来源。其三，充分运用科技手段，实现法律援助资源跨区域共享。例如，搭建网络值班平台、推行律师远程视频会见平台等。

（二）扩大值班律师权利范畴：实现平等武装

实现控辩平等是完善认罪认罚制度的关键④，实现控辩平等的前提是实现平等武装。这要求原则上赋予控辩双方平等的诉讼权利和攻防手段，以扭转两者在诉讼地位与诉讼资源上的先天不平等性⑤。权利既是进攻的手段，也是防御的盔甲，可以"不

---

① 参见刘文轩：《审判中心视域下刑事法律援助范围再构》，载《法律适用》2023年第3期，第175页。
② 参见吴宏耀、徐艺宁：《值班律师制度的保障机制研究》，载《中国司法》2020年第10期，第78页。
③ 参见程衍：《论值班律师公设化》，载《中国刑事法杂志》2023年第3期，第167页以下。
④ 参见龙宗智：《完善认罪认罚从宽制度的关键是控辩平衡》，载《环球法律评论》2020年第2期，第6页。
⑤ 参见冀祥德：《控辩平等论》，当代中国出版社2022年版，第321页。

用",但不能"没有"。为实现平等武装,合理地扩张值班律师权利内容颇为必要。

1. 明确侦查介入权,保障自愿认罪

在我国,侦查程序的启动具有主动性和自动性。侦查机关在实施侦查行为或者采取侦查措施时,无须征求被追诉人的意见,也无须司法审查。尤其是被追诉人处于羁押状态下,被追诉人可能面临权利最容易受到侵犯的"黑暗时刻"[①]。此外,有关学者调查显示,侦查阶段被追诉人认罪率高达90%以上[②]。不难看出,侦查阶段是被追诉人自愿性最容易受到污染的"源头"。2021年"少捕慎押慎诉"上升为一项刑事司法政策以后,审前羁押率从75.7%降至26.7%[③],改革成效不可谓不大。但这种所谓的"成效",很大程度上并非源自检察机关的自发与自觉,更多的是行政督促与考核推动下的产物。考虑到这种政策推动型改革本身的稳定性不强,待此波"热潮"褪去之后,高逮捕率与高审前羁押率是否会再次"回温"却是不得而知。

预防权力机关滥权的途径大体有二:一种是以"权力"监督"权力";一种是以"权利"制约"权力"。在检察机关监督效果不彰的情况下,有必要让律师提前介入侦查程序,为被追诉人随时提供必要的法律帮助。为了弥合辩护律师申请(或委任)的滞后性,可考虑明确值班律师在被追诉人被采取强制措施以及第一次讯问之前有权会见被追诉人,且被追诉人亦有权约见值班律师。

2. 赋予检察讯问在场权,收促实质协商

为防止过度追求效率导致权力失范,具结律师在场制度作为权利补强措施被纳入认罪认罚从宽制度的框架之中。然基于教义与实证双向考察,制度框架下的(具结)律师在场权恐存双重缺憾。其一,立法层面:定位含糊。依据2018年《刑事诉讼法》第一百七十四条第一款规定,辩护律师或者值班律师应当于认罪认罚具结程序中在场。然该款中"在场"的性质如何?是"消极见证(监督)"还是"积极辩护",立法者并没有具体释明。此外,《值班律师办法》更是直言道,值班律师即使对量刑建议、程序适用有异议,只要确认被追诉人是自愿认罪认罚,就应当"签字见证"。这看似为了凸显被追诉人在认罪认罚从宽制度中的主体地位,实则否认了值班律师的独立辩护价值。其二,实践层面:异化严重。诚如前文所述,目前在检察环节值班律师"见证人化"、提供无效法律帮助问题较为突出,导致控辩协商无法实质开展。实际上,最核心原因在于,我国刑事诉讼在审前阶段并未建立实质性的认罪分流程序,导致认罪(包含认罪认罚)案件呈现"程序简化有余,权利保障不足"的尴尬现状。

为根治上述症结,可考虑在审查起诉阶段增设认罪分流程序。对于认罪案件,赋

[①] 参见熊秋红:《刑事辩护论》,法律出版社1998年版,第213页。
[②] 参见刘方权:《认真对待侦查讯问——基于实证的考察》,载《中国刑事法杂志》2007年第5期,第97页。
[③] 参见《最高人民检察院工作报告——2023年3月7日在第十四届全国人民代表大会第一次会议上》,https://www.spp.gov.cn/spp/gzbg/202303/t20230307_606720.shtml,最后访问日期:2023年4月22日。

予律师检察讯问在场权,确保律师有充分的时间、空间与检察官展开协商。在律师的充分帮助下,若被追诉人自愿认罚,则在参与律师的见证下完成认罪认罚具结程序。当然,这里的"律师"应包含值班律师。对于不认罪案件以及认罪不认罚案件,应至少保障在检察环节律师提出意见的权利(一般是指书面提出意见),但重点则是将控辩对抗引至庭审,力求实现"举证在法庭、质证在法庭、辩论在法庭",至少保障不认罪认罚被追诉人获得正当化审理之权利①。

至于笔者为何主张检察讯问律师在场,主要原因有三:其一,讯问作为审查起诉阶段的必经程序,一定程度上与协商程序具有同步性和耦合性,无疑是协商的最佳场域与最佳时机,与有关学者提出的"三方在场、共同协商"思路不谋而合②。其二,协商本是"你来我往"的动态过程,必然存在反复与周折。讯问较之于具结程序所特有的多发性和持续性特征,可保证检律双方有充分讨价还价的时间,以凸显量刑建议的合意性,进而增强被追诉人对量刑建议的信服度以及法官对量刑建议的可采纳度。其三,2021年12月,最高人民检察院印发的《人民检察院办理认罪认罚案件听取意见同步录音录像规定》(以下简称《听取意见同步录音录像规定》)宣布在全国推行控辩协商(听取意见)全程录音录像制度。《听取意见同步录音录像规定》第二条明确:检察机关办理认罪认罚案件,对于检察官围绕量刑建议、程序适用等事项听取被追诉人、辩护人或者值班律师意见、签署具结书活动,应当同步录音录像;讯问与听取意见、签署具结书同时进行的,可以一并录制。这似乎也给检察讯问律师在场制度的建构留有"空间"。

目前,讯问律师在场的基本范式有消极监督式与积极抗辩式两种。本文建议采用积极抗辩式在场范式。究其原因,大致有三:其一,语言是抗争的利剑,也是防御的盔甲。"无声的见证"无法实现律师当场就量刑和适用程序问题发表意见,与检察官"讨价还价",实则捣碎了量刑协商的基石。其二,我国是在刑事诉讼"第三范式"发育尚不充分的情况下,提前迈进刑事诉讼"第四范式"的③。虽然自审判中心改革推行以来,公检法三机关陆续出台了一系列具体的改革实施办法与细则,对改革所涉及的诸多方面进行合理规制,审判职能的核心作用得到一定程度强化,但是具体到微观层面,相关制度在司法实践中的运行情况却不容乐观④。过于依赖卷宗、非法证据排除难等问题依然常见,庭审形式化问题并未根治、无罪判决率极低问题依然严峻,加之认罪认罚案件大规模适用简易程序与速裁程序,庭审的辩护空间被压缩殆尽。若律师在

---

① 参见刘文轩:《审判中心视域下刑事法律援助范围再构》,载《法律适用》2023年第3期,第176页。
② 参见朱孝清:《认罪认罚从宽制度相关制度机制的完善》,载《中国刑事法杂志》2020年第4期,第10页。
③ 熊秋红:《比较法视野下的认罪认罚从宽制度——兼论刑事诉讼"第四范式"》,载《比较法研究》2019年第5期,第100页。
④ 参见陈卫东:《推进由"侦查中心"向"审判中心"转变的刑事诉讼程序改革》,载《人民论坛》2019年第29期,第103-105页。

审查起诉阶段"闻而不语",尝试在审判阶段"扭转乾坤"难度不可谓不大。此外,尚不能保证认罪认罚案件的庭审辩护百分之百被覆盖。其三,更有益于在保证公正的基础上提升效率。积极的在场范式,既有利于律师通过实体性辩护与司法机关协力找寻真相,还可以通过程序性辩护减少证据存疑案件进入审判阶段的可能性,更有利于法律真实接近实体真实。此外,从表面上看,相较于消极见证式在场范式,积极抗辩模式更易导致控辩形成"拉锯战"。但从侧面来看,此模式既降低了非自愿认罪、虚假认罪导致程序回转的概率,也节省了法官对自愿性与真实性的审查成本,更益于整体诉讼效率的提升。

因此,本文建议,将现行律师在场权的权利场域由"具结"延至"讯问",权利范式由"消极见证"转为"积极抗辩",并赋予在场律师以提出意见、异议权为核心的权利内容。作为提出异议权的重要组成部分,值班律师的签字确认权不容忽视。值班律师的身份定位尽管是法律帮助者,但仍属于辩护阵营,应当独立于审前机关,成为被追诉人诉讼利益的核心维护者。对于案件事实不清、证据不足、依法不应定罪或者值班律师不同意量刑建议的,其可拒绝在场及在具结书上签字。即便被追诉人已经签署了认罪认罚具结书,值班律师也要敢于说"不"①。此外,为将轻重分治理念贯彻始终,可规定:当被追诉人没有委托律师时,至少保证在微罪案件中,被追诉人有权申请值班律师于讯问中在场,且在具结前,值班律师至少参与讯问一次。在轻罪案件中,检察官应通知值班律师于讯问中在场。在重罪案件中,检察官应通知法律援助律师于讯问中在场(表2)。因此,为了激发公益律师的参与热情、提升法律援助质效,建议参考律师在场频次、在场时长、量刑协商有效性等因素针对新增义务支付合理对价。当然,未来还可考虑将律师在场权扩展至侦查阶段,可先行覆盖至重罪案件,再循序渐进,逐步覆盖至所有的刑事案件中。目前,理性之选是普遍推行侦查讯问全程录音录像制度作为补充②。

表2 不同类型认罪案件中检察讯问律师在场权的底线设计

案件类型	检察讯问	认罪认罚具结	在场次数
微罪案件	申请值班律师在场	强制值班律师在场	具结前至少一次
轻罪案件	强制值班律师在场	强制值班律师在场	全程
重罪案件	强制法律援助律师在场	强制法律援助律师在场	全程

---

① 参见韩旭:《认罪认罚从宽案件中有效法律帮助问题研究》,载《法学杂志》2021年第3期,第7页。
② 参见刘文轩:《审判中心视域下刑事法律援助范围再构》,载《法律适用》2023年第3期,第176页。

3. 强化证据知悉权，争取信息对称

诉讼本是信息博弈。然而在现有"强阅卷弱开示"证据信息交换机制下，由于阅卷权利、动力与能力的多重不足，认罪认罚案件中被追诉人的证据知悉权难以得到切实保障，严重影响其认罪认罚的自愿性①。证据开示有利于控辩双方对定罪量刑结果形成准确预判，强化被追诉人认罪认罚自愿性的同时，裨益于催生实质化协商。况且，从域外经验来看，凡是建立协商程序的国家或地区，无不实行证据开示制度，以保障被追诉人认罪前对指控证据的知悉权。虽然《认罪认罚指导意见》对"证据开示"做了"鼓励"取向的规定，但远远无法满足推广此项制度所需的规范性与精确性要求。因此，尽快细化证据开示规则颇有必要②。

一是关于证据开示的启动模式。纵观世界范围内推行证据开示制度的国家或地区，证据开示制度的启动模式不外乎有两种：申请启动型与强制启动型。为最大限度地保障被追诉人审前证据的知悉权，有必要采用强制启动模式。即明确检察机关的启动证据开示的义务，并明确被追诉人及其律师必要的权利救济路径。

二是关于证据开示的时间节点。为保障被追诉人认罪的自愿性（源头）和真实性，理想的状态是于侦查阶段在被追诉人认罪认罚前开示证据。但鉴于"侦查秘行原则"和侦查效益的考量，证据尚未完全收集、固定就进行证据开示，可能不利于后续侦查活动的开展，这也是我国在立法层面未在侦查阶段赋予律师阅卷权的重要原因之一。诚如上文所述，审查起诉阶段的协商程序是被追诉人诉讼利益（从宽优遇）落实的关键节点，可考虑将证据开示的时间节点定在审查起诉阶段③。此外，有必要充分保障辩方证据评估的时间与空间。例如，可规定在检察官向被追诉人提出适用认罪认罚从宽制度之后，检察官应当在不晚于被追诉人签署具结书前几日，向其本人及律师（包括值班律师）开示本案主要证据。证据开示情况应当如实记录，并由被追诉人、辩护人或者值班律师签名④。

三是关于证据开示的必要范围。应规定检察机关除了开示证明被追诉人有罪的证据外，还应履行客观关照义务，及时开示有关被追诉人无罪、罪轻的证据。此外，需要强调的是，检察机关应积极开示具体案件的量刑标准（规范细则），以便于辩方充分理解量刑建议的形成依据，强化被追诉人认罪认罚的明智性与稳定性。同时，这也可为辩方针对性地开展量刑辩护提供参考。

---

① 参见鲍文强：《认罪认罚案件中的证据开示制度》，载《国家检察官学院学报》2020年第6期，第115页。
② 参见刘文轩：《试论商业秘密刑事诉讼程序保护》，载《知识产权》2023年第7期，第116-117页。
③ 参见韩旭：《认罪认罚从宽制度中证据开示制度的构建》，载《甘肃社会科学》2023年第3期，第115-120页。
④ 参见郭烁：《认罪认罚背景下屈从型自愿的防范——以确立供述失权规则为例》，载《法商研究》2020年第6期，第137页。

(三) 强化法律帮助保障机制:激发服务动能

1. 完善值班律师准入机制

目前,各地值班律师的选任模式无外乎有二:一种是律师自愿报名,由当地司法行政机关组织选拔,选拔通过则进入值班律师库作为人才备用;另一种以律所为单位采用招投标的方式进行,竞标成功的律所与当地司法行政部门签订法律帮助服务承包合同,由律所安排律师驻派到相关单位提供法律帮助[①]。但无论哪种模式,一般对律师级别、执业年限、刑事案件实践经验等均没有明确要求,导致值班律师业务水平本身就参差不齐。实践中,值班律师的人员组成要么是对刑事业务并不熟悉的民商事律师,要么是刚大学毕业不久、法律服务工作经验不足的实习律师,再或是年龄较大、对新型犯罪及最新司法解释完全不了解的退休律师,相对欠缺的专业能力一定程度上影响着法律帮助的整体质量。为此,有不少学者认为应当提高值班律师准入门槛,譬如规定一定的从业年限、一定的刑事办案经验等等。笔者认为这有待商榷,"一刀切"太过于绝对,对于东部经济发达地区,律师资源相对充沛,设置一定的值班律师准入条件较为合理,而对于中西部经济欠发达地区,在值班律师资源本就缺乏的情况下,再作出如上限制,对值班律师数量的维持来说岂不是"雪上加霜"?与其将重点放在值班律师的选拔条件上,尚不如在培训机制与考核机制上下功夫。具体而言,可从强化值班律师岗前培训、岗中培训以及专题培训三个层面,提升值班律师的整体业务能力。同时,对值班律师加强定期考核,考核不过关者及时退出值班律师队伍。

此外,与其提高值班律师准入门槛,不如考虑提升刑事法律援助律师准入门槛。原因在于,目前法律援助律师的帮助对象往往是弱势群体以及极刑案件被追诉人,若再将其范围扩展至重罪案件,适当提升刑事法律援助律师准入门槛则颇为必要。譬如,《法律援助法》就规定了对于可能判处无期徒刑、死刑的被追诉人,应保证法律援助律师具有3年以上的从业经验,也从侧面印证了笔者的观点。笔者认为,将1年以上的法律从业经验作为法律援助律师的准入门槛较为适合。

2. 优化法律服务衔接机制

一是强化不同诉讼阶段值班律师工作衔接机制。在实际情况中,轮流坐班制无法保证提供法律帮助的连续性,不利于阅卷权、会见权的充分行使及量刑协商的开展,且同时不利于被追诉人与值班律师建立起信任关系,影响法律帮助的效果[②]。因此,一方面,需要调整值班律师值班方式。其一,延长值班律师的坐班时长。例如根据各地值班律师人员储备情况以及办案经费情况,将原本一周两个半天的坐班时长调整为两

---

① 参见马明亮:《论值班律师的勤勉尽责义务》,载《华东政法大学学报》2020年第3期,第46页。
② 参见[美]彼得·德恩里科、邓子滨:《法的门前》,北京大学出版社2012年版,第261页。

个全天甚至与办案机关出勤时间相一致。其二，改变目前的轮流坐班模式，可规定同一名值班律师至少保证连续一周（在计划坐班日）的坐班要求。其三，针对审前羁押的被追诉人，规定由同一值班律师在审前阶段为其提供全流程法律帮助。另一方面，可推行值班律师办案日志制度，即要求值班律师对办案经历、案情评估等信息全程留痕，并随案移送。后一阶段值班律师通过查询办案日志，便可及时了解案情，避免重复工作和浪费本不丰裕的司法资源。此外，在数字时代的当下，还可挖掘智慧（数智）司法的显著优势，引导值班律师制度朝精准化指派与个性化服务的方向发展。

二是强化值班律师与辩护律师工作衔接机制。除推行值班律师工作日志制度外，还可考虑增设值班律师转任制度。所谓"值班律师转任制度"，也称"值班律师转任化辩护"，是指在不改变目前我国值班律师"法律帮助者"定位这一前提下，在条件合适、程序合法的基础上，将值班律师转任为受援人的法律援助律师或者是委任律师。值班律师转任化辩护制度是在坚持值班律师"法律帮助者"定位的前提下，在受援人符合法律援助条件时，将值班律师转任为其法律援助律师；在受援人不符合法律援助条件时，允许值班律师接受受援人的委托，成为委任律师。该制度与"辩护人化"主张推翻值班律师本来的制度范本，将值班律师全部转化为法律援助律师有着本质不同，增设值班律师转任制度对值班律师自身的独特性并无损害。因此，建议出台法律解释增设如下规定：（1）被追诉人符合法律援助条件的，可以在征得值班律师同意的前提下，将值班律师转化为其法律援助律师。被追诉人不符合法律援助条件，但与值班律师达成合意的，可与值班律师形成委托，由其提供辩护服务；（2）公安机关、检察机关、法院应在被追诉人第一次被讯问或采取强制措施之日起向其告知并释明值班律师转任制度的各项规定；（3）值班律师完成转任后，其权利义务与委任律师或一般法律援助律师无异[①]。如此，既有利于激发服务热情、提升辩护质效，还有利于节约司法成本、推进诉讼进程。

3. 强化服务质量激励机制

虽然法律援助属于国家责任，但律师是实际的制度执行者和落实者，适当的激励机制应是激发（维持）值班律师服务动力的关键步骤[②]。美国心理学家赫茨伯格（Fredrick Herzberg）提出的双因素理论（Two Factor Theory）认为，影响组织成员绩效的核心因素有二：保健因素与激励因素。保健因素是指容易产生意见和消极行为的因素，其与工作本身无关，主要包括组织的政策与管理、监督、薪酬、工作环境、人际关系等。激励因素是指可以使人得到满足和激励的因素，其与工作本身有关，包括成就、

---

① 参见刘文轩：《辩护人化抑或转任辩人：值班律师的身份前瞻》，载《中国刑警学院学报》2021年第4期，第70-74页。
② 陈光中、褚晓图：《刑事辩护法律援助制度再探讨——以〈中华人民共和国法律援助法（草案）〉为背景》，载《中国政法大学学报》2021年第4期，第272页。

赞赏、工作本身的意义及挑战性、责任感、晋升以及未来发展等。保健因素只能消除成员的不满，并不会带来满意感，只有激励因素才能够给成员带来满意感。因此，在调动组织成员积极性方面，首先要保证保健因素得到满足。但要想真正激励组织成员，就必须关注组织成员的成就感、认同感、工作本身的价值、责任感以及个人成长①。

首先，满足保健因素。作用到值班律师制度中，具体主要包括薪资激励和人际关系激励两个方面的内容。

其一，薪资激励。美国心理学家亚当斯（J. S. Adams）提出的公平理论（Equity Theory）认为，个体通过对"相对报酬"的评估来评价公平与否。一方面，个体对相对报酬的评价来自其过去的经验。若自己现在的收入/投入（B）≥自己过去的收入/投入（B'），其也许不会抱怨太多；但若 B<B'，个体则会感觉"今不如昔"，工作积极性将遭受挫败。另一方面，个体对相对报酬的评价可能来自与之相似之人。若自己的收入/投入（A）≥他人的收入/投入（A'），个体可能会产生相对公平感，从而维持原有的工作热情；但若 A<A'，个体则有可能产生相对剥夺感，从而挫伤工作积极性②。因此，一方面应采用差别化、梯度化绩效薪资激励制度，即抛弃传统"一刀切"式案件援助补贴，根据律师出勤基本开支、案件难易复杂影响程度、法律帮助质量等综合因素确定补贴费用③，以解决目前"干多干少一个样，干与不干一个样"的消极分配模式。另一方面，抛开法律援助律师审判阶段的辩护工作不说，其在审前的工作内容与工作体量大体与值班律师职责要求基本相同，可考虑将值班律师的薪酬标准提升至与审前阶段法律援助律师薪资标准相近。

当然，薪资激励的背后离不开充足的经费支持。本文认为，除政府在能力范围内尽量提高法律援助经费投入外，还可考虑设立值班律师公益基金，吸收社会公益筹款。法彦有云，"一次不公正的审判，比十次犯罪严重得多"。每一位公民都是潜在的被追诉人，都有可能无意或有意被卷入刑事诉讼程序中。值班律师制度旨在为每一位现实的或者潜在的被追诉人提供基本的法律服务，其本身是一种社会福利制度，其性质与医疗保险、失业保障等社会福利无异④。为支持值班律师制度的运行和发展，向社会公众筹集善款有其合理性与可行性。

其二，人际关系激励。一是加大值班律师制度宣传，赢得受援对象信赖。实践中，大部分被追诉人不信任值班律师，很大一部分原因是值班律师制度宣传力度不够、宣传模式错位。例如，值班律师制度的宣传通常夹杂在认罪认罚从宽制度释明中进行，

---

① 参见彭四平、童恒庆：《激励心理学——人类前进的推进器》，湖北人民出版社2012年版，第98-99页。
② 参见彭四平、童恒庆：《激励心理学——人类前进的推进器》，湖北人民出版社2012年版，第40页。
③ 参见周玉华：《刑事辩护全覆盖制度应然状态及其实现途径》，载《中国刑事法杂志》2021年第6期，第173页。
④ 参见孟婕：《值班律师制度保障的三重维度》，载《中国政法大学学报》2023年第1期，第270页。

值班律师制度的独立价值得不到有效彰显，导致最终的宣传效果不佳。可在派出所、看守所、检察机关等办案单位，通过张贴海报、制发手册、播放视频的方式，专题式宣传值班律师制度，以提升公众对值班律师制度的熟悉度、认可度与信任感①。二是权力机关转变办案理念，给予值班律师必要重视。理念是行动的先导，"很多制度执行的异化，问题的根源在理念上"②。若将公、检、法、律四股力量整体视为一个组织——法律职业共同体，那么组织的核心文化③在于实现惩罚犯罪与保障人权的统一。值班律师的深度参与不仅有利于发现真实，还有利于保障被追诉人的诉讼权利，与共同的组织文化完美契合。因此，公检法三机关应积极转变办案理念，真心实意地为值班律师开展工作提供便利。第一，时间上有保障。针对不少值班律师在签署认罪认罚具结书前没有及时阅卷、充分了解案件材料，且与被追诉人的沟通次数有限，难以进行有效沟通并提供有效的法律帮助，可规定从司法机关为值班律师指派案件到认罪认罚具结书的签署之间应具有一定的时间间隔，比如一般案件不少于3个工作日，重大疑难复杂案件不少于5个工作日，以此进一步确保会见权、阅卷权行使的可能性④。第二，空间上有保障。对于看守所，有条件的地方，看守所应当为值班律师坐班提供专门的坐班室，并为值班律师开设专门的会见室，保证会见过程不被监听，且无办案人员在场。同时，还需普及线上会见机制。对于检察院，有条件的地方，检察院可以设置专门的量刑协商室或者听取意见室为控辩双方提供良好的沟通（协商）环境。当然也可开展线上量刑协商（包含具结）机制，以为值班律师会见、阅卷腾出更多的时间。

其次，满足激励因素。虽然此种激励机制起效时间较长，但是组织成员的积极性一旦被激发，不仅成效显著，而且影响深远。本文建议，一方面，为彰显被追诉人获得法律帮助权以及值班律师制度的重要价值，有必要将被追诉人"有权获得法律帮助"写入《中华人民共和国宪法》与《中华人民共和国刑事诉讼法》，将被追诉人获得法律帮助权上升为一项宪法性权利。原因在于，"法律帮助"是"辩护"与"法律援助"的上位概念，能够囊括后两者的基本意涵。如此，既可与国际惯例接轨，也可实现被追诉人辩护权的底线保障。另一方面，积极发挥榜样示范作用。例如，可评选值班律师先进者，或宣传典型事例，或在法治人物评选中向值班律师代表适度倾斜，以增强值班律师自我认同感、职业荣誉感与成就感⑤。

---

① 参见海南省海口市美兰区人民检察院课题组、朱爱民：《值班律师法律帮助有效性的判断》，载《中国检察官》2023年第9期，第34页。
② 叶青：《程序正义视角下认罪认罚从宽制度中的检察机关沟通之维》，载《政治与法律》2021年第12期，第76页。
③ 组织文化是指组织成员共有的一整套假设、信仰、价值观与行为准则。参见［美］约翰·W. 纽斯特罗姆、［美］基斯·戴维斯：《组织行为学（第十版）》，经济科学出版社2000年版，第94页。
④ 参见耿永洁：《值班律师参与认罪认罚案件的实践观察与思考》，载《中国律师》2023年第5期，第79页。
⑤ 参见海南省海口市美兰区人民检察院课题组、朱爱民：《值班律师法律帮助有效性的判断》，载《中国检察官》2023年第9期，第34页。

（四）构建无效法律帮助制度：落实权利救济

在立法层面，《认罪认罚指导意见》最先对值班律师法律帮助质量提出了"有效法律帮助"的要求①，随后《值班律师办法》与《法律援助法》却将此要求规定为"符合标准的法律帮助"②，一时间让学界摸不着头脑。笔者以为，如此"变动"无外乎出于两重考虑。一重考虑是，值班律师实际承担两种不同位阶的"使命"，在全部案件中提供及时、初步的法律服务，在认罪认罚案件中致力于保障被追诉人合法权益与诉讼程序正当性③。若将认罪认罚案件中法律帮助质量要求定位为"有效"，那么非认罪认罚案件中法律帮助质量要求显然达不到这个标准。故而，以"符合标准"的表述作为兜底，以囊括值班律师法律帮助质量的整体性要求。另一重考虑是，在值班律师制度尚未成熟的情况下，盲目要求过高的标准无异于"揠苗助长"，违背制度发展的客观规律。"有效"是法律帮助质量的理想目标，而"符合标准"是底线要求，两者逻辑并不相扞格。顶层设计者做出如此改变，可谓是审时度势、顺势而为。遗憾的是，立法均未详细阐明如上两种标准的具体意涵，导致实践中无从参考。

有学者提出，"有效法律帮助"应当包含法律咨询的及时性与专业性、申请变更强制措施的及时性、程序选择建议的准确性、对案件的处理和量刑建议提出法律意见的独立性与合理性，以及履行认罪认罚具结书签署在场义务的实质性与审慎性④。亦有学者提出，有效法律帮助的标准应同时符合如下几点：（1）有值班律师参与为前提；（2）值班律师应当与被追诉人进行充分秘密的沟通并进行辩护协商；（3）值班律师应当提前阅卷，了解案情；（4）值班律师应当参与量刑协商和谅解协商，对检察机关提出从宽量刑建议施加影响；（5）必要时值班律师可拒绝签署具结书。实际上，如上两种观点均存在其合理性，但若不区分案件轻重复杂程度，要求值班律师在每一起案件中都事无巨细地承担每一种法律职责，实在强人所难，也与诉讼经济原则相悖。就拿目前较为普遍的酒驾类危险驾驶犯罪案件来说，在这种案件中若要求值班律师对每个案件都阅卷、会见，岂不是"大炮打苍蝇"，颇有浪费司法资源之虞？本文认为，既然"有效"与"符合标准"的标准均无从参考，我们大可以反其道而行之，确定何为"不符合标准"的法律帮助，即无效法律帮助标准。具言之，当一种法律帮助不能被判定为无效法律帮助，那么其至少是符合标准的，甚至是有效的。因此，建议借鉴美国无效辩护制度，构建本土化的无效法律帮助制度以倒逼法律帮助质量的提升。

---

① 参见《认罪认罚指导意见》第 10 条和第 39 条。
② 参见《值班律师办法》第三条和《法律援助法》第十九条。
③ 参见卫跃宁、严泽岷：《值班律师如何更好地履行工作职责——以〈法律援助值班律师工作办法〉为视角》，载《中国司法》2020 年第 10 期，第 79 页。
④ 参见刘泊宁：《认罪认罚案件中值班律师有效法律帮助制度探究》，载《法商研究》2021 年第 3 期，第 191-192 页。

1. 无效法律帮助之认定标准

为保障公民的有效辩护权,美国联邦最高法院在斯特里克兰诉华盛顿(Strickland v. Washington)案中确立了"无效辩护"的双重标准,即缺陷标准与偏见标准。同时规定被追诉人负有举证义务:一是要证明存在缺陷表现,即其必须推翻"一个强有力的推定,即律师行为在合理的辩护范围内",并表明它客观上是不合理的;二是要证明偏见标准,即若不是律师的非专业性错误,则有可能产生截然不同的诉讼结果[①]。笔者认为,法律服务是否具有缺陷,可综合值班律师介入的及时性、法律服务的专业性、工作的勤勉性等因素进行评估。判断值班律师法律服务是否具有缺陷,应具体案件具体分析,如下情形可视情况纳入值班律师"工作缺陷"的范畴:(1)未积极履行告知义务;(2)未积极充分地释法说理,例如并未向被追诉人讲解认罪认罚从宽制度的含义以及认罪或不认罪的风险和后果;(3)应当为被追诉人申请变更其强制措施而未申请;(4)未及时回答被追诉人提出的法律咨询;(5)应当会见被追诉人而未会见或者被追诉人约见但并未会见;(6)对于案情疑难重大复杂的案件,应当阅卷却未阅卷;(7)应当引导或帮助被追诉人申请法律援助律师而未引导或帮助;(8)未实质性地为认罪认罚案件的量刑与适用程序提出意见。若发现值班律师工作存在缺陷,且缺陷行为给被追诉人带来损害或不利时,无效法律帮助便成为事实。因此,为了倒逼讯问律师在场制度落地,可规定当存在如下情形,应视为"无效法律帮助":(1)值班律师不履行或怠于履行律师在场权,导致被追诉人自愿性或诉讼权利遭受严重侵犯的;(2)法官经审查发现被追诉人放弃值班律师在场权并非基于"自愿"和"明知"两个要件。

2. 无效法律帮助之证明责任

如前文所述,美国无效辩护的证明责任是由被追诉人来承担的,被追诉人对无效辩护的证明标准需要达到优势证据的程度。在我国司法语境下,由被追诉人承担无效法律帮助的绝对举证责任失之偏颇。在职权主义诉讼模式下,被追诉人的诉讼地位本来就低,且由于对诉讼程序的不熟悉,其本身收集证据的能力较低,再加之身陷囹圄,要让被追诉人承担证明值班律师提供无效法律援助之责任,这无异于取消了被追诉人提出无效法律帮助的权利。因此,被追诉人只要提供值班律师的行为明显不符合律师应有的职业水准,侵犯了被追诉人基本诉讼权利的初步证据即可,对于法律帮助是否无效由法官进行审查[②]。这也契合了立法层面确定的法官对认罪认罚自愿性的司法审查义务。

3. 无效法律帮助之法律后果

一是程序回流。若被追诉人得到无效法律帮助,案件可以恢复到得到无效法律帮

---

① Strickland v. Washington,466 U. S. 668 (1984).
② 申飞飞:《美国无效辩护制度及其启示》,载《环球法律评论》2011年第5期,第149页。

助之前的状态。被追诉人可以此为由申请撤回认罪认罚具结书，法官也可以主张认罪认罚具结书无效，案件将采用普通程序重新审理。当然，权力机关也可组织被追诉人重新认罪认罚。

二是证据排除。当存在无效法律帮助情形时，法官对于被追诉人做出的认罪供述应当排除，当然也应排除作为关键证据的认罪认罚具结书。

三是律师惩戒。无效法律帮助制度构建的目的，不在于惩戒，而在于救济。但只规定义务，不规定违反义务后的法律后果，这种"义务"久而久之将变成一种无力的"奢望"。在美国，无效辩护的消极法律后果包括审判程序重置，也包括对律师的惩戒①，对此我国也可借鉴。对于提供无效法律帮助的值班律师，审前机关有权通知其所在单位、律师协会或法律援助机构，建议相关负责人对该名律师进行通报批评，并将其行为纳入绩效考核。同时，律师协会可以对该名律师作出罚款的处罚，法律援助机构亦可以扣减该名值班律师的经济补贴。情节严重的，可在一定年限内限制其执业甚至吊销其律师执照。如此，不仅做到正向与负向激励相互补充，也可对其他值班律师起到警示、教育作用。

结语

目前学界通说认为，有效法律帮助是保障认罪认罚从宽制度运行正当性的底线要求。然而认罪认罚常态化背景下，值班律师囿于介入诉讼延迟化、提供服务形式化、权利行使消极化、履行职责片面化、工作衔接无序化、身份定位偏失化等多重弊病，导致无效法律帮助沦为症结。深入反思不难发现，法律帮助"普遍覆盖难"的诱因在于人员配置不足，值班律师"动力维持难"的诱因在于物质保障不足，值班律师"深入参与难"的诱因在于情感激励不足。因此，建议从优化法律援助资源配置、扩大值班律师权利范畴、强化法律帮助保障机制、构建无效法律帮助制度四个方向协同发力，助推法律帮助质量提升。革故鼎新是一项艰苦而复杂的伟大工程，"毕其功于一役"往往不太现实②，这要求理论者与实践者务必遵循事物发展的客观规律，做到实事求是、稳中求进。在未来相当长的时间内，还需坚持值班律师与普通刑事法律援助律师"二元一体"模式不动摇，坚持法律援助制度"数量"扩大与"质量"提升二元完善思路不动摇，持续探索强大法律援助制度的中国方案。

---

① ［美］伟恩·R.拉菲弗等：《刑事诉讼法（上册）》，卞建林等译，中国政法大学出版社2001版，第661页。
② 参见冀祥德：《刑事辩护八大学说》，当代中国出版社2023年版，第118页。

数据隐私保护的制度现状与进路探析

王 蕊[①]

摘要：在数字时代的发展进步和数据使用需求下，数据权益正面临着数字经济繁荣发展和数据隐私频繁泄露的双重挑战。作为法治现代化的重要组成部分，我国目前通过法律法规、政府监管、行业自律和技术标准等多种手段来防范和应对数据隐私泄露风险。由于社会、政治和法律等方面的差异，我国在数据隐私保护的立法取向上与欧美各国存在一定的价值分歧。因此，我们需要基于中国、美国和欧盟等经济体的数据隐私保护现状，探讨整个数据生命周期中具有针对性和差异化的保障措施，以建立符合数据本质和实际有效的数据隐私保护制度。通过多元化和宏观层面的回应以及具体的数据治理意见，建立多层次的数据隐私保障准则。

关键词：数字法治；数据隐私；隐私保护；比较法

为了顺应数字革命和文明进步的历史大潮，党的二十大提出了建设网络强国和数字中国的战略规划。在"十四五"规划中，也对数字经济、数字社会和数字政府等方面作出了详尽的规划。数字中国的建设发展离不开法治建设的紧密跟进和有力保障[②]。数字技术的广泛普及使得人们不得不面对新形式的监视、分析和控制。数字时代，不同主体之间的数据交互是双向的，甚至是多向的，数据的不断被使用和提升，使得大数据的非独占性和非排他性特点得到了充分展现[③]。如何平衡数据隐私保护与数字经济的发展成为关键问题。为了实现这一目标，需要进行从现代法治向数字法治的转型升级，这需要采取重塑法治原则、规范法治秩序和更新法治理论等发展路径[④]。尽管各国制定了不同的法律，但这些法律都符合相应的规则，即不能为了追求利益而忽视数据隐私保护，也不能过分保守而错失时代的发展机遇。在传统隐私理论的框架下，个人被认为可以在独立的私有空间内自主决策和行动，然而这一理论未能充分关注社会结构的复杂性。在数字社会中，个人信息的收集、使用和共享变得更加普遍和便利，同时也更加难以控制和监管。未来的数据隐私保护措施应该更加注重平衡个人权利和社会公共利益之间的关系，同时也需要考虑不同文化背景下的差异性。因此，我们应该通过法治手段建立和完善数字时代的法律体系，以保护人们的数字权利和隐私，并推动数字经济和数字社会的健康发展。我们需要将数据隐私保护的重点从防止非法或不

[①] 王蕊，南京师范大学法学院博士研究生。
[②] 张吉豫：《数字法理的基础概念与命题》，载《法制与社会发展》2022年第5期，第47-72页。
[③] 参见周汉华：《数据确权的误区》，载《法学研究》2023年第2期，第6页。
[④] 马长山：《数字法治的三维面向》，载《北大法律评论》2020年第21卷第2辑，第63-76页。

正当的行为侵犯延伸到将其作为互信的推动力量。

我国数据隐私保护的制度现状

数据的本质在于其在计算机及网络中流通，以二进制为基础，通过 0 和 1 的组合来表现其比特形式①。在法学领域中，数据的保护与隐私权息息相关。因此，我们需要更加专业化、有吸引力且更具学术性的论述来探讨这一问题。由于数据和信息具有无限流通性、跨越性和可复制性，因此包括国际法在内的法律必须对其进行特殊的规制。目前，各国均制定了相关的数据或信息隐私保护法规，而我国立法应该进一步强化对个人和公共数据隐私的保护，直到建立起一个统一的国际规则②。在全球范围内，欧洲展现了最大的保护数据隐私力度，美国和中国的数据隐私保护能力相对薄弱③。目前，我国采取法律法规、技术标准和行业自律等多种手段来预防和解决数据信息隐私安全的问题。《中华人民共和国个人信息保护法》（简称《个人信息保护法》）在《中华人民共和国民法典》（简称《民法典》）中确立了数字经济时代的数据和隐私权保护的法律依据，为我国的数据隐私保护提供了重要的参照。

然而，由于路径依赖性等原因，传统的数据隐私保护是建立在"一刀切"基础上的，将其视为一种独立的、完整的权益进行保护。这种保护方式存在一些问题。首先，它忽略了不同数据类型和应用领域之间的差异性，导致无法为不同类型的数据提供个性化的保护措施。其次，由于"一刀切"的保护方式过于简单化，难以应对日益复杂的数据安全威胁，如网络攻击、数据泄露等。此外，传统的数据隐私保护方式也存在法律适用的问题，不同国家和地区的法律对于数据隐私的保护标准和要求不尽相同，这给跨国企业的数据流动带来了一定的困难。因此，需要探索更加科学、全面、灵活的数据隐私保护模式，以适应不断变化的数据安全形势和法律环境。与欧洲国家的"数据保护权"相比，我国的数据隐私属于尚未定型的人格权益范畴。尽管自然人可以请求查阅、复制、更正、删除个人资料，但其对个人数据的保护主要依靠法律对有关主体的责任进行明确的规定，表现出一种明确的规范方式，而不是授权方式④。尽管我国目前尚未出台专门的隐私法，但现有的法律法规在一定程度上能够为数据隐私问题的解决提供初步的原则和依据。这些法律法规虽未明确针对数据隐私保护进行详尽规范，甚至并未提及"数据隐私"字眼，然而通过深入分析和解读，依然能从中汲取对

---

① 参见［英］维克托·迈尔·舍恩伯格、［英］肯尼思·库克耶：《大数据时代：生活、工作与思维的大变革》，盛杨燕、周涛译，浙江人民出版社 2013 年版，第 104 页。
② 参见彭诚信：《宪法规范与理念在民法典中的体现》，载《中国法律评论》，2020 年第 3 期，第 21-31 页。
③ 参见余圣琪：《数据权利保护的模式与机制研究》，华东政法大学 2021 年博士学位论文，第 86 页。
④ 参见任丹丽：《民法典框架下个人数据财产法益的体系构建》，载《法学论坛》2021 年第 2 期，第 89-98 页。

数据隐私保护的启示。这为后续探讨和构建更为详尽的数据隐私保护方案提供了坚实的法律支撑和灵感来源。

当前，中国正致力于从观念上探索符合实际的数据信息保护制度。中国采取以发展数字经济为主导的发展方式，并制定了一系列相关法规，这些法规都是从安全的角度设计的。随着时代的变化，《民法典》顺应潮流，在人格权立法中进一步细化了"隐私"概念，增加了"个人生活安宁"的条款，将个人生活的安宁和防止他人非法侵入作为个人权利的主要方面，从而加强了对个人隐私权的保护[①]。作为保护个人信息的两部主要法律，《中华人民共和国数据安全法》（简称《数据安全法》）和《个人信息保护法》都体现了对数据隐私相关权利的保护。

(一)《民法典》中的数据隐私保护

中国的数据隐私相关法律制度与国际上其他国家相比，由于所处的历史和发展阶段的不同，所遇到的困难和需要处理的问题也不同[②]。中国是一个深受大陆法系法学思想影响的大国，对数据隐私的保护思想和制度也有不同程度对欧盟的借鉴。但我国法律中的数据信息基础概念与欧洲国家有很大的差异[③]。关于事物概念的界定，不仅是对其性质的了解，也是一种思想的萌发。黑格尔解释了物质和概念之间的联系："我们把这些东西的本性和本质叫做概念，而这些概念仅仅是为了思维而存在的。"[④]《民法典》第一千零三十三条对侵犯隐私的行为种类进行了较为系统的划分与定义，同时，在人格权编条文中所设定的人格权保护模式也为隐私权的有效保护与救济提供了一条切实可行的原则，可以更好地处理目前和今后可能出现的侵犯隐私权的问题[⑤]。然而，与《中华人民共和国民法总则》时代不同的是，《民法典》时代的个人信息保护问题有所变化。《民法典》第一千零三十四条规定，对个人信息的保护存在刚性的界限，使得法官在决定保护个人信息的时候，必须对其进行所谓的隐私检查，通过所谓"尊严性"与"资源性"的区别，以分层保护的名义，将隐私与信息保护的实质联系分离开来。中国有关数据信息隐私的法律制度在某种程度上参考了欧洲的相关法律，包括一些基础法规、权利和责任制度等，然而，它并未将信息控制者这个核心问题纳入其中。

[①] 参见郭秉贵：《大数据时代信息自由利用与隐私权保护的困境与出路——以"中国Cookie隐私第一案"为分析对象》，载《深圳社会科学》2021年第4期，第110-119页。
[②] 参见姚佳：《论个人信息处理者的民事责任》，载《清华法学》2021年第3期，第41-54页。
[③] 参见姚佳：《论个人信息处理者的民事责任》，载《清华法学》2021年第3期，第41-54页。
[④] ［德］黑格尔：《逻辑学（上卷）》，杨一之译，北京：商务印书馆，2009年，第12-13页。
[⑤] 参见王利明：《和而不同：隐私权与个人信息的规则界分和适用》，载《法学评论》2021年第2期，第15-24页。

(二)《个人信息保护法》中的数据隐私保护

首先,《个人信息保护法》强调信息使用者的信息保护是其目的与宗旨,并在此基础上制定了有关信息的权利体系,尽管未直接提及数据隐私,但可以对保护个人信息的条款进行广泛解释,以适用于保护个人数据隐私。《个人信息保护法》第四十四条明确了公民的知情权和决定权;第四十五条则对个人查阅、复制其个人信息权作了明确的界定;第四十六条是关于个人的更改权;在此基础上,第四十七条对个人的删除权作了详尽的规定;第四十八条赋予了个人要求个人信息处理者解释说明的权利。《个人信息保护法》继承了《通用数据保护条例》(以下简称《条例》)中关于个人信息的法律保护,并为其制定了一套完备的信息权利制度。在现有《条例》的基础上,我国或可考虑在现有的制度框架下,依据本国的具体国情,加入新的数据权利制度,从而使数据相关权利更具可操性、针对性和系统性。

其次,《个人信息保护法》对信息处理者的责任进行了明确细致的界定。它对信息控制者与信息处理者没有进行区别界定。大部分地区并不区分信息控制者和信息处理者这两个概念,而《条例》将二者区别开来,明确了二者在信息保障方面的不同责任和权利。《个人信息保护法》明确了信息处理人员的责任。第五十一条列出了信息处理者为保障个人信息安全应采取的措施。第五十二条提到对信息的处理达一定数量的单位,应当设立信息保护规则。第五十三条指出对境外的信息处理者,应在境内设专门的机构或者委派代理人。第五十五条规定信息处理者在处理敏感个人信息,利用个人信息进行自动化决策,委托处理个人信息,向其他个人信息处理者提供个人信息、公开个人信息,向境外提供个人信息,以及在其他对个人权益有重大影响的个人信息处理活动中,应当进行风险评估。第五十七条提出,在发生或可能发生个人信息泄露、篡改、丢失时,个人信息处理者应及时作出相应的处理,并将有关情况通报给有关单位或人员。

最后,《个人信息保护法》对公民的信息权利保障提出了更高的要求。在《个人信息保护法》出台前,个人信息侵权案件时有发生,为维护公民的合法利益,我国在制定相关法律法规时考虑到了以下要点:第一,"合规"的理念被引进。第五十四条规定对信息处理方的行为应进行合规审计。从"合法"经营观念转变为"合规"经营思想,合法性问题主要着眼于与法律有关的法规冲突,属于法规遵循问题;"合规"指的是公司要更好地履行自身的法律义务,这就是对个人信息的更强有力的保障,即政府的强制监管和平台自身监管的协同管理。第二,切实保障公民的利益。在第一章的总则中,对个人信息的法律保障作了详细的规定,比如第七条就是关于处理个人信息的条款,处理个人信息应当遵循公开、透明原则,公开个人信息处理规则,必须说明处理目的、方式和范围。第三,把已公开的个人信息补充到能够处理个人信息的范畴。比如法庭认定,判决文件是被司法机关公布的文件,不属于侵害当事人隐私信息的情况。然而,在第十三条中增加的这个条款会使人质疑个人信息的保护,因为在某些情况下,任意利用已经公开的个人信息也会侵犯人们的信息权益。第四,对个人信息权利和信息处理者的责任进行了界定。比如,第四十七条对信息主体的删除行为进行了详细的规定;第四十九条规定了在自然人去世后,其近亲属可以代为行使其信息权利。

(三)《数据安全法》中的数据隐私保护

在美国加利福尼亚州《消费者隐私法案》获得通过之后,其他州也纷纷出台了相关法律,以保障本国消费者的数据信息隐私。我国已经出台了《数据安全法》和《个人信息保护法》,可以在一定程度上解决我国在数据隐私保护方面存在的问题[1]。《数据安全法》第九条明确提出,"提高全社会的数据安全保护意识和水平,推动有关部门、行业组织、科研机构、企业、个人等共同参与数据安全保护工作"。与美国、欧盟等国家数据保护模式相比,中国数据流转制度应该实现国家安全、数据隐私保护、促进经济发展三方面的均衡,实现数据多元化、全面保护[2]。

我国《数据安全法》的主要内容是国家的数据策略和我国在国际上应采取的措施。欧盟《关于公平访问和使用数据的统一规则的条例》(以下简称《数据法案》)于2024年1月11日生效,此时我国的《数据安全法》已实施近三年。相较于《数据法案》为用户引入新的合法权利以增加数据的使用与共享、促进数据创新和经济增长,《数据安全法》倾向于解决数据主权和国家治理问题。《数据安全法》的重点内容包括:第一,明确规定任何组织、个人必须合法、正当地收集数据,不得偷盗、利用其他非法途径获得数据。随着实践的发展,数据开放和隐私保护的矛盾日益突出,需要对其进行辩证、平衡处理,既能充分发挥数据的流动性价值,又能有效地防止数据泄露的风险[3]。第二,在第二章中,对数据安全与发展作了专门的论述,着重阐述了国家总体发展与安全的国家战略,省级以上人民政府要重视数字经济发展并将其纳入社会发展规则。第三,加强中国法律在域外的效力,以应对美国和欧盟"长臂管辖"。关于跨境重要数据的新规则,主要信息基础设施运营商所收集的重要数据,将按照《中华人民共和国网络安全法》(简称《网络安全法》)的有关条款进行流动;外国司法机构或执法机构查阅资料,须经国家有关部门核准,未经许可的单位或个人向境外提供数据,均须负法律责任。第四,保障了中央国家安全领导机构的信息安全保障功能,国家建立并制

---

[1] 参见董小君、郭晓婧:《美日欧数字贸易发展的演变趋势及中国应对策略》,载《国际贸易》2021年第3期,第27-35页。

[2] 参见黄志雄、韦欣妤:《美欧跨境数据流动规则博弈及中国因应——以〈隐私盾协议〉无效判决为视角》,载《同济大学学报(社会科学版)》2021年第2期,第31-43页。

[3] 参见窦悦:《数据开放共享与个人隐私保护对策研究——层次数据与算法问责》,载《现代情报》2021年第7期,第146-153页。

定重点资料目录,并根据各地区、各部门以及有关产业、领域的不同,细化相应的目录。第五,加强数据安全协同机制建设,倡导以政府强力监管、平台自律、行业协会自律为代表的协同治理模式。

总体而言,国家有关数据隐私保护的法律法规繁杂多样,宪法之外,还有民事、经济、刑事、行政等方面的法律、法规、规章多项。不同法律法规的作用存在着显著差别。同时,我国现行的相关法律法规常常以"个人信息"为对象,尤其是《个人信息保护法》对此进行了较为完整的规范,并没有直接出现"数据""隐私"相关字样。

二 数据隐私保护的张力及域外考察

由于路径依赖性等原因,传统的数据隐私保护是建立在"一刀切"基础上的,把它作为一种独立的、完整的权利来保护[1]。我国已初步建立了国家层面的隐私权管理制度,完善了我国对隐私权的保障。然而,在理论和现实的双重困境下,仍存在需要关注的问题。

(一) 数据隐私权与公众知情权的冲突

在某些情况下,数据隐私权和公众知情权之间可能存在冲突和矛盾。对于个人医疗记录以及搜索偏好等个人敏感数据,公众知情权的实现很可能会与数据隐私的保护需求相矛盾。

在开放的社会和科学环境中,数据开放不仅是学者的实践,而且是各国政府的一项重要工作。开放政府数据有助于提高政策制定的透明度,增进民众的信心。然而,各国政府也有许多机密资料,一旦泄露,就会对多方数据隐私权益造成损害。因此,需要在数据隐私权和公众知情权的矛盾和利益之间进行权衡。虽然《民法典》对自然人的隐私权作出了明确的规定,《中华人民共和国消费者权益保护法》《中华人民共和国电子商务法》《网络安全法》《中华人民共和国基本医疗卫生与健康促进法》《中华人民共和国政府信息公开条例》《电信和互联网用户个人信息保护规定》《儿童个人信息网络保护规定》针对公民知情权的规制也较为充足,但它们都缺乏对公民知情权与个人隐私权进行权衡的制度与机制。因此,需要寻求一种平衡数据隐私权和公众知情权之间冲突和矛盾的方法。这可以通过适当的法律和政策措施来实现,以确保公众的知情权不会对个人的数据隐私权造成过度损害,并在需要公开个人数据时确保充分的信息息透明度,采取必要的保护措施。

---

[1] 袁泉:《大数据背景下的个人信息分类保护制度研究》,对外经济贸易大学 2019 年博士学位论文。

（二）数据跨境传输与隐私保护的冲突

在开放的科学背景下，跨境传输数据、共享个人资料变得越来越重要、越来越普及。《大数据产业发展规划（2016—2020年）》中提出，要加快建立数据跨境流通的法律制度和管理机制，强化对敏感数据跨国流通的保护。《个人信息保护法》披露了6条关于跨境提供个人信息的规定。这是自2019年6月国家网信办印发《个人信息出境安全评估办法（征求意见稿）》以来，首次为跨境个人信息的传输提供法律依据。

个人信息处理者在提供个人信息时，应当符合以下条件：符合国家网信部门的规定，由专业机构进行个人信息保护认证；与境外接收方订立合同，约定双方的权利和义务，并监督其个人信息处理活动达到《个人信息保护法》规定的个人信息保护标准；法律、行政法规或者国家网信部门规定的其他条件。然而，现行规定并未明确提及数据隐私。《信息安全技术 个人信息安全规范》《网络安全法》等相关国标、法律法规也未能很好地处理数据跨境传输和保护数据信息的问题。

（三）缺乏完善的数据隐私权救济机制

我国《民法典》第一百七十九条和对隐私权救济方式进行了规定，其中包括停止侵害，排除妨碍，赔偿损失，消除影响、恢复名誉，赔礼道歉等。但是，目前我国的数据隐私保护存在着许多问题，例如：缺少防范措施；侵犯个人信息隐私的救济渠道不健全；传统的隐私权救济方式不能完全适用于数据隐私。

我国虽已出台了大量有关隐私权的法律，但并未制定"隐私法"和"个人数据保护法"，也未对数据隐私涉及何种权利作出明确规定。"数据隐私"并未列入《民法典》和《数据安全法》。《个人信息保护法》全文未包含"隐私"和"数据"两个字，虽然对数据隐私相关权利有所保障，但也没有像《条例》那样对数据主体的权利进行详尽的规定。

在世界范围内，澳大利亚、加拿大、美国、希腊、以色列、新西兰、菲律宾、乌干达、匈牙利、葡萄牙均颁布了专门保护隐私权益的隐私法案，英国、德国、新加坡、法国这些国家分别颁布了《数据保护法》《联邦数据保护法》《个人数据保护法》《数字共和国法案》，这些法律法规为相关国家和机构的数据隐私保护提供了有力的支持和保障。

（四）数据隐私保护的域外考察

《条例》在处理数据隐私保护问题时，对权利设置方面的缺陷予以了一定程度的规避，这给我国带来了可借鉴的经验。对《条例》进行全面的剖析，会发现某些条款实际上为传统的隐私权保护提供了一定的途径。与传统的人格权进路或财产权保护方式相比，其更多的是从用户期望和风险管理的角度考虑数据隐私的保护。

首先，尽管《条例》将个人同意视为数据采集和处理的基础，但《条例》也认识到，"同意"这个词本身就是一个模棱两可的概念，往往判定使用者"同意"与否时，是在判断一定的背景下用户对自己的数据有没有合理的期待[①]。《条例》说明，在数据相关主体未明确同意的情况下，判定数据的处理是否正当，应考虑"个人数据收集时的目标与计划下一步处理数据的目标之联系"[②]，以及"个人资料搜集时的情境，尤其是数据主体与控制者之间的关系"[③]。欧洲议会和欧洲委员会重申《条例》时，也注意到，数据控制者是否合法地收集和处理数据，必须"评估数据的控制者在收集个人数据时，是否能够合理地期望数据的处理方式"，若"数据控制者并未预料到未来对相关数据的处理，则数据主体之权益与基本权益，应优先于数据控制者之权益"。

其次，《条例》对数据收集、储存、处理、披露等方面存在的各种风险进行了规范。第32条对技术和组织措施作了规定[④]；第35条对风险衡量作了定义[⑤]；第36条是一项关于风险监管的条款，如果管理者发现一些预期的处置会违背规则，尤其是在数据控制者不能确定或减少危险时，监管机构应该在收到咨询请求后八周之内，向处理者提供书面意见，并根据需要给予适当的权利[⑥]。足以见得，《条例》所涵盖的消费者期望和风险控制方式，比起数据隐私的财产权和人格权保护，更加符合互联网和大数据时代下的数据隐私保护需求。

该方法能够防止因个人的同意而导致的用户资料不能得到有效的二次利用，错失了大数据时代数据信息的理性利用之后果。在大数据时代到来以前，全世界的隐私权准则都是允许个人决定是否、如何以及通过何人来管理自己的信息，特别是"通知和授权"的公式化制度。但是，在大数据的发展过程中，数据信息的完整性、混杂性、关联性是很大的特点[⑦]。在这样的情况下，由于数据信息的大部分价值来自第二次使用，而在收集数据信息的时候，并没有考虑到这些因素，因此，"通知和授权"已没有太大的帮助。

同时，用户期望方式能够更好地界定合理的数据隐私保护范围，从而有利于数据

---

① 例如，在自动驾驶需要获取周边行人轨迹、车辆种类等数据的场景中，即时征得收集其数据的同意，是无法实现的。
② 《通用数据保护条例》第6条第4段（a）。
③ 《通用数据保护条例》第6条第4段（b）。
④ 《通用数据保护条例》第32条第1段规定，在考虑到最新水平、实施成本、处理的性质、处理的范围、处理的情境和目标后，考虑到该处理对自然人的权利和自由造成的损害可能性和严重性后，数据控制者和处理者应采取适当技术和组织措施，以确保与风险相符的安全水平。
⑤ 《通用数据保护条例》第35条第1段规定，如果某些处理方式，尤其是采用新技术有很大的危险，那么，在考虑了处理的性质、范围、情境和目标之后，控制者应当在处理前评估计划的处理进程对个人数据保护的影响。
⑥ 《通用数据保护条例》第36条第2段。
⑦ 参见[英]维克托·迈尔·舍恩伯格、[英]肯尼思·库克耶：《大数据时代：生活、工作与思维的大变革》，盛杨燕、周涛译，浙江人民出版社2013年版，第220页。

信息的合理流动。如前所述，人格权和以同意为中心的财产权，都很难为数据的采集和处理提供比较合理的正当界限，这是由于两者都从形式主义角度出发，将个人数据的保护看作一种脱离情境的一般性规则。但是，个人数据的保护和流通无疑是一种高度情景化或语境化的问题。在此基础上，消费者期望进入路径能够与特定的生活情境相结合，在特定的生活情境和社会关系中考虑个体数据的保护边界，从而更好地界定合理的数据保护界限和合理的数据流动。另外，从风险管理的视角来看，数据隐私风险难以精准预防，尤其是在大数据时代，数据隐私变得系统化、复杂化，个体难以在短时间内做出正确的判断。这意味着，对个人数据隐私的救济，不管是以人格为基础，还是以财产为基础，都无法控制数据收集、处理和流通过程中的风险。要对数据收集、处理和流通过程中所产生的风险进行规范，就需要对风险进行全面的预防、评估和救济。

从另一个角度看，美国在欧盟《条例》起草前后制定的隐私权立法更加注重用户的理性期望和对其进行控制。在2012年，奥巴马总统签署了《消费者隐私权利法案》（以下称《法案》）以响应《条例》。正如它的名字所显示的那样，《法案》把"消费者"这一概念视为消费者保护的核心概念，并且除了其他的一些规定，它还把对环境和安全的尊重视为中心内容。在遵守情境方面，该法案规定了"用户有权要求政府负责任地收集、使用和披露个人信息，并与用户所提供的信息相符"[①]，这同样是其核心内容之一。

从数据隐私保护的角度出发，我们可以看到，这种方式更适合于数据信息的隐私保护。在传统的隐私学中，"隐私权"是一种"私人权利"，它指的是一种具有确定性质的私人领域，为个体的发展提供了空间[②]。想要完全了解隐私权，就得把其置于社群的背景下[③]，这是由于个体理性的活动和个性的形成离不开社会这个整体情境[④]，个人的私人领域正是在社区中才得以实现[⑤]。在这样的一个社群里，数据的流动与人们每天的期望大致保持一致，若社区拥有比较合理的数据及信息流转机制，则会大幅减少对隐私权的侵害。电脑和互联网的出现，使原本的社区数据流动发生了变化，但由于数据信息系统本身没有形成一套符合环境公平正义的机制，因此对数据信息隐私产生了

---

① Office of the Press Secretary, "We Can't Wait: Obama Administration Unveils Blueprint for a 'Privacy Bill of Rights' to Protect Consumers Online", https://obamawhitehouse.archives.gov/the-press-office/2012/02/23/we-can-t-wait-obama-administration-unveils-blueprint-privacy-bill-rights, 最后访问日期：2022年3月5日。
② 参见 Samuel D. Warren, Louis D. Brandeis, "The Right to Privacy", *Harvard Law Review*, Vol. 4, No. 5, 1890, p. 193.
③ 参见 Erving Goffman, *Relations in Public: Microstudies of the Public Order*, Basic Books, 1971, p. 28.
④ 参见 Erving Goffman, "The Nature of Deference and Demeanor", in Interaction Ritual: Essays on Face-to-Face Behavior, Doubleday, 1967, p. 47.
⑤ 参见 Robert C. Post, "The Social Foundations of Privacy: Community and the Self in the Common Law Tort", *California Law Review*, Vol. 7, No. 5, 1898, pp. 957–962.

极大的影响①。在此大环境下,信息和信息的流动方式出现了偏离人类期望的情况,因此,必须制定一套规范的法规,使其在不同的环境中得以正常流转,并保证相应的数据流动风险得到有效控制。

探究数据隐私保护的可行路径

在大数据时代,人们关注的不仅是数据隐私的安全性,还有数据公开带来的社会效益。要在提高数据使用效率的前提下,研究保护数据隐私的路径,以达到提高效率和服务社会的目的。在"所有权终结"的数字领域②,立法应将数据价值作为产权确定的依据,适应数据经济内在运行逻辑,创造与传统财产权或产权观念截然不同的"数据产权"概念和制度③。在此过程中,应淡化所有权、强调使用权,并聚焦于数据的流通和使用,为数字经济发展提供新的法治理念和规范基础。由于权利路径的建构需要极大的智识和充分的现实条件,目前对数据隐私保护路径的研究可从数据隐私保护机制设计做起,如关注数据源头监管、数据风险管理、数据共享交易等方面的问题,以便人们在应对数据隐私保护的问题上作出有益的贡献④。透过多元的、宏观的回应和数据治理的具体意见,建立一个多层面的数据隐私保障准则,把数据隐私保护的重点从防止非法或不正当的行为侵犯延伸到将其作为一种互信的推动力量。

(一) 基于数据生命周期和数据敏感性的数据隐私保护

较早的研究来自查拉比迪斯,他首先对数据生命周期进行了延伸,并将其划分为五个时期⑤。在数据的各个生命周期中,都有可能发生数据隐私的泄露问题,具体表现在五个领域:第一,在数据搜集来源方面,当数据信息被不受信任的第三方搜集时,个人数据会面临隐私被泄露或被私自出售等有敌意的攻击;第二,在数据整合和储存方面,会存在被不信任的外包服务攻击、数据无加密索引、记录连接攻击等问题;第三,在数据处理方面,有可能出现分类聚类攻击、特征攻击等;第四,对数据进行解读时,会出现前景知识攻击、数据溯源图发掘元数据相关性等问题;第五,在数据交

---

① Helen Nissenbaum, *Privacy in Context: Technology, Policy, and the Integrity of Social Life*, Stanford University Press, 2009, p. 127.
② 参见[美]亚伦·普赞诺斯基、[美]杰森·舒尔茨:《所有权的终结:数字时代的财产保护》,赵精武译,北京大学出版社2022年版。
③ 刘小妹:《数字经济立法的内在逻辑和基本模式》,载《华东政法大学学报》2023年第4期,第28—37页。
④ 参见戴昕:《数据隐私问题的维度扩展与议题转换:法律经济学视角》,载《交大法学》2019年第1期,第35—50页。
⑤ 参见黄如花、赖彤:《数据生命周期视角下我国政府数据开放的障碍研究》,载《情报理论与实践》2018年第2期,第7—13页。

易中,会存在窃听方盗窃数据、攻击者破解入侵防护程序等情况,由此在数据交易过程中通过非法手段获取隐私数据。

数据隐私安全涉及的范围很广泛,所以应当加强多方协调,不仅要重视事后救济,还要重视事前预防,为其提供全面而非片面的保障。通过参考欧盟《条例》[①]和美国等其他国家和地区的保护经验,基于数据生命周期的五个角度,探讨技术手段和行政主体的功能,构建数据隐私保护的治理框架。

在数据的生成阶段,保障数据隐私权益,不仅要从技术源头上保障用户的数据隐私安全,还要加强资料公开审查,及时界定数据权益归属[②]。民众要有数据自决权、数据知情权、数据告知许可权[③]和保密许可权;数据信息经营者在搜集资料时,必须清楚自己的用途[④],尽可能地减少对数据的收集,尽可能地增强数据匿名性。与此同时,技术手段上要利用各种技术对数据进行模糊处理、匿名化、及时删除,以最大限度地避免数据隐私的泄露。

在数据的传输阶段,关键在于相关程序的加密算法是否能保证数据处理的安全性和可靠性。针对网络上的数据查询,应着重于审核数据来源与数据相关用户协议,设定相应的保密技术以保证数据在传输过程中的隐私安全性;针对相关的机密数据信息,政府或可建立跨国界、全区域的数据流通保护机制,运用区块链技术以及差分隐私保密法,保证机密数据的传送流程透明可视。对于独立的、高度机密的数据信息,要加强对其传输进行严格限制[⑤]。

在数据的使用阶段,公民的自主决定是根本,因此必须确保数据的合法性,确保经过数据主体同意且授权。此方面应着重于加强政府的监管,使数据安全评价系统体系化,设定相关数字技术,如加强水印或者电子签名等,使用户授权过程更加清晰便捷。对预报个人数据隐私来说,由于涉及个人的机密信息与私人生活安宁,因此必须设立一个专用的保密机制来进行数据隐私的安全管理[⑥],并对其进行完整的存取和验证,而数据各方使用者则要进行去个性化的数据信息资料加工,并负起相应的法律义务。在涉及个人数据隐私的情况下,公众享有完全的知悉权和自主权。同时,要加强

---

① 参见王达、伍旭川:《欧盟〈通用数据保护条例〉的主要内容及对我国的启示》,载《金融与经济》2018年第4期,第78-81页。
② 参见付伟、于长钺:《数据权属国内外研究述评与发展动态分析》,载《现代情报》2017年第7期,第159-165页。
③ 参见杜荷花:《我国政府数据开放平台隐私保护评价体系构建研究》,载《情报杂志》2020年第3期,第172-179页。
④ 参见邹东升:《政府开放数据和个人隐私保护:加拿大的例证》,载《中国行政管理》2018年第6期,第75-82页。
⑤ 参见黄如花、苗淼:《中国政府开放数据的安全保护对策》,载《电子政务》2017年第5期,第28-36页。
⑥ 参见丁红发、孟秋晴、王祥等:《面向数据生命周期的政府数据开放的数据安全与隐私保护对策分析》,载《情报杂志》2019年第7期,第151-159页。

对违法数据来源渠道的惩罚，并设立相应的安全数据库。

在数据的共享阶段，最根本的原则是隐私数据合法交易，必须严格禁止非法买卖和交易数据。在数据流通或共享时，应实行跨机构协作，建立一套完整的处理程序，以应对民众的疑问，并保证用户对隐私数据流动和使用的知晓及同意。在相关的敏感数据方面，应建立一个开放的政府架构，强化政府间的协调与管制，整合政府间的数据交流，相关数据使用者要对隐私数据进行消解，并严格遵守业界的自律性，避免隐私数据的不正当分享；技术上运用差分保密技术及区块链技术，建立庞大的交易数据库，让所有的数据业务都有记录可查。要实现对个人数据隐私的充分保护，必须建立健全数据产业标准，加强公众对数据隐私的了解和对数据信息的管控，并充分运用防数据跟踪等数字技术。

在数据的清除阶段，要保证公民对其个人隐私数据的控制，就必须对相关数据进行有效的删除。相对应的正是欧盟的"被遗忘权"，它是指公民拥有编辑、删除和自主决策个人数据的权利。强调被遗忘权的同时，也要明确数据提供者的数据信息保存时限、授权内容等，以促进数据产业发展，制定并规范产业标准。

(二)数据隐私保护的技术规制

为在大数据环境下推进数据隐私保护制度的顶层设计，实现力度强、保障多、全流程的保护体系，在数据的收集、流动、共享、利用等阶段实现数据隐私的安全，就要在数据技术上寻求突破。技术层面上，在处理数据的过程中要采取专门的技术，审查数据来源，监督数据处理，保障数据安全，构建精准防护的数据隐私保护架构。在这一方面，许多相关领域学者都提出了基于数据层（对数据进行加密）、应用层（对数据模糊处理）、发布层（匿名发布数据）的多种技术方法[①]。具体来说，从数据层的角度，对数据本身进行加密处理，非持有加密算法不可识别；从应用层的角度，对数据进行模糊处理，非持有加密算法无法依据模糊信息锁定到具体主体；从发布层的角度，可以在源头上对数据进行匿名处理，使数据失去可识别性。包括未授权即未许可制度在内，这些技术可以为保护数据隐私提供强大支持。

要达到数据生命全周期"全程精确保护"的目的，就必须加强对数据隐私的特殊保护。中国目前尚未颁布和执行有关的数据隐私法，缺乏基础性和综合性的个人数据保护法，缺乏针对性和前沿性的法律和规章，因此，在一些具体方面存在着"无法可依"的问题，应该加快立法进程，保障公众的数据知情权、数据自决权和数据自主权，尽早弥补这方面的不足。与此同时，在数据隐私安全保护的全过程中，还需要加强隐

---

① 参见龙凯、赵相龙、赵群：《浅谈大数据环境下的数据隐私保护》，载《信息通信技术》2016年第4期，第32-37页。

私风险分析，进行隐私风险评估，并构建风险等级，对不符合隐私风险要求的数据需认真考虑是否适用保护，在尽量不阻碍数字经济发展的前提下，促进相关政策的落实。

（三）数据隐私保护的体系完善

从中美两国的数据隐私保护相关立法来看，我国虽然出台了20多项有关的法律法规，但并没有制定隐私法，更没有像美国那样针对具体的产业和群体的隐私专门立法，导致国内的数据隐私保护缺乏可操作性的法律和法规支持。本文认为，在我国的数据隐私侵权事件频发的背景下，应当从外国的数据隐私相关立法中吸取教训，用罗列的方式一一建构出数据隐私的范畴，更好地参考，准确地解决数据披露与个人数据隐私权益之间的矛盾；建立起一套独立的数据处理者资格审查制度、注册制度、隐私数据加工行为准则，同时也要建立数据开放中的隐私权保障制度，构建数据开放的保密措施，建立数据跨国传输的隐私权保障制度、隐私数据侵权救济制度等①。因此，为了构建和完善我国的数据隐私保护制度，还需要对现有相关的法律法规进行修订与完善。

在法学研究领域，数据和信息就像是一对双胞胎，很难分辨②，所以很少有国家或地区会接连出台数据保护和信息保护两部不同的法律规范。我国《个人信息保护法》已经颁布并生效，相关的数据保护法很有可能不会再出台。在此分析基础上，可以《个人信息保护法》的法律解释为突破口，创建和巩固我国的数据隐私保护制度。

1. 拓展《个人信息保护法》的保障范围

法律规定的概念和范围往往随着社会、经济、科技的发展而不断变化，需要进行及时的解释和扩充，以适应时代的发展和社会变革的需求。考虑到我国2021年颁布的《个人信息保护法》未对个人数据进行明确界定，所以为了更好地确保个人数据的安全，满足数据隐私保护的需求，有必要对该法第四条所涉及的个人信息的概念及范围作进一步的解释和扩充，以适应数字时代的要求，更好地保障相关数据权益。通过立法部门发布法规、解释等方式对第四条作进一步解释和扩充，以明确个人信息的概念和范围。《个人信息保护法》中对个人信息的定义和范围的扩大，可以更全面地保障数据权益。然而，随着信息概念不断扩展和泛化，以信息概念为核心的隐私保护范式正面临严峻挑战③。

2. 确立数据隐私保护原则

尽管现有法律法规相关条款中有些对数据隐私相关权利有一定的保障，有些也包

---

① 参见黄如花、刘龙：《英国政府数据开放中的个人隐私保护研究》，载《图书馆建设》2016年第12期，第47-52页。
② 参见韩旭至：《信息权利范畴的模糊性使用及其后果——基于对信息、数据混用的分析》，载《华东政法大学学报》2020年第1期，第85-96页。
③ 余成峰：《数字时代隐私权的社会理论重构》，载《中国法学》2023年第2期，第169-188页。

括了相关权利保护的基本原则，但是对于数据隐私的保护却没有特别清楚、有体系地进行规定。例如，《个人信息保护法》第五、六、七条分别规定：对个人信息的处理应当遵循合法、正当、必要和诚信原则；处理个人信息应当具有明确、合理的目的，并仅限于实现处理目的的最小范围，且不得过度收集个人信息；处理个人信息应当遵循公开、透明原则，公开个人信息处理规则。英国《数据保护法》部分条文规定值得我国借鉴，因此，在修订《个人信息保护法》时，我国可以参考其条款增加以下几条个人数据与数据隐私保护原则：法定和公平原则、明确处理目的原则、数据不过量原则、数据保持更新原则、数据保存限时原则、安全处理数据原则。这在一定程度上可以调和数据隐私权益与公众知情权之间的矛盾。

3. 优化数据跨境传输保护机制

《个人信息保护法》第三章的规定对我国个人数据信息的跨境传输具有一定的保障作用，即提供信息必须符合安全保护原则、知情同意原则、司法协助原则、限制与禁止原则[1]、对等处理原则[2]。在跨境数据流通方面，2022年6月以来我国数据监管机构发布了一系列范围广泛的法律法规、规章、工作文件，为跨境数据传输保护机制提供了很多的细节规定和指导，包括《数据出境安全评估办法》《数据出境安全评估申报指南（第二版）》《个人信息出境标准合同办法》等等。

通过研读和对比发现，尽管中外数据跨境传输标准存在诸多共同之处，包括法律依据与制度设计，数据传输双方、第三方受益人的权利内容等，但是由于中外本土实践的差异，各自制定的关于跨境传输数据发生泄露后的补救措施和通知、数据接收方对于跨境数据的再传输，以及对于司法管辖权的设定和监管限制等规定都有所不同。相较而言，中国标准对于数据跨境传输的限制和监管更为严格。当前，国内如北京、上海等多地不断细化实施方案，对数据跨境交易开展了有益探索，但过于强调数据本地化，不利于数字经济的创新与发展。因此，同时也要积极打造应用场景，在保证数据安全和数据隐私的前提下，打造切合区域特色的数据跨境业务，以开放的、促进数据流动的姿态积极推动数据跨境流通。

与此同时，《个人信息保护法》也应着重指出以下原则：首先是关联性原则，即对数据信息的收集必须与其用途相关联，而且必须准确、完整和更新；其次是目的规范原则，即在跨境传输隐私数据和信息时，必须清楚明确地表明其目的，之后对相关数据信息的利用也应严格限定在目的范围之内；最后是责任原则，数据信息的处理者与

---

[1] 参见《个人信息保护法》第四十二条规定："境外的组织、个人从事侵害中华人民共和国公民的个人信息权益，或者危害中华人民共和国国家安全、公共利益的个人信息处理活动的，国家网信部门可以将其列入限制或者禁止个人信息提供清单，予以公告，并采取限制或者禁止向其提供个人信息等措施。"

[2] 参见《个人信息保护法》第四十三条规定："任何国家或者地区在个人信息保护方面对中华人民共和国采取歧视性的禁止、限制或者其他类似措施的，中华人民共和国可以根据实际情况对该国家或者地区对等采取措施。"

使用者、控制者等相关主体，必须遵守《个人信息保护法》所规定的保护原则和措施①。上述条款对我国隐私数据的跨境传输具有一定的保驾护航作用。

结语

在传统隐私理论的框架下，个人被认为可以在独立的私有空间内自主决策和行动，然而这一理论未能充分关注社会结构的复杂性。随着数字社会的快速发展，尤其是数字技术的广泛应用，隐私保护面临着日益严峻的挑战。在数字经济时代，为满足数据主体的最佳利益而努力实现数据隐私保护，已成为一场关键的斗争。在当今数字法治时代，我们需要更加专业化、更具吸引力且更具学术性的论述来应对这一挑战。数据收集、处理和使用已成为社会和经济发展的核心要素。为了推动数据行业的发展并促进整个人类社会的进步，若因担忧数据隐私问题而拒绝授权给数据使用者，将不仅妨碍数据行业的创新，还可能阻碍整个社会的进步。鉴于数据采集、处理和利用往往是以数据所有者的个人权益为代价，因此在推动数据行业发展的过程中，必须对数据隐私权益进行有效维护，以防止数据所有者隐私的泄露。当前，我国尚未专门针对数据隐私保护立法，然而可以通过利用政府监管、行业自律、技术标准和法律法规等方式，有效地预防和应对数据隐私侵害，为数据信息保护提供法律依据。尽管有人提出"隐私已死"，认为这将导致人们对未来的"透明社会"充满恐惧，但这种担忧或许只是杞人忧天。

参考文献

[1] 张吉豫. 数字法理的基础概念与命题 [J]. 法制与社会发展，2022，28 (5)：47-72.

[2] 马长山. 数字法治的三维面向 [J]. 北大法律评论，2020，21 (2)：63-76.

[3] 彭诚信. 宪法规范与理念在民法典中的体现 [J]. 中国法律评论，2020 (3)：21-31.

[4] 余圣琪. 数据权利保护的模式与机制研究 [D]. 上海：华东政法大学，2021.

[5] 任丹丽. 民法典框架下个人数据财产法益的体系构建 [J]. 法学论坛，2021，36 (2)：89-98.

[6] 郭秉贵. 大数据时代信息自由利用与隐私权保护的困境与出路：以"中国Cookie隐私第一案"为分析对象 [J]. 深圳社会科学，2021，4 (4)：110-119.

---

① Bennett C J. Regulating privacy: data protection and public policy in Europe and the United States. Ithaca：Cornell University Press，1992.

[7] 姚佳. 论个人信息处理者的民事责任 [J]. 清华法学, 2021, 15 (3): 41-54.

[8] 黑格尔. 逻辑学: 上卷 [M]. 杨一之, 译. 北京: 商务印书馆, 1996.

[9] 王利明. 和而不同: 隐私权与个人信息的规则界分和适用 [J]. 法学评论, 2021, 39 (2): 15-24.

[10] 董小君, 郭晓婧. 美日欧数字贸易发展的演变趋势及中国应对策略 [J]. 国际贸易, 2021 (3): 27-35.

[11] 黄志雄, 韦欣妤. 美欧跨境数据流动规则博弈及中国因应: 以《隐私盾协议》无效判决为视角 [J]. 同济大学学报（社会科学版）, 2021, 32 (2): 31-43.

[12] 窦悦. 数据开放共享与个人隐私保护对策研究: 层次数据与算法问责 [J]. 现代情报, 2021, 41 (7): 146-153.

[13] 袁泉. 大数据背景下的个人信息分类保护制度研究 [D]. 北京: 对外经济贸易大学, 2019.

[14] 周汉华. 数据确权的误区 [J]. 法学研究, 2023, 45 (2): 3-20.

[15] 舍恩伯格, 库克耶. 大数据时代: 生活、工作与思维的大变革 [M]. 盛杨燕, 周涛, 译. 浙江: 浙江人民出版社, 2013.

[16] 普赞诺斯基, 舒尔茨. 所有权的终结: 数字时代的财产保护 [M]. 赵精武, 译. 北京: 北京大学出版社, 2022.

[17] Warren S D, Brandeis L D. The right to privacy [J]. Harvard Law Review, 1890, 4 (5): 193.

[18] Goffman E. Relations in public: microstudies of the public order [M]. New York: Basic Books, 1971.

[19] Goffman E. The nature of deference and demeanor [M] //Goffman E. Interaction ritual: essays on face-to-face behavior. London: Routledge, 2017: 47-96.

[20] Post R C. The social foundations of privacy: community and self in the common law tort [J]. California Law Review, 1989, 77 (5): 957-962.

[21] Nissenbaum H. Privacy in context: technology, policy, and the integrity of social life [M]. Stanford, CA: Stanford University Press,

[22] 戴昕. 数据隐私问题的维度扩展与议题转换: 法律经济学视角 [J]. 交大法学, 2019, 10 (1): 35-50.

[23] 黄如花, 赖彤. 数据生命周期视角下我国政府数据开放的障碍研究 [J]. 情报理论与实践, 2018, 41 (2): 7-13.

[24] 王达, 伍旭川. 欧盟《一般数据保护条例》的主要内容及对我国的启示 [J]. 金融与经济, 2018 (4): 78-81.

[25] 付伟, 于长钺. 数据权属国内外研究述评与发展动态分析 [J]. 现代情报, 2017,

37（7）：159-165.

[26] 黄如花，苗淼. 中国政府开放数据的安全保护对策［J］. 电子政务，2017（5）：28-36.

[27] 丁红发，孟秋晴，王祥，等. 面向数据生命周期的政府数据开放的数据安全与隐私保护对策分析［J］. 情报杂志，2019，38（7）：151-159.

[28] 龙凯，赵相龙，赵群. 浅谈大数据环境下的数据隐私保护［J］. 信息通信技术，2016，10（4）：32-37.

[29] 黄如花，刘龙. 英国政府数据开放中的个人隐私保护研究［J］. 图书馆建设，2016（12）：47-52.

[30] 韩旭至. 信息权利范畴的模糊性使用及其后果：基于对信息、数据混用的分析［J］. 华东政法大学学报，2020，23（1）：85-96.

[31] 余成峰. 数字时代隐私权的社会理论重构［J］. 中国法学，2023（2）：169-188.

[32] Bennett C J. Regulating privacy：data protection and public policy in Europe and the United States［M］. Ithaca：Cornell University Press，1992.

[33] 刘小妹. 数字经济立法的内在逻辑和基本模式［J］. 华东政法大学学报，2023，26（4）：28-37.

国际商事仲裁中的经济制裁风险及其法律克服

张 建[①]

摘要:"经济制裁"与"反制裁"是当前涉外法治的热门议题。经济制裁的出现及其影响力的扩张,致使原本就充满争议的国际民商事争议解决更趋复杂。对国际商事仲裁而言,经济制裁的介入将给各参与方带来潜在风险。如果一方当事人受到经济制裁,仲裁协议的有效性与可执行性很可能被否定,仲裁机构、仲裁员可能担心受到次级制裁而拒绝受理案件,律师可能因难以收取相关费用而拒绝提供代理服务。英国法院最新的司法实践表明,当事人受到经济制裁并不必然意味着法院或仲裁庭可以拒绝提供争议解决服务,而是应当公平、无歧视地给予受制裁主体寻求救济的机会,并依法予以审理和裁断。至于仲裁裁决,虽然可能因为受制裁人的资产被冻结而难以强制执行,但是各国的制裁立法多规定了许可证制度,允许当事人、律师、仲裁员提出申请,一旦获准,则可以从被冻结资产中支付相关款项。此外,当事人亦可质疑经济制裁的合法性,挑战制裁执法机关的相关决定。为了更好地维护中方当事人的合法权益,不仅要考虑从事后救济的角度提供维权机制,还要在争议解决中引入预防机制,对可能遭受经济制裁的情形提供风险预警,从而降低损失、防范风险。

关键词:商事仲裁;争议解决;经济制裁;法律风险

在国际商事仲裁中,与经济制裁有关的核心法律问题包括但不限于:仲裁管辖权的认定、仲裁代理人的聘任、仲裁员的指定、仲裁准据法的确定、仲裁实体争议的审理、外国仲裁裁决的承认及执行等。在国际商事仲裁语境下,受到经济制裁的主体既有可能是当事人,也有可能是仲裁员、代理律师、专家证人等其他的仲裁参与人,还有可能是仲裁地所在国、仲裁机构所属国、仲裁裁决执行国等。经济制裁目标的灵活性、手段的多元化,要求仲裁参与方必须对仲裁程序加以调适,才能顺利推进争议解决、应对各种不确定的风险和挑战。具体来讲,需要研究仲裁员是否有权利以经济制裁为由拒绝接受指定、当事人是否有权利以经济制裁为由申请仲裁员回避或更换代理人,当仲裁机构所属国或仲裁地受制裁时,当事人如何做既能推进仲裁程序又能降低制裁风险等现实问题。本文试图分析当事人在合同中订立的制裁条款,以及此类条款的域外效力,并提议建立制裁与仲裁相互衔接、融合发展的国际商事争议解决平台。

[①] 张建,法学博士,首都经济贸易大学法学院副教授,硕士生导师。本文系北京市教委社科计划一般项目"'中美贸易战'背景下我国贸易调整援助立法研究"(项目编号:SM202010038002)的阶段性成果。

一 仲裁机构受理经济制裁纠纷的风险

（一）经济制裁导致仲裁协议的有效性及可执行性存疑

在国际商事合同谈判及订立之初，双方当事人往往难以预知己方或对方当事人可能会受到经济制裁。特别是相对于一级制裁而言，次级制裁的域外效力本身就具有较强的不确定性，且其波及范围甚广，私人往往难以把控。按照国际商事仲裁的制度和原理，当事人意思自治是国际商事仲裁的基本原则，如果国际商事合同中订立了仲裁条款，则案件的管辖权将被赋予给仲裁庭，法院原则上应当拒绝管辖，并指令当事人遵照仲裁协议之约定将争议诉诸仲裁解决。然而，经济制裁的出现，则在一定程度上扰乱了当事人事先已筹划好的争议解决安排。特别是以俄罗斯为代表的国家，原本就不是仲裁友好型国家，其专门制定了反制裁法来明确与经济制裁相关的争议不具有可仲裁性，这就意味着经济制裁的出现，致使法律上有效的仲裁协议不可执行，原本应依据双方合意纳入仲裁管辖的争议事项被立法强行移转至法院，由司法机关行使专属管辖权。对于受到制裁的当事人而言，其要想尽最大可能降低制裁给其国际商事交易造成冲击和破坏，需要逐层去研究三个核心问题，即管辖权、法律适用、仲裁裁决承认与执行。

需要指出的是，现有的研究大多集中于讨论美国的经济制裁，尤其是自新冠肺炎疫情暴发、俄乌冲突升级以来，美国对其他国家所发起的单边经济制裁给国际法和国际关系造成的挑战与因应[①]。但事实上，除了美国之外，欧盟及其成员国、英国、澳大利亚、加拿大甚至联合国发布的经济制裁，也有可能会对国际商事仲裁程序造成妨碍。

（二）仲裁机构的受案范围因经济制裁而缩窄

根据仲裁组织产生和存续的状态，国际商事仲裁被分为机构仲裁与临时仲裁[②]。所谓国际商事仲裁机构，特指在国际商事争议中根据当事人的约定和选择来解决他们之间已经发生或可能发生的法律纠纷的民间性组织。通常来讲，仲裁机构注册成立于特定的国家或法域，相应地，仲裁机构有义务遵守机构所在地的法律。对于在国际组织（如世界知识产权组织、世界银行）的主导下成立的国际商事仲裁机构而言，其有义务遵循该组织的章程性文件及其法律制度体系。许多具有全球影响力的国际仲裁机构（如伦敦国际仲裁院、香港国际仲裁中心）曾经专门发布过指引性文件，明确它们将会

---

① 曾文革、江莉：《疫情下美国对华经济制裁的法律分析与应对》，载《甘肃社会科学》2022年第1期，第95页。
② 宋连斌：《仲裁法》，武汉大学出版社2010年版，第5页。

管理哪些受到经济制裁的实体所提起的国际商事仲裁案件。然而，为避免因受理案件而遭受制裁发起国的次级制裁，这类仲裁机构往往需要在立案前获得制裁机关的许可证，并在立案后相较于普通的仲裁案件采取更多的行政步骤，在案件审理过程中对受制裁主体尽到更高的审慎义务和注意义务。这无疑将会增加案件处理的复杂性，从而使仲裁程序耗费更多的时间成本。

（三）部分仲裁规则授权仲裁机构在制裁情形下可拒绝受理案件

在俄罗斯与乌克兰发生军事冲突的背景下，当事人并不确定之前订立的合同中所约定的国际商事仲裁机构是否仍将延续过往对待受制裁主体的态度，受理当事人提起的仲裁请求。对此，2020年版《伦敦国际仲裁院仲裁规则》是为数不多的在仲裁规则中就经济制裁问题予以明确明文规定的范例。该规则第24A条第9款规定："一方当事人与伦敦国际仲裁院（LCIA）之间的任何往来均不应违反适用于该方当事人或LCIA的有关贿赂、腐败、资助恐怖主义、欺诈、逃税、洗钱和/或经济或贸易制裁（禁止性活动）的任何要求，并且，LCIA将在理解其遵守所有此类要求的前提下与任何一方当事人往来。"该规则第24A条第10款规定："如果LCIA认为（酌情考量而无须陈述任何理由），按任何指令行事且/或接受或进行任何支付可能涉及禁止性活动，或违反任何法律法规或其他适用于LCIA的法律义务，或认为这样做可能会使LCIA以其他方式面临任何监管机构或执法机构的执行之诉或谴责，则LCIA可以拒绝按该指令行事且/或拒绝接受或进行任何支付。"由此可见，该仲裁规则赋予LCIA拒绝按照当事人指令行事、拒绝进行付款的权利，前提是这样做将会涉及对特定经济制裁的违反，或者这样做将会使LCIA受到经济制裁执法行动的惩戒。

如果一家仲裁机构自身无法管理某起仲裁案件，那么该仲裁机构通常会允许当事人去选择其他法域的其他仲裁机构。然而，这意味着当事人必须对选择其他的仲裁机构另外达成合意。但事实情况是，在争议已经发生之后，要求当事人对争议解决事项进行合作是存在难度的。即便当事人另外选择了其他的仲裁机构，并且另行选定的仲裁机构受理了案件，前述关于仲裁员指定的问题和仲裁费用跨境支付的问题仍然客观存在。

（四）是否受理案件考验仲裁从业者的政策协调能力

在近年来针对伊朗、叙利亚、朝鲜、利比亚、俄罗斯的经济制裁中，仲裁机构和仲裁员已经受到来自经济制裁的广泛冲击。仲裁员作为私人裁判者，趋利避害的本能会促使其尽可能避免触犯或违反经济制裁，尽量拒绝审理涉及受制裁主体作为当事人的仲裁案件。但是，鉴于经济制裁的发生具有时间上的不确定性，既可能在仲裁程序启动前出现，也可能在仲裁程序进行中出现，还可能在仲裁裁决作出后出现，故而仲裁员不仅需要在案件审理期间高度重视并审慎处理与经济制裁相关的纠纷，还要遵循程序法上的规制和约束，使自己尽量不要卷入制裁中。

相比于仲裁员，仲裁机构的处境更为棘手，在当事人选择某仲裁机构的基础上，除非仲裁协议无效或不成立，原则上仲裁机构应当遵循当事人的合意，对案件予以管辖和受理。特别是部分国际商事仲裁机构之所以多年来备受青睐，还在于其比国内法院及国内仲裁机构更具国际性、中立性①。部分国际商事仲裁机构特意设立于国际社会普遍认可的仲裁地，通过仲裁机构与其所在的仲裁地通力合作，共同维护其在国际商事争议解决中的声誉，打造国际商事仲裁中心②。这方面的例证不胜枚举，例如位于英国伦敦的伦敦国际仲裁院（LCIA）、位于法国巴黎的国际商会国际仲裁院（ICC）、位于瑞典斯德哥尔摩的商会仲裁院（SCC）。虽然这些仲裁机构是国际性仲裁机构，但是其往往需要在法律、政策方面与其所在地保持一致，这对于经济制裁来说亦不例外。然而，一旦仲裁机构与其所在地的司法机关过于密切，就可能对其长期以来对外宣称并试图维护的中立性优势造成消极影响。具体到经济制裁这一问题的处理上，如果仲裁当事人来自受制裁国，或者仲裁当事人本人就是经济制裁的对象，那么国际商事仲裁机构还能为其提供仲裁服务？这对仲裁机构而言，是一个亟待回应并努力解决的现实难题：一方面，按照其所宣称的中立性，仲裁管辖权的有无仅取决于仲裁协议，不应当具有地域、国别上的歧视性，也不应当仅受理某些国家当事人的请求而不受理另外一些国家（如受制裁国）当事人的请求，按照这种思路，仲裁机构本不应拒绝管辖；但另一方面，仲裁机构提供争议解决服务，并相应地收取仲裁费用，这俨然已经构成一种提供争议解决服务层面的交易，如果仲裁机构所属国是制裁发起国，仲裁当事人是制裁对象，则仲裁机构继续管辖并受理案件，无异于冒着被次级制裁的风险，属于典型的"玩火自焚"。

当下，国际商事仲裁中的市场观念和竞争意识日渐增强，各个仲裁机构都在竭力发挥比较优势，从而在国际商事争议解决市场上占据"一席之地"，而缺乏独立性、背离当事人意思自治、置当事人仲裁协议于不顾，这毫无疑问相当于将案源拱手让人，对仲裁机构的可持续发展有百害而无一利③。

---

① Matthew S. Erie, Monika Prusinowska, "The Future of Foreign Arbitration in the People's Republic of China: Current Developments and Challenges Ahead", *Asia Pacific Law Review*, Vol. 28, No. 2, 2020, p. 259.
② Beiping Chu, Wei Wang, "Building an International Arbitration Hub: China's Competitiveness and Direction", *Frontiers in Marine Science*, Vol. 9, No. 3, 2022, p. 2.
③ Eric De Brabandere, David Holloway, "Sanctions and International Arbitration", in Larissa van den Herik (ed.), *Research Handbook on UN Sanctions and International Law*, Edward Elgar, 2017, pp. 304 - 329.

二、当事人利用国际商事仲裁解决制裁纠纷的法律风险

(一) 案件的事实背景

2023年1月,英国高等法院商事庭科克里尔(Cockerill)法官就俄罗斯国家银行信托公司等诉鲍里斯案[①]作出判决,首次就受到经济制裁的外国公民或实体在英国法院是否享有诉讼主体资格的问题进行了探讨。该案的争议焦点是,对特定对象实施经济制裁这一事实本身是否必然意味着剥夺了受制裁者诉诸司法寻求救济(access to justice)的机会。鉴于诉讼与仲裁均为法律所认可的具有拘束力和执行力的国际民商事纠纷解决机制,故而尽管该案是一起典型的涉外民事诉讼纠纷,但其裁判结论及法律推论对认定国际商事仲裁中受制裁主体的诉权也具有显著的借鉴意义。

就案情的背景来看,本案起因于一起国际商业贷款合同纠纷。第一名原告系一家俄罗斯国有银行,其向法院诉称,被告与原告的代表通过合谋,使原告与被告所属的关联公司发生了非商业交易,从而促使该关联公司以不具有任何商业价值或几乎是毫无价值的债券套取原告发放的商业贷款,由此导致原告遭受了巨大的商业损失,遂对各位被告提出8.5亿美元索赔,要求其承担连带赔偿责任。2019年,原告经过多次交涉,从部分被告处获得了相当于冻结令的承诺。但是,在俄罗斯与乌克兰发生军事冲突后不久,本案的第二名原告奥特克里蒂(Otkritie)银行[②]被英国政府列入经济制裁名单,成为"被指定人"(designated person)。具体来看,英国政府对奥特克里蒂银行予以制裁的法律依据是英国国内法,即《2018年制裁和反洗钱法》及其实施条例,故而该项经济制裁措施属于典型的单边经济制裁。除此之外,英国还制定了一部专门针对俄罗斯的制裁条例,名为《2019年俄罗斯(制裁)(脱欧)条例》。根据英国的经济制裁法及其实施条例,对特定公民或实体予以制裁,将产生两方面的法律后果:第一项后果是初级制裁,即被列入指定清单的受制裁主体所拥有或控制的资金及其他经济资源会被冻结,且任何其他人不得就已被冻结或限制处分的资产与受制裁主体开展交易;第二项后果是次级制裁,即命令任何人都不得向被列入制裁清单的受制裁者提供资金或经济资源,或为了受制裁者的利益而向其提供资金或经济资源,否则将构成刑事犯罪。就制裁法的属人适用范围而言,经济制裁措施不仅适用于已被列入清单的特定公民或实体,也适用于由被指定主体直接或间接"拥有或控制"的实体,如其海外

[①] 本案是一起由英国高等法院审理的涉外合同纠纷,其中一名原告在案件审理期间被英国政府列入制裁清单,被告基于此质疑原告的诉讼主体资格。参见 PJSC National Bank Trust and another v. Mints and others [2023] EWHC 118 (Comm)。

[②] 该银行是俄罗斯规模最大的民营商业银行之一。

子公司、高级管理人员等，这就客观上产生了域外适用效果。就英国对外经济制裁的实践来看，主要由英国财政部下设的金融制裁执行办公室（Office of Financial Sanctions Implementation，OFSI）负责实施。在实际执法中，OFSI 享有一定的自由裁量权，可以为某些公民或实体可能违反制裁条例的特定商业活动颁发许可证，从而赋予其免受次级制裁的豁免权。

（二）案件所涉的制裁问题

两名原告在 2019 年 6 月向英国法院提起诉讼后，被告向英国法院提出管辖权异议，不仅请求法院中止诉讼程序，而且要求解除被告之前曾向法院作出的相当于冻结令的承诺，而其法律依据是英国的《2018 年制裁和反洗钱法》及其实施条例。具体来讲，被告的抗辩包括如下方面：首先，英国法院不能合法地就已被制裁的主体提起的诉讼请求作出判决。其次，鉴于英国已对奥特克里蒂银行采取经济制裁并将该银行列入"被指定人"清单，导致其资金和其他经济资源业已冻结，这使得该银行无法做到以下诉讼行为：（1）败诉后无法支付诉讼费；（2）即使法院判定原告支付诉讼费用担保，原告也无法履行该命令；（3）原告败诉后，无法支付可能就交叉承诺判给的任何损害赔偿金，因为上述行为都违反了条例，不能获得许可。被告还抗辩，虽然第一原告自身并没有被列入受制裁的指定清单，但事实情况是第一原告被两个已被制裁的被指定人所"拥有或控制"，即俄罗斯联邦总统弗拉基米尔·弗拉基米罗维奇·普京和俄罗斯中央银行行长埃尔维拉·纳比乌林娜，因此经济制裁立法和制裁措施对两个原告都予以适用。

面对原告的起诉和被告的抗辩，以科克里尔法官为首的合议庭将本案争议焦点概括为如下五个方面：第一，原告所赖以提起诉讼的诉因是否构成英国制裁条例规定的"资金或经济资源"？第二，如果未来法院作出了判决，判令被告向原告支付相应款项，这种由判决所确认和要求执行的债务是否构成英国制裁条例规定的"资金或经济资源"？第三，如果判决确定的债务构成英国制裁条例所规定的"资金或经济资源"，那么法院作出判决的行为属于什么性质？是属于与受制裁人的交易，抑或属于使资金或经济资源可予交易的促进行为？第四，《2019 年俄罗斯（制裁）（脱欧）条例》制止任何人与受制裁主体进行资金或经济资源的交易，法院是否属于"任何人"的范畴之内？换言之，制裁法的属人适用范围是否涵盖了法院这种司法裁判机关？第五，科克里尔法官主张本案最主要的核心争议焦点是，从各种立法进程中的证据（包括广义和狭义的）来看，英国议会在制裁立法之际是否有意剥夺受制裁主体诉诸法院的权利①。

---

① Marianne Davey, et al., "Sanctions do not Obstruct Access to the Courts", https://www.linklaters.com/en/insights/blogs/bankinglitigationlinks/2023/march/sanctions-do-not-obstruct-access-to-the-courts，最后访问日期：2023 年 6 月 20 日。

(三) 法院的裁判要旨及其启示

科克里尔法官认为，制裁条例并不禁止判决的作出。在裁判过程中，她审查了英国对外经济制裁制度的发展史，在此基础上指出，英国立法机关的意图从来就不是阻止法院作出判决，虽然判决认可的债务表面上是《防止刑事犯罪法》第60条第1款规定的"资金"，因此可以被第11条（与指定人员有关的资产冻结）和第12条（向指定人员提供资金）所限制，但诉因不同于判决认可的债务，诉因充其量仅仅是《防止刑事犯罪法》第60条第2款所定义的"经济资源"。严格来讲，不能说法院作出判决的行为属于《防止刑事犯罪法》第11条第5款禁止的"交易"。从事司法工作的法官是中立、客观、公正的，他们需要依据案件的具体事实和法律进行审理，才能作出某项判决，法官没有与任何一方当事人发生"交易"。无论是受制裁主体，还是对方当事人，都不能指责法官的审理活动和作出判决的活动是在与当事人发生"交易"。诉诸法院是公民的基本权利，英国立法者并不打算偏离这一点，也不打算将受制裁主体排除在享有平等诉权的公民范围之外。

更不用说，OFSI作为经济制裁的执法者，可以把控对谁制裁、如何制裁、制裁多久、是否豁免、豁免什么等具体措施。科克里尔法官指出，OFSI曾授予过五项特定的许可证，以便受制裁人作为法院的原告或仲裁的申请人时能够支付法律费用。此外，应当特别注意的是，OFSI的意见对法院如何审理实体问题不是决定性的，但发放许可证至少表明OFSI相信案件可以继续在法院审理。科克里尔指出，如果允许诉讼的某些部分取得进展，而其他部分的进展却受到阻碍，这是没有意义的。OFSI有权许可支付不利成本、担保成本和损害赔偿等行为，但没有权力许可法院作出判决，因为这种许可是不必要的，法院享有司法权、当事人享有起诉权，都是不争的事实。OFSI发放的许可证，仅仅是针对判决的执行，而绝非管辖权及判决的作出。概言之，某一主体遭受经济制裁，绝不意味着他被禁止向法院或仲裁庭寻求救济。

经过审理，英国高等法院最终驳回了被告的申请，并明确地提出了以下结论：

首先，英国法院可以合法地对受到经济制裁的主体（即"被指定人"）所提出的诉讼请求予以管辖、审理并作出判决，法院作出判决这属于行使司法权的活动，此类活动并不需要法官向OFSI申请并获得许可证。

其次，虽然受到经济制裁的主体将被冻结和限制处分其资金和其他经济资源，但是如前所述，英国财政部下属的OFSI有权发放许可证，这就意味着，受制裁主体的资产可以用于支付诉讼费、履行费用担保命令，以及在败诉后用于偿付相应的损害。换言之，对于经济制裁给财产处分带来限制的顾虑，并不能成为剥夺受制裁主体寻求司法救济的理由。

再次，如果法院最终的实体判决结果是被告败诉，其需要向原告支付相应的费用和损害赔偿，这种付款同样是可以申请并获取OFSI的许可证。简言之，不管是从受制裁主体手中向外拨付款项，还是从被告手中向受制裁主体予以赔偿和支付，都不存在绝对的法律障碍。

最后，本案的第一位原告是否由普京或纳比乌林娜所拥有或控制，被告目前还没有提供充分的证据加以证明。即便这种说法是成立的，英国法院也认为就条例的属人适用范围而言，该原告并不是受"拥有或控制"的实体。

通过本案的分析可知，至少在英国的司法实践中，法官的观点是资产被冻结的受制裁主体并没有被阻止向英国法院提起民商事诉讼，这意味着他们仍然可以在英国法院的民商事诉讼程序中作为原告。与此同时，受制裁主体也没有被豁免于在英国法院被起诉，这意味着，他们仍然可以在英国法院的民商事诉讼程序中作为被告。在科克里尔法官的判决中，其中心观点是制裁条例没有禁止法院合法地受理、审理与受制裁主体相关的纠纷，当事人享有诉诸司法解决的诉讼权利能力和诉讼行为能力，法院也有权对这类主体参与的案件作出判决。所遇到的障碍并不在于司法管辖权，而在于临时措施和最终判决的执行。但严格来讲，这种障碍也是可以克服的，即胜诉方可以向制裁执法机关（在英国具体指 OFSI）申请并取得许可，从而能够对受制裁主体加以执行，并对其被冻结的资产加以处分，从其资金账户中提取或汇入相应的款项。这些关于制裁许可的问题是具体实际操作层面上的，它们绝不应该成为司法机关向受制裁人提供救济的障碍。

专业人士为经济制裁纠纷提供法律服务的风险

（一）仲裁员接受指派提供争议解决服务难以收取报酬

经济制裁的手段和措施是多样的，这不仅取决于制裁立法的规定，也取决于制裁执法机关在个案中将受制裁主体列入的是哪一类清单，以及具体禁令所禁止或限制的行为。部分经济制裁旨在禁止相关主体向受制裁主体提供服务，或者制止相关主体与受制裁主体发生交易，这类经济制裁很可能阻止仲裁员接受当事人的指定为受制裁主体解决争议。即便仲裁员义无反顾地继续接受指定，并参与案件裁断，其在收取当事人支付的仲裁费用时也可能面临实际障碍，严重者甚至会导致仲裁员受到经济制裁执法机关的惩罚。当国际商事仲裁案件的一方当事人是受制裁实体，而仲裁员是制裁发起国的国民或居民时，以上情况尤其明显。换言之，经济制裁对仲裁员的适用，可能是基于仲裁地位于制裁发起国而产生的属地适用，也可能是基于仲裁员的国籍或住所位于制裁发起国而产生的属人适用①。譬如，当国际商事仲裁的仲裁地位于英国伦敦

---

① 郭华春：《美国经济制裁执法管辖"非美国人"之批判分析》，载《上海财经大学学报》2021 年第 1 期，第 122 页。

时，即便当事人指定的是一名不具有英国国籍的仲裁员，该仲裁员仍然应当遵守英国的经济制裁法，此时就属于经济制裁法对仲裁员的属地适用。再如，如果当事人所指定的仲裁员是一名具有英国国籍或其经常居住地位于英国的专业人士，则无论仲裁地位于哪一国家，原则上该仲裁员都必须遵守英国的经济制裁法，此时则属于经济制裁法对仲裁员的属人适用。除了仲裁地的经济制裁法之外，域外的经济制裁法也可能具有相关性。当事人和仲裁机构在指定仲裁员时，要特别留意，尽量避开那些来自制裁国的仲裁员。因此，在指定仲裁员之前需要进行必要的尽职调查，从而查询已经存在的限制性措施，以及在可预见的未来有可能产生的限制性措施。

许多国家在其经济制裁法中规定了除外条款，允许当事人在经过制裁机关批准的前提下，从已被冻结或限制处分的资产中提取相关款项，用于支付律师费、诉讼费、仲裁费等法律服务费用。这种除外条款的启用，通常要求当事人在支付相关费用之前，事先向经济制裁的相关执法机关提出申请，一旦予以批准，制裁机关将会向当事人授予许可证。对国际商事仲裁中受制裁当事人的费用支付而言，除外条款具有关键意义，该机制的确立，在一定程度上确保当事人能够顺利提出仲裁申请并被受理。但在实践中，向制裁机关申请并获得许可证的流程可能耗时良久，以致在一定程度上拖延了仲裁程序的启动。此外，制裁机关颁布许可证并非无条件的，这就意味着，并非每一份申请都将成功获批。具体来讲，需要支付仲裁费用的当事人如果是受制裁的个人或实体，需由其本人或法定代表人向制裁机关提出申请。与此同时，如果仲裁员来自制裁发起国，那么仲裁员也需要向制裁机关提出此类申请，否则他们将无权向当事人收取仲裁费用。由此可见，在同一起国际商事仲裁案件中，可能有多方主体都需要向制裁机关提出申请，以获取许可证，而一旦仲裁程序启动之际与仲裁结案时的仲裁费用存在不一致，当事人及仲裁员甚至需要多次提出申请，从而在很大程度上增加了当事人的诉累，也给仲裁员增添了负担。

即便受经济制裁的仲裁当事人成功地申请并获批了许可证，其在向仲裁员支付仲裁费用时仍然可能面临其他的障碍。譬如，近期美国及欧盟针对俄罗斯的银行发起了多起制裁，并将部分俄罗斯银行从国际资金清算系统（SWIFT）当中剔除出去，这可能导致涉及俄罗斯实体的仲裁案件在费用支付方面遭受重创[1]。当受制裁的当事人试图向仲裁机构支付费用时，也会遇到类似的问题。

---

[1] SWIFT，环球同业银行金融电信协会，创建于1973年，总部设在比利时首都布鲁塞尔，主要职能是在全球银行系统之间传递结算信息。SWIFT的报文传送服务平台、产品和服务将200多个国家和地区上万家银行机构、证券机构、市场基础设施和企业客户连接在一起。业界认为，将某国银行剔除出SWIFT系统将导致灾难性后果，其被比喻为经济制裁领域的"金融核弹"。韩焱琳：《什么是SWIFT？美欧为何能用SWIFT对俄发起制裁？》，https://baijiahao.baidu.com/s?id=1725944456739349933&wfr=spider&for=pc，最后访问日期：2023年5月28日。

（二）律师接受聘任提供代理服务可能遭受次级制裁

许多国际合同约定将英国法或美国法作为准据法，而按照英美的经济制裁法，经济制裁很可能对当事人聘任适格的仲裁代理人产生直接影响。譬如，美国的律师事务所被禁止向受到美国制裁的当事人提供仲裁代理服务，除非该律师事务所在具体个案中得到了美国财政部海外资产控制办公室（Office of Foreign Assets Control，OFAC）的事先批准。除了来自法律上的限制之外，拥有跨国业务的国际性律师事务所也会在具体个案中进行审慎抉择，如果打算聘任该所律师的当事人已经受到经济制裁或很可能受到经济制裁，该律师事务所很可能拒绝接受这类当事人的聘任，从而最大限度地规避风险。

四、克服国际商事仲裁中制裁风险的主要途径

（一）律师事先向制裁发起国的主管机关申请许可证

所有的美国制裁项目都允许律师为在美国的诉讼程序和行政程序中的受制裁主体提供法律服务，无论受制裁主体是作为原告出现还是作为被告出现，但前提是相关律师获得"一般许可"（general licence）。这些一般许可的条件和内容被公布在OFAC的网站上或具体的制裁条例中，其通常允许被批准的主体与受制裁对象开展特定类型的交易，除非相关交易被制裁措施明令禁止。与此相应，一般许可允许律师为受制裁的当事人在美国的诉讼中提供代理等法律服务，但其代理的案件范围并不能涵盖所有的交易类型，而是以许可的范围为限。譬如，一项特定的许可通常被要求执行一份和解协议或执行任何的留置权、判决、仲裁裁决、法令或其他将会导致受制裁主体被冻结的资产受到转移的命令。除此之外，许多一般许可，尤其是那些涉及受制裁主体向为其提供的律师支付报酬的许可，常常要求受许可方向OFAC提交初始和中期报告。

一般许可所没有明确涵盖的法律服务则只能通过特别许可（specific licence）获得。OFAC在签发特别许可方面拥有自由裁量权，通过特别许可能够批准原本已被经济制裁项目禁止的交易。值得注意的是，在律师与受制裁主体进行交涉以明确是否订立授权委托协议及收费协议之前，该律师和受制裁主体应当确保能够从OFAC处获得一项特别许可，一旦此类许可没有被批准，或者OFAC认定在批准前订立的授权委托协议或收费协议违反经济制裁，那么该律师仍然可能会受到处罚。如果当事人对特定的法律服务是否被一般许可所涵盖存在疑问，那么希望订立代理协议的当事人可以向OFAC提出申请，由OFAC对一般许可的范围作出解释和说明，从而明确是否需要再申请并获取特别许可。如果案件所涉的代理服务被经济制裁禁止，则OFAC可能会视

案件的情况和当事人的请求签发特别许可。

（二）受制裁主体向律师支付法律服务费用应取得许可证

如果代理律师提供法律服务的客户是受制裁主体，而该受制裁主体的资金受到冻结，以致其无法向代理律师支付费用，则受制裁主体可以向制裁机关申请一份单独的专门针对支付代理费的许可。对于那些经过申请并获准向受制裁主体提供代理或其他法律服务的律师，许多经济制裁项目都对其律师费的支付提供了一般许可，从而允许受制裁主体从位于美国境外的、未被冻结的资产中向律师进行费用的支付[①]。也有一些经济制裁项目要求律师和受制裁主体向制裁机关专门就费用的支付申请特别许可[②]。

如果律师费将从受制裁主体所拥有的被冻结的资产中进行支付，并且付款涉及美国公民或者其他与美国有联系的主体时，通常需要申请特别许可。OFAC 将会逐案进行审核，并决定签发特别许可，从而使得受制裁主体能够从被冻结的资产中提取部分以支付律师费。如果 OFAC 批准受制裁主体使用被冻结的资产，通常需要限制可用款项的具体金额。

目前，OFAC 已经批准了许多一般许可，允许经过批准的法律服务提供者接收受制裁主体支付的费用，收取费用的美国公民（尤其是美国律师）无须再另行申请并获取特别许可[③]。

在欧盟发起的对外经济制裁中，没有对律师申请为受制裁主体提供代理服务规定专门的许可条件。然而，在实践中，当欧盟成员国的律师为受制裁主体提供仲裁或诉讼代理服务时，受制裁主体要想从被冻结或被限制处分的财产中提取部分款项以支付律师费，事实上却需要向经济制裁的主管机关申请获得许可。欧盟关于资产冻结的经济制裁措施通常规定若干许可事由，由成员国按照这些事由加以审查，并最终决定是否豁免并准许受制裁者使用被冻结的资产支付律师费。除此之外，欧洲委员会《保护人权与基本自由公约》第 6 条赋予了公民获得律师代理的权利，同时还赋予所有法人和自然人就其权利和义务纠纷能够在中立的法庭接受审判的权利[④]。

[①] 《美国联邦法规》第 31 编第 542 节《叙利亚制裁条例》、第 594 节《全球恐怖主义制裁条例》、第 597 节《外国恐怖组织制裁条例》均允许受制裁主体通过申请一般许可从而向代理律师支付律师费。

[②] 《美国联邦法规》第 31 编第 551 节《索马里制裁条例》允许受制裁主体通过申请特别许可向代理律师支付律师费。

[③] 《美国联邦法规》第 31 编第 510 节《朝鲜制裁条例》、第 515 节《古巴资产管制条例》、第 558 节《南苏丹制裁条例》、第 536 节《贩毒及制裁条例》、第 544 节《大规模杀伤性武器扩散制裁条例》均规定，如果受制裁主体已经获得了支付法律服务费用的许可，则服务提供者无须再额外向制裁机关申请许可。

[④] 《保护人权与基本自由公约》第 6 条规定，在决定某人的公民权利与义务或在决定某人的任何刑事罪名时，任何人有权在合理时间内受到依法设立的、独立且无偏袒的法庭之公正与公开的审判。这项人权常被称为公平审判权，其蕴含了司法独立理念、公开审判理念、诉讼期限理念、无罪推定原则、刑事被告人最低权利保障理念。参见谭世贵：《国际人权公约与中国法制建设》，武汉大学出版社 2007 年版，第 131 页。

（三）仲裁员接受委任及收取费用须获取双重许可

如果仲裁当事人中包括受制裁主体，那么相关专业人士还能否接受指定担任仲裁员？按照美国关于经济制裁的立法及执法实践，对该问题的回答是肯定的。然而，旨在担任仲裁员的美国人必须在接受指定前向 OFAC 申请获取特别许可证，且 OFAC 是否签发许可证取决于受制裁主体具体受到的限制程度。尽管 OFAC 并没有对此发布过正式的指南，但通常来讲，担任仲裁员原则上被视为经济制裁禁止向受制裁主体提供的服务，因此才要求仲裁员须事先获得许可。而提供法律服务的一般许可并不能延伸适用于提供仲裁服务。这意味着，受制裁主体所聘任的代理律师和受制裁主体所指定的仲裁员需要单独分别获得许可证。

相比之下，按照英国及欧盟的制裁立法，担任仲裁员并不要求获得许可证，但如果当事人被欧盟或英国冻结了资产，则该当事人如果打算从被冻结的资产中提取相应款项以向仲裁员支付费用，则需要获得许可证。如果受到经济制裁的对象是仲裁员本人，那么还需要取决于其具体受到的制裁内容，美国往往要求该仲裁员在接受指派前必须获得特别许可证，而无论按照美国、欧盟还是英国的制裁立法，该仲裁员要想从当事人处收取费用，都必须获得许可证。

（四）当事人质疑经济制裁决定本身的合法性

受到制裁的当事人或其他利害相关方，可以通过起诉的方式，申请撤销经济制裁决定、资产冻结令或特定制裁项目的特定条款。鉴于 OFAC 的执法领域与国家安全、对外政策、行政法紧密相关，美国法院在多数情况下会遵循 OFAC 在经济制裁方面的决策和行动。基于此种考虑，受经济制裁的主体以经济制裁为由对 OFAC 提起的诉讼事实上很难取胜。即便如此，这并不意味着 OFAC 关于经济制裁的执法不受到司法审查，当事人常常基于不同的诉讼请求对 OFAC 的经济制裁决定提出挑战。这些诉求具体包括但不限于[1]：

（1）特别指定国民和被禁止人员名单（SDN 名单）违反美国宪法第五修正案规定的正当程序条款[2]；

---

[1] Claire De Lelle, Nicole Erb, "Key Sanctions Issues in Civil Litigation and Arbitration", https：//globalinvestigationsreview. com/guide/the-guide-sanctions/second-edition/article/key-sanctions-issues-in-civil-litigation-and-arbitration，最后访问日期：2022 年 12 月 19 日。

[2] 法院认定，OFAC 未能为其指定调查提供充分理由以及未能采取可能的缓解措施，从而侵犯了原告的正当程序权利，但这些是无害的［Al-Haramain Islamic Found. Inc. v. United States Dep't of the Treasury, 686 F. 3d 965, 984-990 (9th Cir. 2012)］。在 2020 年的一起案件中，法院无法根据面前的记录确定外国非公民原告是否有权获得第五修正案的保护，但确定 OFAC 无论如何都提供了所有应提供的程序［Olenga v. Gacki, No. 1：19-cv-1135, 2020 U. S. Dist. LEXIS 225084 (2020)］。

(2) 全面的国家制裁违反了美国宪法第五修正案规定的旅行权利①;

(3) 资产冻结属于美国宪法第四修正案禁止的不合理征收②或宪法第五修正案的征收③;

(4) 向指定机关提供物质支持违反美国宪法第一修正案④;

(5) OFAC适用法律法规和部门规章实施经济制裁的权力存在模糊性,违反美国第四修正案⑤;

(6) 对特定对象的指定或资产冻结是武断和反复无常的⑥。

值得一提的是,在法院审理的经济制裁案件中,存在争议的指定不仅仅来自OFAC,还有来自其他国家执法机关的指定。在小米公司诉美国国防部案中,美国国防部依据1999财政年度的《国防授权法案》(NDAA)第1237条将小米公司列入指定的经济制裁对象,原告成功地对此提出了质疑。法院认定,根据《美国联邦行政程序法》,原告对其诉讼请求展示出了较高的胜诉可能性,于是批准临时性禁令,暂停执行美国国防部关于经济制裁的指定和由此产生的禁令⑦。在该案中,法院认定,国防部的制裁决定虽然解释了之所以发动经济制裁的基础,却未能解释为什么小米公司符合《国防授权法案》第1237条确立的法定标准,因此将小米公司指定为制裁对象并使其进入受制裁清单构成武断的、反复无常的行为,并且相关指定不符合《美国联邦行政程序法》规定的实质证据标准。初审判决作出后,美国国防部没有提起上诉,法院遂签发了最终命令,以相关指定根据《美国联邦行政程序法》属于不正当的行政行为为

---

① 法院认定《1917年与敌对国家贸易法案》规定的与旅行有关的限制并未侵犯被告受宪法第五修正案中正当程序条款保护的旅行权〔Regan v. Wald, 468 U.S. 222, 243 (1984)〕。法院还认定,OFAC禁止前往伊拉克的制裁条例,并未违反原告根据宪法第五修正案享有的权利〔Clancy v. Geithner, 559 F. 3d 595, 604 - 605 (7th Cir. 2009)〕。

② 法院认定,OFAC阻止未决调查不符合宪法第四修正案关于发布搜查令必须满足可能原因的要求〔KindHearts for Charitable Human. Dev. v. Geithner, 647 F. Supp. 2d 857, 882 - 884 (N.D. Ohio 2009)〕。

③ 法院认定,根据美国宪法第五修正案,OFAC冻结资产的行为不是征收,因为冻结的资产不属于政府〔Tran Qui Than v. Regan, 658 F. 2d 1296, 1304 (9th Cir. 1981)〕。

④ AHIF III, 686 F. 3d 995, 1001.

⑤ 参见 KindHearts I, 647 F. Supp. 2d 893 - 897, 893 n. 15〔驳回了各种声称《国际紧急状态经济权力法案》(IEEPA)和13224号行政命令在适用和表面上都是含糊不清的说法,但注意到,在适用时,OFAC未能遵循宪法第四修正案阻止善意的调查,这使得OFAC在IEEPA和行政命令下的权力不符合宪法〕。

⑥ 鉴于已有相关记录支持以及出于国家安全的考虑,法院高度尊重OFAC的认定,原告成功地从欧盟退市,OFAC拒绝将已列入SDN清单的原告从清单中除名的请求,既不是武断,也不是密谋的〔Fulmen Co. v. Office of Foreign Assets Control, No. 1: 18 - cv - 2949, 2020 U.S. Dist. LEXIS 58308, *12 - 25, (D.D.C. Mar. 31, 2020)〕。OFAC将原告列入指定清单的行为建立在广泛的物质支持的基础上,包括实质上未加以分类的物质,且指定行为并非武断的或密谋进行的 (Rakhimov, 2020 U.S. Dist. LEXIS 68764)。OFAC对原告的指定,尽管建立在未加分类的行政记录的基础上,却并非武断,也不是密谋 (Olenga, 2020 U.S. Dist. LEXIS 225084)。

⑦ Xiaomi Corp. v. Department of Defense, No. 1: 21 - cv - 280, 2021 U.S. Dist. LEXIS 46496 (D.D.C. Mar. 12, 2021).

由,将小米公司从制裁清单中撤出。在此后的另一起案件中,即箩筐技术公司诉美国国防部案①,法院在很大程度上采纳了小米案中的分析,在国防部依据《国防授权法案》第 1237 条针对另一家中国科技公司的制裁中发布了临时性禁令。

在哈拉曼·伊斯兰基金会诉美国财政部案②中,一家被列入 SDN 名单的美国非营利实体抗辩称,OFAC 需要根据 13224 号行政命令获得搜查令才能冻结其资产,且 OFAC 不能依据宪法第四修正案援引"特殊需要"例外,或"一般合理性"例外在没有取得搜查令的前提下冻结资产。对此,美国联邦第九巡回法院认定,OFAC 的经济制裁和资产冻结均旨在实现国家安全目标,这一目标的实现并没有因为在冻结原告资产之前需要申请搜查令而受到影响,故而搜查令是必要的。而美国国内的原告强烈要求,在未得到搜查令之前,其财产应当免受冻结令的广泛扣押。不过,在本案中,除了在调查期间冻结美国人的资产外,法院并没有解决美国宪法第四修正案对其他情况的要求,例如通过行政命令将非美国实体或国内实体指定进入制裁清单是否仍然需要先行取得搜查令。在候审期间,下级法院裁定,OFAC 在未取得搜查令的情况下冻结原告的资产,虽然这种行为具有违法性,但其本身是无害的,并未由此造成额外的损害。

在扎马克石油服务公司诉美国财政部案③中,原告指控 OFAC 拒绝对已冻结的资产进行解禁,属于武断的、反复无常的行为,且超出了 OFAC 的法定管辖权,哥伦比亚特区联邦地区法院驳回了原告的诉讼请求。在该案中,第三方对受制裁主体负有债务,受制裁主体对于被冻结的资金只拥有间接的利益,且此种利益是一种未来的或有的利益,但原告认为,只要第三方按照合同的约定支付了相应的款项,这种不确定的利益就会确定下来,所以 OFAC 应当解除相关冻结禁令。但法院最终遵从了 OFAC 的决定,认定解除对已冻结资产的封禁不符合 OFAC 的政策。

鉴于美国的对外经济制裁旨在阻断美国和第三国的公民及实体与目标国主体发生交易,这显然具有较强的溢出效应,而美国域外经济制裁能否达到预期目标,不仅仅涉及美国公民,还涉及第三国主体的行为,制裁的效果在很大程度上取决于国际力量的对比和各自对不同价值目标的平衡④。如果经济制裁旨在禁止未被指定的当事人与被指定的当事人进行交易,则利害相关方可以凭借宪法所保障的言论自由和结社自由,对相关次级制裁提出挑战。美国最高法院在这方面最具代表性的典型案例是霍尔德诉

---

① Luokung Tech. Corp. v. DOD, No. 21-cv-583, 2021 U. S. Dist. LEXIS 86378 (D. D. C. May 5, 2021).
② Al-Haramain Islamic Found. Inc. v. United States Dep't of the Treasury, No. 3:07-CV-01155, 2012 U. S. Dist. LEXIS 175759, at. para.18 (D. Or. Dec. 12, 2012).
③ Zarmach Oil Services. Inc. v. United States Dep't of the Treasury, 750 F. Supp. 2d 150, 155-159 (D. D. C. 2010).
④ 胡剑萍、阮建平:《美国域外经济制裁及其冲突探析》,载《世界经济与政治》2006 年第 5 期,第 74 页。

人道主义法项目案①。人道主义法项目（以下称"HLP"）涉及当事人的言论自由和结社自由，以及美国《反恐怖主义法》中以刑事处罚的方式禁止向指定的恐怖主义分子提供物质支持的规定。美国联邦最高法院认为，立法中的禁止适用于本案原告所从事的活动，却并没有剥夺原告根据美国宪法第一修正案所享有的权利。本案中，政府充分证明了它的决定，即禁止原告的活动对于政府防止恐怖主义的紧急目标而言是必要的。尽管支持者的目的只是促进该组织的非暴力目标，但具体的培训计划和服务的提供却有加剧恐怖主义的实际风险。判决作出后，遭遇了广泛的批判，缺乏各界的支持，法院最终对判决发表了如下补充意见：第一，未来针对言论自由的物质支持，很可能无法通过宪法第一修正案的审查；第二，本案判决的作出，并不意味着国会可以将同样的物质支持禁令扩展到国内组织。

在哈拉曼·伊斯兰基金会诉美国财政部案②中，美国的一家非营利组织，南俄勒冈多元文化协会（以下称"MCASO"）主张，OFAC 将把俄勒冈州哈拉曼·伊斯兰基金会（以下称"AHIF"）提供的服务定性为向恐怖主义组织提供支持，并禁止其他个人或实体向 AHIF 提供服务，这违反了 MCASO 根据美国宪法第一修正案所享有的权利。MCASO 所提及的活动，涉及的是一个被封锁的国际组织的国内分支，而不是像 HLP 那样的非美国恐怖组织，而且几乎没有证据表明"MCASO 提到的纯言论活动"（例如在美国共同赞助活动）将有助于国际组织总部的恐怖主义目的③。

在开放社会司法倡议组织诉特朗普案④中，原告开放社会司法倡议组织（以下称"OSJI"）就美国 13928 号行政命令禁止向任何人提供"任何捐款或资金、货物或服务"的禁令寻求救济，该行政命令规定了针对国际刑事法院（以下称"ICC"）采取制裁，原因是 ICC 对美国军队发起的某些调查触及了美国的根本安全利益。原告曾经与受到 13928 号行政命令制裁的 ICC 官员就 13928 号行政命令中涉及的调查之外的事项进行合作，并希望继续这样做，却遭遇禁令的制止。在原告所提起的多项索赔之中，其中有一些是原告根据宪法第一修正案所享有的权利受到了侵犯。最高法院裁定，这些限制措施所禁止或限制的言论自由，已经超出 13928 号行政命令旨在实现的目的所必要的限度，鉴于原告很可能会根据宪法第一修正案胜诉，因此最高法院发布了初步禁令。

---

① Holder v. Humanitarian Law Project, 561 U.S. 1 (2010).
② Al-Haramain Islamic Found. Inc. v. United States Dep't of the Treasury, See AHIF III, 686 F.3d 965, 1001 (9th Cir. 2012). Notably, the court in AHIF III read HLP to require strict scrutiny for the purposes of First Amendment analysis of the Executive Order at issue. Id. at 997–998.
③ 许恺彧：《美国定向制裁的救济方法》，载《新西部》2019 年第 11 期，第 165 页。
④ Open Society Justice Initiative v. Trump, No. 1：20-cv-8121, 2021 U.S. Dist. LEXIS 405 (S.D.N.Y. Jan. 4, 2021).

（五）立足多边主义构筑经济制裁争端的预防机制

经济制裁对国际商事仲裁的冲击，其背后所体现的是国家间对外交往的公法机制与私人之间建立在意思自治基础上的民商事私法秩序之间的碰撞。要妥当地处理受经济制裁影响的外国仲裁裁决在本国的承认与执行问题，既要从仲裁的视角分析制裁问题，又要从制裁的视角探索仲裁的实践，这是典型的交叉性议题。对中国而言，我国倡导践行真正的多边主义，坚持以联合国为核心的国际体系、以国际法为基础的国际秩序，反对其他国家破坏国际秩序、践踏国际法的对外单边经济制裁。对于外国对我国国家、公民、法人所发起的有损于我国国家主权、安全、发展利益的单边经济制裁，我国也积极地从法治层面加以回应。从这一立足点出发，我国反对不合理的单边经济制裁给私人之间的合同履行、商事仲裁造成破坏。因此，除了从争议解决的角度对仲裁裁决的承认及执行给予充分支持外，还有必要从争端预防的角度抑制经济制裁给私人间国际商事合同履行带来消极影响。

国际商事争议的解决主要侧重于在争端发生后以协商、调解、仲裁、诉讼等多重手段对私人之间的商事纠纷加以化解和处理。近年来，国内外越来越重视争端预防机制的建构，将诉源治理的重心从传统的争端解决前移至争端预防①。所谓争端预防，即在争端未发生时就提前予以介入，综合考察并全面评估引发争端的诱因及相关利益方的分歧所在，采取各种宏观或微观举措加以干预和矫治，从而防范、避免、消解、减少国际商事争议②。相比之下，争端预防侧重于前端，争议解决着眼于事后解纷，一旦前者发挥效用，有效阻却纠纷的发生，可以大大降低解决争议的成本。就价值理念而言，争端预防符合中国的"和"文化概念，契合共建"一带一路"当中的"合作、开放和包容"精神③。就现实功效而言，争端预防机制的运用能促进国际商事交易的继续进行，有助于长远增进商业主体间的可持续性合作，提升营商环境的法治化、市场化、国际化。具体到经济制裁来讲，我国近年来颁布了《中华人民共和国反外国制裁法》《阻断外国法律与措施不当域外适用办法》等多部法律、行政法规、部门规章，其共同构建起"信息报告—禁令发布—司法救济"反制裁工作体系，以及由国务院商务、司法、外交主管部门及最高人民法院协调联动、共同配合的反制裁协调工作机制。笔者建议，考虑经济制裁对国际商事仲裁的潜在冲击和不利影响，有必要在反制裁协调工作机制中纳入仲裁界的代表，及时应对和处理有关情势。具体来讲，我国于2022年成

---

① 陶立峰：《投资争端预防机制的国际经验及启示——兼评〈外商投资法〉投诉机制的完善》，载《武大国际法评论》2019年第6期，第88页。
② 黄进：《当前我国国际商事争端治理体系建设的几个问题》，载《澳门法学》2022年第3期，第1页。
③ 漆彤：《论"一带一路"国际投资争议的预防机制》，载《法学评论》2018年第3期，第79页。

立了中国仲裁协会，作为全国仲裁机构和仲裁从业者的自律性组织，该组织的职能既包括规则建构，还包括对从业者的监督。我国可在现有的反制裁工作体系和反制裁协调工作机制的基础上，增入中国仲裁协会和仲裁机构的代表，在强化协同配合及信息共享的基础上，搭建起全国统一的外国经济制裁信息平台，划定仲裁界代表在处置和应对经济制裁问题上的权限分工，这将有助于明确涉经济制裁问题的妥当处置，为管辖仲裁司法审查案件的人民法院提供参考。

国际法院解决国际环境争端中的科学证据采用研究

张 进[①] 向奕乾[②]

摘要： 国际法院是重要的国际司法机构，在解决国际环境争端方面发挥着关键作用。科学证据是国际环境争端中的一项重要证据类型，正确地采用科学证据有利于国际环境争端的公正、合理解决。然而，从国际法院的新近案例看，其对科学证据仍持保守态度，避免直接使用科学证据证明案件争议，或借由其他证据加以证明。究其原因，关键在于科学证据采用的相关原则、规则不够明朗。对此，应当坚持不超出诉讼请求原则和法官知法原则，明确科学证据证明标准，构建采信规则，健全举证规则，不断完善科学证据制度体系，为国际环境争端的司法提供配套制度供给。

关键词： 国际法院；国际环境争端；科学证据；证明标准；采信规则

引言

20世纪80年代以来，严重的环境问题伴随着科学技术的不合理使用，从国内走向国际，由区域扩展至全球。环境问题引发诸多国际环境争端。国际环境争端具有复杂性、科学性，这意味着在争端解决中需要运用相关的科学证据，用以证明争端主要事实，厘清争端焦点问题。国际法院审判国际环境争端的一大突破就是对科学证据的使用，运用科学技术对案件中的证据进行分析和判断[③]。科学证据主要表现为鉴定意见或专家证言。国际法层面，科学证据的来源有两大途径：第一，国际法院行使《国际法院规约》（以下简称《规约》）第50条的权利所获得的证据[④]。依据该条规定，国际法院可以通过委任调查人（单位）或鉴定人（单位）来获得科学证据。第二，国际法院行使《规约》第51条的权利所获得的证据[⑤]。依据该条规定，国际法院可以通过诘问争端当事方的证人或鉴定人提供的证言来获得科学证据。科学证据具有专业性、主客观性并存、开放性、辅助性等特征，在帮助国际法院了解案件真实情况、解决案件争

[①] 张进，男，四川宜宾人，中国政法大学2019级硕士研究生，中国政法大学国际环境法研究中心成员，主要研究方向为国际公法和国际环境法。
[②] 向奕乾，男，湖南湘潭人，中国政法大学2019级硕士研究生，主要研究方向为国际经济法。
[③] 见James Flett, "When is an Expert not an Expert?", *Journal of International Dispute Settlement*, Vol. 9, No. 3, 2018, pp. 325-360.
[④] 《国际法院规约》第50条规定："法院得随时选择任何个人、团体、局所、委员会或其他组织，委以调查或鉴定之责。"
[⑤] 《国际法院规约》第51条规定："审讯时得依第30条所指法院在其程序规则中所定之条件，向证人及鉴定人提出任何切要有关之诘问。"

端方面发挥着重要作用。然而，在实践中，国际法院对采用科学证据仍然持保守态度①，较为谨慎，这在很大程度上影响了国际环境争端的公正合理高效解决。因此，从国际法理论出发，着重考察国际法院新近案例中科学证据的采用情况，分析国际法院采用科学证据的惯常做法及成因，并基于此提出相关完善建议便十分必要。

一 国际法院采用科学证据的主要习惯做法

相比于其他类型的证据，科学证据的实际运用更显复杂。例如，科学证据所反映的事实需要争端解决机构借助专业知识才能完全展露出来。另外，科学证据之间可能存在冲突或矛盾，需要争端解决机构透过冲突深究案件原本事实。为应对科学证据实际运用中的复杂性，国际法院在新近实践中发展出了一套采用科学证据的习惯做法。

（一）避免直接采用科学证据

避免直接采用争端当事方提交的科学证据，即避免对科学证据的权威性、可靠性进行分析，并且不直接采纳特定科学证据对特定事实的分析，不将其作为认定案件事实的根据是常见做法之一。一般情况下，科学证据的权威性和可靠性确保了其分析结果能够正确反映案件事实，这种观点反映了科学证据约等于事实的逻辑，而国际法院避免直接采用科学证据则是对这一逻辑的否定②。一方面，国际法院这一做法符合了国际法相关规定，更准确地说，是与既有国际法不存在明显冲突；另一方面，国际法院在采取这一做法时运用巧妙的法律方法，尽可能避免由此产生的争议。

1. 避免直接认定科学证据的合法性

国际法院试图避免直接认定科学证据的合法性。避免直接运用争端当事方提交的科学证据的做法虽然表面上似乎有违通常认知，却属于国际法所允许的范围，同既有国际法并不冲突。关于证据运用，无论是《规约》还是《国际法院规则》（以下简称《规则》），均未作出详细规定。例如，在证据可采性上，《规约》第 52 条仅规定："法院于所定期限内收到各项证明及证据后，得拒绝接受当事国一造欲提出之其他口头或书面证据，但经他造同意者，不在此限。"③《规则》第 56 条总体上复述《规约》上述规定，其规定："书面程序结束后，除经另一当事方同意或遵照 2 条规定，当事国任何

---

① 本文中国际法院对科学证据的采用是指，面对由争端当事方提交的科学证据，国际法院如何对其进行分析（analysis）、采信（adopt）。
② 参见常怡：《民事诉讼法学》，中国政法大学出版社 1994 年版，第 158－160 页。
③ 《国际法院规约》，https://www.icj-cij.org/public/files/statute-of-the-court/statute-of-the-court-ch.pdf，最后访问日期：2023 年 2 月 20 日。

一方均不得再向法院提交文件。"① 另外，关于证据的分析，《规约》第 51 条仅规定（国际法院）审讯时得依第 30 条（该条规定国际法院有权订立程序相关规则）所指法院在其程序规则中所定之条件，向证人及鉴定人提出任何切要有关之诘问；《规则》第 62 条虽然对此作出更为具体的规定，但总体上未超出《规约》中"为阐明争执事项的任一方面，法院得随时要求当事国双方提出法院认为的证据或作出法院认为必要的解释"的范围。

证据规则的模糊导致国际法院在采用证据时享有极大的自由裁量权。《规约》作为国际法院章程性质文件，其第 30 条授予国际法院为执行其职务而订立规则的权利②；第 55 条则规定法官可决定案件中一切问题③。根据上述条款，在证据规则较为模糊的情况下，国际法院及其法官可以自由决定其认为合适的证据采用方式。实际上，国际法院及其法官在具体案件中也积极行使了这种自由裁量权。例如，有学者总结了国际法院在领土相关争议中采用证据的惯常做法，发现国际法院实际上兼采大陆法系和英美法系的证据运用规则，发展出了未经证实的传闻证据排除规则、不相关证据排除规则、缺乏形式上真实性证据排除规则等证据运用规则，并且在这些案件中，相关当事方总体上并未质疑国际法院在运用证据上的自由裁量权④。因此，国际法院在自由裁量权的基础上，倾向于不直接认定科学证据的合法性。

2. 个案中避免直接采用科学证据的具体表现

国际法院避免直接采用科学证据和直面证据背后事实有着紧密联系。具体而言，国际法院在避免直接采用科学证据的同时，强调应透过科学证据这一表面形式看到证据背后的事实，以此构建起国际法院自身对案件科学性或技术性事实的认知。这一做法的可行性在于：不同当事方提供的科学证据实际上都立足于案件的客观事实。即使不同科学证据间存在冲突或矛盾，其也能或多或少反映出全部或部分案件事实。因此，国际法院将避免直接采用科学证据和直面证据背后事实联系起来具有可行性。

在"纸浆厂"案中，国际法院明确地表达出了对科学证据背后客观事实的强调和重视。对于阿根廷和乌拉圭专家和鉴定人提供的文件和研究成果，国际法院旗帜鲜明地指出法院没有必要对相关科学证据的相对优势（relative merits）、可靠性和权威性进行分析，相反，法院的职责在于仔细考虑相关证据（evidence）的基础上，判断哪些事实（facts）是相关的（relevant），评估证据的证明价值（probative value），以及从证

---

① 《国际法院规则》，https://www.icj-cij.org/public/files/rules-of-court/rules-of-court-ch.pdf，最后访问日期：2023 年 2 月 22 日。
② 《国际法院规约》第 30 条第 1 款规定："法院应订立规则，以执行其职务，尤应订立关于程序之规则。"
③ 《国际法院规约》第 55 条第 1 款规定："一切问题应由出席法官之过半数决定之。"
④ 参见张卫彬：《国际法院证据问题研究：以领土边界争端为视角》，法律出版社 2012 年版，第 46—99 页。

据中得出合适（appropriate）的结论①。国际法院更进一步总结道："在现有证据的基础上，法院将构建起自己对事实的认定。"② 从这一表述可看出，国际法院并不过分纠结于科学证据本身，而是致力于透过科学证据这一外在形式，揭露科学证据背后的客观案件事实。在此意义上，当事方提供的科学证据只是国际法院构建其所认定事实的基础。因而，即使当事双方提供的科学证据存在冲突，国际法院在最终认定案件事实时也可能间接采用双方提供的科学证据。在"修建道路"案中，国际法院存在基本相同的表述。该案当事双方哥斯达黎加和尼加拉瓜同样提交了大量的报告和研究成果，并聘请了鉴定人出席庭审。为保持与先前实践一致，国际法院在该案中同样认为，其职责是在仔细考虑相关证据的基础上，评估证据的证明价值、判断事实的相关性以及从证据中得出合适的结论，并最终在现有证据的基础上构建起自身对事实的认定③。该案与"纸浆厂"案判决词仅在词语顺序上存在差异，并不影响其背后体现的国际法院避免直接采用科学证据的基本立场和态度。

从上述案件可知，在国际法院看来，避免直接采用科学证据和直接认定科学证据背后案件事实具有紧密联系，二者实际上构成一体两面。通过这一构造，国际法院能最大限度地避免对当事方提交的科学证据进行科学或技术上的认定，避免因专业知识缺乏所导致的证据认定错误，并借助对案件事实重要性的强调和重视，避免当事方对证据运用方式的质疑。

(二) 倾向于间接采用科学证据

间接采用科学证据是避免直接采用科学证据的结果之一。国际法院对科学证据的间接采用是指，在不对证据权威性、可靠性、可采性进行判断的基础上，国际法院通过截取科学证据中的部分内容，并对其加以自己的分析，从而还原出案件事实的过程。概言之，在间接采用中，国际法院将科学证据作为普通证据加以运用，科学证据相关技术或科学分析的权威与否并不是法院采信证据的决定性因素。在这一过程中，国际法院在实践中发展出多种间接采用科学证据的方法。

1. 方法一：分析科学证据的充分性

为避免直接采用科学证据，国际法院发展出根据科学证据充分性适用相关科学证据的方法。具体来看，国际法院不会对科学证据的权威性和可靠性进行分析，而是从

---

① Pulp Mills on the River Uruguay (Argentina v. Uruguay), Judgment, ICJ. Reports 2010, pp. 72 - 73, para. 168.
② Pulp Mills on the River Uruguay (Argentina v. Uruguay), Judgment, ICJ. Reports 2010, pp. 72 - 73, para. 168.
③ Certain Activities Carried Out by Nicaragua in the Border Area (Costa Rica v. Nicaragua) and Construction of a Road in Costa Rica along the San Juan River (Nicaragua v. Costa Rica), Judgment, ICJ. Reports 2015, p. 726, para. 176.

证据充分性的角度，评判相关科学证据是否证明了原被告的主张。这实际上是默认不同当事方提交的科学证据都具有权威性和可靠性，而仅就科学证据的证明力进行分析。

在"纸浆厂"案中，国际法院从科学证据充分性的角度来进行事实认定。例如，对于河水中磷类物质、酚类物质、丙二醇、二氧化硅和呋喃，生物多样性和大气污染问题，国际法院认为，虽然阿根廷提交了许多科学证据，但这些证据并不充分和清晰，并不能据此得出涉案纸浆厂的建立与这些环境损害之间存在必然的因果联系[1]。在分析磷类物质时，国际法院直接指出，涉案纸浆厂排放的磷类物质相比河流中来自其他源头的磷类物质在数量上十分微小，不足以得出涉案纸浆厂排放的磷类物质超过了河水质量标准所要求的限度[2]。简言之，在国际法视域下，大部分科学证据无法起到类似于国内法中的科学证据的作用，国际法院并没有因为科学证据的专业性和科学性而赋予科学证据过高的证明力。相反，对于法院而言，是否采信相关科学证据，关键在于相关科学证据是否像普通证据一样满足"高度盖然性"等证明标准。

在"修建道路"案中，国际法院亦通过证据充分性分析方法对尼加拉瓜提交的科学证据进行分析。虽然尼加拉瓜认为任何容易被测量对河流有害的影响都会构成国际条约项下的重大损害并提交了相关科学证据，但国际法院认为，尼加拉瓜提交的科学证据并没有显示出河流中含沙量已处于一个危险水平，即只要修建道路所产生的泥沙进入河流便将对河流产生有害影响，同时也没有显示出修建道路产生的泥沙已经超过最大限值[3]。据此，国际法院认定尼加拉瓜没有提供充足的证据证明哥斯达黎加修建道路产生的泥沙对河流生态环境造成了严重损害[4]。

在"捕鲸"案中，国际法院同样从充分性的角度对日本提交的科学证据进行分析。关于使用致命方法捕捞鲸鱼的合理性，日本提交了相关科学证据试图证明其捕鲸计划考虑了非致命方法，而致命方法是最为合理的研究鲸鱼的方法[5]。但国际法院认为，日本提交的科学证据只是单纯提及致命方法的合理性，而没有涉及日本捕鲸计划下致命方法的合理性，例如没有证明计划中致命方法捕捞鲸鱼规模的合理性，或采取非致命

---

[1] Pulp Mills on the River Uruguay (Argentina v. Uruguay), Judgment, ICJ. Reports 2010, pp. 96 – 101, para. 247, 254, 257, 259, 262, 264.

[2] Pulp Mills on the River Uruguay (Argentina v. Uruguay), Judgment, ICJ. Reports 2010, p. 96, para. 247.

[3] Certain Activities Carried Out by Nicaragua in the Border Area (Costa Rica v. Nicaragua) and Construction of a Road in Costa Rica along the San Juan River (Nicaragua v. Costa Rica), Judgment, ICJ. Reports 2015, pp. 730 – 731, para. 192.

[4] 另外，在分析修建道路产生的泥沙对河流航运等的影响时，国际法院也通过援引其他科学证据和相关数据对该问题展开了分析。Certain Activities Carried Out by Nicaragua in the Border Area (Costa Rica v. Nicaragua) and Construction of a Road in Costa Rica along the San Juan River (Nicaragua v. Costa Rica), Judgment, ICJ. Reports 2015, p. 733, para. 204.

[5] Whaling in the Antarctic (Australia v. Japan: New Zealand intervening), Judgment, ICJ. Reports 2014, pp. 270 – 271, para. 139 – 140.

方法的合理性等①。因此,国际法院最终确认,日本捕鲸计划并没有考虑为执行研究目标而采取非致命方法捕鲸的可行性,有违条约规定的义务②。在该案中,国际法院同样没有对相关科学证据的权威性和可靠性进行分析,而是基于科学证据所分析的对象,从充分性角度对科学证据进行间接适用。

2. 方法二:借助其他证据

借助其他证据的间接运用方法是指,国际法院将多种科学证据相结合,分析不同科学证据间的共同性和差异性,并加入自己的理解,从而还原出案件事实的过程。这种间接运用方法同样不对科学证据的权威性、可靠性、可采性进行分析,对案件事实的认定也不依靠特定科学证据的充分性,而是旁征博引不同科学证据的数据和分析,以此形成国际法院对案件事实自己的分析。

在"纸浆厂"案中,在判断纸浆厂建立后河流中溶解氧是否满足最低标准时,国际法院没有依据当事双方在科学证据中对这一问题的解释,而是通过援引不同科学证据中的数据自行对该问题进行分析。国际法院在分析伊始即将科学证据中的数据(data)和解释(interpretation)进行了区分,认为法院的职责在于权衡和评价(weigh and evaluate)相关数据而不是当事双方对数据的不同解释。首先,国际法院认为阿根廷提交的溶解氧数据与独立第三方1月和10月的调查数据不符,而后者显示涉案纸浆厂建立后河流中溶解氧数值高于最低标准;其次,乌拉圭国家环境调查机构显示的涉案纸浆厂建立后的1月至6月河流溶解氧数值也高于最低标准;再次,阿根廷提交的调查报告认为河水质量标准需要考虑季节性温度模型和溶解氧两个因素;最后,乌拉圭国家环境调查机构报告中的溶解氧数据与阿根廷收集的溶解氧数据具有实质上相同的特征,而这些数据高于最低标准③。据此,国际法院认为不同时间段的数据并不存在显著差异,并且也无法得出阿根廷所指的氧化性(oxidabilidad)应被解释成溶解氧,进而推断出涉案纸浆厂建立后溶解氧不低于最低标准。在溶解氧问题上,国际法院实际上是通过援引不同科学证据对相同事项的分析,否定了阿根廷提交的科学证据,并得出了自己对案件事实的认识和理解。

在"修建道路"案中,为明确修建道路产生的泥沙对河流产生的影响,国际法院同样借助多个科学证据中的相关数据自行对相关问题进行分析,而不是仅依靠某一特定科学证据中对该问题的分析。在这一问题上,国际法院认为,虽然尼加拉瓜和哥斯

---

① Whaling in the Antarctic (Australia v. Japan; New Zealand intervening), Judgment, ICJ. Reports 2014, p. 271, para. 141-143.

② Whaling in the Antarctic (Australia v. Japan; New Zealand intervening), Judgment, ICJ. Reports 2014, p. 271, para. 144.

③ Pulp Mills on the River Uruguay (Argentina v. Uruguay), Judgment, ICJ. Reports 2010, pp. 93-94, para. 239.

达黎加提交了许多科学证据,但法院并没有必要分析这些存在冲突的科学证据的科学价值和技术价值。相反,法院通过将哥斯达黎加提供的计算方法和尼加拉瓜提供的数据相结合,便可得出修建道路所产生的泥沙最多占河流总泥沙含量的 2%,不构成相关国际条约上的严重损害[1]。另外,国际法院还援引原告尼加拉瓜领土研究机构发布的报告,认为尼加拉瓜的主张与该报告的结论并不一致,即该报告认为河流中含沙量是可变的且主要来源于河流支流。据此,国际法院认为,修建道路产生的泥沙并未对河流含沙量造成显著影响[2]。

在"捕鲸"案中,国际法院将科学证据充分性分析方法与上述方法相结合,分析了日本捕鲸计划设置和实施的合理性。在捕鲸计划设置合理性上,虽然日本提交了相关科学证据,但国际法院认为日本相关科学证据存在以下问题:一是日本前后两个捕鲸计划的目标很大程度上是重合的,但后一计划中捕鲸数量却大幅增加,而日本对此未能提供充分的解释;二是根据日本提交的其他科学证据,长须鲸和座头鲸捕捉数量无法满足日本捕鲸计划下科学研究的要求;三是日本确定捕鲸数量的程序不公开透明,无法使法院充分了解计划设置情况;四是其他科学证据能证明日本捕鲸计划本可以设定更少的捕鲸数量,而日本对此未作出回应[3]。在捕鲸计划具体实施上,国际法院认为存在以下问题:一是实际上座头鲸捕捞数量为零,而日本对此未作出科学性说明;二是长须鲸实际捕捞数量只是计划中的一部分;三是小须鲸实际捕捞量也远低于年度目标样本量。对于实际捕捞量和计划捕捞量间的差距,日本未能给出合理说明,也未能根据实际捕捞情况调整捕捞计划[4]。由于日本在对上述问题进行解释时未能提供充足的科学证据,并且提交的相关科学证据与其他科学证据相冲突,国际法院认为日本捕鲸计划设置和实施并不合理[5]。由此可见,国际法院常将多种间接采用科学证据方式相结合,并以此来分析争端当事双方提交的科学证据。

---

[1] 国际法院将哥斯达黎加计算方法和尼加拉瓜数据相结合的前提是,当事双方对这些数据并不存在争议。关于国际法院对该部分的详细论述,见 Certain Activities Carried Out by Nicaragua in the Border Area (Costa Rica v. Nicaragua) and Construction of a Road in Costa Rica along the San Juan River (Nicaragua v. Costa Rica), Judgment, ICJ. Reports 2015, pp. 729, 731, para. 186, 194.

[2] Certain Activities Carried Out by Nicaragua in the Border Area (Costa Rica v. Nicaragua) and Construction of a Road in Costa Rica along the San Juan River (Nicaragua v. Costa Rica), Judgment, ICJ. Reports 2015, p. 731, para. 195. 另外,在分析修建道路产生的泥沙对河流航运等的影响时,国际法院也从证据充分性角度对相关科学证据进行了分析,见 Certain Activities Carried Out by Nicaragua in the Border Area (Costa Rica v. Nicaragua) and Construction of a Road in Costa Rica along the San Juan River (Nicaragua v. Costa Rica), Judgment, ICJ. Reports 2015, pp. 733-734, para. 203, 206.

[3] Whaling in the Antarctic (Australia v. Japan: New Zealand intervening), Judgment, ICJ. Reports 2014, pp. 292-293, para. 225.

[4] Whaling in the Antarctic (Australia v. Japan: New Zealand intervening), Judgment, ICJ. Reports 2014, p. 293, para. 226.

[5] Whaling in the Antarctic (Australia v. Japan: New Zealand intervening), Judgment, ICJ. Reports 2014, p. 293, para. 227.

(三) 排除科学证据

除间接采用科学证据外，国际法院还就在特定情况下基于特定理由将科学证据排除出考虑范围，从另一种角度避免了对科学证据的直接采用。具体来说，这些特定情形和理由主要包括无法证明相关国际法构成要件的存在、与其他证据或事实存在冲突。

1. 排除情形之一：无法证明相关国际法构成要件

在此种情形下，国际法院通过初步考察发现相关科学证据与所要证明的相关国际法构成要件并无明显直接联系，从而直接将相关科学证据排除出庭审程序。质言之，国际法院试图通过相关性理论排除明显不具有相关性的科学证据，以减轻法院面临的证据审查压力。根据相关性将证据排除符合法律的一般原则和规则，国际法院既往其他类型的案件中不乏此类原则和规则的运用，但总体上运用的频率较低[①]。

在"加布奇科沃-大毛罗斯项目"案中，国际法院根据与相关国际法构成要件的相关性程度，排除了匈牙利政府提交的与上下游水库面临的危险有关的科学证据。该案所涉国际法规则为1980年《国家对国际不法行为的责任条款草案》第33条"国家紧急状态"(State of Necessity)[②]。国际法院认为，相关国家有权援引国家紧急状态解除行为的不法性，但需要满足相应条件：一是存在导致国际不法行为产生的国家基本利益(essential interest)；二是该利益正面临严重和迫在眉睫的危险(grave and imminent peril)；三是相关国际不法行为是保卫这一利益的唯一方法；四是该国际不法行为不得危及其他国家的基本利益；五是相关国家不得导致国家紧急状态的产生[③]。关于严重和迫在眉睫的危险这一条件，国际法委员会解释道：这种危险必须是"在实际时间内对利益构成了威胁"[④]。国际法院进一步解释道，只是指出存在危险的可能性并不足以满足该条件的要求[⑤]。

虽然匈牙利提交了有关危险的科学证据，但国际法院认为这些科学证据与严重和迫在眉睫的危险并不存在相关性。对于匈牙利指出的上游水库的饮水资源所面临的危险，国际法院认为相关科学证据只是证明了该危险很大程度上是长期的和不确定的(uncertainty)，无法证明这种危险是迫在眉睫的[⑥]；对于降低下游河床的危险，国际法院认为之前匈牙利采掘砂石的行为就已经导致河床降低，相关科学证据同样无法证明

---

① 参见张卫彬:《国际法院证据问题研究:以领土边界争端为视角》，法律出版社2012年版，第90-91页。
② *Yearbook of the International Law Commission*, 1980, Vol. II, Part 2, p. 34.
③ Gabčikovo-Nagymaros Project (Hungary/Slovakia), Judgment, ICJ. Reports 1997, pp. 40-41, para. 52.
④ *Yearbook of the International Law Commission*, 1980, Vol. II, Part 2, p. 49, para. 33.
⑤ Gabčikovo-Nagymaros Project (Hungary/Slovakia), Judgment, ICJ. Reports 1997, pp. 40-42, para. 54.
⑥ 国际法院在分析加布奇科沃产业部门面临的危险时基本上采取的是同样的分析思路，为避免重复，本部分在正文部分省略对其介绍。Gabčikovo-Nagymaros Project (Hungary/Slovakia), Judgment, ICJ. Reports 1997, pp. 43-45, para. 56.

匈牙利正在面临严重和迫在眉睫的危险①。基于上述理由，国际法院未对匈牙利提交的科学证据的权威性和可靠性进行分析，从而排除了相关科学证据。

需要注意的是，基于无法证明相关国际法构成要件而排除相关科学证据，与根据证据的充分性间接运用相关科学证据，二者之间具有一定的相似性。但这种相似性无法掩盖二者的重要区别，即前者适用于科学证据与法律构成要件完全不符的情形，而后者适用于科学证据与法律构成要件相符但缺少证明力的情形。至于这两种情形产生的原因很大程度上是法院在分析法条时表述的不同，如"修建道路"案中的重大损害（significant harm），既可以和国际法院一样认为其涉及的是对科学证据证明力的要求，也可以认为是对构成要件的要求。

2. 排除情形之二：与其他证据或事实存在冲突

当科学证据与其他证据或事实存在冲突时，国际法院也可能对相关科学证据进行排除。其他证据或事实主要是指争端当事双方共同认可、一方认可的或已采纳的证据或各方都明知的事实。按照一般法律规则或原则，这些证据或事实的效力高于当事人提交或法院收集的其他证据②。另外，国际法院对于冲突的程度也存在一定的要求，通常情况下科学证据应与这些证据或事实存在实质性的冲突。

在"纸浆厂"案中，国际法院多次基于科学证据与其他证据或事实存在冲突这一情况，特别是与双方认可的国际技术标准相冲突，排除了阿根廷和乌拉圭提交的科学证据。例如，在工厂选址是否会影响河流接收和净化工厂污水能力的问题上，阿根廷和乌拉圭分别提交了不同人员和机构出具的科学证据，且两国提供的科学证据采用了不同的测量模型，得出了不同的意见③。面对这一情况，国际法院认为，当事双方的争议实质上在于河流倒灌或枯水对于工厂将废水排放有何种影响④。这一争议从属于河流环境保护的议题。阿根廷和乌拉圭共同成立的乌拉圭河管理委员会（Administrative Commission of the River Uruguay，ACRU）已经发布了涉及河流环境保护的河水质量标准，并且国际法院认为该标准在制定时已经充分考虑了河流对污水的净化能力⑤。因此，该河水质量标准是当事双方共同认可的环境保护标准，只要排污量不超过该标准，在当事双方看来便不会对环境造成不可接受的损害。国际法院在不考虑当事双方提交的科学证据的情况下，根据涉案工厂的排污量未超过该河水质量标准这一事实，直接

---

① Gabčikovo-Nagymaros Project (Hungary/Slovakia), Judgment, ICJ. Reports 1997, pp. 42-43, para. 55.
② 国内民事诉讼法一般规定，一方当事人对另一方当事人陈述的案件事实和提出的诉讼请求明确表示承认等是无须证明的对象。参见常怡：《民事诉讼法学》，中国政法大学出版社1994年版，第164页。
③ Pulp Mills on the River Uruguay (Argentina v. Uruguay), Judgment, ICJ. Reports 2010, pp. 85-86, para. 212.
④ Pulp Mills on the River Uruguay (Argentina v. Uruguay), Judgment, ICJ. Reports 2010, p. 86, para. 213.
⑤ Pulp Mills on the River Uruguay (Argentina v. Uruguay), Judgment, ICJ. Reports 2010, p. 86, para. 214.

认定涉案工厂排污行为不构成对乌拉圭河环境的破坏①。可见,当科学证据与争端当事双方共同认可的标准发生冲突时,国际法院将倾向于排除科学证据。

另外,在乌拉圭是否根据条约规定采取一切措施避免污染的问题上,阿根廷提交的科学证据认为乌拉圭未能要求涉案纸浆厂采取最合适的技术手段避免污染,特别是三级处理措施(tertiary treatment facility)②;乌拉圭提交的科学证据则认为其没必要采取三级处理措施来防止河流污染③。国际法院在处理这一问题时,同样没有对双方提交的科学证据进行详细分析,而是认为涉案纸浆厂采用的漂白牛皮纸制浆工艺(bleached Kraft pulping process)是当时全世界使用占比最大的工艺,也是当事双方共同认可的工业标准④,并基于这一工艺标准认定涉案纸浆厂排放的污染物符合该标准,同时乌拉圭也采取了最合适的技术手段避免河流污染⑤。因此,根据国际通行技术标准排除存在冲突的科学证据是国际法院避免直接采用科学证据的常用手段。

在"加布奇科沃-大毛罗斯项目"案中,国际法院除根据相关性排除了匈牙利提交的科学证据外,也基于科学证据与其他证据或事实之间存在冲突而排除了相关证据。国际法院在该案中依据的其他证据或事实包括:1977年条约签订时匈牙利明知存在环境危险而积极承担条约义务,并且条约中还涉及环境保护相关内容;1989年在环境科学技术取得进展的情况下匈牙利加速条约项下所争议工程进度的事实⑥。通过对这些证据和事实的列举,国际法院认为在环境领域实际上并不存在严重和迫在眉睫的危险,匈牙利提交的证明危险存在的科学证据与实际事实存在冲突,并最终排除了相关科学证据。

国际法院习惯做法之成因

国际法院在环境争端中避免直接采用科学证据是多种因素综合作用的结果。这些因素可能包括国际法院自身功能定位,即国际法院作为联合国主要司法机关,其主要职能在于解决国家之间涉及国际法的争端,而不是对科学性事项作出权威的解释。但更为重要的一个因素是科学证据的相关规则体系不够完善。直接采用科学证据的金钱和时间成本过高、对科学证据进行质证的难度较大⑦,这些因素在一定程度上影响了科

---

① Pulp Mills on the River Uruguay (Argentina v. Uruguay), Judgment, ICJ. Reports 2010, p. 86, para. 214.
② Pulp Mills on the River Uruguay (Argentina v. Uruguay), Judgment, ICJ. Reports 2010, p. 88, para. 220 - 221.
③ Pulp Mills on the River Uruguay (Argentina v. Uruguay), Judgment, ICJ. Reports 2010, p. 88, para. 222.
④ Pulp Mills on the River Uruguay (Argentina v. Uruguay), Judgment, ICJ. Reports 2010, p. 89, para. 225.
⑤ Pulp Mills on the River Uruguay (Argentina v. Uruguay), Judgment, ICJ. Reports 2010, p. 90, para. 228.
⑥ Gabčíkovo-Nagymaros Project (Hungary/Slovakia), Judgment, ICJ. Reports 1997, pp. 45 - 46, para. 57.
⑦ 参见张卫彬:《国际法院证据问题研究:以领土边界争端为视角》,法律出版社2012年版,第257 - 261页。

学证据的采用。

(一) 国际法院职能所限

在展开具体分析前,需要明确证据和事实之间的关系。证据是指能够证明案件真实情况的材料,而事实是法律关系发生、变更或消灭的客观情况,以及争端发生的原因、经过、争执焦点等①。证据和事实是一对既存在联系又具有区别的概念。事实在时间上处于争端提交法院之前,同时其也是客观存在的,不以人的意志为转移。而证据则是人们认为能够反映事实的材料,其和事实近似于主观和客观的区别。但对事实的还原需要证据的支持,没有证据,法官将无法得知真实的事实。另外,从与争端当事方联系紧密程度的角度来看,证据与当事方的联系更为密切,即主要是当事方负责提供其认为能够证明事实的证据,而司法机关则主要负责根据证据还原出真实的事实。

因此,作为联合国司法机关,国际法院的职能可进一步具体化为通过采用证据还原出案件事实,并以此为基础解决当事国之间的争端。其中,国际法院职能的重点在于还原事实,采用证据则是还原事实的主要手段。从另一个角度来看,国际法院只是被动地接受当事国提交的证据,至于证据的内容或形式总体上都交由争端当事国进行控制。当事国提交证据而国际法院根据证据处理事实,这便是国际法院在解决证据问题时的通常逻辑。国际法院在环境争端中采用科学证据时同样坚持这一逻辑。国际法院充分尊重争端当事国对于科学证据内容或形式的自主控制。以"纸浆厂"案为例,国际法院明确指出环境影响评估的具体内容、环境影响评估的尽职调查等涉及科学证据的事项都应由争端双方自己决定②。各国有其自己的对科学性事物的认知,不同认识间完全可能存在差异。强求各国对科学性事物保持相同认知并无必要,这不仅可能是对一国自主科学体系的冒犯③,也与国际法院的职能相背离,因为国际法院职责在于解决当事国间的争端,而不是对科学性和技术性问题作出权威性的认定。因此,对于科学证据这一类反映一国对科学性事物认知的证据,国际法院通常不进行权威性或可靠性方面的解读和分析,也避免直接依据特定科学证据中的分析来还原案件事实。

(二) 国际司法证据规则体系不完善

尽管从职能定位来看,国际法院无权对科学性和技术性事项作出权威性解释,但其负有解决国家间争端的职责。基于这一职责,其有责任公正合理认定案件事实,对案件中的争议进行居中裁判,而实现这一目标就需要采用各类证据,包括科学证据。

---

① 参见常怡:《民事诉讼法学》,中国政法大学出版社1994年版,第141页。
② Pulp Mills on the River Uruguay (Argentina v. Uruguay), Judgment, ICJ. Reports 2010, pp. 83 – 84, para. 205.
③ 参见张卫彬:《国际法院证据问题研究:以领土边界争端为视角》,法律出版社2012年版,第64页。

科学证据作为国际环境争端中的一类特殊证据，在促进国际环境争端顺利解决中的地位是不可辩驳的。国际法院避免直接采用科学证据看似是《规约》赋予的权利，但从另一个角度看，却有违其居中裁决争端的本职。

鉴于国际司法证据规则体系不完善，国际法院只能在坚守底线与履行职能中徘徊不前。国际法院退而求其次，选择充分行使自己的自由裁量权，自主地选择折中的方法。从现有的国际法规则看，国际法院裁判案件的证据规则仅有《规约》和《规则》的相关规定，而这些证据规则本身并不明确，不足以支撑国际法院对案件中当事方提交的各种证据的可采性、可靠性的认定。这在科学证据上表现尤为明显，正是由于规则的不完善，国际法院在新近的国际环境争端案例中才选择不直接对科学证据是否可采、可靠进行认定，而采取间接采用的方法，通过与其他证据相结合，截取科学证据中的相关数据或文字对案件事实进行认定。从本质上看，这是对科学证据的形式的根本否定，是对科学证据地位的否认。

概言之，针对科学证据，国际法院还存在审慎严格适用、渐进发展、不注重科学证据的证据属性而重视其内容的问题。导致这些问题的主要原因便是科学证据的采用原则、规则不明，国际法院无法正确评估科学证据的可采性和可靠性，因此在具体运用时多回避这一问题或借助其他方法进行部分采用。

（三）国际法院法官知识具有有限性

国际法院法官多为各国著名的国际法专家，拥有比较高的学历和知识修养，但这些修养大多局限于法律方面，而非物理、化学、生物等自然科学领域。目前，国际法院15位法官均为法学理论和实务领域的专家学者，并无理学、工学等科学领域的学位和实践经历。就此而言，在国际环境争端案件所涉及的科学事实认定方面，这些法官的知识和能力可能是比较有限的。法官可能不具备充分理解科学证据的能力，这可能导致其在审理国际环境争端时，为避免陷入认知误区，错误裁判引起当事国的不满，加剧争端复杂性，而不得不回避科学证据的采用，借助间接采用、转化运用证据中的相关数据等方式形成自己的判断并对案件事实进行认定。

而且，在国家关系微妙、国际平权社会的构造中，国际法院法官在案件中的行为一定程度上影响着国家间关系的和谐稳定，对科学证据的不当采用导致的案件事实裁判不公可能进一步激化争端当事国的冲突。故而，选择回避采用科学证据实际也可能是国际法院法官不得已而为之的一种选择，尤其是在证据规则本就不够明确、国际形势复杂多变等情况下，法院可能担忧自由裁量权的不恰当行使促使问题更加复杂化，并最终导致案件得不到公正合理的解决。

三、完善科学证据采用制度的对策

随着国际环境争端日益增多,科学证据重要性日益凸显,一味回避无助于案件公正审理与裁判。因此,必须完善科学证据的原则、规则,充分发挥科学证据的价值与效益,通过科学评估争端中的复杂科学问题,合理认定案件事实,助力案件公正、高效解决。

(一)明确科学证据采用原则

若想促进国际法院对科学证据的采用,改变其审慎严格的态度,关键在于建立科学证据原则体系,明确科学证据采用的具体原则,为其在案件中的具体适用提供概括指导。

1. 坚持不超出诉讼请求原则

不超出诉讼请求原则是科学证据采用的首要原则。不超出诉讼请求又可称为不超出请求事项,是国际诉讼与仲裁的一项基本规则,有着十分重要的国际司法价值,既能够维护当事方诉讼请求利益,又可以明确国际司法机构的裁判边界。不超出诉讼请求原则是指国际法院的裁判应当以当事双方的诉讼请求为依据,不能超出双方的诉讼请求进行判决。从国内法层面看,诸多国家的民事诉讼法律均规定了这一原则,在很大程度上限制了法院的自由处分行为①。相比于国内民事案件裁判,国际法中的这一原则更加严格。

不超出诉讼请求与法院管辖权密切相关。一般认为,国际法院的管辖权分为诉讼管辖权和咨询管辖权。诉讼管辖权是指国际法院可以管辖联合国会员国、《规约》当事国以及根据联合国安全理事会决定预先向国际法院书记官处交存声明的承认国际法院管辖并保证认真执行法院判决、承担《联合国宪章》第94条规定的各会员国的一切义务的国家②。在以国家为管辖主体的同时,《规约》第36条进一步规定了国际法院可以管辖的事项:第一,争端当事国提交的一切案件,不限于法律性质的争端;第二,《联合国宪章》和现行条约特别规定的事件或争端;第三,国家事先声明接受国际法院管辖的一切法律争端。咨询管辖权是指国际法院作为联合国司法机关,其可以对联合国组织机构如联合国大会、安全理事会、经济及社会理事会等机构提交的法律问题作出权威性的法律意见。

从国际法院整个管辖权来源看,其始终贯彻着国家同意和国家主权平等的基本理

---

① Shabtai Rosenne, *The Law and Practice of the International Court*, Martinus Nijhoff Publishers, 1985, p. 86.
② 参见王铁崖:《国际法》,法律出版社1995年版,第430页。

念，国际法院不能凌驾于国家之上，其管辖权必须建立在同意的基础上。从近代国际法发展历程看，同意原则是主权概念的产物①。国家同意是国际法的效力根据。管辖权的同意在某些情形下，可以通过当事方行为进行推断，以两个单独但连续的行为加以表明，从而产生"应诉管辖"的效果。但是，科学证据采用的同意则无法拟制，因为国家接受国际法院管辖可以依赖于国家参加诉讼或者提交诉讼材料等方式拟制，但一旦确定国际法院的管辖权后，为维护国家利益，当事国必定积极主张维护本国利益，这一主张的主要形式就是诉讼请求。退一步讲，即便国家未积极主张，也不能认为这是国家对自身利益的放弃从而采用科学证据查明、审理案件。国际社会构造决定了国际司法裁判不存在国内民事诉讼中的默示自认②。

同意原则是坚持不超出诉讼请求原则的根基。诉讼请求从某个层面看即表示当事国愿意接受国际法院管辖，又表征着当事方对诉讼规则运用与否以及运用范围的同意，其中包含证据的运用规则。因而，诉讼请求的事项范围直接决定着科学证据的采用。案件审理和裁判更应以国家同意为基础，以国家提交请求为依据，围绕诉讼请求进行裁判，以诉讼请求判定科学证据的采用和采信。在"庇护"案中，国际法院对不超出诉讼请求作出详细表述，进一步明确了该原则的核心要义，国际法院指出："法院既有限于回答当事方在最终诉讼请求中所陈述的问题的义务，也有避免对诉讼请求中未包括的事项作出裁判的义务。"③

在科学证据采用中坚持不超出诉讼请求原则，一方面有利于保证当事方诉讼请求利益的充分实现。不超出诉讼请求规则为国际法院判决范围提供了可能限定，本质在于防止法院判给胜诉方超过其提交的诉讼请求的利益④。另一方面在于能够限定国际法院管辖边界。此外，还可以作为抗辩越权裁判的合法依据。在国际环境争端审理过程中，案件争议事实的查明、判断、审理很大程度上依赖于科学证据的支撑和证明，各当事方诉讼请求的范围直接决定科学证据是否必要、需要何种科学证据以及如何采用。若当事方诉讼请求争议审理无需运用科学证据，科学证据也就不会进入国际法院视野；若当事方诉讼请求争议审理需要运用科学证据，则必须在诉讼请求争议范围内确定运

---

① Shabtai Rosenne, *The Law and Practice of the International Court*, Martinus Nijhoff Publishers, 1985, p. 110.
② 自认是民事诉讼中的一项重要规则，是一种完善的证据方式，自认的事实不要求对自认人不利，只能发生在特定民事诉讼进程中。自认包括明示自认和默示自认。明示自认是一方当事人对另一方当事人陈述的事实明确表示承认；默示自认是指一方当事人对另一方当事人陈述的事实既未表示承认亦未表示否认，经审判人员充分说明并询问后，其仍不明确表示肯定或否定的，视为对方当事人主张事实成立。参见宋朝武：《论民事诉讼中的自认》，载《中国法学》2003年第2期，第115-125页。
③ Request for Interpretation of the Judgment of 20 November 1950, in the Asylum Case (Colombia v. Peru), Judgment, ICJ Reports 1950, p. 402.
④ Shabtai Rosenne, *The Law and Practice of the International Court* 1920—2005, Martinus Nijhoff Publishers, 2006, pp. 576-577.

用何种科学证据,并明确采信标准与规则。换言之,科学证据的采用与否、采信标准直接依赖于当事方的诉讼请求。超出诉讼请求,科学证据采用将无立锥之地;限于诉讼请求,科学证据采用才能为当事方所认可、接受和信赖,裁判才能够公平公正。超出诉讼请求滥用科学证据将影响国际法院的裁决效力,导致判决丧失公信力和拘束力,甚至影响到国际法院自身的声誉和公正地位。这在国际法其他领域中已有相似规定,如1873年国际法学会曾通过的仲裁程序规则规定超出当事方诉讼请求规则的裁决可能被认为无效或被撤销。1958年,国际法委员会通过的《仲裁程序示范规则》第35条规定,法庭超越其权力裁决是普遍承认的导致裁决无效的事由。

因而,基于这一原则,在国际环境争端中,国际法院在面对某些科学事实导致的案件争议时,要保持必要的被动姿态,以各当事方的诉讼请求为基础,对于当事方未提及的诉讼请求以及相关事实,切不可运用科学证据予以判断;对于当事方诉讼请求中的案件事实,应聚焦案件争议点,合理采用科学证据查清案件事实,裁判案件双方争议。

2. 坚持法官知法原则

法官知法原则(jura novit curia)是古罗马法谚,最早可追溯到意大利注释法学派时期,第一次出现于注释法学派著述中①。目前,法官知法原则的具体含义仍存有争议。恩格尔曼(Arthur Engelman)等认为法官知法原则是在法官知悉法律的前提下,当事方应彻底依赖于法官适用法律裁决案件,仅需向法院提交裁判所需事实,无需提出相应主张②。达马斯卡(Mirjan R. Damaska)认为法官知法原则要求法官在法律适用中的绝对支配地位,法院有权适用当事方在案件审理过程中未主张的观点来裁判案件且无需向当事方说明③。福克斯(James R. Fox)认为该原则假设法官熟悉法律,并在此前提下,法官有权不局限于当事人主张的法律观点,独立研究法律问题④。贝尔(J. Bell)进一步提出法官有权不局限于当事人主张的法律观点,参考先例,独立研究法律问题⑤。

在不同时代、不同语境下,法官知法原则有不同含义和意义。在国内法层面,法官知法要求法官知悉法律,并适用法律裁判案件。这有利于法官正确裁决案件,作出公正判决。在国际层面,法官知法原则又因国际争端司法解决的具体方式而有所差异。

---

① Sofie Gerooms, *Foreign Law in Civil Litigation: A Comparative and Functional Analysis*, Oxford University Press, 2004, p. 32.
② Arthur Engelman, Robert W. Millar, *A History of Continental Civil Procedure*, Little Brown, and Company, 1927, p. 547.
③ Mirjan R. Damaska, *The faces of Justice and State Authority: A Comparative Approach to the Legal Process*, Yale University Press, 1986, p. 116.
④ James R. Fox, *Dictionary of International and Comparative Law*, Oceana Publishing, 1992, p. 1442.
⑤ John Bell, "Comparing Precedent", *Cornell Law Review*, Vol. 82, No. 5, 1997, p. 1274.

在国际仲裁层面，法官知法原则要求国际仲裁庭在确定所适用的准据法后，通过独立的程序规则查明准据法的具体内容，以便于案件的公正、顺利裁决。而在国际司法层面，查明法律这一过程更为便捷和快速。作为国际法渊源的国际条约明确具体，国际习惯与一般法律原则一般都已经形成较为稳定的体系框架，并有具体案例可供参考。法官知法原则同样要求法官知悉法律，但国际法院法官知悉法律应是最为基础的一个步骤，不存在较大的困难。而最具特色的一点在于，法官知法原则要求国际法院法官知悉案件裁判所需的所有法律、规则，其中应包括证据采用的法律或规则，这实际上也是知法的题中应有之义。

坚持法官知法原则与坚持不超出诉讼请求原则并不冲突，而是一个问题的两个方面。在坚持不超出诉讼请求的基础上，根据当事方主张的事实，寻找可判断该事实是否成立的标准，明确证据采用的法律、规则，并根据该规则和法律决定是否需要采信科学证据以及何方提供的科学证据可被采信。这一系列过程的实现均依赖于法官对证据采用法律和规则的知悉，并主动加以适用。这既不背离当事方的同意，也不违背法官的义务。在国际环境争端司法解决过程中，当事方的诉讼请求表明其具体主张，其主张中的事实与提供的科学证据则表明了其同意根据具体事实或科学证据由法官居中裁决，这实际上等同于赋予了法官运用所知悉的证据法律规则认定事实、查明案件情况、裁判案件的权利。法官知法原则的存在表明在当事人诉请范围内，法院有义务积极主动运用知悉的法律、规则或标准判定科学证据的客观真实性、关联性、合法性，积极采用科学证据证明案件事实，而非逃避证据或另寻他路。

（二）完善科学证据采用规则

1. 确定科学证据证明标准

就证据制度、证明活动而言，国内国际层面证明标准的重要性都不言自明。当事方提出主张和诉讼请求，国际法院裁判案件和争端都离不开证明标准。在历史上，相继出现的很多证据制度，都围绕证明标准进行区分[①]。尽管证明标准十分重要，但在实践中却不易把握，尤其是在案件事实纷繁复杂的国际环境争端中。证明标准具有无形性、主观性与客观性并存、法律性、模糊性、最低性等特征[②]。在国际环境争端中，查明案件事实是正确适用法律的前提，而解决案件的关键就在于确定案件事实，这是一件十分困难的事情。法官查明的是已经过去且消失的事实，其永远不可能如同亲历者一样完全知悉案件事实的真实情况与发展。呈现在法官面前的无非就是当事方提供的主张、请求以及相关的证明材料，而法官的责任就是通过这些材料利用一定的规则和

[①] 参见潘剑锋：《论证明的相对性》，载《法学评论》2001年第4期，第57-62页。
[②] 参见李浩：《证明标准新探》，载《中国法学》2002年第4期，第129-140页。

标准最大限度地"拼凑"事实，尽可能地还原案件真实情况。并且，在当事方针锋相对的情况下，法官还会受到当事双方的影响。

因此，必须构建科学证据的证明标准，为确定案件事实真伪性提供可靠标准。具体而言，科学证据的证明标准应充分考虑以下五个因素：第一，诉讼中事实认定的特殊性；第二，案件的性质；第三，事实的重要程度；第四，证明的困难程度；第五，诉讼效率的保障。这五个要素是科学证据证明标准确定的核心，必须综合平衡以确定证明标准。从以往的司法实践看，在事实密集型的案件中，为使法官达成一致结论或大多数法官达成一致结论，通常情况下国际法院会降低证明标准，采取优势证据标准。在国际环境争端中，事实密集已经成为该类争端的一个突出特点。因此，可以借鉴国际法院以往做法，将科学证据的证明标准确定为优势证据标准。当然，某些特殊情况下，也可以根据上述因素的此消彼长，适当降低证明标准，仅对当事方分别提交的证据进行判断和衡量，有效地避免探讨复杂且无助于案件解决的事实问题。

2. 健全科学证据举证质证规则

《规约》为国际法院设定了获取证据的广泛途径。然而，《规约》虽较为详细地规定了国际法院获取证据的方式，但并未就获取证据的具体规则尤其是当事国提供证据的具体规则提供明确指导。当事国应提供何种类型的证据，是否有时间限制，如何举证质证，这些都颇有疑问。有学者认为，《规约》的空白规定恰恰表明想赋予当事国提供证据的自由，当事国可以提交任何其认为适当的证据，唯一的限制在于须在法院规定的时间期限内提交[①]。这一观点有待商榷，无法律规定并非代表当事国可以提供任何其认为适当的证据。其一，当事国提交的其认为合适的证据可能在国内法或国际法上根本不能成为证据；其二，由当事国随意提交证据反而会导致案件审理秩序混乱、事实混淆不清，加大法官审理难度；其三，国家主权原则无法为自由提供证据提供有力支撑。国家主权原则是国际地位和权利的平等，而非任意的自由，无法涵摄于国家同意之中。

同理，在国际法院主动获取证据时，其也并非全然自由，相反，应有一定的限制。譬如，依据《规约》第49条，国际法院有权要求当事国提供文件或解释。但当事国对该条存在不同理解。在1990年"萨尔瓦多和洪都拉斯的陆地、岛屿和海洋划界"案中，申请参与诉讼的第三国尼加拉瓜认为如果法院依据规定要求本国提供证据，本国愿意尽可能提供有用的信息或解释；而萨尔瓦多则认为，由于洪都拉斯在伦敦的大使已在其签字文件中承认争议地区全部居民为萨尔瓦多公民，因此无需再提交任何额外

---

① Keith Highet, "Evidence, The Court, and the Nicaragua Case", *The American Journal of International Law*, Vol. 81, No. 1, 1987, p. 8.

的证据或说明①。就此而言,国际法院主动获取证据这一点,在各国中仍未得到完全的认可和接受,需要视具体情况而定。造成这些问题的原因在于现有国际法未明确规定国际司法的证据规则,尤其是如《规约》这样章程性地规定国际法院组织、人员、案件审理和裁判的国际条约都未能明确相关规则,使得国际法院、案件当事国在这一问题上无所适从。因此,证据规则完善的重要性便凸显出来。国际环境争端与普通的领土、划界争端不同,其带有强烈的科学性。环境污染、生态破坏及其对人类健康和社会经济的危害是有一定的规律和演变机制的,人们必须运用现代科学技术才能够实现保护环境资源的目的②。国际环境争端强烈的科学性要求科学证据的运用必须有一套完整、合理、可行的举证质证程序和规则,这决定着科学证据的证明价值、证明力能否充分发挥。

首先,明确举证责任主体。国际环境争端是国际环境领域由于各种人为的原因造成的污染和破坏而产生的冲突和纠纷,范围可能涉及两国,也可能涉及若干国家或整个地区,甚至全世界。国际环境争端的起因往往是环境污染或环境破坏,涉及重大利益,难以解决。因此,举证责任主体可采取综合性方法,将"谁主张、谁举证"与"举证责任"倒置原则相结合。对于一般事实如环境损害的发生、损害造成的损失,采取谁主张、谁举证的原则;对于行为和环境破坏、环境损害之间的因果关系,由被告方承担举证责任,由其证明该行为不会或不能导致原告所主张的损害。混合式的举证责任分配规则符合国际环境法的性质。环境污染和环境破坏具有显著的跨界性,环境损害产生具有多因性,由受损方主张行为与损害之间的因果关系成立有强人所难之意味,且会助长破坏环境之风,不利于全球环境保护和全人类共同利益的维护。

其次,确立证据交换规则。证据交换规则发轫于国内诉讼法领域。证据交换是当事方将各自持有的准备在正式开庭审理时使用的证据相互交换,从而交流信息,整理和明确争议焦点,追求公平诉讼的制度③。证据交换能够最大限度地保证诉讼公平和正义,并实现案件的集中化审理,提高案件裁判效率。国际法院审理的多数国际环境争端案件,动辄两三年,长则十余年,相比于国内环境诉讼而言,其诉讼效率可谓非常低。当然,这在一定程度上是由国际环境争端的复杂性所决定的,但这显然不利于对环境破坏或环境污染的遏制。试想,案件拖延数年得不到解决,诸多环境污染和破坏行为可能仍然持续。因此,必须确立证据交换规则。其一,明确所有国际环境争端案件的科学证据都适用于证据交换;其二,证据交换的范围应包括所有的科学证据类型,

---

① Land, Island and Maritime Frontier Dispute case (El Salvador v. Honduras; Nicaragua intervening), Verbatim Record of Public sitting of the Chamber held on Monday 27 May 1991, C 4/CR 91/30, 1991, pp. 6 – 15.
② 参见林灿铃:《国际环境法(修订版)》,人民出版社 2011 年版,第 28 页。
③ 参见许少波:《民事诉讼证据交换制度的立法探讨》,载《法律科学(西北政法大学学报)》2012 年第 3 期,第 132 页。

除非涉及国家秘密不方便公开；其三，肯定证据交换的法律后果，对当事方无异议的事实予以确定，对有异议的事实予以记录；其四，证据交换主体主要为国际法院、各当事方，包括申请参与诉讼的第三国；其五，证据交换由案件主审法官主持；其六，证据交换由当事国申请或国际法院决定；其七，证据交换方式以在场交换为主，特殊情况下可异步交换；其八，证据交换应在案件开庭审理前进行。

最后，健全质证规则。在国际法其他领域，证据质证规则已逐步建立，如在国际刑事诉讼中，前南斯拉夫问题国际刑事法庭和卢旺达问题国际刑事法庭就采取较为稳定的质证规则，类似于对抗式模式。主要顺序为：控方证人接受质证—辩方证人接受质证。控方证人由控方进行主询问，再由辩方进行交叉询问[①]。质证是国际司法裁决案件的重要环节，国际环境争端的解决亦不例外，应当确定科学证据的质证规则。其一，质证顺序应为：原告方出示证据—被告方质证、询问原告证人—被告方出示证据—原告方质证、询问被告方证人。另外，如果科学证据由法院获得，则其也可以参与质证程序，向当事方出示证据、询问证人，接受质证。

3. 构建科学证据采信规则

科学证据本质上属于意见性证言，包括专家证言、鉴定意见等，但又不直接等同于专家证言、鉴定意见。国内法的相关规定对构建科学证据的采信规则颇有启示。以专家证人为例，在国内法中，英美法律规定的专家证人可以作广义理解，其包括两类：一类为科学家如物理学家、生物学家、法医学家、数学家所作的意见；另一类是其证言建立在长期工作经验基础上的证人，他们可能不具备高等学历，但有着丰富的实践经验。科学证据虽然是具有较高学历或丰富实践经验的人作出的，但并不代表其完全正确或能够充分证明案件事实成立，甚至很有可能会因为出错而误导法官。因此，构建采信规则的重要环节便是构建科学证据的可靠性评估规则。

构建科学证据的可靠性评估规则的必要性在于：首先，如前所述，法官知识是有限的；其次，排除属于"垃圾科学"的科学证据。20世纪80年代末90年代初，皮特·休伯（Pete Huber）提出"垃圾科学"这个概念，并在其著作中指出，司法制度允许伪科学的吹牛者支配诉讼[②]。"垃圾科学"通常指不可靠的、未被普遍接受的、非主流的专业知识。在国际环境争端中，"垃圾科学"理应有另一层含义，即各当事方囿于维护国家利益，其提出的科学证据多有利于自己，甚至存在删减不利于自己的部分的情况，从而形成完全利于自己的科学证据。在这个层面上，"垃圾科学"是指那些不正确的、可能误导法官正确裁判的科学证据。

如何区分科学证据可靠与否，从而将包含"垃圾科学"的科学证据和不规范、有

[①] 参见肖铃：《国际刑事诉讼中的证据出示和质证规则》，载《国家检察官学院学报》2010年第4期，第110页。
[②] 参见刘晓丹：《科学证据可采性规则研究》，载《证据科学》2012年第1期，第24页。

偏见、不全面的科学证据排除在法庭之外？要解决这一问题，必须保证科学证据采信规范，构建科学证据的可靠性评估规则。

第一，确立科学证据的必要性规则。必要性规则又称为证据的帮助性，即科学证据必须是争议问题涉及的专门、非常识的经验和知识。如果当事双方所争议的事实非专门知识或是常识的经验，则该科学证据不具有相关性。在科学证据发达的国内法领域，如英国《民事诉讼法》第35.1条规定，专家证据仅用于解决诉讼程序问题有合理必要之情形。实际上，相关性重在判断在案件事实查明过程中科学证据有无利用必要，在可用其他证据解决案件查明困难时就无需借助科学证据。当然，在多种证据并存且其他类型的证据可以达到证明争议事实效果时，科学证据并非毫无用处，其可以成为补强性证据，形成完整的证据链条，增强证据的说服力和可信度。

第二，确立相关性规则。相关性规则又可称为科学证据的相关性，即科学证据必须与案件争议事实具有逻辑上的相关性。英国法官通常认为证据的相关性是指从逻辑上看可以用来证明或否定一些尚待举证的事情，使其有更大或更小的可能性，此种情形下该证据即具有相关性[1]。科学证据必须与案件争议事实有关联性，这是科学证据之所以成为证据的内在属性，是科学证据采信的首要前提，不具有相关性的科学证据不可靠，应不予采信。

第三，确立专家资质审查规则。专家意见是科学证据的主要类型，也是国际环境争端中各当事方支持自己主张事实的重要证明材料，可以说，专家意见占据了科学证据的半壁江山，专家对环境要素、环境灾害形成的原因、机理的认定意见直接影响着法官的内心确信。因而，要重点确立专家资质审查规则，主要包括三个方面：一是有无专业知识；二是能否对法官查明事实有所帮助；三是专家在相关领域是否有足够经验和能力，是否为权威、代表。

第四，确立可靠性规则。卡尔·波普尔（Karl Popper）认为："考察一个理论是否是科学的，关键在于这个理论必须具有可错性，即可以被证伪，科学定律既不可被可获得的证据完全确立，也不可被有限量的证据全盘证伪。"[2] 科学具有可证伪性，科学证据同样具有可证伪性。因而，可靠性是科学证据采信过程中的一个难题。法律和自然科学分属不同领域，这使得它们之间存在巨大鸿沟，必须由科学证据加以填补。科学证据的可靠性分为科学的有效性（效度）、可重复性（信度）以及所用科学原理、技术是否先进、可靠。科学证据必须经过可靠性检验，才能具备可采性。

第五，确立公众接受度规则。作为"外行"的法官，在面对科学证据时，并非孤立无援，对科学证据的采信可以借助公众力量。公众参与是国际环境法的一大特色。

---

[1] 参见杨良宜、杨大明：《国际商务游戏规则：英美证据法》，法律出版社2002年版，第500页。
[2] 参见[英]卡尔·波普尔：《猜想与反驳——科学知识的增长》，傅季重、纪树立、周昌忠等译，上海译文出版社2005年版，第52页。

在国际环境争端解决中，公众参与亦不可缺席。以专家证据为例，此处的公众参与不仅指普通大众，更指除出具专家意见等科学证据的专家之外的其他专家。前者是非专业人士对科学证据作出直接和主观评价；后者是通过"同行评审"的方式集聚众人智慧，让科学证据更科学、更透明、更可接受。在专家意见采信的过程中，对其进行质证，可以帮助裁判者确定科学证据的相关性和可靠性[①]。公众参与正是推动科学证据质证的重要力量，能够进一步解释科学证据的可靠性来源，说服法官其所用的科学技术、原理和方法具有可靠性。

结语

国际环境争端的解决关系着全球环境保护与全人类公益，为避免人类赖以生存的地球被破坏殆尽，科学证据的采用在国际环境争端解决中有着不可忽视的重要作用。然而，科学证据被国际法院所忽视或不重视的问题已然十分明显。为发挥科学证据的证明作用，必须立足于现有国际法体系，推动完善科学证据的采用原则和规则，构建起一套较为合理的证据规则体系，为国际法院采用科学证据提供适度且明确的规范指引。未来，相关规则的完善必然会逐步推进，国际法治也将变得更为公正、合理。在人类命运共同体理念的推动下，国际司法规则体系将进一步健全，这也将间接带动科学证据规则的完善。

[①] 参见杜鸣晓、李小恺：《论科学证据的可采性和可靠性——以科学的特性为视角》，载《海峡法学》2020 年第 3 期，第 108 页。

欧盟法对德国履行障碍法的影响：以拆装费赔偿为例

屈旭阳[①]

摘要： 买卖标的物经过安装的，为更换瑕疵标的物，需要拆除和二次安装。结果导向和行为导向的差异造成德国履行障碍法解决拆除和二次安装负担的路径不同于欧盟的消费者保护法。为履行条约义务，《德国民法典》经历了合指令性解释和条文修改，却没能完全解决问题。背后的原因是债法改革时"超额转化"欧盟法带来的路径依赖。德国法和欧盟法在履行障碍法基本思路上的差异以及超额转化欧盟法的路径，给法的安定性带来了损伤。我国民法的无过错违约赔偿不存在此类问题，但需要考虑债权人对补救履行方式所做选择的合理性。

关键词： 履行障碍法、瑕疵、买卖合同、合指令性解释、法的安定性

 引入

翻开现在的《德国民法典》，甚至无需掌握德语，就能轻易区分两类条文。一类很短，一类极长。后一类往往带有数字加字母式的条文编号[②]，它们多为转化欧盟法而进入《德国民法典》。欧盟法严重侵蚀了《德国民法典》原本简洁凝练的文风。但它对德国民法的影响不限于此，而是对德国民法的基本结构和逻辑也提出了挑战。有时候，德国立法者想要借机实现对民法典的修改，比如债法现代化改革；但更多时候，修改民法典是迫于转化欧盟法的义务而为之。买卖合同补救履行中的拆装费问题是了解这两方面的一个切口。问题的根源是德国债法和欧盟消费者保护立法之间的分歧。它经历了不到十年的潜伏期（2002年至2011年），在2011年被欧洲法院的判决摆到了台面上。之后，德国联邦最高法院在2012年和2013年用两个判决试图解决它。[③] 2018年，德国立法者修改买卖合同法，相关问题看起来尘埃落定，其实并没有。新设的第3款天生有若干解释上的问题。欧盟成员国自2022年1月1日起转化欧盟《商品买卖指令》的义务又让问题雪上加霜。

本文从四个基于欧洲法院判决构造的假想案例出发，分析它们在德国旧债法、德国新债法、2018年修改后的德国债法、欧盟《消费买卖指令》和欧盟《商品买卖指令》

[①] 屈旭阳，武汉大学法学院博士后，德国马尔堡大学法学博士，研究方向为中国民法、德国民法、比较私法。

[②] 称为 Buchstabenparagrafen。

[③] 欧洲法院的判决（EuGH, NJW 2001, 2269 - Weber und Putz）和德国联邦最高法院的判决（BGH, NJW 2012, 1073 - Weber; NJW 2013, 220），所涉案情和概括的判决意见，可参考李雨泽：《买卖法中的"拆除及安装"——2018年德国买卖法之修正评述与启示》，载《法治社会》2018年第3期，第36页。

下的处理,穿插介绍欧洲法院和德国法院的判决以及德国立法者的修法动作,展现拆装费问题的发展史,进而探讨拆装费问题迟迟无法得到妥善解决的原因。最后,探讨我国的违约责任法怎样处理这类案件。

设想四个案例。参与交易的甲是中型私企老板,乙是装修公司,丙是某品牌地砖本地经销商,丁是该品牌地砖生产商。丙从丁处购买包装好的地砖并出售。甲委托乙铺设地砖。地砖铺完后发现表面存在裂缝,非常影响美观,但不存在产品责任问题。铺之前做了正常检查,没有发现裂缝。经调查,之所以会出现裂缝,是因为丁在生产过程中操作不当。另经调查,地砖裂缝修不好。因此,甲要么忍受外观瑕疵,要么把已经铺好的地砖拆出来,再铺新的正常地砖。

案例一:地砖是乙向丙购买的,铺在甲的办公室。
案例二:地砖是乙向丙购买的,铺在甲的卧室。
案例三:地砖是甲向丙购买的,铺在甲的办公室。
案例四:地砖是甲向丙购买的,铺在甲的卧室。

前两个案例,地砖的买受人同时是承揽人。后两个案例,地砖的买受人同时是定作人。在案例二和四中,甲具有消费者身份;在案例一和三中,甲没有消费者身份。

地砖的瑕疵,在案例一和案例二中,构成丙对乙的违约,并导致乙对甲违约(交付的工作成果有瑕疵)。在案例三和案例四中,丙对甲存在违约,乙对甲不存在违约。在四个案例中,丁对丙都存在违约。丁对地砖瑕疵有过错。丙对于交付瑕疵地砖则无过错,因为他没有机会发现地砖的瑕疵。

假设甲不想忍受有裂缝的地砖。问:甲可以通过何种路径实现地砖的更换?由此产生的费用,最终由谁承担?

德国旧债法

(一) 继续履行

这四个案例均为种类物买卖。按照德国旧债法,买卖种类物,如果交付的标的物不符合该种类的中等质量,则认为出卖人没有履行合同的主给付义务①。因此,买受人可以拒绝接受交付,并要求出卖人继续履行合同义务,交付符合该种类中等质量的标的物②。对此,旧《德国民法典》第 480 条第 1 款第 1 句设有明文:"Der Käufer einer nur der Gattung nach bestimmten Sache kann statt der Wandelung oder der Minderung

---

① Karl Larenz, Lehrbuch des Schuldrechts, Band Ⅱ, Halbband 1, 13. Aufl. 1986, S. 77.
② Karl Larenz, Lehrbuch des Schuldrechts, Band Ⅱ, Halbband 1, 13. Aufl. 1986, S. 77 f.

verlangen, daß ihm an Stelle der mangelhaften Sache eine mangelfreie geliefert wird."①
考虑到甲要达到的最终目标（得到铺好无瑕疵地砖的办公室或卧室地面），拒绝接受交付并要求交付无瑕疵标的物是可行的选择。虽然买受人先前接受了交付，但不影响现在的拒绝，因为接受交付时瑕疵还没有显露出来，买受人不知道标的物有瑕疵②。

拒绝接受有瑕疵的交付并要求交付无瑕疵标的物，参照适用德国旧债法关于合同解除的规定，条文引致路径是第 480 条第 1 款第 2 句引致第 467 条第 1 句，后者进而引致债务关系编总则部分的第 346 至 348 条、第 350 至 354 条和第 356 条（均为旧《德国民法典》）。按照合同解除的规定，解除权人有义务退回已经收到的给付（旧《德国民法典》第 346 条第 1 句）。为履行这项义务，买受人需要自行拆除有瑕疵的地砖。此外，出卖人的义务只包括交付无瑕疵标的物。因此，买受人需要自行安装。这样一来，按照旧《德国民法典》第 480 条，买受人无法要求出卖人实际实施拆装或承担拆装费用。

在假设按约履行条件下，不会产生拆除和二次安装的负担。因此，拆装负担是违约（出卖人的第一次给付不符合种类物中等质量）造成的损害。该如何填补这类损害，旧《德国民法典》并无明文③。这是旧债法的漏洞④。债法改革的重要目标之一就是填补这一漏洞。根据学说，出卖人瑕疵给付的，买受人有权请求出卖人赔偿损害，但以出卖人有过错为前提⑤。在前述四个案例中，丙对于瑕疵给付没有过错，无需承担损害赔偿责任。因此，拆装负担，不管表现为实际实施拆装还是费用损失赔偿，买受人均无权向丙主张，进而，不存在丙向丁追偿的问题。拆装负担最终由买受人承受，而不是由造成瑕疵的丁承受。丙的无过错阻断了求偿路径。

（二）瑕疵担保

除上述方案外，买受人也可以先接受交付，然后主张解除合同、退回地砖，另行购买新地砖，重新铺装。接受交付，法律效果是债务的具体化，债务的标的物具体化为所交付的特定标的物，不再是种类物。换言之，接受交付使得种类物买卖变为特定物买卖。特定物买卖是债法改革前《德国民法典》买卖合同章所默认的买卖类型。在特定物买卖中，标的物是特定的，出卖人的主给付义务就是交付这个标的物并转移所有权（旧《德国民法典》第 433 条第 1 款第 1 句），而不是交付某个抽象的"无瑕疵"

---

① "标的物为种类物的，买受人可以不选择解除或减价，而选择要求交付无瑕疵标的物以代替瑕疵标的物。"
② Karl Larenz, Lehrbuch des Schuldrechts, Band II, Halbband 1, 13. Aufl. 1986, S. 78.
③ Karl Larenz, Lehrbuch des Schuldrechts, Band I, Allgemeiner Teil, 14. Aufl. 1987, S. 363-366.
④ Karl Larenz, Lehrbuch des Schuldrechts, Band I, Allgemeiner Teil, 14. Aufl. 1987, S. 366.
⑤ Karl Larenz, Lehrbuch des Schuldrechts, Band I, Allgemeiner Teil, 14. Aufl. 1987, S. 367. 债务人过错瑕疵给付的，承担赔偿责任，这被称为"积极侵害债权"（positive Forderungsverletzung），拉伦茨认为这个名称并不合适。

标的物并移转所有权①。这就是为什么在旧债法中，权利瑕疵直接构成违反主给付义务，而物的"瑕疵"则需要通过单独的瑕疵担保责任来救济②。

在买卖合同的瑕疵担保责任法律框架之下，只有两种情况认为标的物存在瑕疵（Mangel）：第一，出卖人保证标的物具有某种品质（zugesicherte Eigenschaft，旧《德国民法典》第 459 条第 2 款）而标的物不具备该品质；第二，标的物存在缺陷（Fehler），即导致标的物无价值或价值严重降低，或不可用或可用性严重降低的情况（旧《德国民法典》第 459 条第 1 款）。

如果标的物存在瑕疵，那么出卖人虽然履行了买卖合同的主给付义务（交付和转移所有权），也要承担不利后果，即所谓的"瑕疵担保"（Mangelgewährleistung）。瑕疵担保的具体方式是解除（Wandelung）和减价（Minderung）；如果标的物不具备出卖人所保证的品质，或者出卖人恶意隐瞒标的物的缺陷，则买受人也可以不主张解除或减价，而是请求损害赔偿（旧《德国民法典》第 463 条）。瑕疵担保责任和买卖合同的主给付义务是两回事，它们并存③。瑕疵担保不要求出卖人有过错。前述四个案例中，丙没有保证标的物具有某种品质，也没有恶意隐瞒缺陷，所以买受人没有损害赔偿请求权。简言之，和种类物买卖的损害赔偿（要求过错）相比，特定物买卖的损害赔偿请求权门槛更高（要求存在品质保证或恶意隐瞒缺陷）。因为不满足这些条件，所以拆装负担的转移路径被阻断，不能转移给造成地砖瑕疵的丁，而是由买受人承担。

不过，按照德国联邦最高法院在 1983 年的一项判决（称为"屋瓦案"）④，如果买受人解除合同，那么白白支出的第一次安装费，可以作为"合同费用（Vertragskosten）"，按照旧《德国民法典》第 467 条第 2 句（无过错责任）求偿。此外，合同因瑕疵而解除后，出卖人有义务从标的物实际所在地取回标的物。在屋瓦案中，标的物的实际所在地是房顶上，所以法院判决，出卖人有义务去房顶上把屋瓦取回，也就是拆除屋瓦然后运走。这样一来，虽然第二次安装的费用无法求偿，但第一次安装的费用和拆除的费用均无需买受人承担。迁移到本文的四个案例，则这两项费用先由出卖人丙承担，然后再通过丙丁之间的买卖合同违约赔偿关系转移给丁。

屋瓦案的特别之处在于，屋瓦只是临时装在房顶上，安装费和拆除费均不高。而在本文案例中，地砖被牢牢地铺在地面上，首次铺设费、拆除费可能相当高。这四个案例如果在旧债法时期诉至德国联邦最高法院，法院是否适用屋瓦案的判决意见，是存疑的。这个疑问永远无法解开了，因为德国债法经历了改革，旧《德国民法典》第

---

① Karl Larenz, Lehrbuch des Schuldrechts, Band I, Allgemeiner Teil, 14. Aufl. 1986, S. 51.
② Karl Larenz, Lehrbuch des Schuldrechts, Band I, Allgemeiner Teil, 14. Aufl. 1986, S. 66 - 69.
③ Karl Larenz, Lehrbuch des Schuldrechts, Band I, Allgemeiner Teil, 14. Aufl. 1986, S. 68.
④ BGH, NJW 1983, 1479 - Dachziegel. 案情和判决情况参见李雨泽：《买卖法中的"拆除及安装"——2018 年德国买卖法之修正评述与启示》，载《法治社会》2018 年第 3 期，第 36 页。

467条第2句关于合同费用的规则被完全删除,针对该条文的屋瓦案判决不再有指导意义。德国联邦最高法院对新债法的意见是,只有过错违约的债务人才有义务赔偿瑕疵给付造成的费用损失①。

三、德国新债法

关于债法改革的讨论,自20世纪70年代起,非常热烈。70年代末,德国司法部组织法学家研究债法改革问题,研究成果在1981年至1983年间结集出版②,但没有导向债法修改。90年代末,欧盟颁布《消费买卖指令》③,要求成员国在2002年1月1日前将之转化为国内法(《消费买卖指令》第11条)。在德国,转化《消费买卖指令》成了重提债法改革的契机。最终,德国联邦议会通过《债法现代化法》(Gesetz zur Modernisierung des Schuldrechts)④,在转化欧盟指令的同时大幅改革了旧债法的履行障碍法。

(一)买卖合同的主给付义务和补救履行

债法改革调整了买卖合同的主给付义务。旧债法以特定物买卖为默认交易模式,出卖人的主给付义务是交付标的物并转移所有权。随着工业生产的发展,这样的规则设计显然不符合国民认知⑤。新债法转而以种类物买卖作为默认交易模式,相应地,标的物的无瑕疵性成为出卖人的主给付义务。出卖人交付有瑕疵标的物的,在旧债法时期,法律效果是触发瑕疵担保责任,在新债法时期则是违反主给付义务。买受人有权要求出卖人"重新交付无瑕疵标的物"(改革后的《德国民法典》第439条第1款第2种情形),简称"更换"⑥。这和旧债法时期的拒绝接受交付并要求继续履行相似。此外,按照新债法,买受人还可以选择要求出卖人去除瑕疵(改革后的《德国民法典》第439条第1款第1种情形,简称"修理")。去除瑕疵和交付无瑕疵标的物合称"补救履行(Nacherfüllung)"。在旧债法时期,民事主体需要自行约定出卖人的修理义务。

---

① BGH, NJW 2008, 2837 Rn. 26.
② Bundesminister der Justiz (Hrsg.), Gutachten und Vorschläge zur Überarbeitung des Schuldrechts, Band I-III.
③ 德文:Richtlinie 1999/44/EG des Europäischen Parlaments und des Rates vom 25. Mai 1999 zu bestimmten Aspekten des Verbrauchsgüterkaufs und der Garantien für Verbrauchsgüter. 英文:Directive 1999/44/EC of the European Parliament and of the Council of 25 May 1999 on certain aspects of the sale of consumer goods and associated guarantees. 该指令后来被《商品买卖指令》代替,下文第七部分详述。
④ BGBl. I 2001 S. 3138.
⑤ BT-Drs. 14/6040, S. 220.
⑥ 下文会指出,"交付无瑕疵标的物"和"更换"之间语义的差异对法律解释并非没有影响。

(二) 损害赔偿和解除合同

除补救履行外，还有两个重要的违约法律后果，即代替型损害赔偿和解除合同。代替性损害赔偿和解除合同均以买受人请求补救履行无果为前提（改革后的《德国民法典》第281条第1款第1句、第323条第1款）。这被称为"补救履行优先（Vorrang der Nacherfüllung）"原则。当然，如果不是代替型损害赔偿（Schadensersatz statt der Nacherfüllung），而是和补救履行并存的损害赔偿（Schadensersatz neben der Nacherfüllung），则不存在补救履行优先问题，补救履行和损害赔偿可以并行主张①。减价和解除合同适用相同的前提条件（改革后的《德国民法典》第441条第1款第1句），也就是实行无过错责任并执行补救履行优先原则。

补救履行和合同解除不要求债务人对违反义务有过错。损害赔偿则要求债务人有过错。严格来讲，损害赔偿责任是要求债务人应当对违反义务的行为"负责"（"Vertretenmüssen"，或者叫"zu vertreten haben"，改革后的《德国民法典》第280条第1款第2句）。《德国民法典》第276条第1款第1句规定，债务人一般需要对故意或过失行为负责；第278条规定，债务人对履行辅助人的过错负责。为表述简单起见，下面只讨论债务人的过错。改革后的《德国民法典》第280条第2句针对过错要件采用了否定的表达方式，含义是让债务人承担关于过错的举证责任，即实行过错推定责任②。

损害赔偿的请求权基础位于债法总则，它适用于所有债务，不管这个债务是当事人约定的，还是法律规定的，抑或是违反某个其他义务所衍生出的义务。因此，损害赔偿作为过错违反义务的法律后果，不仅适用于合同的原始给付义务，也适用于违约后的补救履行义务。

(三) 整体图景

出卖人交付有瑕疵的标的物，买受人遭受的损害可以分为两类：其一是瑕疵给付本身构成的损害，即买受人的财产没有获得应有的增加；其二是瑕疵给付给买受人固有财产造成的减损，比如本无需支出而支出的费用。按照德国新债法，第二类损害只

---

① 关于代替型损害赔偿和并存型损害赔偿，可参考李承亮：《以赔偿损失代替履行的条件和后果》，载《法学》2021年第10期，第109页。

② 否定的表达方式之所以表达了让债务人承担举证责任的意思，是因为它将"无过错"表述为免除责任的事由，而根据举证责任分配的一般规则（Rosenberg, Beweislast, 5. Aufl. 1965, S. 12, 98），免除责任的事由，由请求权的相对人（Anspruchsgegner）举证。不过要注意，"无过错"实际上不是真正的免责事由。请求权的相对人证明自己无过错，实际上是在说明债权人的请求权因缺乏要件而不成立（Bestreiten des Rechtsgrundes）。就像请求权的相对人可以通过证明不存在因果关系、不存在损害、不存在行为，并以此对抗请求权那样，这些"不存在"都不能当作免责事由理解。不过无论如何，结论是，《德国民法典》规定的违反债务的损害赔偿责任是过错责任，具体而言是过错推定责任。

有一个救济途径，即损害赔偿。损害赔偿要求出卖人有过错。如果出卖人没有过错，则损害只能由买受人承受。第一类损害有两个救济途径：其一是补救履行；其二是损害赔偿。补救履行优先原则要求买受人首先寻求通过主张补救履行请求权来去除损害；补救履行失败后，买受人才能主张损害赔偿。

补救履行不要求出卖人有过错。它的具体方式是去除瑕疵或交付无瑕疵标的物；买受人享有选择权。如果出卖人完成了补救履行，则买受人的损害得到了实际填补，问题结束。如果出卖人拒绝补救履行，则意味着他过错地没有履行补救履行之责，于是，买受人有权主张损害赔偿。如果补救履行失败而出卖人对此有过错，则买受人也有权主张损害赔偿。如果出卖人没有拒绝补救履行，但补救履行失败了，而出卖人对此无过错，那么买受人是否有权主张损害赔偿，取决于出卖人对一开始的违约是否有过错。如果有，则买受人有权主张损害赔偿；如果没有，则买受人无权主张损害赔偿。

在出卖人拒绝补救履行或补救履行失败的情况下，不管出卖人有无过错，买受人都可以选择解除合同或者减价。如果出卖人对违反主给付义务无过错，解除合同和减价对买受人尤其有意义，因为他不享有损害赔偿请求权。如果出卖人对违反主给付义务有过错，则买受人可以选择解除合同或者减价，并且主张损害赔偿。

（四）新债法对上述四个案例的处理

在上述四种情形中，出卖人丙违反了"交付无瑕疵标的物"的义务，因此买受人对丙有补救履行请求权，可以要求丙去除瑕疵或者交付无瑕疵标的物。按照案例设定，不可能去除瑕疵，因此买受人只能考虑请求丙交付无瑕疵标的物。

丙交付无瑕疵标的物后，瑕疵给付造成的第一类损害得到了填补，而第二类损害，也就是原本无需支出的拆除费和二次安装费，则仍然存在。拆除和安装不能被"交付无瑕疵标的物"的文义所包含，因此不能在无过错的补救履行责任框架下获得填补，只能作为损害，在损害赔偿框架下寻求填补①。但丙对于违约无过错，也履行了交付无瑕疵标的物的补救履行责任，所以买受人对丙没有损害赔偿请求权。尽管丁对于瑕疵有过错，但买受人无法要求丙对丁的过错负责，因为没有任何条文规定出卖人要对上游供货商或生产商的过错负责，尤其是上游供货商和生产商不是出卖人的履行辅助人②。买受人和丁之间没有合同关系，无法直接求偿。最终，四个案例的拆装负担均由买受人承担。

---

① 可参考德国联邦最高法院 2008 年 7 月 15 日对镶木地板案的判决：BGH, NJW 2008, 2837。对该案的介绍，参见李雨泽：《买卖法中的"拆除及安装"——2018 年德国买卖法之修正评述与启示》，载《法治社会》2018 年第 3 期，第 36 页。补救履行义务的范围问题，在债法修正后不久就引起了争议，只是一直没有在德国联邦最高法院进行诉讼。对下级法院的判决意见和学术界的观点的总结，见镶木地板案判决第 16 段。
② 这是德国的通说：BGH, NJW 2008, 2837；NJW 1967, 1903。

对于案例一、二和三而言，上述结论就是最终结论。只有在案例四中，甲还有"一线希望"。因为他是消费者，欧盟的消费者保护法也许能助他一臂之力。

四、欧盟《消费买卖指令》

消费者保护立法是欧盟促进统一市场的重要手段。欧盟没有一般的民事立法权，于是，消费者保护法是欧盟法间接影响成员国国内民法的重要途径[①]。

2021年底以前，欧盟层面关于买卖合同领域消费者保护的规定，是《消费买卖指令》（Verbrauchsgüterkauf-Richtlinie）。成员国应于2002年1月1日前将其转化为国内法。德国的债法现代化改革正是凭借转化《消费买卖指令》的契机而实现的[②]。《消费买卖指令》仅适用于消费者买受人和经营者出卖人之间的买卖合同，要求成员国国内法的消费者保护水平不低于该指令的保护水平。德国债法改革将《消费买卖指令》的不少内容应用于整个买卖合同法，超出了《消费买卖指令》的转化范围要求，被称为"超额转化（überschießende Umsetzung）"。债法改革后的《德国民法典》第439条是转化《消费买卖指令》第3条第2款、第3款和第4款的产物。根据《消费买卖指令》第3条第2款，出卖人违约的，买受人有权要求出卖人"无偿地实现标的物的按约履行状态（die unentgeltliche Herstellung des vertragsgemäßen Zustands des Verbrauchsgutes）"，具体方式是"修理（Nachbesserung）"和"更换（Ersatzlieferung）"。根据《消费买卖指令》第3条第3款第3次款，修理和更换不得给消费者造成沉重不便（erhebliche Unannehmlichkeiten）。根据《消费买卖指令》第3条第4款，"无偿"指消费者不承担为实现按约履行状态而支出的运输费、人工费和材料费等费用。

本文第四个案例（甲从丙处购买地砖，委托乙铺在卧室）中，甲、丙之间的买卖合同落入《消费买卖指令》的适用范围（第2条）。也就是说，对于甲丙之间的买卖，德国国内法对消费者甲的保护水平不能低于《消费买卖指令》的要求。案例设定地砖瑕疵无法修理，因此，实现按约履行状态的方式是更换。如果把假设按约履行状态理解为"无瑕疵地砖铺在甲的卧室地面上"，那么为了实现这个状态，不仅需要出卖人交付无瑕疵地砖，还需要拆除和二次安装。而按照德国国内法，甲必须自己承担拆装费。这不仅意味着甲要承受沉重不便，而且意味着补救履行不是免费的。根据欧洲法院（EuGH）的解释，《消费买卖指令》之所以要求补救履行必须免费，就是为了避免消费

[①] BeckOK BGB/Martens, 1. 5. 2023, § 13 Rn. 12-16.
[②] Zur sogenannten „großen Lösung" im Kaufrecht s. Staudinger/Beckmann (2023) Vorbemerkung zu §§ 433 ff, Rn. 84-88.

者买受人因为担心财务负担而不主张补救履行请求权①。现在，甲恰恰会因为拆装费而纠结是否请求补救履行。从这个角度看，德国法对消费者提供的保护，似乎低于欧盟标准。

站在德国法的立场上，可以反驳说，德国法并不是完全不给消费者拆装费赔偿请求权，只不过要求出卖人有过错。《消费买卖指令》并未规定违约损害赔偿，因此各成员国有权自行规定损害赔偿的前提条件。2008 年，德国联邦最高法院在"镶木地板案"判决中坚定地认为，无过错的出卖人无需承担安装费②。但在 2009 年审理"地砖案"时，德国联邦最高法院认为，需要将拆装费问题提请欧洲法院进行先行裁决（Vorabentscheidung）③。它向欧洲法院提出的具体问题是，《消费买卖指令》的"更换（Ersatzlieferung）"是否包括拆除和二次安装④。需要注意的是，《消费买卖指令》的用词是"更换"，《德国民法典》的用词是"交付无瑕疵标的物"，二者存在文义差别。如果欧洲法院答复更换包括拆装，那么出卖人承担拆装负担，就不能以过错为前提。进而，德国法也必须实现这一点，否则就违反了条约义务。反之，如果《消费买卖指令》的"更换"仅指交付无瑕疵标的物，出卖人承担的"更换"义务不超出他按照买卖合同所承担的交付和移转所有权的义务范围，拆装费则放在违约损害赔偿里处理，那么违约损害赔偿就仍然适用德国法，以出卖人的过错为前提。同一时期，绍恩多夫地方法院也就类似问题提请欧洲法院进行先行裁决⑤。欧洲法院将两案合并审理⑥。

在 2008 年的"镶木地板案"判决中，德国联邦最高法院认为，所谓"按约履行状态"，指的是出卖人二度履行其原始给付义务后的状态，也就是交付无瑕疵标的物并转移所有权后的状态。出卖人在补救履行框架下承担的义务不超出他承担的原始给付义务。拆除和安装不是出卖人的原始给付义务，因此不属于补救履行⑦。但欧洲法院有不同意见。欧洲法院认为，"按约履行状态"要根据合同的具体情况判断，尤其是标的物的性质和消费者使用标的物的目的⑧。消费者购买地砖，就是为了铺在地面上，因此补救履行要求实现的"按约履行状态"，就是"无瑕疵地砖铺在地面上"的状态。这恰恰是案例中的甲所追求的效果。因此，符合《消费买卖指令》的结论是，出卖人的补救履行义务包括拆除和二次安装。

---

① EuGH, NJW 2008, 1433 Rn. 33 f.
② BGH, NJW 2008, 2837.
③ 成员国内法院就法律问题提请欧洲法院进行先行裁决，当时的法律依据是《尼斯条约》第 234 条；现在的法律依据是《欧洲联盟运作方式条约》第 267 条。
④ BGH, NJW 2009, 1660.
⑤ "洗碗机案"，AG Schorndorf, BeckRS 2009, 88603.
⑥ EuGH, NJW 2011, 2269.
⑦ BGH, NJW 2008, 2837 Rn. 25.
⑧ EuGH, NJW 2011, 2269 Rn. 53.

《消费买卖指令》第 3 条规定,"按约履行状态"要通过修理或更换来实现。因此,除了解释何为"按约履行状态",还需要解释"更换",让"更换"能够实现"按约履行状态"的效果,让两者相一致。为此,欧洲法院对比《消费买卖指令》的不同语言版本,认为,在若干版本中,"更换"侧重于"替换",指的是把当前状态下的瑕疵标的物替换为无瑕疵标的物。为达成替换效果所必需的一切行为,都是出卖人需要实施的,其中包括拆除和二次安装。尽管《消费买卖指令》德语版(Ersatzlieferung)的字面含义略窄于其他版本,更强调"交付"标的物(Lieferung),但欧洲法院认为,因为有 Ersatz 这个词的存在,所以即使是德语版指令,也可以解释出拆和装的意思[1]。因而,出卖人的补救履行义务包括拆装,以实现指令为消费者提供高水平保护的目标[2]。

在完成对法律的解释后,还得考察解释结论是否公平。对此,欧洲法院表示,即使出卖人对瑕疵给付没有过错,让他承担拆装负担也不会导致不公平的结果[3]。它提到的关键性考虑是:虽然出卖人没有过错,但买受人同样没有过错;出卖人违约了,买受人却没有违约。如果出卖人从一开始就按约履行了义务,就根本不会产生拆装负担。因此,让出卖人承受拆装负担是公平的。

总的来看,欧洲法院围绕按约履行的效果展开论证,要求出卖人实施所有必要行为,以达成最初承诺的履行效果。这个观念和德国履行障碍法的逻辑很不相同。德国履行障碍法的逻辑是:债务的核心是行为,债务人的承诺仅限于实施符合约定的行为,却不担保出现特定的效果。特定效果只是特定行为的自然结果,却不是债务人所承诺的内容。换言之,按照德国履行障碍法的观念,债务人只直接对给付行为负责,不直接对给付行为实现的结果负责[4]。对行为负责,意味着,当行为不符合约定时,债务人需要且只需要重新实施符合要求的行为。在这个意义上,"修理"并不是补救履行,因为"修理"不是最初约定的给付义务。但德国学说认为,修理义务可以被看作最初给付义务的变体[5],和最初的给付义务具有同一性。如果要让债务人承担超出"重新实施符合约定的行为"的后果,以填补瑕疵给付造成的第二类损害,那么,一方面需要专门的请求权基础,也就是债法改革后的《德国民法典》第 280 条第 1 款,另一方面,需要债务人具有可责备性,否则让他承担责任就是不正当的,所以损害赔偿责任被设置为过错责任。

简言之,盯住履行行为,履行障碍法的违约赔偿责任必然采用过错责任原则;盯住履行结果,则必然采用无过错责任原则。欧洲法院的违约责任逻辑是结果导向的,

---

[1] EuGH, NJW 2011, 2269 Rn. 54.
[2] EuGH, NJW 2011, 2269 Rn. 56.
[3] EuGH, NJW 2011, 2269 Rn. 56 f.
[4] Qu, Neukodifikation des chinesischen Zivilrechts, 2023, S. 191-197.
[5] Musielak/Mayer, Examenskurs BGB, 4. Aufl. 2019 Rn. 109.

而德国债法则是行为导向的。因此，欧洲法院对《消费合同指令》的解释结论迁移到德国履行障碍法，必然水土不服。为了转化欧盟指令，德国法必须调整它的"水土"去适应欧洲法院的意见。

五、德国联邦最高法院的努力

在国内法上实现经欧洲法院解释的《消费买卖指令》的任务，首先落在德国联邦最高法院肩上。不消说，它至少需要参考欧洲法院的先行裁决意见对"地砖案"做出判决（在本文的主题范围内，"地砖案"和案例四的法律问题没有区别）。而且，德国联邦最高法院不能直接采用欧洲法院对《消费买卖指令》的解释结论，因为《消费买卖指令》并不直接调整"地砖案"。调整"地砖案"的法律是《德国民法典》。因此，德国联邦最高法院需要对《德国民法典》的相应条文（第 439 条第 1 款）做出符合欧盟指令的解释（"合指令性解释"，richtlinienkonforme Auslegung）。德国联邦最高法院面临的另一个问题是，合指令性解释的结论应当应用于整个买卖合同法，还是应当限制在消费者买卖范围内。

（一）合指令性解释

在对《德国民法典》第 439 条第 1 款做合指令性解释时，德国联邦最高法院遇到的第一个困难是文义上的。虽然《消费买卖指令》的"Ersatzlieferung（更换）"勉强可以解释为包括拆除和二次安装，但是《德国民法典》的用词并不是"Ersatzlieferung"，而是"交付无瑕疵标的物（Lieferung einer mangelfreien Sache）"。后者的文义不能包含拆装。为了克服这个困难，德国联邦最高法院搬出债法改革的立法者，提出立法理由书把"更换"和"交付无瑕疵标的物"当作同义词来使用[①]，所以可以认为，这两个词的含义相同。进而，因为"更换"可以包括拆装，所以"交付无瑕疵标的物"也能包含拆装[②]。

这样解释是比较牵强的。因为债法改革的立法者在把"更换"和"交付无瑕疵标的物"作为同义词使用时，对前者的理解不一定和欧洲法院相同。从德国履行障碍法秉持的行为导向逻辑（Verhaltenskonzept）来看，《债法现代化法》的立法理由书使用"更换"时，"换"并不是指把有瑕疵标的物替换为无瑕疵标的物，而是用交付无瑕疵标的物的履行行为替换先前的交付有瑕疵标的物的履行行为[③]。实际上，德国联邦最高

---

① BT-Drs. 14/6040 S. 232
② BGH，NJW 2012，1073 Rn. 26.
③ BT-Dr 14/6040，S. 221.

法院最初也是这样理解作为补救履行的更换的①。债务人违约后，往往需要多种责任方式共同发挥作用才能实现符合约定的履行结果，比如补救履行加损害赔偿。补救履行无法单独填补瑕疵给付给买受人造成的所有损害②。

合指令性解释的第二个困难是，出卖人承担拆装，是实际实施拆装，还是只承担拆装费用。欧洲法院认为可以在二者之间选择③。对此，德国联邦最高法院认为，既然欧洲法院将选择权赋予出卖人，那么即使德国法限制出卖人的选择权，也没有降低消费者保护水平之嫌④。基于德国法一贯的补救履行优先原则，补救履行应当由出卖人实际实施，因此出卖人应当实际实施拆装。这意味着：一方面，买受人有权要求出卖人实际实施拆装；出卖人不能以承担拆装费为由拒绝实际实施拆装；另一方面，买受人只能请求出卖人实际实施拆装，如果买受人自行实施拆装，则无权请求出卖人支付拆装费。

总之，德国联邦最高法院对《德国民法典》第439条第1款做合指令性解释的结论是，出卖人"交付无瑕疵标的物"的补救履行义务包括实际实施拆除和二次安装。

(二) 分割适用

完成合指令性解释之后，德国联邦最高法院面临的第二个问题是，解释结论是仅适用于消费买卖合同还是适用于所有买卖合同。这被称为"统一适用还是分割适用"问题。统一适用（einheitliche Anwendung）还是分割适用（gespaltete Anwendung）之所以会成为问题，是因为欧盟法不要求把解释结论应用在整个买卖合同法上，也就是不要求统一适用，但分割适用会导致在其他条件几乎相同的场景下（比如前述案例二和案例四），建筑材料买受人的身份（作为消费者的定作人还是作为经营者的承揽人）将决定谁承担拆装负担。比如：在案例四中，出卖人丙承担拆装负担，因为甲是消费者；在案例二中，承揽人乙承担拆装负担，因为他是经营者。

德国联邦最高法院在"地砖案"判决中认为，经由合指令性解释而扩大了的补救履行概念并不符合德国履行障碍法的行为导向逻辑，因此只能在绝对必要范围内适用这一解释结论⑤。对于消费者买卖之外的买卖合同类型，是否参考欧洲法院的意见修改德国法，则要留待立法者决断。2012年10月17日的"洗碗机案"判决重申了这一观点⑥。

---

① BGH, NJW 2008, 2837 Rn. 18.
② BGH, NJW 2008, 2837 Rn. 22.
③ EuGH, NJW 2011, 2269.
④ BGH, NJW 2012, 1073 Rn. 27.
⑤ BGH, NJW 2012, 1073 Rn. 37.
⑥ BGH, NJW 2013, 220.

可以想见，承建商们对这种状况一定不满。虽然他们并非毫无办法，而是可以采用定作人提供原材料的业务模式，或者在和出卖人的合同中约定无过错的拆装费条款，或者提高索要的报酬以对冲成本，但是前一个选项下的原材料采购成本肯定会高于承建商集中采购的成本，后两个选项则需要一定的谈判能力。它们显然都不如直接依法享有拆装费请求权来得便利和便宜。

六、德国立法者的选择

面对拆装费引发的争议，德国立法者于2018年修改《德国民法典》第439条时①，增加一款作为新的第3款，适用于2018年1月1日以后缔结的合同（《德国民法典施行法》第229条第39次条）。该款在2021年经历了第二次修改②，修改后的条文适用于2022年1月1日以后缔结的合同（《德国民法典施行法》第229条第58次条）。为便于区分，下文将2018年至2021年底施行的条款称为"2018年版"。2021年修改、2022年生效的条款称为"2022年版"。

按照2018年版《德国民法典》第439条第3款，善意的买受人以符合标的物种类和用途的方式将瑕疵标的物安装在他物之内或固定在他物之上的，"在补救履行的框架下（im Rahmen der Nacherfüllung）"，出卖人应当赔偿买受人为拆除瑕疵标的物和安装修理或更换后的无瑕疵标的物而支出的费用；买受人在安装时不知道标的物有瑕疵，且不是因为重大过错而不知道的，认定为善意。

比较该款和德国联邦最高法院的判决意见，可以发现立法者在两个方面做了调整。第一个调整是，尽管仍然放在补救履行的"框架下"，但出卖人承担的是费用赔偿义务，而不是实际实施拆装的义务。这意味着，不论是出卖人还是买受人，都无权要求出卖人实际实施拆装。从教义学上看，该款并未把补救履行扩大到拆装，而是将拆装费赔偿"嫁接"到了补救履行上③。这有三个效果：第一，补救履行回归原本含义，即原始义务或其变体；第二，拆装负担回归损害赔偿，并且由赔偿义务人通过支付金钱的方式实施；第三，拆装费赔偿适用无过错责任，明显偏离德国损害赔偿法的过错责任原则。立法者做的第二个调整是，无过错的费用赔偿义务不限于消费者合同，而是适用于各类买卖合同。也就是说，立法者选择了统一适用路径，而不是德国联邦最高法院先前采用的分割适用路径。

---

① BGBl. I 2017 S. 969.
② BGBl. I 2021 S. 2133.
③ 关于将某一性质的法律后果嫁接到另一性质的请求权基础上，参考李承亮：《多元赔偿责任论》，载《法学评论》2020年第5期，第77页。

七、欧盟《商品买卖指令》

2019年颁布的《商品买卖指令》①，要求自2022年1月1日起，成员国国内法的消费者保护水平和指令保持完全一致（《商品买卖指令》第4条），即"完全协调原则（Vollharmonisierung）"②。不仅不允许成员国制定或维持更不利于消费者的国内法，也不允许成员国制定或维持更有利于消费者的国内法。完全协调原则的目的是在统一市场内创设统一法律规范，以利跨国业务的开展③。

欧洲法院对拆装问题判决意见被落实为《商品买卖指令》第14条第3款。按照该款，如果商品被组装（montieren）或安装（installieren）之后，瑕疵才显露出来，且需要先拆除才能修理，或者需要更换这样的商品，则修理和更换的义务包括拆除瑕疵商品和组装、安装更换或修理后的商品，或者承担拆除和组装或安装的费用。

该规定和2018年版《德国民法典》第439条第3款相比，有三个不同。第一，按照《商品买卖指令》，买受人即使因重大过失而未在安装前发现标的物的瑕疵，也有权请求出卖人赔偿拆装费损失；而按照德国法，买受人因重大过失而未发现瑕疵的，出卖人的补救履行义务不包括拆装。第二，《商品买卖指令》适用于商品的组装（montieren）和安装（installieren）；德国法适用于买卖标的物的安装（einbauen）和固定（anbringen）。第三，按照《商品买卖指令》，出卖人的补救履行义务可以是实际实施拆装，也可以是承担拆装费用；德国法只规定了承担拆装费用。尽管指令颁布后不久，德国立法者就对《德国民法典》第439条第3款做了小幅修改④，消除了前述第一个不同，但另外两个不同点仍然存在。考虑到完全协调原则，甚至无法通过把德国法解释得比欧盟法更有利于消费者来解决规则不一致问题。似乎只能无视《德国民法典》的文义，直接按照与《商品买卖指令》规定相同的规则处理消费者买卖合同的拆装费纠纷，进而产生统一适用还是分割适用的问题。法院多半会分割适用，因为非消费者买卖合同是否适用欧盟规则，需要等待立法者决断。而立法者会如何决断，是一个法律政策问题，不容易预见。因此，在这个问题上，法的安定性严重不足。人们不禁要问，

---

① 德语：Richtlinie (EU) 2019/771 des Europäischen Parlaments und des Rates vom 20. Mai 2019 über bestimmte vertragsrechtliche Aspekte des Warenkaufs, zur Änderung der Verordnung (EU) 2017/2394 und der Richtlinie 2009/22/EG sowie zur Aufhebung der Richtlinie 1999/44/EG. 英语：Directive (EU) 2019/771 of the European Parliament and of the Council of 20 May 2019 on certain aspects concerning contracts for the sale of goods, amending Regulation (EU) 2017/2394 and Directive 2009/22/EC, and repealing Directive 1999/44/EC.
② 关于"完全协调原则"和成员国国内法的合指令性解释，参见［德］德特勒夫·雷讷、黄卉：《法学方法论的基础知识》，载《中国应用法学》2021年第3期，第185页。
③ Erwägungsgrund 6-10 RL (EU) 2019/771.
④ 修改后的法律适用于2022年1月1日起缔结的买卖合同：Art. 229 § 58 EGBGB。

德国买卖合同履行障碍法为什么会在这样一个看起来并不起眼的法律适用问题上反复陷入困难。

八、"超额转化"欧盟指令

债法现代化改革给德国法带来的烙印是倾向于将欧盟层面的消费者保护规则应用于整个买卖合同法，尤其是一开始就被超额转化到整个买卖合同法上的规则，比如瑕疵的概念、补救履行等。债法现代化改革的推动者确实希望经由"超额转化"，乘上转化欧盟法的"东风"，让债法改革得以越过学界和政界的障碍。债法改革的成功暗藏的危机则是，买卖合同法的命运在相当程度上被交给了欧盟立法者和欧洲法院。

德国作为欧盟成员国，有义务实施欧盟指令（《欧洲联盟运作方式条约》第288条第3款、《欧洲联盟条约》第4条第3款）。欧洲法院有权解释欧盟指令（《欧洲联盟运作方式条约》第267条）。德国法院则受到欧洲法院的法律解释结论的约束[1]。因此，德国法院必须通过对国内法进行合指令性解释，在国内法允许的范围内尽可能实现指令所追求的目标，而指令所追求的目标究竟是什么，一定程度上取决于欧洲法院对指令的解释。

因为债法改革选择超额转化，所以德国国内法院对某个条文做出合指令性解释之后，分割适用还是统一适用的问题就会被提出来。在超额转化的超额范围内，不存在对相关法律做合指令性解释的条约义务，但国内的法学方法论可能会要求统一适用，因为这被认为符合债法改革立法者的意愿[2]，也能避免其他条件非常相似的两个案件因为买受人身份而出现非常不同的结果[3]。后一个论据的前提假设是，买受人身份所造成的法律适用效果差异是不公平的。但这种"不公平"恰恰是消费者保护法所追求的，即给予消费者额外保护，使得消费者身份成为影响出卖人违约责任的重要因素。因此可以说，分割适用才是正常的。至于债法改革立法者的意愿，恐怕只能及于债法改革，而不能及于他们所无法预见的、欧盟消费者保护立法的新发展和欧洲法院对欧盟指令的新解释。此外，经由统一适用，不具有消费者身份的买受人，被动地获得了如同消费者的保护水平。公平性显然值得怀疑。

当统一适用论最终被采纳（正如《德国民法典》第439条第3款所经历的），那么，欧洲法院实际上在很大程度上决定了《德国民法典》相关规则的发展。但是，即使欧洲法院知道自己的判决将对德国买卖合同法的整体（而不只是消费者买卖合同法）产生重要影响，这个考量恐怕也不会影响欧洲法院的判决倾向。因为欧洲法院的判决

---

[1] BGH, NJW 2012, 1073 Rn. 24：An dieses Auslegungsergebnis sind die nationalen Gerichte gebunden.
[2] BeckOK BGB/Martens, 1. 5. 2023, § 13 Rn. 12 – 16 Rn. 16.
[3] BT-Drs. 18/8486, S. 39.

原本是边界明确的。德国法只需要在消费者保护问题上同欧盟法保持一致或者不得低于欧盟法的水平。买卖合同的其他领域，欧洲法院不管也无权管。况且，欧盟法中的消费者概念，原本就比德国法（《德国民法典》第13条）要窄[①]。所以，欧洲法院的判决所直接影响的德国"消费者"，其范围要小于将相关判决意见应用于德国法之后所影响的"消费者"群体，更不用说整个买受人群体。从欧洲法院的视角看，是否把判决意见应用于整个买卖合同法，是德国立法者应当也有权自主决定的问题。但德国立法者在某种意义上用当年立法者的"超额转化"决断为自己免除了做决定的责任。该心态的主要危害是减损了法的安定性，让非消费者的出卖人和买受人不知道自己参与的交易将适用怎样的规则。

九、我国的履行障碍法

《中华人民共和国民法典》（简称《民法典》）第五百七十七条规定的违约损害赔偿是无过错责任。这表明，我国履行障碍法着眼于履行结果而不是履行行为。这和欧盟《消费买卖指令》《商品买卖指令》相同。因此，按照我国《民法典》，拆装负担将由出卖人承担，进而沿交易链条向上转移到造成瑕疵的环节，不会因出卖人的无过错而受阻。下面具体分析。

在案例一中，乙对甲违约。承担违约责任的方式，按照《民法典》第七百八十一条（该条和《民法典》第五百八十二条没有本质区别），有修理、重作、减少报酬、赔偿损失等。为了达成把瑕疵地砖换成无瑕疵地砖的效果，甲选择要求乙重作。重作是完成约定的工作成果，是结果导向的。乙承担的合同义务是实现"无瑕疵地砖铺在甲的办公室地面上"这个结果（工作成果）。最初，甲提供了可以直接施工的场地，乙只需要铺地砖就可以，而现在，已经铺好的瑕疵地砖构成了重新施工的障碍，障碍是乙违约造成的，乙有义务排除，也就是拆除无瑕疵地砖。本来，乙只需要铺一次地砖。现在，因为丙的违约，乙需要额外承担拆地砖和再次铺地砖的义务。这两个义务的存在本身，就是丙的违约行为给乙造成的损害。

乙能否要求丙实际实施填补损害？如果甲同意，自然没问题。如果甲不同意，则乙不能把承揽的主要工作交由他人完成（《民法典》第七百七十二条）。虽然从理论上讲，可以考虑让丙作为乙的履行辅助人行事。但丙（原本是出卖人）实施拆装出问题的风险和乙（原本就是从事铺地板工作的人）实施拆装出问题的风险是不同的，前者很可能高于后者。让甲承担更高的损害风险，而可求偿的责任财产不变（始终是债务

[①] BeckOK BGB/Martens, 1. 5. 2023, § 13 Rn. 12-16. 尽管如此，德国联邦最高法院仍然认为，在对国内法进行合指令性解释时，应将解释结论适用于符合德国国内法消费者概念的所有人；参见 BGH, NJW 2012, 1073 Rn. 44; BGH, VIII YR 200/05 Rn. 27。

人乙的责任财产),这对甲而言很可能是不能接受的。因此,必须得到甲的明确同意,才能让丙实际实施拆装。如果没有甲的明确同意,则只能由乙实际实施拆装,丙承担拆装费用。在乙、丙间的买卖合同中,乙对丙的违约请求权具体化为支付金钱的违约损害赔偿。基于类似逻辑,如果没有乙和甲的同意,丁也只能以承担费用损失的方式履行他对丙的违约责任。

总之,一般来说,实际实施拆装,只可能在甲、乙之间发生,由乙实际实施。乙对上游的丙、丙对丁,均主张费用损失追偿。最终,拆装费由丁承担,他正是造成瑕疵的人。

案例二和案例一的区别在于,案例二的甲具有消费者身份,《中华人民共和国消费者权益保护法》(简称《消费者权益保护法》)理论上可以适用。尽管承揽和提供劳务有区别,而《消费者权益保护法》第二条规定该法的适用范围是"消费者为生活消费需要购买、使用商品或者接受服务",但对这里的"服务"不应该做十分狭义的解释。凡是债务人要承担一定工作,而不只是转移某个标的物的所有权或提供使用权的,都应当解释为《消费者权益保护法》意义上的"提供服务"。《消费者权益保护法》第二十四条规定,经营者提供的商品或者服务不符合质量要求的,消费者可以要求经营者履行更换、修理等义务。甲向乙主张更换,乙向丙、丙向丁主张费用赔偿,最终由造成地砖瑕疵的丁承担拆装费。

案例三和案例一的区别在于,在案例三中,地砖是定作人购买的。在甲、乙的承揽合同关系中,工作成果低于预期,其原因是甲提供的原材料有瑕疵;乙的工作本身则没有问题。因此,不利后果应当由甲承担。而甲无法在承揽合同关系中实现地砖更换。在甲、丙的买卖合同关系中,标的物有瑕疵,出卖人丙对买受人甲承担违约责任。违约责任方式,《民法典》第六百一十七条引致《民法典》第五百八十二至五百八十四条。丙交付无瑕疵地砖后,甲还有损失,即拆装费。甲可以请求丙赔偿。进而,丙可以请求丁赔偿。

案例四和案例三的区别在于甲的消费者身份。但这个区别对甲—丙—丁的求偿关系没有影响。结论仍然是甲有权要求丙交付无瑕疵地砖并且承担拆装费。丙可以向丁追偿。最终,造成瑕疵的丁承担瑕疵造成的损失。

总的来看,按照中国法,四个案例都是丁最终承担拆除和二次安装给买受人造成的费用损失。损失经由交易链条每个环节上的无过错违约责任向上转移,最终到达丁。

需要注意的是,《民法典》第五百八十二条要求债权人选择的补救履行方式是"合理"的。如果更换将产生高额拆装费,进而导致高额的赔偿损失请求权,那么"更换"可能被认定是不合理的。换言之,尽管补救履行和赔偿损失是相互独立的违约请求权,但和补救履行紧密联系的费用损失的金额,会影响补救履行合理性的判断。这是二者的结合点①。德国法上类似：拆装费过高的，出卖人可以拒绝补救履行；但如果买受人是消费者，则出卖人不能拒绝补救履行，但有权要求只承担一部分拆装费②；剩余拆装费经由过错责任的违约损害赔偿求偿。

五、总结

标的物需要安装的，瑕疵给付导致的拆除和二次安装费用由谁承担，在德国法上长期存在争议。本文按时间顺序介绍这一问题的发展历史，探讨德国履行障碍法和欧盟消费者保护法处理违约责任时遵循的行为导向逻辑和结果导向逻辑，以及由此产生的欧盟法在德国"水土不服"的问题，并介绍德国法院和立法者如何艰难寻找解决之道。拆装费赔偿之所以会成为问题，是因为欧盟法对违约责任采取结果导向逻辑，出卖人承担拆装负担不要求其对瑕疵给付有过错，而德国履行障碍法则采取行为导向逻辑，出卖人有过错才需要承担超出原始给付义务的责任。为了履行转化欧盟指令的条约义务，先是德国联邦最高法院对《德国民法典》做了略显牵强的合指令性解释，并尽可能控制指令的影响范围；然后，德国立法者修改法条，采用更为激进的解决方案，突破了违约损害赔偿责任的无过错原则和补救履行优先原则这两大履行障碍法原则。即使付出了这样的代价，也没能完全解决问题。这部分是由于立法水平堪忧，部分是由于欧盟层面对消费者保护法的修改，但更重要的是债法改革时对欧盟消费者保护法的超额转化。当年的超额转化对德国买卖合同法产生了持久影响，德国买卖合同法受欧盟消费者保护法和欧洲法院判决意见的影响远超绝对必要范围。法的安定性因此受损。按照我国《民法典》的规则，拆装费作为费用损失，可以经由无过错的违约赔偿责任沿交易链条转移至造成瑕疵的环节，德国法遇到的问题不会出现，需要考虑的是拆装费金额影响补救履行方式合理性判定的问题。

---

① 如果买受人是消费者，那么出于消费者保护的考虑，认定更换请求不合理的门槛要更高一些。
② BGH, NJW 2012, 1073 Rn. 33, 35.

公司捐赠行为审判标准研究

——以韩国江原乐园案件为借镜

卢锦泉[①]

摘要： 因缺乏对公司捐赠行为有效的防弊机制，公司捐赠极易产生代理成本问题，以事后之视角难以对董事所作出不合理的公司捐赠行为进行诉讼追责，但这并非全无办法。而关于法院在事后适用合理性标准还是经营判断规则以及具体如何适用这两种标准判断董事在公司捐赠行为中的责任，学理上并未形成统一认识，对此需正确认识此两种标准的关系，即审查捐赠内容的合理性标准恰是经营判断规则适用的前提。

但适用经营判断规则审查公司捐赠行为的内容亦非易事，或者说难题在于如何适用经营判断规则认定明显不合理的捐赠行为。企业社会责任理论视角下的公司捐赠行为允许经营者在追求公司长远利益情况下对利益相关者的利益加以考量，在此观点基础上结合新近的韩国江原乐园案件改良后的标准可以为我国法院审查公司捐赠行为中包括公共利益、公司利益在内的模糊概念提供有益借鉴。以之为借镜，我国法院在审查时形成审查捐赠内容与捐赠决策过程的两条路径：前者包括审查公益要件、公司利益要件、捐赠数额要件；后者审查决策正当程序要件。此外，捐赠行为中董事极有可能谋求私利，有必要以更严格之标准审查，若原告能举证证明董事有利害关系之嫌疑，则转换举证责任，需由董事自证清白。

关键词： 企业社会责任；董事责任；公司捐赠行为；经营判断规则；合理性标准

公司捐赠行为概念及其发展历史

（一）公司捐赠行为概念

公司捐赠行为本身并非一个法定概念，在学理上也并无一个绝对统一的定义。学理上的公司捐赠有广义和狭义之分，前者指的是"公司将其合法持有并有权处置的财产向任何第三人的无偿转让"，后者仅指"享受慈善折扣的公司捐赠"[②]，排除了向其他公司进行捐赠和"政治献金"[③] 等。而公司捐赠行为作为慈善捐赠的下位概念，结合现

---

① 卢锦泉，中央民族大学在读硕士研究生。
② 葛伟军：《公司捐赠的法理基础与规则解构》，法律出版社2015年版，第26页。
③ 政治献金系指向政党的竞选人提供的不包括党费、会费等的活动经费。

行《中华人民共和国慈善法》[①]（简称《慈善法》）关于慈善捐赠概念的规定[②]，笔者在此讨论的是介于狭义和广义概念之间的公司捐赠行为，即在中国法的语境下排除政治献金后，公司捐赠行为系指公司在符合法律及公司章程规定前提下，经过其内部决策自由决定，基于社会公益等目的，自愿将公司财产无偿让与第三人并用于公益事业的行为。

（二）公司捐赠历史

回顾公司法历史，可以发现各国立法、司法对公司捐赠行为的态度可谓有着相当曲折的变化。学者李领臣在考察英美法系公司法历史后，以美英两国立法、司法之态度转变为据，梳理出三大阶段[③]。20世纪初期，公司捐赠这种慷他人之慨的行为与"股东利益至上"的传统理念相悖逆，被当时法院判令禁止。至20世纪中叶，基于社会需要司法对于公司捐赠行为逐渐放松，产生了"直接利益原则"，法院以公司捐赠能否给公司及股东带来直接利益为判断捐赠有效与否之标准。20世纪50年代至今，企业社会责任理论兴起并流行，社会强烈要求公司作为社会中"人"的一分子承担其应有的社会责任，以英美国家为首，舍弃上述"直接利益原则"，世界范围内在立法及司法上普遍性地承认公司捐赠行为的合法性。现代意义上的公司捐赠行为应当基于公司自愿决策产生，因此从这层意义出发，我国公司捐赠应当始于20世纪90年代初[④]，与英美两国相比较，中国公司捐赠起步较晚、发展时间较短，且在立法与司法领域对公司捐赠行为的规制皆多为真空状态，诸多问题尚待规制。

提出问题

（一）公司捐赠行为与代理成本

关于公司捐赠行为，如上文所述早期主要争议焦点在于捐赠行为合法与否，而在公司社会责任理论大行其道的今天，公司承担此种社会责任显得理所当然，因此其关键争议点现已不在于此，而是在于捐赠行为中的董事义务与董事责任。在公司所有权、经营权二权分离的大背景下，我国虽"并无明确的权力中心"[⑤]，但不如说形成"董事

[①] 本文完成于2023年9月，故本文中所引法律法规均为截止到2023年9月的最新版本。
[②] 《慈善法》第三十四条："本法所称慈善捐赠，是指自然人、法人和其他组织基于慈善目的，自愿、无偿赠与财产的活动。"
[③] 参见李领臣：《公司慈善捐赠的利益平衡》，中国政法大学出版社2012年版，第1-15页。
[④] 参见马育红、刘晓霞：《公司捐赠制度研究》，中国政法大学出版社2012年版，第6页。
[⑤] 潘林：《论公司机关决策权力的配置》，载《中国法学》2022年第1期，第210页。

会中心主义"与"股东会中心主义"的混合体制，基于公司股权分散和利己意志的现实，完全由股东自行决定公司捐赠行为的应然理想状态并不切于实际，因此在诸多大型有限责任公司、股份有限公司中捐赠行为的决策权在实然状态下归属于董事。虽然公司捐赠行为可带来包括"改善企业形象、改善企业与消费者关系在内的诸多利处"[①]，但无偿性质的公司捐赠行为能否给公司带来以及能带来多少利益这都是难以定量衡量的，与之相对应的却是公司资产在短时间内因捐赠而减少。公司捐赠行为实际上是公司经营者将公司有限的资源以无偿之形式让与他人，诚如我国台湾学者周振锋所言，公司捐赠"本质上是牺牲股东分配盈余之权利"[②]。而董事在公司捐赠行为中拥有的裁量权并不比一般商业经营决策少，相比之可能更甚，因此在巨幅自由裁量权下捐赠行为中隐藏着更高的风险，更易产生代理成本[③]。董事在公司中担任公司机关领导或机关成员，但其亦是自身利益追求者[④]，在公司捐赠行为之中，他们未必致力于实现公司利益，因此捐赠行为有可能产生如下代理成本问题：第一，董事将其作为隐蔽性极强的谋求私利渠道；第二，在与公司发生利益冲突时董事假借公共利益之名置公司利益于不顾而行追求私利之实致使公司利益受损；第三，仅凭借其个人喜好而滥捐，进而使公司财产被浪费。

（二）代理成本问题之成因——现有防弊措施的短缺

为解决公司捐赠行为带来的代理成本问题，包括台湾地区在内的我国学者都不约而同地提出了事前、事中、事后三层面的对策[⑤]，笔者认为公司捐赠行为代理成本问题成因恰是源于这三个方面的缺位。其一是事前法律法规以及公司章程的缺位。虽然立法者在《中华人民共和国公司法》（简称《公司法》）第五条[⑥]表达了支持的态度以鼓励公司在其承担社会责任的范围内捐赠，但是包括现行《公司法》在内的诸多法律规范中公司捐赠决策权属、权限范围并不明确，没有强制性规定，甚至缺乏相关的引导性法律规范。立法上的空白相当于把公司这一事项的决定权交给了公司章程，但诸多千篇一律的公司章程并没有就该事项作出规定或者仅作出了粗疏的规定，因此造成了实践中捐赠决策权属、权限的混乱。董事会借此拥有了"莫须有"的权力，经营者在缺乏限制性规定的情况下完全可以高喊着捐赠有利于公司利益的口号行滥权之实。

---

① 参见马育红、刘晓霞：《公司捐赠制度研究》，中国政法大学出版社 2012 年版，第 229 页。
② 周振锋：《论公司社会责任与公司慈善捐赠》，载《台湾财经法学论丛》第 1 卷第 1 期，第 200 页。
③ 参见周振锋：《公司捐赠与相关代理成本问题之研究》，载《台大法学论丛》第 42 卷第 2 期，第 264 - 265 页。
④ 参见叶林：《公司治理制度：理念、规则与实践》，中国人民大学出版社 2021 年版，第 174 页。
⑤ 参见周振锋：《公司捐赠与相关代理成本问题之研究》，载《台大法学论丛》第 42 卷第 2 期，第 300 - 305 页；参见张安毅：《公司捐赠法律规制研究》，中国政法大学出版社 2017 年版，第 155 - 160 页。
⑥ 《公司法》第五条第一款：公司从事经营活动，必须遵守法律、行政法规，遵守社会公德、商业道德，诚实守信，接受政府和社会公众的监督，承担社会责任。

其二，缺乏事中约束机制。这体现为公司法上董事忠实勤勉义务的模糊性以及公司捐赠信息披露机制的缺失。在捐赠行为事中，要求董事遵守公司法事前设定好的职务行为标准，即要求董事恪守公司法上的忠实义务、勤勉义务，前者要求董事行事不能与公司利益相悖，后者要求董事竭尽其所能为公司利益最大化服务。且不说忠实勤勉义务能否得到遵守相当程度上取决于董事们的个人素质，单就这些义务而言其本身就十分模糊。我国《公司法》第一百四十七条第一款①仅有忠实义务与勤勉义务概念之名，二者却没有界定之分②，《公司法》仅在第一百四十八条规定了一系列禁止行为，要求董事遵守忠实义务，却没有对董事勤勉义务作出具体设定，亦无判断遵守勤勉义务的标准。模糊的内涵与边界直接导致的恶果是司法实践中存在混同审查与过度审查的裁判困境③，以结果为导向，模糊了董事承担责任的边界。有学者评价这些行为标准"对董事职务行为合理性评价仅具有指导意义"④，从其内容的模糊性以及界限不清这一点来看，忠实勤勉义务能否对董事在公司捐赠行为中起到应有的合理引导与震慑阻却作用应当是存疑的。

此外，亦缺乏完善的信息披露以及备案机制。以比较法的视野来看，英国法对这方面最为严格。其公司法甚至要求超过两百英镑数额须以报告披露⑤。完善的信息披露机制可将捐赠行为置于聚光灯下受到股东、社会的监督，减少不合理捐赠的同时亦方便股东获知信息，方便救济⑥。我国现行《公司法》并没有强制性规定，而是散见于关于上市公司以及国有企业的相关规定中。如：《上海证券交易所股票上市规则》（2023年8月修订）、《深圳证券交易所股票上市规则》（2023年8月修订）二者的第6.1.1条作出同样的规定，将"赠与或者受赠资产"规定为重大交易，属于应当披露的交易；《上市公司重大资产重组管理办法》（2023年修订版）第十五条规定，"接受附义务的资产赠与或者对外捐赠资产"实质上构成购买、出售资产，且达到该办法第十二条、第十三条规定的标准的，应当按照该办法的规定履行包括信息披露在内的相关义务和程序；而国有企业对此规定较为特殊，中央层面《关于加强中央企业对外捐赠管理有关事项的通知》（国资发评价〔2009〕317号）这一文件第五条规定建立对外捐赠的备案管理制度⑦；地方政府亦有规定，如《浙江省省属企业对外捐赠管理办法》⑧作了较为

---

① 《公司法》第一百四十七条第一款：董事、监事、高级管理人员应当遵守法律、行政法规和公司章程，对公司负有忠实义务和勤勉义务。
② 傅穹：《公司利益范式下的董事义务改革》，载《中国法学》，2022年第6期，第198页。
③ 参见南玉梅：《董事职务行为的司法审查：原则与例外》，载《广东社会科学》2022年第6期，第261页。
④ 南玉梅：《董事职务行为的司法审查：原则与例外》，载《广东社会科学》2022年第6期，第259页。
⑤ 参见李领臣：《公司慈善捐赠的利益平衡》，中国政法大学出版社2012年版，第113页。
⑥ 参见李领臣：《公司慈善捐赠的利益平衡》，中国政法大学出版社2012年版，第115页。
⑦ 以第五条第（四）项为例："对于突发性重大自然灾害或者其他特殊事项超出预算范围需要紧急安排对外捐赠支出，不论金额大小，中央企业在履行内部决策程序之后，及时逐笔向国资委备案。"
⑧ 《浙江省省属企业对外捐赠管理办法》第十五条："省属企业重大对外捐赠事项，以及超出预算范围的捐赠事项，国有独资企业（公司）须报省国资委审核同意后实施；国有控股公司在提交董事会审议之前，国有产权代表须向省国资委报告，按省国资委意见表决，并将董事会决议报送省国资委备案。

详细的规定。从上述规定来看，对外捐赠信息披露、备案机制规定仅限于上述主体，并不涉及除此之外的有限责任公司与股份有限公司。且不讨论这些机制稍显粗糙，单就这种"厚此薄彼"的做法来说就显然不合理。国有企业与"上市公司、非上市的股份有限公司以及有限责任公司差异性仅存在于公司规模与股东人数"① 以及所有性质的不同，但这种差别对股东利益的保护并没有产生根本性的影响，因此具体的信息披露制度不可因为公司类型的差别而差异化，"信息披露制度的有无，不应建立在对公司类型的区分上"②。综上，我国公司捐赠领域的信息披露制度缺位于非上市股份有限公司与有限责任公司，这使得公司捐赠行为缺乏透明度，并不利于对其进行有效监督。

其三，缺乏完善的事后救济机制。事实上，董事会作出捐赠行为后，如果公司股东认为董事所作捐赠行为违反《公司法》第一百四十七条所规定的忠实勤勉义务，进而根据《公司法》第一百四十九条③规定以董事所作捐赠行为违反忠实勤勉义务给公司造成了损失为由，要求董事会主动行使撤销权，其得到有效回应的可能性并不大，因此其在穷尽内部救济的情况下完全有可能凭借《公司法》第一百八十九条之规定提起股东派生诉讼要求董事赔偿公司损失④。笔者认为真正的难题还在于股东将董事诉讼至法院后，法院如何对公司捐赠行为妥当性予以判断的问题。如上所述，《公司法》中规定董事在职务行为中所应遵守的忠实义务、勤勉义务是抽象、模糊的，而在个案之中董事所承担的责任却是具体的，但是二者之间并非存在着不可逾越的鸿沟。事后评判董事职务行为的司法审查标准在此时显得尤为重要，如果发挥得当，那么其将作为桥梁"沟通了平衡抽象的董事义务与具体的董事责任之间的差异性"⑤。遗憾的是，我国股东质疑董事会所作捐赠行为妥当性的事例虽时有发生，却缺乏相关司法案例，我国学术上关于公司捐赠行为适用何种标准的见解颇多，但并未形成较为一致的观点，因此可以预见的难题是未来司法机关将如何应对内容上兼具公司利益与公共利益的公司捐赠行为。

（三）构建事后审查标准之重要性

针对公司捐赠带来的代理成本问题，我国台湾地区有学者认为"公司股东事后挑战经营者之捐赠决定与追诉其法律责任之难度颇高"⑥，若沿袭美国法的经营判断规则

---

① 参见李领臣：《公司慈善捐赠的利益平衡》，中国政法大学出版社2012年版，第120页。
② 李领臣：《公司慈善捐赠的利益平衡》，中国政法大学出版社2012年版，第121页。
③ 《公司法》第一百四十九条：董事、监事、高级管理人员执行公司职务时违反法律、行政法规或者公司章程的规定，给公司造成损失的，应当承担赔偿责任。
④ 参见游文亭：《企业社会责任视角下公司捐赠的法律困境》，载《山西农业大学学报（社会科学版）》，2017年第4期，第68页。
⑤ 南玉梅：《董事职务行为的司法审查：原则与例外》，载《广东社会科学》2022年第6期，第261页。
⑥ 周振锋：《公司捐赠与相关代理成本问题之研究》，载《台大法学论丛》第42卷第2期，第300页。

恐事后实难有效追诉有责者,故主张将"事后追责机制"和"对外资讯揭露""内部决定程序"三者整合运用①,实则将防弊措施重点置于后两者。笔者对其整合多种机制的观点深以为然,但认为即使有较好的事前、事中防弊措施,亦不能将全部代理成本问题扼杀在现实情境中,论者所认为的追责难度颇高不仅因为公司捐赠行为涉及复杂的利益冲突,亦因其主张完全沿用美国式经营判断规则,况且难以追责并不代表不能追责,因此完善事后追责机制势在必行。从董事承担责任的角度出发,作为终局性的评价标准,事后法院对董事职务行为所适用审查标准的宽严程度直接决定董事承担责任尺度的下限,其重要性不言而喻。如果审查标准本身存在不妥当之处,有可能带来不良后果。具体言之,如果审查标准过宽,则有可能纵容董事在公司捐赠行为中谋取不法私利或者放纵其浪费公司之财产;与之相反,若审查标准过于严苛,则有可能伤害董事战略性慈善捐赠行为等经营决策行为中的积极性,使其在高收益与高风险并存的商业活动中愈加趋于保守,反而不利于其作出理性的判断,最终可能对公司的营利性造成反噬,亦有可能妨碍公司承担社会责任。为此,本文立论于构建一套宽严相宜且具有可行性的用以评判董事捐赠行为是否妥当的审查标准,以供未来司法参考。

(四)企业社会责任理论与公司捐赠行为

公司捐赠行为与企业社会责任理论之关系不可谓不紧密,其可谓是公司履行其社会责任最无争议的一种方式。在公司捐赠发展历史中,企业社会责任理论起到了催化剂的作用,在 20 世纪的浪潮中为公司捐赠行为正当化充当辩护士一角。这应该是企业社会责任在公司捐赠行为领域的第一次出场,助力解决了公司"能不能捐赠"的问题,但二者之关系远不止步于此,企业社会责任理论影响公司捐赠行为"可以捐"的问题后,亦会对公司"怎么捐"的问题产生影响。实际上,公司捐赠行为所产生的问题不仅是公司捐赠行为被董事用作谋求私利渠道,更深层次的问题是公司经营者所作捐赠也许并不是为其谋取私利,而是标榜其所作决策为了公司长期利益,为此不得不考虑利益相关者的利益,进而损害股东的部分短期利益。亦即公司捐赠行为所含的利益冲突不仅只存在于纵向的公司、股东与经营者之间,更有可能表现为横向股东利益与公司利益的较量。此时经营者又能否因其谋求公司长远利益而凭借其善尽信义义务免受公司股东责难?进一步说,在企业社会责任理论视角下法院应当如何运用审判标准对涉及利益相关者的公司捐赠行为予以审查?

---

① 周振锋:《公司捐赠与相关代理成本问题之研究》,载《台大法学论丛》第 42 卷第 2 期,第 301 页。

三 公司捐赠行为审查标准：基于我国事例与学术见解的考察

（一）茅台捐赠事件

国内虽没有典型意义上的公司捐赠案例（指股东将公司董事诉讼至人民法院并为法院所审理），但这并不代表没有相应问题存在。2020年的茅台捐赠门事件即是公司捐赠中利益冲突的典型代表。

事件经过如下："茅台公司董事会于2020年10月25日作出大额捐赠决策，决策内容包括2.6亿元用于茅台镇生活污水处理，5.46亿元用于建设习水县习新大道。上述捐赠行为引发该公司两百余名小股东不满，并欲提起股东代表诉讼。"① 茅台小股东诉至人民法院后，因种种原因未立案②，故而我国法院对此为何种态度、采取何种标准审查不得而知，但这并不影响分析该事例的问题所在。茅台股东质疑点大抵如下："第一，在公司法及相关上市公司规定未对公司捐赠作出规定的前提下，茅台公司章程并未规定董事拥有捐赠能力。第二，一般性的公司捐赠诸如抗疫、助学无可非议，但是修建污水治理厂及公路属于政府部门职责，超出公司捐赠之范围，恐有输送利益之嫌。第三，不符合《上海证券交易所股票上市规则》关于信息披露的规定。"③

笔者认为茅台事件中所呈现的问题与韩国江原乐园案件具有同质化的趋势，诸如公司经营者与股东代理成本问题，捐赠数额与所获得的公司利益与公共利益的衡量。因此可以韩国江原乐园案件为借镜，为国内公司捐赠案件开阔思路。

（二）国内关于适用审查标准的观点

1. 经营判断规则与合理性标准

如前述，国内并没有产生典型意义的公司捐赠案件，因此国内学者主要讨论了美、日两国的司法案例及学术见解④，并在此基础上加以借鉴。而这两国的公司捐赠行为主要适用两种标准。

其一是经营判断规则，又称商业判断规则。这一规则适用于法院判断董事是否善尽其勤勉义务，概言之，善意的董事若基于合理之信息与理性作出商业决策，可以认

---

① 参见《贵州茅台8亿大额捐赠惹众怒，230名股东组团欲通过诉讼维权》，https://i.ifeng.com/c/820bQgzFk9s，最后访问日期：2023年2月18日。
② 参见《茅台因8亿捐助风波被197名股东起诉，缘何一年未立案？》，https://baijiahao.baidu.com/s?id=1718839515876179074&wfr=spider&for=pc&searchword=，最后访问日期：2023年2月18日。
③ 参见《遭投资者实名举报 贵州茅台陷"捐赠风波"》，https://3g.163.com/dy/article/FT7NB5140514R9M0.html，最后访问日期：2023年2月18日。
④ 国内学者讨论的日本案例主要为日本政治献金事件。

定其并未违反勤勉义务，从而使其免受责难，但极端地说，即这些决策于公司是灾难性的①。现代意义上的经营判断规则滥觞于美国②，因其能够平衡董事权责与股东权利和避免事后法院之审判不当干预公司经营决策，故而被世界上诸多国家引入其本土适用。但是经营判断规则适用的本身在世界范围内并没有一个绝对普适的标准和疆域，我国学者在主张援引借鉴这一规则时就存在美国式与非美国式（包括日本、澳大利亚、德国等）③的争论。因笔者赞成日本式的经营判断规则，故在此以美国与日本为比较。简而言之，美国式的经营判断规则最大特色在于程序上的推定，原告需举证证明被告董事不满足经营判断规则的要素。如果原告举证不能，法院将不再审查决策，董事因此得到庇护，反之则转换举证责任，由董事自证其行为合理公平④。而日本版的经营判断规则则无推定的效果，"法院在一般情形下广泛认可董事在经营判断上享有广泛的自主裁量权，然后根据个案的事实情况，对经营判断的程序以及内容进行司法审查"⑤。如此一来，该国的经营判断规则虽无程序的推定，但通过对董事经营决策内容较大幅度的尊重，亦会达到如美国法一般的效果。

其二是合理性标准。合理性标准从美国法院对公司捐赠案件所作出判决累积而来，早期合理性标准要求法院认为捐赠数额与捐赠目的都达到合理程度，但合理一词本身就是一个极其模糊的概念⑥，或者说于外观而言，捐赠行为合理与不合理之间并没有一条泾渭分明的界线。美国法上的合理性标准回避了具体的数额，而是以是否达到了税法可扣除额度为界限，如特拉华州法院以税前收入10％为标准判断捐赠数额合理与否，过此数额则认定为不合理。但是葛伟军认为"审查捐赠数额与目的仅仅是狭义的合理性标准，而广义的合理性标准所要求的范围是整个捐赠行为，更侧重于董事在作出决策时所应当全面考虑的因素"⑦。

国内学者对于捐赠行为事后法院适用何种判断标准以及具体如何适用可谓见仁见智，笔者在梳理国内主要文献后将其大致分为两大类观点。

2. 合理性标准与经营判断规则类型化适用

第一类观点，即认为应当将捐赠行为类型化处理。简言之，根据不同目的之捐赠行为适用不同标准进行审查。刘小勇认为，"如捐赠行为与公司事业目的相联系，带来

---

① 参见傅穹、陈洪磊：《商业判断规则司法实证观察》，载《国家检察官学院学报》2021年第2期，第26页。
② 参见胡滨、曹顺明：《论公司法上的经营判断规则》，载《中国社会科学院研究生院学报》2005年第1期，第35-36页。
③ 参见郭司雨：《商业判断规则的成文法表述研究》，载《〈上海法学研究〉集刊（2020年第7卷 总第31卷）——中国政法大学、西南政法大学文集》，2020年，第39-51页。
④ 参见李燕：《美国公司法上的商业判断规则和董事义务剖析》，载《法学》2006年第5期，第146-148页。
⑤ 梁爽：《董事信义义务结构重组及对中国模式的反思：以美、日商业判断规则的运用为借镜》，载《中外法学》2016年第1期，第221页。
⑥ 参见马育红、刘晓霞：《公司捐赠制度研究》，中国政法大学出版社2012年版，第244-247页。
⑦ 参见葛伟军：《公司捐赠的前沿法律问题》，法律出版社2015年版，第32页。

直接利益，理应保护董事的自由裁量权，主张适用日本版的经营判断规则（即法院既审查决策过程、程序，也审查决策内容）；反之，如非以实现公司利益为目的，虽可对社会公益做贡献，但只带来长期、间接利益，则适用合理性标准。此外，如董事在捐赠行为中有追求个人利益嫌疑，在适用合理性标准的基础上将举证责任倒置，要求董事自证清白"①。

3. 仅适用经营判断规则

第二类观点，即认为对捐赠行为应当适用国外通行的经营判断规则（即美国式的经营判断规则）。但对于具体如何适用经营判断规则，又有不同的观点。张安毅认为捐赠行为有利他性慈善捐赠②与战略性慈善捐赠③之分，而纯粹利他性慈善捐赠应当由股东会作出，而后者作为经营决策的一种由董事会作出，对后者不主张适用严格限制捐赠数额的合理性标准，而是应当审查董事与捐赠有无利害关系，董事决策收集信息是否充分、妥当、可靠，董事决策是否符合公司最佳利益④。

葛伟军、李领臣二位学者皆主张经营判断规则要求捐赠数额达到合理的程度。李领臣认为，经营判断规则的具体适用包括：捐赠出于善意，合理的注意，捐赠数额合理，无越权行为，决策主体不能获得个人利益⑤。而葛伟军认为，"商业判断规则在公司捐赠领域的适用，是以合理性标准为前提的"⑥，董事对于"受赠人选择、捐赠物选择、数额与目的合理否、程序正当化否"这些要素如果没有考虑，有可能因此违反信义义务⑦。在此可以看出，张安毅与后两者观点的主要区别在于法院是否应当对捐赠数额合理与否作出审查。

四、公司捐赠行为审查标准：基于韩国司法案例与学术见解的考察

韩国为大陆法系国家，其在 20 世纪后半期至今的公司法修改历程中深受美国法的影响⑧。但该国经营判断规则与其说效仿美国，不如说与上文论述的日本经营判断规则具有同质化趋势，二者都在尊重董事自由裁量权的前提下，对决策合理性作克制的审查。韩国版的经营判断规则考虑的要素包括："① 判断准备性要素——是否收集了足够的信息；② 主观要素——是否相信这是符合公司最大利益的判断；③ 关系性要素——

---

① 参见刘小勇：《公司捐赠与董事的责任——美国法与日本法的启示》，载《环球法律评论》2011 年第 1 期，第 69 页。
② 利他性慈善捐赠指公司并未打算在捐赠中获得回报，而是纯粹慈善性质地捐赠他人的捐赠。
③ 战略性慈善捐赠指公司将慈善捐赠视为公司的一项经营策略，与一般商业决策无异。
④ 张安毅：《公司慈善捐赠的妥当性判断标准研究》，载《法学论坛》2011 年第 4 期，第 110－111 页。
⑤ 参见李领臣：《公司慈善捐赠的利益平衡》，中国政法大学出版社 2012 年版，第 161－162 页。
⑥ 葛伟军：《公司捐赠的前沿法律问题》，法律出版社 2015 年版，第 32 页。
⑦ 参见葛伟军：《公司捐赠的前沿法律问题》，法律出版社 2015 年版，第 32－35 页。
⑧ ［韩］李哲松：《韩国公司法》，吴日焕译，中国政法大学出版社 2000 年版，第 12 页。

是否存在与经营判断相关的私人利害关系（关系因素）；④ 交易内容上的合理性要素——只有在内容'明显不合理'的情况下，才视为违反注意义务。"① 在 2019 年终审宣判的江原乐园案件中，韩国法院适用经营判断规则确定了审查公司捐赠行为的具体要素，意义不可谓不大，韩国商法学界对该案也有诸多讨论。本节希冀通过讨论该案例，为与中国公司捐赠相关的司法理论提供有益借镜。

(一) 江原乐园案件的事实关系

原告江原乐园公司系由煤炭产业合理化事业团、江原道开发公司、旌善郡、太白市、三陟市、宁越郡等股东于 1998 年 6 月 29 日基于韩国《关于废矿地区开发支援的特别法》而出资成立的以观光酒店业等为目的的股份有限公司。另外，太白旅游开发公司系以度假村项目为目的，于 2001 年 12 月由太白市和民间企业共同出资成立的一家公司，该公司在太白市建设并运营大规模高尔夫球场、滑雪场及住宿设施。而后太白旅游开发公司因事业费追加支出和度假村会员卡销售低迷等而陷入资金困难，太白市请求原告公司出借或者捐赠在太白旅游开发公司度假村的运营资金。在原告公司第 109 次董事会上，被告之一董事甲提出了原告公司向太白市捐赠 150 亿韩元作为废弃矿区合作项目费，并将捐款的用途指定为太白旅游开发公司的紧急运营资金的捐赠方案。该方案经过两次搁置，最后于 2012 年召开的第 111 次董事会上，15 名在册董事中有 12 人出席，以 7 票赞成、3 票反对、2 票弃权的表决结果达成捐赠决议②。

(二) 江原乐园案件的法院审判路径

原告公司于 2014 年向首尔西部地方法院提起一审诉讼，以违反商法上的董事义务为由要求 9 名赞成和弃权董事，赔偿 150 亿韩元的损失。首尔西部地方法院判决原告部分胜诉，而在之后的二审与终审诉讼中，首尔高等法院和韩国大法院都判决确定了本案 7 名赞成捐赠行为的董事承担其各自的损害赔偿责任③。

具体言之，二审首尔高等法院审查捐赠行为中董事是否违反善管注意义务的要素与一审法院审查基本一致，但将"根据捐助对象和目的，捐赠行为是否旨在为公益事业做出贡献"④ 这一点作出拆分，细分为捐赠行为是否出于公益之目的、捐赠行为是否

---

① ［韩］姜罗仁（音译），［韩］朴向宇（音译）：《公司捐赠和董事违反善管注意义务判断标准研究——韩国大法院 2019.5.16 宣告 2016Da260455 判决》，载《法学评论》2021 年第 11 卷，第 387 页。此为韩国期刊上的文献。
② 参见韩国大法院 2019.5.16 宣告 2016Da260455 判决，笔者根据相关案例评析论文对案件事实关系有所缩略。
③ 参见［韩］姜罗仁（音译），［韩］朴向宇（音译）：《公司捐赠和董事违反善管注意义务判断标准研究——韩国大法院 2019.5.16 宣告 2016Da260455 判决》，载《法学评论》2021 年第 11 卷，第 379－380 页。
④ 参见［韩］姜罗仁（音译），［韩］朴向宇（音译）：《公司捐赠和董事违反善管注意义务判断标准研究——韩国大法院 2019.5.16 宣告 2016Da260455 判决》，载《法学评论》2021 年第 11 卷，第 380 页。

以相当适当之方式为公益事业做出贡献两点。其审判路径如下：① 捐赠行为是否出于公益之目的；② 捐赠行为是否以相当适当之方式为公益事业做出贡献；③ 通过捐赠行为能否获得包括提高公司形象在内的可期待的长期、间接利益；④ 根据公司财务状况，捐赠金额是否在相当范围内；⑤ 将捐赠行为所要达到的公共利益与公司利益相比较，捐赠金额所对应的费用支出是否在合理范围内；⑥ 捐赠行为是否在董事自由裁量权的范围内，对捐赠行为进行决策时是否经过充分的考虑和研究等。

上述要素具体适用到案件中：① 捐款确实是为了振兴废弃矿区的经济这一公共利益目的。② 首尔高等法院承认可以以迂回之方式实现公益，但需以适当之方法、途径。一般而言，捐款的受益人是非营利法人等公益组织，该案捐款的受益人虽然具有部分公益性质，但仍是营利性企业，不能称之为合格的受赠对象，而该企业又濒临破产，与欲要达到的公益目的相去甚远，故而不能认为是以相当适当方法为公益事业做出贡献。③ 原告公司与受赠公司存在业务竞争，不能期望通过捐赠获得长期利益，并且本案原告公司捐赠给经营状况恶化、陷入破产危机的企业，反而会造成原告公司经营散漫的负面舆论。④ 捐款数额为全年净利润的5%，为2011年度捐款总额的15%左右，与公司财务相比并不算过多。⑤ 捐赠行为对整个矿区的公共利益和原告公司的利益的贡献不大。⑥ 董事们在决议时没有经过充分的审查后作出决定。董事会作出捐赠行为必须在合理的信息基础上经过充分的审查，但在本案中，虽然公司捐赠行为非董事自我交易，但实际上原告公司的董事会所作捐赠系出于原告公司股东之一的太白市的持续强迫，而通过强迫捐赠实现的内容与原告公司的营利性或公益的增进并无多大关系，董事并未对此作出充分的审查和讨论，因此可以认定本案捐赠行为未遵循适当的程序①。

（三）江原乐园案件的学理观点

1. 优化公司利益概念

江原乐园案件中所确立的审查要素，在大的框架内可视作援引了经营判断规则，为捐赠行为中更具体化的经营判断规则。其中，捐赠行为是否出于公益之目的、捐赠行为是否以相当适当之方式为公益事业做出贡献，系韩国法院对于公司捐赠行为首次提出的审查要素，这两个要件在判断董事是否违反善管注意义务时要求董事在捐赠行为之中妥当判断捐赠行为出于公益目的且以相当适当方法为之似乎过于严苛，但亦不能将之剔除②。如前所述六点之中若是剔除第一、第二点，此时法院只会审查后面四点：董事是否考量通过捐赠行为能否获得包括提高公司形象在内的可期待的长期、间

---

① ［韩］宋玉烈（音译）：《2019年公司法判例分析》，载《商事判例研究》2020年第33卷第2号，第49-51页。
② 参见［韩］姜罗仁（音译），［韩］朴向宇（音译）：《公司捐赠和董事违反善管注意义务判断标准研究——韩国大法院2019.5.16宣告2016Da260455判决》，载《法学评论》2021年第11卷，第406页。

接利益;根据公司财务状况,捐赠金额是否在相当范围内;与捐赠行为所要达到的公司利益相比较,捐赠金额所对应的费用支出是否在合理范围内(删去了所要达到的公共利益);在对捐赠行为进行决策时是否经过充分的考虑和研究等(包含正当程序要求)。质言之,此时,只剩下考虑"公司利益"的相关条件,如此一来反而会适得其反,法院所认可的公司捐赠行为范围将过于狭隘,不利于公司承担合理的社会责任。

对此,韩国学者提出的最好办法是在不改变上述任意审查要素的情况下,对公司利益一词重新作出定义,简单地说,就是将其内涵外延为长期价值,使其不同于以往公司利益的两种学说,即股东中心主义和利益相关者理论。其整合模式以现有的以股东为中心模式为中心,但以发展的方式将利益相关方和社会责任问题纳入其中①。笔者认为,此种观点显然是受到了企业社会责任理论的影响,如果过分注重传统的股东中心,可能会对公司的长远利益产生反噬,而整合模式寻求的是真正的不断增进所有股东价值的方法,这对于股东利益和公司利益相关者都会有所促进。整合模式下,ESG②行为主义以股东中心主义为根基,但在风险管理阶段会根据具体情况考虑利益相关者的利益和社会责任,以此进行判断。

2. 加重利益冲突董事的审查标准

此外,亦有韩国学者认为"韩国法院适用审查标准虽极具意义,但仍不足以反映公司捐赠行为中相关董事追求私利甚至利益冲突问题,主张董事在公司捐赠行为中追求私利之可能性较其他经营决策行为更高,故而有必要加重审查标准,对涉嫌董事个人利益的捐赠行为适用美国完全公平性标准或严格版本的经营判断规则"③。概而言之,论者对韩国法院的审查标准严苛程度犹嫌不足,要求法院在审查公司捐赠行为时,若原告股东能举证董事有追逐私利之嫌,应当转换举证责任,要求董事自证捐赠行为之合理性。

基于韩国国内特殊国情下的捐赠行为,安泰俊指出"在政府或公共部门对公司实际影响力较大的国内环境下,捐赠行为被滥用为受贿的迂回手段"④,公司董事有可能如江原乐园案件中一般为强势第三方所强迫捐赠用于与公共利益或公司利益没有联系的用途,因而提倡对有此类嫌疑的公司捐赠行为需审查清楚其来龙去脉。

---

① 参见[韩]姜罗仁(音译),[韩]朴向宇(音译):《公司捐赠和董事违反善管注意义务判断标准研究——韩国大法院2019.5.16宣告2016Da260455判决》,载《法学评论》2021年第11卷,第408页。
② ESG即环境、社会和公司治理。
③ 参见[韩]安泰俊(音译):《董事对公司捐赠行为的义务和责任标准——以英美和国内主要判例为中心》,载《法学研究》(韩国全北大学)2020年第63卷,第250-251页。
④ 参见[韩]安泰俊(音译):《董事对公司捐赠行为的义务和责任标准——以英美和国内主要判例为中心》,载《法学研究》(韩国全北大学)2020年第63卷,第234页。

五、总结与建议

（一）辨析与总结

笔者归纳国内的学术观点发现学者观点的分歧实在过大，对此作出总结前须作必要的辨析。第一，分析张安毅和刘小勇的观点[①]，从二者的论述来看，审查捐赠内容的合理性标准与经营判断规则似乎有不可调和的矛盾。其中，张安毅认为合理性标准的核心在于审查捐赠行为的数额应当被限定在某一额度内，但是合理性标准适用之前提是公司捐赠是为了社会公共利益服务，但是其不适用于战略性慈善捐赠。战略性慈善捐赠在一定程度上相当于公司谋利的一项经营决策，因此不能适用严格限制数额的合理性标准。而刘小勇则认为应根据公司捐赠行为与公司事业、目的是否有直接联系来选择，有之则适用合理性标准，无之则适用经营判断规则。可以看出二者观点立论于区分不同类型的捐赠行为，共同之处在于论者主张与公司利益紧密关联情况下适用经营判断规则。但笔者对这种目的区分论的观点颇感疑惑。基于战略性慈善捐赠的兴起与流行，公司或许会将捐赠行为作为其博取好名声的工具，但现实中公司作出捐赠行为的目的往往很复杂，捐赠行为中的纯粹公益目的与营利目的之界限已日渐模糊，公司捐赠行为中往往是公益与营利目的或其他目的相掺杂，因此这种目的区分论存在很大弊端。正如李领臣评价"将经营判断规则仅仅适用于获利性捐赠[②]与为获取经营者利益的捐赠"的观点一样，将利他性捐赠[③]与获利性捐赠区别开来都非常困难的话，经营判断规则适用的类型化就失去了基础[④]。若依刘小勇的观点，带来最为直接的问题是：法院在面对难以区分捐赠行为是否与公司事业有直接联系的情况时，或者公益、经营目的与其他目的兼而有之的捐赠行为又该适用何种标准？在此不妨大胆地假设可以将捐赠行为类型化区分，但即使认为存在利他性捐赠和获利性捐赠的区分，"经营判断规则也足以回应捐赠行为主观上的慈善目的，客观上会为公司带来利益的现实效果的利他性慈善捐赠"[⑤]。即使是如二位论者的观点可以区分出纯粹贡献公益的公司捐赠，该捐赠行为亦会在客观上给公司带来提升形象等的利益，因此将之视为公司经营决策进而适用经营判断规则以长远眼光审视并无不可。

[①] 参见刘小勇：《公司捐赠与董事的责任——美国法与日本法的启示》，载《环球法律评论》2011年第1期，第60-68页；张安毅：《公司慈善捐赠的妥当性判断标准研究》，载《法学论坛》2011年第4期，第108-110页。

[②] 获利性捐赠即为公司获得利益的慈善捐赠。

[③] 利他性捐赠即既没有获得公司利益也没有获得经营者利益的捐赠。

[④] 李领臣：《公司慈善捐赠的利益平衡》，中国政法大学出版社2012年版，第155页。

[⑤] 参见李领臣：《公司慈善捐赠的利益平衡》，中国政法大学出版社2012年版，第159-160页。

第二，笔者认为这两种观点另有难以自洽之处。学者刘小勇所持观点的逻辑在于，公司捐赠行为与公司事业相关联程度越高，那么董事理应受到事后司法的保护，法院应当尊重董事的广泛裁量权。其观点认为捐赠行为与公司事业相联系，则适用日本版经营判断规则，在日本版的经营判断规则下需审查包括捐赠行为这一决策的程序与内容；反而与公司事业无直接联系的捐赠行为适用只审查捐赠目的与数额的合理性标准①。但令人费解的是日本版经营判断规则下需审查捐赠决策的实质内容，这自然就包括捐赠的数额与目的，此时前者较之后者与公司事业、目的联系更为直接、紧密，但明显前者适用审查标准较之后者更为严苛，这岂非与论点的初衷相悖逆？按刘小勇的观点，若公司捐赠行为出于公益目的适用合理性标准仅需审查捐赠数额与目的合理与否，此时法院无需审查包括决策程序以及除捐赠数额与目的外的捐赠内容，按此逻辑，既然董事会作出与公司利益无直接联系的捐赠行为，法院审查捐赠数额与目的，是否可以极端地反推董事不需要履行正当程序及对其他内容作出考虑？笔者认为这正是仅仅适用合理性标准的弊端，不足以回应法院审查的需要。而按张安毅的观点，对董事所作战略性慈善捐赠行为不主张审查其捐赠数额，除非捐赠数额到了普通人都认为不妥当的程度才认为是违反注意义务②。可以理解论者的观点是将战略性慈善捐赠视为正常谋利的商业决策因而不宜过分限制数额以避免妨碍董事的商业决策。但笔者认为对此可以反驳的一点：一个正常的经营者在决定一项再普通不过的决策时，亦需要在考虑其公司资本与公司利润的前提下量力而行，更何况是大多数情况下仅与公司有间接利益关系的捐赠行为，因此无论如何强调法院审查捐赠数额合理性之重要性都不为过，强调法院审查数额可以起到避免"过度影响营利性公司营利性之本质，致严重侵害公司股东权利"③的恶果。

笔者认为上述两种观点不合理之处源于对合理性标准与经营判断规则二者内涵与二者关系的错误解读。梳理美国司法案例，可以发现，自道森案后，美国法院确立了审查捐赠目的与数额的合理性标准，但是确立该标准之后，出现了一个看似矛盾的局面，典型如特拉华州法院在一个案例中既适用了经营判断规则要素，又适用了合理性标准审查捐赠的实质内容④。因此刘小勇据此得出美国司法上适用审查标准的结论乃是合理性标准的观点，认为"审查捐赠行为适用经营判断规则并无实际意义"⑤。但是事

---

① 参见刘小勇：《公司捐赠与董事的责任——美国法与日本法的启示》，载《环球法律评论》2011年第1期，第68-69页。
② 参见张安毅：《公司慈善捐赠的妥当性判断标准研究》，载《法学论坛》2011年第4期，第111页。
③ 刘连煜：《公司治理与公司社会责任》，中国政法大学出版社2001年版，第95页。
④ 参见刘小勇：《公司捐赠与董事的责任——美国法与日本法的启示》，载《环球法律评论》2011年第1期，第62页。
⑤ 参见刘小勇：《公司捐赠与董事的责任——美国法与日本法的启示》，载《环球法律评论》2011年第1期，第62页。

实并非如此,仔细观察美国法院关于捐赠行为的判例就会得出结论,尽管美国法院名义上适用的是合理性标准,但其充分考虑了可能与捐赠行为情况有关的经营判断规则因素。首先强调的是,"捐赠行为并不能排除以公司利益的合理信息为基础的审查程序,质言之即不能容忍以模糊的公共利益为由任意地或无差别地决定捐赠行为。因此,在捐赠行为的决策过程中,如果董事缺乏为公司最大利益的考量,或者没有经过充分的信息收集和审查,经营判断原则的推定就会被推翻,董事将无法得到保护"①。此外,美国法院在具体案件中还会考虑忠实义务中的利害关系、董事与公司是否存在利益冲突、捐赠是否自愿、捐赠是否浪费公司财产等内容②。

但合理性标准与经营判断规则在一个案例中混合适用并不矛盾,以美国法的角度看,美国式的经营判断规则推定董事所作捐赠行为是没有利害关系情况下尽到合理注意义务为了公司最佳利益而作出的,因此原告对于董事不满足经营判断规则要件负有举证责任③。具体来说,要举证的捐赠行为不满足以下积极构成要件:① 没有利害关系并独立判断作出捐赠决策;② 作出决策前充分知悉所有信息(仅涉及程序上是否有充分的信息收集而不涉及捐赠的内容);③ 善意,指捐赠应当出自符合公司利益的动机(美国法院在此尊重董事裁量权,一般不作审查)。简单地说,原告需要证明董事违反与所作捐赠行为没有利害关系及未从中获利等忠实义务,未充分获取信息作出决策以及董事有经营判断规则的消极构成要件,即"欺诈、违法行为、超出章程权限规定"。此时并不涉及捐赠行为的内容,因此原告很难推翻经营判断规则的推定效力,而合理性标准的出现恰恰是为了弥补美国式经营判断规则审查下捐赠行为程序看似合理但内容存疑的缺陷,法院在更易产生代理成本问题的公司捐赠案件中主动介入审查。因此,从美国法的角度出发,对这两种审查侧重点不一样的标准作出区分才显得有意义。从日本法的角度看,如前所述,该国司法并未完全沿用美国经营判断规则中的"推定",日本法院将其作为法院介入审查的一种审判规则,作出二分,即将经营判断分为判断程序、过程及判断内容两个方面,日本法院"对于意思决定的过程和内容同时进行审查是主流"④。概言之,日本经营判断规则在审查经营决策程序、过程的同时,亦会对捐赠决策内容作出有节制的审查,此时审查捐赠行为目的与数额是否合理的合理性标准自然而然就落到了其经营判断规则的框架内。这一点在日本有所体现,如日本法院在审理政治捐款案件时阐述道,"判断董事的判断前提的事实认识是否存在重要且不注

---

① 参见[韩]安泰俊(音译):《董事对公司捐赠行为的义务和责任标准以英美和国内主要判例为中心》,载《法学研究》(韩国全北大学)2020年第63卷,第242页。
② 参见[韩]安泰俊(音译):《董事对公司捐赠行为的义务和责任标准以英美和国内主要判例为中心》,载《法学研究》(韩国全北大学)2020年第63卷,第237-242页。
③ 参见容缨:《美国商业判断规则对我国公司法的启示——以经济分析为重点》,载《政法学刊》,2006年第2期,第28-29页。
④ [日]近藤光男:《判例法中的经营判断规则》,梁爽译,法律出版社2019年版,第9页。

意的、疏忽的过错,或者决策的过程、内容是否存在对企业经营而言不合理、不恰当的行为","作为公司董事,应该确保……经营判断的前提事实认识上没有不注意的错误,经营判断的内容及过程不存在显著的不合理等四个方面,负有慎重审查的义务"①。

综上,以侧重审查捐赠程序的美国式经营判断规则来看,合理性标准可以与之耦合适用,法院审查是否满足经营判断规则要素的同时,亦会主动审查捐赠行为数额、目的是否不合理;而以审查捐赠内容的日本法角度来看,合理性标准本就是其一部分,法院亦会根据双方举证质证判断捐赠行为是否明显不合理,并且审查内容的范畴并不仅仅局限于数额与目的。两种经营判断规则在审查捐赠行为内容合理性的幅度上略有差异,但是不可否认的是,合理性标准无论是与日本法还是与美国法的经营判断规则都是密不可分的,恰如葛伟军所言,"商业判断规则与合理性标准并非一种对立关系,而是一个有机的整体"②。笔者认为,在要求审查捐赠决策内容的语境下,将经营判断规则与合理性标准作出区分并无必要,合理性标准可以为经营判断规则所吸收,并且仅审查数额与目的的合理性并不足够,而应当将公司捐赠行为视为一个整体,审查其各个方面是否合理。因此,笔者认为葛伟军、李领臣二位所持的运用经营判断规则且审查捐赠行为内容合理性的观点较为合理。此时合理性标准已经纳入经营判断规则的框架内,但只确定适用经营判断规则并不够,仍有两个大的问题:第一,在企业社会责任理论影响下,公司捐赠行为涉及利益相关者时,法院应当如何运用经营判断规则对此进行审查;第二,仅是宽泛地提出法院应当如何审查认定捐赠行为的合理性,却没有具体的认定标准,并不足以应对公司捐赠行为产生的代理成本问题。

(二)建议

1. 允许经营者对特殊利益相关者予以考量

呈前所述,法院可以运用经营判断规则对公司捐赠行为予以审查,但仅是宽泛地提出法院应当如何审查认定捐赠行为的合理性并不足以回应现实,与此同时,当涉及利益相关者时,审查将更为复杂。韩国江原乐园案件最具意义的一点在于确立了法院审查捐赠行为内容合理性的切入口。笔者认为在我国没有相关案例的情况下可以对此加以借鉴,审查捐赠行为内容的合理性。而韩国学者对此标准提倡优化公司利益概念,将更多影响公司的利益相关者纳入考虑范围。这种观点否合理,笔者试从中国法的角度对此进行论述。股东至上主义与企业社会责任理论两者作为公司法中的上位概念,对这一对概念的选择势必影响司法对公司捐赠的不同态度,因此在直陈笔者的建议之前有必要对这一对概念及相关争议进行梳理。简而言之,股东至上主义较之企业社会

---

① [日]近藤光男:《判例法中的经营判断规则》,梁爽译,法律出版社2019年版,第109-206页。
② 葛伟军:《公司捐赠的前沿法律问题》,法律出版社2015年版,第32页。

责任,前者要求在公司治理中,董事有义务仅基于股东的利益作出决策①,而后者视角下的公司董事在作出经营决策时还应当将股东以外的利害关系人纳入考量范围。

但是,二者理念之于公司治理目标及治理模式并非完全不可调和。企业社会责任具体到公司而言,股东至上主义与企业社会责任实际上都要求公司负起其社会责任,二者之争议焦点不在于公司是否应当负社会责任,而是公司当如何负起其社会责任,特别是非法律规范所强制的柔性社会责任。学者对此展开的争论可谓针尖对麦芒。

笔者在此认同中国应当根据具体国情"本土化",对该概念的理解不能陷入"泛公司社会责任论"与"泛公司法论"的泥沼②,这一种观点较之激进的企业社会责任理论或显保守,却切合中国的实际国情。公司需承担其社会责任并无疑义,但这并不代表可以将公司制度发展成熟的西方国家的企业社会责任理论不加审视地移植至我国,因此对于诸如美国法上的"其他利害关系人条款",应以冷静的态度审视。从公司经营者层面看,其治理公司严格遵守公司法及外部的法律规范以维护其他利益相关者的利益无可非议,但除此之外,如果公司经营者将股东以外的诸如劳工、消费者等利害关系人的利益考虑在内,在利益相关者多元化的背景下,经营者难免会陷入"一主多仆"的道德陷阱③。同时,如果强制摊派一些表面看起来于社会有益但实则内涵模糊的社会责任,很有可能会造成公司治理混乱,进而妨碍公司经营者决策效率,这在根本上有违公司的营利性④。

公司经营者在公司治理中应仍以股东至上为原则,但笔者认为这并非绝对,在企业社会责任理论的影响下应当有所修正,即在例外情况下公司经营者可以将利益相关者的利益纳入考虑范围。国内有学者仿照自然人的注意义务,将公司所负的社会责任划分为三个层次:第一,刚性的守法义务;第二,柔性的商业伦理义务;第三,柔性的社会公益义务⑤。对于第一类义务的遵守毋庸置疑,但公司经营者作出决策时遵守了第二、第三类义务,可能有损股东利益,是否就必然违反对公司的信义义务?笔者认为答案应当是否定的。在区别公司利益与股东利益的前提下,如果公司经营者作出决策时为获得公司长久利益,而尽其伦理、社会公益义务,虽于股东短期利益有损,却也可以因此得到庇护。学者李建伟对此有比较犀利的评价,其认为后两种社会责任

---

① 参见李昕:《论股东至上准则——兼评道奇诉福特汽车公司案》,载《〈上海法学研究〉集刊(2022年第7卷总第31卷)——中国政法大学、西南政法大学文集》,2020年,第132页。
② 时建中、杨巍:《公司社会责任的法学再分析——兼评〈公司法〉修订中的公司社会责任条款》,载《经济法论坛》2009年第1期,第205-233页。
③ 刘俊海:《论公司社会责任的制度创新》,载《比较法研究》2021年第4期,第30页。
④ 参见樊振华、张舫:《公司社会责任的制度悖论及其克服》,载《湖南社会科学》2014年第6期,第159页。
⑤ 参见李建伟:《论公司社会责任的内涵界定与实现机制建构——以董事的信义义务为视角》,载《清华法学》2010年第2期,第123-124页。

"毋宁说是赋予董事享有的一种权利———一种对抗股东追究责任的权利"①。理想情况下，股东利益应与公司利益目标一致，但实然情境下股东利益与公司利益并非完全一致，恰如道奇诉福特汽车公司案一般，"当董事会认为有利于公司的长期利益决定扩张生产规模，而股东则希望近期分得红利不愿承受公司未来投资所带来的风险时，股东利益与公司利益将会发生冲突"②。但公司经营者此时所负的义务不仅是对股东而言，还应当包括其他利益相关者——虽然后者为伦理道德上的义务，因此公司经营者所作决策并不局限于狭隘的股东利益，而是立足于公司长远，将与公司相关的利益相关者纳入考虑范围③。概言之，公司经营者此时并不当然地因为损害股东短期利益而承担责任，可凭借符合利益相关者利益的公司长远利益得以豁免。

综上，似乎在此可以得出一个结论：董事为了公司长久利益而承担柔性的企业社会责任，维护利益相关者的利益，因而有可能对股东短期利益造成损害，但公司经营者并不会仅因此而承担责任。但需要澄清的一点是，股东追求其短期利益并非就一定代表着短视，正如反对将关注股东利益污名化为只关注短期利益的观点一样，"长期主义不一定更优，改变短期主义也并不一定能够解决公司治理中的负外部性和分配正义的问题"④。公司治理选择长期主义或短期主义并非侧重点，重要的是以董事当时视角选择哪一主义更能妥善解决当时公司治理中存在的利益冲突与发展问题。企业社会责任于公司经营者而言与其说是一种要求，倒不如说是给公司经营者决策提供了选择的余地。如果公司经营者认为追求公司之永续发展为善治，可以更好地解决上述问题，从事后角度出发，司法理应给予尊重。但对这种追求公司长远利益的决策需要有所防范，以避免公司经营者标榜公司长远利益的商业决策成为公司经营者借机牟利和压迫中小股东利益的挡箭牌。股东追求其短期利益亦有其正当性，尊重公司经营者长远利益选择的同时，须以不过度侵害股东利益为前提。因此在诉讼中，董事如果以公司捐赠可给公司带来长远利益为抗辩，有理由要求公司经营者论证所作决策与公司长久利益具有一定的合理性与关联性，并且要求捐赠数额在合理的区间，以确保所损害的短期股东利益在合理范围内。

2. 借鉴江原乐园案件审判标准

从法院审查捐赠决策的标准来看，日本较之美国更为严格，从韩国法院对于捐赠

---

① 李建伟：《论公司社会责任的内涵界定与实现机制建构——以董事的信义义务为视角》，载《清华法学》2010年第2期，第124页。
② 李昕：《论股东至上准则——兼评道奇诉福特汽车公司案》，载《〈上海法学研究〉集刊（2020年第7卷 总第31卷）——中国政法大学、西南政法大学文集》，2020年，第138页。
③ 李建伟：《论公司社会责任的内涵界定与实现机制建构——以董事的信义义务为视角》，载《清华法学》2010年第2期，第126-127页。
④ 缪因之：《公司目标之辩：祛魅长期主义》，https：//baijiahao.baidu.com/s? id=1747932625189052282，最后访问日期：2023年5月1日。

行为的程序以及内容都提出了较为明确的标准这一点来看,较之日本法院审查政治献金案件所论述的"决策过程程序、内容没有明显不合理"更为严格,这应当与韩国大力打击公司捐赠形式的腐败行为等国内综合环境有关,韩国《政治资金法》严禁法人参与政治献金。为解决公司捐赠行为为审判视角的难题,特别是在审查捐赠行为内容合理性部分,日本法院仅是模糊地认定捐赠行为没有明显的不合理,这似乎很难提供清晰的借鉴,因此笔者认为在企业社会责任理论影响的基础上可以借鉴韩国江原乐园案件改良后的事后审查标准。由于"我国法外替代机制的欠缺"[1],在外部董事监督机制有所缺位的前提下,我国法院在对公司捐赠适用经营判断规则时,不应以美国式的经营判断规则为基准,而应将其作为法院介入审查公司捐赠行为的裁判规则,并在审理中尊重董事的裁量选择权[2],具体言之,法院以董事未违反法律法规效力强制性规定和未违反"忠实义务"[3] 为前提,判断董事所作捐赠行为是否满足以下要件:① 公益要件:捐赠行为是否出于公益之目的且判断其是否以相当适当之方式为公益事业作出贡献。② 公司利益要件:通过捐赠行为能否获得包括提高公司形象在内的可期待的长期、间接利益,从永续发展角度出发,应当将这种公司利益定义为"长期价值"为宜,允许公司经营者为了达到公司长期利益而考虑将利益相关者的利益纳入考量范围。③ 捐赠数额要件:根据公司财务状况,捐赠金额是否在相当范围内;将捐赠行为所达到的公益目标与公司利益相比较,捐赠金额所对应的费用支出是否在合理范围内。④ 程序要件:捐赠行为是否在董事自由裁量权的范围内,对捐赠行为进行决策时是否经过充分的考虑和研究等。

法院在适用上述要件时形成了两条审查路径。其一,审查捐赠的决策程序正当与否。程序上的审查应该是多层次的:首先,在公司章程对公司捐赠行为作出相应限制性规定时,应先审查董事所作的捐赠行为是否符合公司章程规定,特别是对于公司捐赠行为的决策权限的规定,其中包括捐赠数额、对象等的规定;是否履行捐赠信息披露义务。其次,就是关于董事会决议所应当履行的法定程序,诸如作出捐赠决议的董事会是否符合法定人数,表决方式是否符合法律规定。再次,审查董事是否充分收集与之相关的信息,并审查对捐赠行为带来的后果是否认真讨论等。例如,公司已经濒临破产,捐赠是否会带来经营恶化的结果;又如,捐赠是否会带来散漫经营等负面影响。这一点可以根据董事会决议是否正常收集听取相关专家鉴定、企业法务的法律意见等综合判断。最后,在法律法规、公司章程规定粗糙甚至没有规定的前提下,判断程序是否正当,还可以将涉案捐赠行为之决策程序与以往正常捐赠程序进行对比,如

---

[1] 参见傅穹、陈洪磊:《商业判断规则司法实证观察》,载《国家检察官学院学报》2021年第2期,第40页。
[2] 参见梁爽:《董事信义义务结构重组及对中国模式的反思:以美、日商业判断规则的运用为借镜》,载《中外法学》2016年第1期,第221页。
[3] 狭义的违反忠实义务指公司与董事存在利益相反情况下所做出的经营判断。

此观之自是一目了然。

其二，即是对捐赠内容的审查。笔者认为法院审查捐赠内容合理性应当保持一定程度的克制，过度的审查将使经营判断规则成为法院不当干涉公司董事作为公司领域管理专家的工具。换言之，法院应当对拥有广幅裁量权的董事们所作的决策予以尊重，应以公司捐赠行为明显不合理为判断的界限。审查内容具体又包括三个方面：第一，法院审查公益要件，对打着"为公共利益做贡献"口号的捐赠行为，法院应当审查其究竟是否以公益为目的且需以相当适当方法为之。笔者认为这一点颇有难度，但并非不可行，法院在具体判断时，以公司在捐赠行为中所标榜实现的公共利益为前提。如董事提出捐赠是为了振兴某地经济，进而法院可根据捐赠对象以及捐赠用途判断其是否以相当适当方法为之。同时为尊重董事自由裁量权，法院审查董事所作捐赠是否以适当方式为之不能过分苛刻，否则将限制董事在商业领域的自由发挥。因此这一步与其说审查是否以适当方法为之，倒不如说审查捐赠行为是否偏离了为公共利益贡献的轨道，如被董事用作谋取利益渠道。代入国内茅台捐赠案例之中，其确以公共利益为口号，并通过修建污水治理厂以及公路的方式实现。为了达到公共利益之目的，一般将公司捐赠的对象限定在慈善机构等非营利性组织，但这并非绝对。借鉴韩国案例，韩国法院承认捐赠行为的受赠对象可以是公司企业等，但最终还需要达到为公共利益服务之目的，这就要求捐赠最终不能过分偏离贡献公益之目的，否则不能通过审查。

第二，法院审查捐赠行为能否带来公司利益。这一点亦是颇难判断，原因在于一般情况下公司捐赠行为给公司带来的利益并非肉眼可见，而是间接、长期利益。笔者持企业社会责任理论前提下，赞同公司利益非股东至上主义中的股东利益或者利益相关者理论中的公司利益，而是介于二者中间，以长期公司利益为核心，允许公司经营者根据具体个案情况对特殊利益相关者予以考量。如前所述，公司经营者为了公司善治无论是选择长期主义还是短期主义，都是值得尊重的经营策略。经营者选择长期主义时在涉及特殊利益相关者的捐赠之中，为达到公司长久良性经营之目的而将影响公司存在的利益相关者予以考量，这将成为其损害股东短期利益的减责或者免责事由。因此，公司利益在此就不只是捐赠行为是否给公司带来"博爱""慈善家"的好名声，还应当包括经营者衡量利益相关者后带来的利益，如公司捐赠给足以影响公司存在、存亡的受赠主体以求公司能够继续存在。在实际诉讼过程中，法院应当就董事以其捐赠可给公司带来长远利益的抗辩为具体审查点。而在没有特殊利益相关者的情况下，法院可以考虑从反面进行判断，简而言之，就是判断公司有无从中获得包括被外界批评公司散漫经营在内的各种负面影响。一般而言，如果无各类负面影响则视其为公司带来了利益。

第三，捐赠数额为法院审查捐赠行为的重中之重，或者说"合理的捐赠数额是保证公司捐赠合理性的基本指标"[1],同时亦是"公司恪尽社会责任与顾及公司股东权益的一项平衡点设计"[2],因此需对捐赠数额着重考量。法院对捐赠数额的审查可以分为两个步骤:第一步,可以对捐赠数额与公司财务状况作比较;第二步,如通过第一步的审查,法院还需考察捐赠数额与捐赠行为所达到的公共利益、公司利益之间的关系,考量是否在合理范围内。笔者认为对前者的审查,鉴于国内公司大多数章程并未对捐赠数额作出细致规定的现实情况,法院可以在公司章程没有规定的前提下考量公司经营现状、"公司资产负债率、债权情况"[3],为兼顾企业社会责任——允许董事为达到长期利益之目的而将利益相关者纳入考量范围——与维护股东短期利益正当性要求的平衡,在没有涉及特殊利益相关者的前提下,董事所作出的捐赠数额如果未过分占用公司纯利润则视为通过审查,对此亦可以参考业内以及该公司惯例,而涉及特殊利益相关者以及面对重大灾害事故时,捐赠数额占公司财务比可以突破惯例的限制。对于第二步的考察,实际上是指上述"公共利益"与"公司利益"这两个要件对于捐赠数额的审查具有先决性,换言之,作为弹性的审查标准,法院应当根据捐赠行为所达到的公司利益、公共利益而判断捐赠数额是否过大。笔者预设了几种不能通过审查的情况:① 捐赠行为之数额明显不符合公司财务状况,对公司财务过度掠夺侵害了公司利益,即使获取了相应的长远、间接公司利益,达到了公共利益的要求,也不能通过审查(在捐赠行为带来的公司利益多为长远、间接利益的前提下,过度的数额本身就是损害公司利益的一种表现,对此二者进行比较,得出的仍是公司捐赠行为未能获取公司利益的结论)。② 公司捐赠数额合理,但并未因此获取相应公司利益与公共利益,江原乐园案件即是这种情况。③ 公司捐赠数额不合理且捐赠行为明显偏离公司利益、公共利益。

将审查公司利益要件与捐赠数额要件代入茅台捐赠案件之中,茅台企业捐赠行为自然可以满足公共利益的需求,但似乎并没有因此带来足够的公司利益,或者说将如此巨额的捐赠数额与所得微薄公司利益——热衷公益的好名声相比较,实属捐赠过度,有可能被外界视为决策不当,并且这种过度捐赠损害了股东利益。但笔者认为这种观点仍有探讨的余地。如上所述,企业社会责任理论下的公司决策基于长远利益的需要考虑了公司利益相关者的利益,而可以损害股东的部分短期利益。因此茅台捐赠事件中的公司利益不仅是股东利益,亦不仅是去除利益相关者后的公司利益,还包括考虑了利害关系人利益之后带来的利益。笔者认为法院在具体审理过程中可以根据被告董事的抗辩即捐赠数额与所享受的红利相比较进行审查,即将捐赠数额与因茅台公司修建污水治理厂而折抵免缴的污水处理费和兴修公路降低的物流成本进行比较。当然,

---

[1] 参见马育红、刘晓霞:《公司捐赠制度研究》,中国政法大学出版社2012年版,第244页。
[2] 参见刘连煜:《公司治理与公司社会责任》,中国政法大学出版社2001年版,第95页。
[3] 参见马育红、刘晓霞:《公司捐赠制度研究》,中国政法大学出版社2012年版,第247页。

从良好的政商关系而言，这种越位政府捐赠用于地方基础设施建设的方式并不值得提倡，借此换得地方政府的照顾有可能扰乱公平公正的市场秩序。

3. 加重董事审查标准

韩国江原乐园案件所适用的标准缺陷在于忽视了该案的利益冲突问题，进而未以更严格标准审查，这应当是不加以区分忠实义务与勤勉义务之缘故。尽管该案董事涉及的仅仅是勤勉义务的判断问题而与忠实义务无关，但不可忽略的问题是，如遇到利益冲突问题，捐赠行为还能否适用判断勤勉义务的经营判断规则。对此，在我国加以区分董事忠实义务与勤勉义务的前提下，笔者认同对于董事在捐赠行为中隐蔽地追求私利甚至将其利益置于公司利益之上，需提高审查标准。这一点看似与企业社会责任理论下要求对公司经营者放宽处理的做法背道而驰，实则不然。加重审查标准针对捐赠行为带来的代理成本问题，仅要求有嫌疑的董事自证清白，这并不与要求考量利益相关者的企业社会责任相冲突。这一点在中国得以适用的原因在于"当前中国突出存在的一个问题，就是通过慈善捐赠来谋求个人利益"[1]，这也和此前国内学者的观点不谋而合[2]。因此，在审理过程中可转换举证责任，在原告初步举证董事与公司捐赠行为有利害关系之嫌疑时，笔者认为根据《公司法》第一百四十八条第一款第（八）项忠实义务之兜底条款，利害关系之嫌疑除典型的如董事通过公司捐赠自己或者董事为第三人谋求经济私利，以及自我交易等获取直接利益冲突的情况外，还应当包括获取个人荣誉以及谋取非经济便利，如为自己子女上学加分等非典型的谋取私利情况。此时，若出现上述情形，法院应要求董事自证清白，董事应当举证证明其对公司利益无谋求私利的情况，其所作捐赠行为为正当程序下作出的合理捐赠行为。中小股东在此类案件中往往为掌握公司命脉的经营者与大股东所排挤，在民事诉讼两造之中处于天然弱势地位，而加重审查标准这一点或许可以有效缓解大型公司里中小股东对捐赠行为掌握信息不足与董事谋求私利高风险所产生的矛盾，切实保障公司及股东之权益。

在公司董事有遭强势第三方强迫捐赠时，着重审查捐赠是否出于自由意志，应当核实其来龙去脉。这一点恰与韩国类似——"国家或公共机构对公司的实际影响力较大的国内环境"[3]。国内公司捐赠有可能被地方势力影响，而并非基于公司的自由意志产生，且此种捐赠可能与公共利益和公司利益无多大关系，因此审查其来龙去脉确有必要。

---

[1] 参见李领臣：《公司慈善捐赠的利益平衡》，中国政法大学出版社2012年版，第162页。
[2] 参见刘小勇：《公司捐赠与董事的责任——美国法与日本法的启示》，载《环球法律评论》2011年第1期，第69页。
[3] 参见［韩］安泰俊（音译）：《董事对公司捐赠行为的义务和责任标准——以英美和国内主要判例为中心》，载《法学研究》（韩国全北大学）2020年第63卷，第234页。

结语

恰如学者所言,"公司捐赠几乎处于法制真空之情况"①,而股东于事后向董事追责难度颇高,但世界上并没有完美的事前约束机制,即使事前设置好了较为完善的"内部决定程序"与"信息披露机制",亦不能全然防止公司捐赠行为中产生代理成本。故笔者认为,事后审查标准具有其他防弊机制所不能代替之重要性,或者说不能因为股东派生诉讼挑战董事所作出捐赠行为难度颇高而因噎废食。韩国江原乐园案件给了笔者很大的启示,即法院事后审查公司捐赠行为的内容并非不可能,因此本文结合该案中法院以及学理上的有益观点,希冀给中国司法解决公司捐赠行为问题提供一些浅薄的见解和思路。

---

① 周振锋:《论公司社会责任与公司慈善捐赠》,载《台湾财经法学论丛》第1卷第1期,第216页。

当代世界的司法审查：回顾与展望（上）

多海尔·路德维希[①]　约瑟夫·H. 韦勒[②]　著
范继增[③]　浦　晨[④]　译

摘要： 在这篇主旨论文中，我们对莫诺·卡佩莱蒂的创世著作《当代世界的司法审查》一书进行重新审视、更新和理论性修正。为了表达对卡佩莱蒂的敬意，我们将采用"浪潮"一词作为分类的工具。在宪法秩序的范围内，我们绘制出三个连续和重叠的全球司法审查浪潮。第一波司法审查浪潮是在国家法律秩序内的一系列"宪法革命"。第二波司法审查浪潮是指法院可以在司法审查过程中，将国际法作为更高位阶的法源。第三波司法审查浪潮是对第一波和第二波浪潮的回复与反应：第三波浪潮的一个层面是国内法院在跨国治理（声音）中填补法治、民主和身份特征（identitarian）的空隙；另一个层面就是在特定的情形下，法院（或者国家）试图退出第一波或第二波司法审查浪潮。不同波次的司法审查浪潮的相互作用和彼此间的辩证特征构成了本文的解释框架。我们希望通过凸显不同波次司法审查浪潮自身和彼此间的辩证关系，以挑战当下主流的渐进性和演化性宪法化进程叙事。

关键词： 司法审查；身份特征；人权；民主；宪法；国际法

一、传世著作的起源

在 20 世纪 70 年代早期，莫诺·卡佩莱蒂（Mauro Cappelletti）在其经典著作《当代世界的司法审查》（*Judicial Review in the Contemporary World*）中描绘了全球范围以司法审查为中心的宪法制度扩展。以司法审查为中心的宪制在全球范围内传播之始就与二战后的民主浪潮的传播同向而行，并成为民主浪潮的一部分[⑤]。尽管该书英文版本篇幅很短，但是该书在知识性和学术性方面做出了重要的贡献，且在比较法研究方面堪称典范。该书在两个意义上拥有"预言"的特征：在经验认知上，作者预测到了当时还在世界公法版图上处于边缘地位的司法审查正在征服民主世界。的确，当时的司法审查活动正在成为民主本体的一部分。在规范层面中，卡佩莱蒂认为两种信念结合将构成"不合标准的公共的善"（unqualified public good）：(1) 民主的立法机构应

[①] 多海尔·路德维希（Doreen Lustig），特拉维夫大学法学院副教授。
[②] 约瑟夫·H. 韦勒（Joseph H. Weiler），纽约大学法学院让·莫内（Jean Monnet）讲席教授，曾经担任欧洲大学学院（European University Institute）校长，目前是《欧洲国际法评论》和《国际宪法学学刊》的主编。
[③] 范继增，山东工商学院法学院副教授，四川大学欧洲问题研究中心研究员。
[④] 浦晨，山东工商学院法学院学生，山东工商学院地方立法基地研究助理。
[⑤] Mauro Cappelletti, *Judicial Review in the Contemporary World*, Bobbs-Merrill, 1st edition, 1971.

受到对抗暴政的保障个人权利和自由的更高法规范的约束,即便面对民主的多数人暴政,也应该约束立法机构;(2)处于最高地位的宪法法院或者日常性的普通法院是有效保障更高法规范高效实施的机构。司法审查成为法治理念的核心特征。

无论如何看待卡佩莱蒂的线性视野,尽管学者认为其在规范层面上可能存在问题,但是就经验认知角度而言,简单且彼此相互竞争的不同司法审查模式不仅持续地在全球范围内传播,而且不再停留在教条主义的层面,而已变成了一种信仰①。我们很难从20世纪后半段的制宪实践中找出没有采用这种模式的任何一个形态。

欧盟法院在绿党(Les Verts)的判决中就很好地诠释了其法哲学理论。沃尔特·哈尔斯坦(Walter Hallstein)在判决中指出:"欧洲经济共同体是建立在法治基础之上的共同体。这意味着欧洲共同体成员国和欧共体机构都不能逃避(欧共体法院)依据基础宪章——《欧洲共同体条约》——对成员国和欧共体的机构实施欧共体法的措施进行司法审查。"②

缺乏司法审查的民主是有缺陷的民主,这种看法在欧洲国家尤其如此,概莫能外。尽管针对行政法的司法审查潮流早于针对议会立法的宪法审查,且后者的历史发展轨迹与前者明显不同,但是两者结合处和相互影响已经变得很明显。欧盟法院曾经用简短且有力的语言描述了法治的核心特征是法院有权审查影响任何法律主体地位的法律行为。尽管部分国家的法院曾经用越权无效(ultra vires)原则以及较弱形式的合理性原则(rationality)作为风靡一时的审查行政规范和行为合法性的实质标准,但是比例原则在当下已经取代上述两种方法,成为司法审查的核心工具和标志。

目前,已经有大量丰富的文献从社会科学性质描述了司法审查发展的原因,并且发展状态在所有领域中保留了大量规范性公法理论。例如,当下被激烈辩论的"宪法(政)多元主义"③(constitutional pluralism)法律概念就是由实际存在的宪法秩序的重合性和冲突性驱动,也要从中寻找不同法律秩序的边界。并且,相互冲突的宪法规范受到能够决定管辖范围内判决结果的"保护",也影响着驱动和界定宪法多元主义的概念。

卡佩莱蒂的创新和伟大成就在于他跳出了本土化和特殊化的宪法学研究模式,并且他不满足于对任何给定的宪法体系的研究。他是从《联邦党人文集》和马伯里诉麦

---

① 根据汤姆·金斯伯格(Tom Ginsburg)和米拉·费希泰格(Mila Versteeg)的统计,1951年全世界范围内仅有38%的国家拥有司法审查(违宪审查)制度,而在2011年这个比例提高到了86%。Tom Ginsburg & Mila Versteeg, Why Do Countries Adopt Constitutional Review?, *Journal of Law, Economics and Organization* (2014), Vol. 30, p. 584. 同时参见 Wojciech Sadurski, *Rights before Courts: A Study of Constitutional Courts in Postcommunist States of Central and Eastern Europe*, Springer, 2014, 2nd edition.

② Case 294/83, Les Verts v. Parliament, [1986] E. C. R. 1339; Walter Hallstein, Die Europäische Gemeinschaft (5th ed., 1979).

③ Klemen Jaklic, *Constitutional Pluralism in the EU*, Oxford University Press, 2014.

迪逊案进行研究,并且,会回溯到更远,且展示出全球性的整体景象。这种研究本身以及结果具有价值性,有助于帮助各个国家通过宪法修改或者司法演化的途径建立司法审查模式时,降低和弱化本国范围内的争论。也就是说,当所有国家都在建立违宪审查制度的时候,支持建立该制度的本国公民不必在辩论中感到紧张。

最后重要的一点是卡佩莱蒂将温和的现实主义措施引入对宪法基本模式的规范性分析之中。尽管本土性条件每时每刻都会在全球各地引起周期性的矛盾和争议,但是并非所有人的观点都是错误的想法已经深入人心。并且当所有人都可以自由地表达和行动时,那么就可以通过这种基本模式提高民主,而非消灭民主。

卡佩莱蒂认为司法审查不仅是"未来的道路"(way of the future),也是当代的"福音"(good news)。他近乎天真和宗教般的情结至少非常明显地体现在经验认知的环节,否则就无法解释其坚信司法审查具有超越地方特殊性,从而扩散至全球的能力。

然而,即便我们只关注欧洲国家的情况,线性图像也会非常复杂。一方面,除了在整个公法世界中,不同的国家采用了不同的司法审查模式,司法审查的问世和诉诸法院的司法审查模式已经在联邦制或者单一制的民族国家以外的层级中快速地传播。整个世界已经见证了真实存在的主权国家之间和主权国家之外的地域性、全球性以及双边性或者多边性的国际框架内涌现出许多法律制度变革和创造。另一方面,出现了许多可以执行超国家法规范的法院。不仅彼此联系和碎片化的国际法规范不断增多,而且国内和跨国性的司法机构也前所未有地参与到司法活动之中。

长期以来,主权国家利用微弱的秩序和正义强烈地追求国家利益被视为国际法最主要的精神。司法审查的传播为这个基本精神增加了新的层面。不仅将未来人类的福祉作为构建超越国家利益的国际社会集体利益的共同体精神,而且隶属于国家的个体和某个地区也会受到司法审查的关注,甚至有时将优先保障他们的利益。

国际法不再是由缔约国商议,并在此后通常由议会批准,并且将主权国家作为主要约束主体的行为规则的静态条约的主导模式。它已经演变成不同种类功能性和身份性的地区化或全球化国际组织制定的法律。这些具有"宪法性"、立法性和规制性的国际条约间协调性极差,甚至彼此矛盾。换句话说,国际性与跨国性层面已经不再单纯是协调和沟通彼此利益冲突的角斗场,而是不同治理规则的战场。在行政领域尤其明显,曾经由主权国家(中央政府)行使的职权已经转移至地区、跨国性和全球性的机构。

这种新的互动模式需要为(在旧有国际秩序模式下的)主权国家之间的纠纷解决机构建立新的平台(例如法院或者裁判庭)。此外,这种新的互动模式改进了法院和法庭的说理模式:保障符合法律规范(而不仅仅是解决争议)。这种方法不仅是为了避免架空多层级体系,它更为深入的功能拓展了前文提及的欧盟法院的说理模式,确保在所有治理层面上实施法治。

进而，这种多层级的治理模式也出现在其他类似的领域之中。出现了不计其数的拥有不同的管辖权范围、职权和权力的法院或者裁判庭（或许也会有人将双边投资协议设置的裁判庭计算在内）。但是，就如同要依据国内法所实施的法治，多层级治理的法治理论也是建立在法院与不同领域的司法审查无法分割的国际法治基础上的。实际上，国际法治和国内法治进程的对向发展使得两者的界限逐渐模糊。

卡佩莱蒂采用了牛顿物理学思维描述宪法研究的世界：较大的物体（宪法、宪法法院或者最高法院）以较慢的速度在特定的轨道上运行，偶尔会有彗星或者中微子闯入轨道，打破比较法学者的权威研究结论。比较宪法学者就是位于学术研究中心的人。然而，我们的世界遵循的是爱因斯坦的描述模式。彼此相互排斥和吸引的大小各异的物体做着不规则的高速运动，导致物体的碰撞、解体、熔断和分裂，而学者则被广义地定义为公法民族主义者或跨国主义者。

本文目的是重新审视、革新和理论性地更改卡佩莱蒂的建构。我们采用研究方法的第一个目标就是描绘整体上极其复杂的公法世界。我们将用卡佩莱蒂在他另一本著作——《获得司法救济权》[1]中的隐喻"浪潮"（wave）作为描绘公法世界的核心工具。这可以从时间与空间两个视角反映司法审查的内容变化。我们将描画三波浪潮（three waves）——可能是共时性，也可能是历时性的——用于叙述欧洲的发展和当代世界的司法审查图景[2]。

第一波司法审查浪潮是指司法审查制度在不同国家的法律秩序间横向传播（或者法院拥有更加强烈的意愿使用已经存在的机制）。第一波浪潮最主要的特征是在不同国家的司法机制框架下出现了针对国家行为的违宪审查，其对象范围也包括民主机构通过的立法。第二波浪潮是指在跨国法律秩序内出现了更高法（higher law）。尽管欧盟并非这种现象的唯一事例，但是此现象在欧洲体现得最为明显。例如，《欧洲人权公约》以及欧盟法就是典型的跨国法的体现。主权国家受到国际性裁判机构的管辖作为解决争议的途径不是新鲜的事务，不能构成司法审查普遍化的一部分。第二波司法审查浪潮的创新性不仅体现在国际争端解决机制下对主权国家进行司法审查，也包括将传统上不属于国际司法机构管辖的主权国家内部行为纳入其审查范围之中。但是，更为重要的是在第二波司法审查浪潮中越来越多的国内法院在国内宪法秩序中将国际法规范作为更高法。因此，我们可以完全相信国际法规范在司法审查景象中的中心地位。

---

[1] Mauro Cappelletti & Garth Bryant, *Access to Justice and the Welfare State*, Alphen aan den Rijn, Sijthoff, 1981, p. 3; Samuel P. Huntington, *The Third Wave: Democratization in the Late Twentieth Century*, University of Oklahoma Press, 1991.

[2] 我们会使用"宪法化"（constitutionalization）一词来表示在宪法秩序内采用司法审查的模式，同时也会像上文所提及的那样，特别关注宪法与行政之间的交会点。它们之间的界限正在被打破，这个现象不仅出现在跨国法领域。

第三波司法审查浪潮有两个主要方面。一方面，国内法院展示出跨国性审查、国际性治理和司法判决的能力；另一方面，国内法院在司法审查的过程中用宪法性话语表达了宪法和国际法间的特征性裂痕（identitarian seam）。这两个方面皆在法律秩序领域引起了复杂的规范性问题。

我们认为划分三波司法审查浪潮的图景不仅为司法审查现象的极速膨胀提供了组织性原则和更有意义的描述，而且也可以通过不同波次浪潮间的彼此交互作用，丰富我们对当代世界司法审查的解释性工具。

在数十年的研究过程中，宪法学者已经在第一波和第二波司法审查中形成了丰富的宪法理论。所以，本文对上述问题只能做出综合性的贡献。尽管我们也希望本文中对前两波违宪审查浪潮的研究能够对系统性研究产生价值，但是我们依旧运用了绝大多数读者熟知的叙述。我们希望通过确定第三波司法审查浪潮的出现（抑或此时仅是一个增强期），并且分析它的起源、轮廓和重要性，能够形成对当代世界现存的历史、历史编纂学和司法审查理论有益的贡献。简而言之，我们认为第三波司法审查浪潮是对前两波司法审查浪潮的反映。换句话说，我们将呈现国内宪法秩序和跨国宪法秩序形成的共同性挑战如何在第三波司法审查浪潮中形成对前两波浪潮的矫正与抵制。我们还会进一步指出第三波司法审查浪潮或者对国际法规范的抵制应该被视为国内宪法秩序和跨国宪法秩序间的矛盾。而第一波司法审查浪潮和第二波司法审查浪潮在传统上具有相互补充的关系。

我们将在以下的部分简短地介绍可以帮助读者理解本文较为复杂描述的"路线图"。我们将在本文的第二部分从经验认知上较为简短地回顾第一波司法审查浪潮和第二波司法审查浪潮的发展轨迹。此后，我们将通过简短的因果关系和理性论证阐释前两波司法审查浪潮的发展，并且特别重点研究前两波浪潮间的交互性影响。

第三部分将以从法律、政治和社会视角描述和分析对前两波浪潮可能性的反对和反映为开端。这一部分对本文具有重要的理论意义。本文作者认为第三波司法审查浪潮是对第一波和第二波司法审查浪潮的辩证性反映。

在第四部分中，我们将探索第三波司法审查浪潮的范围。借用赫希曼曾经提出的新类型的词——声音（voice），第三波司法审查浪潮就是国内法院尝试在跨国治理和跨国性司法审判过程中弥补法治、民主和身份特征的间隙，并且也会维持国内宪法的至上性和约束跨国性治理机构的权力。另一个层面就是"退出"（exit），即在部分情况下，法院（和国家政府）寻求退出第一波或者第二波司法审查浪潮。在此研究过程中，我们将不会分析匈牙利、波兰、委内瑞拉和土耳其这些严重损害国内宪法法院和司法审查制度的国家状况，也不会涉及像南非与国际刑事法庭和英国脱欧事件等脱离国际治理体系的事件。司法判决一定会受到和体现出上述极端的脱离活动的影响。但是，我们希望将这种脱离活动限定在国内宪法法院或者最高法院实施其权力的领域（不是反对这些法院的行为)。本文所指的退出活动与国内法院直接挑战、蔑视或者修改的跨国法律制定有着密切的关系。我们希望在本文中探索这些国内法院这样做的背景，并追溯其可能的缘由。

作者在本文中不仅会提供针对当下"抵制"情况的一般性或者重要性解释，我们也希望本文能够在剖析法律制度角色的过程中对完善日常描述的民粹主义、民族主义和威权主义的兴起做出贡献。我们承认这些解释很难成为实锤的社会科学解释，但是希望伴随着本文的研究提供的更为广泛的框架，这些解释可以为抓住多层级化过程中的重要特征提供有用的方法。

二、回溯——司法审查与公法

本文涉及的主要内容是违宪审查（constitutional judicial review），但是"宪法"的边界经常模糊不清。正如我们所见到的，对行政行为司法审查的兴起与违宪审查的兴起间仅存在有限的因果关系。但是，对于司法机构审查立法的合宪性的法官而言，违宪审查与针对行政行为的合法性审查有着重要的相似性。法官们都希望在这两种情境中以法治的名义约束和制约国家机构，并且提高被剥夺权利个体的待遇。相似地，在各种国际性和跨国性框架下（第二波司法审查浪潮），国内的司法审查已经不再单纯是行使"违宪"审查：我们既没有明确的法源能够将其定义为"国际宪法"（international constitution），其本身的实践也不会使国际性或者国内性"立法"因违反宪法标准而无效。但是，第二波司法审查浪潮的基础并不仅仅是行政法的越权无效原则、合理性原则，或者是"边际裁量"（margin of appreciation），而是将国际法规范假定为享有最高规范的地位，并且依据国际法规范对国家的实践、决定和立法行为实施的司法审查。所以，第二波司法审查行为呈现出违宪审查特征（考虑到它是从国际法规范的最高性提取规范理性）和针对行政行为的司法审查（考虑到它不是严格地评估立法的合宪性，而是约束和严格审查行政机构行为的合法性）的结合①。基于这样一种考虑，我们认为用"宪法"一词较为适当。

（一）第一波司法审查浪潮——司法审查的扩展

第一波司法审查浪潮是一场名副其实的"海啸"。概念上，真正的第一波司法审查浪潮通常追溯至 1803 年美国宪法史上的马伯里诉麦迪逊案，即便可以将其追溯到更为

---

① 从历史的视角审视行政法，请参见 Peter Cane, *Controlling Administrative Power, An Historical Comparison*, Cambridge University Press, 2016, Ch. 6.

久远的案件判例①。19世纪期间，除了美国以外，部分国家的司法体系也采用了司法审查制度。拉丁美洲②和欧洲③的部分国家建立的司法审查制度获得了有限的成功。但是，这些较早的事例基本没有产生实质的影响。尽管马伯里诉麦迪逊案非常重要，但是违宪审查制度跨出美国国门并且成为全球现象经历了一个多世纪的时间。

我们所了解的20世纪司法审查的历史被特别地描述为演化性历史，即在国内法律秩序内出现了一系列"宪法革命"（constitutional revolution）。其中，存在两个历史性的转折点，分别是第二次世界大战结束和冷战结束④。这个我们所熟知的叙事经常使得我们忘记了20世纪其他时期重要的宪法活动，例如在两次世界大战的间隙，至少理念上司法审查制度在欧洲逐渐兴盛⑤，并且其他地区对司法审查制度也有重要的创新性发展⑥。在这段时期内，墨西哥、巴西和古巴等拉丁美洲国家都经历了重要的宪法转变，但是实践意义较为有限⑦。与此同时，伊拉克、土耳其、中国和菲律宾也制定了含有司法审查制度的宪法条款⑧。20世纪早期，尤其在1925年，法国对是否移植美国模式的

---

① 玛丽·萨拉·比尔德（Mary Sarah Bilder）对更为久远的司法审查进行了研究。参见 Mary Sarah Bilder, The Corporate Origins of Judicial Review, *Yale Law Journal*（2006），Vol. 116, p. 502；其他学者也类似地提及了更久远的起源，请参见 Saikrishna B. Prakash & John C. Yoo, The Origin of Judicial Review, *University of Chicago Law Review*（2003），Vol. 70, p. 887; Symposium, The Constitutional Origins of Judicial Review, *George Washington Law Review*（2003），Vol. 72, p. 1; Charles F. Hobson, The Origins of Judicial Review: A Historian Explanation, *Washington & Lee Law Review*（1999），Vol. 56, p. 811; Jack N. Rakove, The Origins of Judicial Review: A Plea for New Context, *Stanford Law Review*（1997），Vol. 49, p. 1031; W. M. Treanor, Judicial Review before Marbury, *Stanford Law Review*（2005），Vol. 58, p. 455；对一些修正性的历史讨论，请参见 Gordon S. Wood, The Origins of Judicial Review Revisited, or How the Marshall Court Made More out of Less, *Washington & Lee Law Review*（1999），Vol. 56, p. 787.
② Patricio Navia & Julio Rios-Figueroa, The Constitutional Adjudication Mosaic of Latin America, *Comparative Politics Studies*（2005），Vol. 38, p. 193; David Bushnell & Neil Macauley, *The Emergence of Latin America in the Nineteenth Century*, Oxford University Press, 1988.
③ 北欧国家中的瑞典、丹麦和挪威在历史上都曾经极为有限地适用了司法审查。芬兰在2000年也加入了这个行列，该国法院可以在非常有限的范围内实施违宪审查。参见 Jaakko Husa, Guarding the Constitutionality of Laws in the Nordic Countries: A Comparative Perspective, *American Journal of Comparative Law*（2000），Vol. 48, p. 345.
④ Stephen Gardbaum, Separation of Powers and the Growth of Judicial Review in Established Democracies (or Why Has the Model of Legislative Supremacy Mostly Been Withdrawn from Sale?), *American Journal of Comparative Law*（2014），Vol. 62, pp. 613 – 614, 619 – 627.
⑤ Michael Stolleis, Judicial Review, Administrative Review, and Constitutional Review in the Weimar Republic, *Ratio Juris*（2003），Vol. 16, p. 277; Louis Favoreu, Constitutional Review in Europe, in L. Henkin & A. Rosenthal (eds), *Constitutionalism and Rights: The Influence of the United States Constitution Abroad*, Columbia University Press, 1990. 莫诺·卡佩莱蒂讨论了魏玛共和国和法国违宪审查模式的失败。参见 Mauro Cappelletti, *Judicial Review in the Contemporary World*, Bobbs-Merrill, 1st edition, 1971, pp. 53 – 66.
⑥ 更为详细的内容，请参见 David Deener, Judicial Review in the Modern Constitutional System, *American Political Science Review*（1952），Vol. 46, pp. 1086 – 1090.
⑦ 2005年墨西哥合众国宪法；1988年巴西联邦共和国宪法；1992年古巴宪法。
⑧ 有关于这个时期的进一步讨论，请参见 David Deener, Judicial Review in the Modern Constitutional System, *American Political Science Review*（1952），Vol. 46, pp. 1086 – 1090.

司法审查制度的辩论就是典型事例。与此同时,《魏玛宪法》第 102 条也设置了司法审查制度①。但是,这两个事例并未创制司法审查的传统②。

在第一次世界大战前,司法审查是依据美国的分散模式而建立的。在这种模式下,每个法院都有权裁决法律是否违宪。在第一次世界大战后,依据凯尔森的模式建立了奥地利宪法法院(1920—1933 年)③。根据凯尔森主义的集中性违宪审查模式,只有宪法法院根据为了达到特定目的的特殊程序方能实施违宪审查权④。显然,对于捷克斯洛伐克和西班牙而言,尽管违宪审查制度的传入并不成功,但是凯尔森模式在两次世界大战的间隙期却取得了主导性地位⑤。

传统观念认为 1945 年是关键的转折点。在第二次世界大战之前,议会至上的模式是主导的宪法模式⑥。依据惯常性描述,战争和极权主义的统治导致人民已经失去了对立法机关和不受控制的议会的信任。人民失去了对上述机构的信任为司法审查的建立铺平了道路,使其成为制约和平衡被选举的官员权力的机制。这个转变包括深刻的意识形态变化(朝向对宪法规范更大共识的发展方向),从而导致了结构性改变(通过司法审查制度建构宪法层级)。的确,实施司法审查的意识形态基础在美国的传统中已经根深蒂固。美国在第二次世界大战的胜利和参与欧洲的复苏行动,导致欧洲国家接受了美国的价值观和思想⑦。

但是,决定设置司法审查制度的国家最终选择了与美国分散性司法审查模式不同的集中性模式(凯尔森模式)。人权保障成为新的制宪程序中的核心环节。二战时期的轴心国也

---

① Louis Favoreu, Constitutional Review in Europe, in L. Henkin & A. Rosenthal (eds), *Constitutionalism and Rights: The Influence of the United States Constitution Abroad*, Columbia University Press, 1990. 对在战争期间采取司法审查失败的讨论与分析,请参见 Mauro Cappelletti, *Judicial Review in the Contemporary World*, Bobbs-Merrill, 1st edition, 1971, pp. 53 – 66.
② 对由于遇到公权力机构和制度性反对,司法审查在魏玛共和国失败的讨论,请参见 Michael Stolleis, Judicial Review, Administrative Review, and Constitutional Review in the Weimar Republic, *Ratio Juris* (2003), Vol. 16, p. 277.
③ 凯尔森在 1928 年发表的论文中,推动了集中性模式的违宪审查理论的全面发展。Hans Kelsen, La garantie jurisdictionelle de la Constitution, Revue de Droit Publique et Science Politique en France et á l'Étranger (1928), Vol. 45, p. 197.
④ 进一步探讨,参见 Alec Stone Sweet, *Governing with Judges: Constitutional Politics in Europe*, Oxford University Press, 2000. Ch. 2; John Ferejohn & Pasquale Pasquino, Constitutional Adjudication: Lessons from Europe, *Texas Law Review* (2003 - 2004), Vol. 82, pp. 1681 – 1700.
⑤ Stephen Gardbaum, The New Commonwealth Model of Constitutionalism, American Journal of Comparative Law (2001), Vol. 49, pp. 713 – 714.
⑥ 议会至上的模式包含了英国的议会至上原则和法国 1789 年《人权和公民权宣言》第 6 条确立的政治原则:"法律是公共意志的表达。全国公民都有权亲身或经由其代表参与法律的制定。法律对于所有的人,无论是施行保护或处罚都是一样的。在法律面前,所有的公民都是平等的。故他们都能平等地按其能力担任一切官职、公共职位和职务,除德行和才能上的差别外,不得有其他差别。"
⑦ Bruce Ackerman, The Rise of World Constitutionalism, *Virginia Law Review* (1997), Vol. 83, pp. 772 – 723, fn. 4; 读者可以比较阅读 Donald P. Kommers, *The Constitutional Jurisprudence of Federal Republic of Germany*, Duke University Press, 1997.

纳入司法审查制度，例如 1949 年的德国基本法[1]、1948 年的意大利宪法[2]以及 1947 年的日本宪法[3]。1945 年的奥地利新宪法恢复了 1929 年的奥地利宪法法院[4]。此后，1960 年的塞浦路斯宪法、1961 年的土耳其宪法和 1963 年的南斯拉夫宪法也进一步认可了中央集权司法审查模式[5]。另一个重要的时机发生在 20 世纪 70 年代。例如，1978 年的西班牙宪法、1982 年的葡萄牙宪法和 1975 年的希腊宪法建立了民主政体，也建立了司法审查制度[6]。虽然法国 1958 年就建立了宪法委员会（conseil constitutionnel），但是其宪法委员会直到 1971 年才行使司法审查权[7]。有的学者也将比利时纳入这个改革进程之中[8]。在欧洲以外的地方，去殖民化和其他因素为重要的宪法进程铺平了道路，例如 1950 年的印度《国家自由权宪章》[9]，印度最高法院扩大了权利保护的范围。在部分具有极不稳定环境的国家中，法院在其管辖范围对统治精英具有平衡性的影响力[10]。

1989 年柏林墙的倒塌构成了第一波司法审查浪潮的第二次高潮。这个过程的核心环节就是东欧国家明显朝向"宪法（政）民主化"（constitutional democracy）的转变[11]。冷

---

[1] Donald P. Kommers & Russell A. Miller, *The Constitutional Jurisprudence of the Federal Republic of Germany*, Duke University Press, 2012, 3rd edition, pp. 3-29.

[2] 参见 1948 年《意大利共和国宪法》第 134 条；Chris Thornhill, *A Sociology of Constitutions: Constitutions and State Legitimacy in Historical-Sociological Perspective*, Cambridge University Press, 2011, p. 332.

[3] 二战结束后，尽管受到日本国内排斥，但是同盟国依旧要求日本接受强加的新宪法秩序。参见 Norikazu Kawagishi, The Birth of Judicial Review in Japan, *International Journal of Constitutional Law* (2007), Vol. 5.

[4] 1945 年的奥地利新宪法几乎未对 1929 年奥地利宪法和宪法法院的内容做出任何修改。Chris Thornhill, *A Sociology of Constitutions: Constitutions and State Legitimacy in Historical-Sociological Perspective*, Cambridge University Press, 2011, p. 337.

[5] 那个年代的南斯拉夫宪法法院的影响力非常有限。Mauro Cappelletti, Judicial Review in Comparative Perspective, *California Law Review* (1970), Vol. 58, p. 1039.

[6] Bruce Ackerman, The Rise of World Constitutionalism, *Virginia Law Review* (1997), Vol. 83, pp. 772-723, fn. 4.

[7] 对此问题的进一步讨论，请参见 Alec Stone Sweet, *The Birth of Judicial Politics in France: The Constitutional Council of Comparative Perspective*, Oxford University Press, 1992.

[8] 对于将比利时纳入拥有司法审查制度国家的进一步讨论，请参见 Stephen Gardbaum, Separation of Powers and the Growth of Judicial Review in Established Democracies (or Why Has the Model of Legislative Supremacy Mostly Been Withdrawn from Sale?), *American Journal of Comparative Law* (2014), Vol. 62, pp. 619. 但是可以参考芬兰和丹麦的例子。这两个国家与英国类似，属于运行良好的民主政体，但是没有司法审查制度。

[9] Vijayashri Sripati, Constitutionalism and Rights in India, *American University International Law Review* (1998), Vol. 14, p. 413.

[10] Tom Ginsburg, *Constitution in Authoritarian Regime*, Cambridge University Press, 2014.

[11] Wojciech Sadurski, *Rights before Courts: A Study of Constitutional Courts in Postcommunist States of Central and Eastern Europe*, Springer, 2014, 2nd edition; Stephen Holmes & Cass Sunstein, The Politics of Constitutional Revision in Eastern Europe, in Sanford Levinson (ed.), *Responding to Imperfection: The Theory and Practice of Constitutional Amendment*, Princeton University Press, 1995, p. 275; Bruce Ackerman, The Rise of World Constitutionalism, *Virginia Law Review* (1997), Vol. 83, pp. 772-723, fn. 4; Tom Ginsburg, The Global Spread of Constitutional Review, in G. Caldeire, R. Kelemen & Keith Whittington (eds.), *Oxford Handbook of Law and Politics*, Oxford University Press, 2008, p. 82.

战的结束导致新建立的欧洲民主国家采取了凯尔森主义的宪法模式①。波兰通过 1985 年的立法建立了司法审查②，匈牙利于 1989 年建立了宪法法院③，1991 年的斯洛伐克宪法④、1993 年捷克共和国宪法⑤，1992 年立陶宛宪法⑥和乌克兰宪法⑦都建立了凯尔森模式的宪法法院。罗马尼亚 1991 年建立了宪法法院⑧，保加利亚的宪法法院也在 1991 年开始运行⑨。爱沙尼亚于 1993 年建立了非集中性的宪法审查模式⑩。俄罗斯则是一个更微妙的例子⑪。与此同时，东亚也成为宪法变革的焦点地区。20 世纪 80 年代以来，印度尼西亚、泰国、韩国、和蒙古发生了剧烈的宪法变革⑫。1996 年南非宪法建立的违宪审查制度也具有重要性和影响力⑬。

的确，批准宪法生效的日期并不必然成为真正宪法程序运行的最可信赖的符号。

---

① 爱沙尼亚没有采用这个模式。参见 Nancy Maveety & Vello Pettai, Government Lawyer and Non-Judicial Constitutional Review in Estonia, *Europe-Asia Studies* (2005), Vol. 57, p. 99.
② Mark F. Brzezinski & Leszek Garlicki, Judicial Review in Post-Communist Poland: The Emergence of a Rechtstaat?, *Stanford Journal of International Law* (1995), Vol. 31, p. 13.
③ András Sajó, Reading the Invisible Constitution: Judicial Review in Hungary, *Oxford Journal of Legal Studies* (1995), Vol. 15, pp. 254 – 255; Gábor Halmai, The Reform of the Constitutional Law in Hungary After the Transition, *Oxford Journal of Legal Studies* (1998), Vol. 18, p. 189.
④ Darina Malová, The Role and Experience of the Slovakian Constitutional Court, in Wojciech Sadurski (ed), *Constitutional Justice, East and West: Democratic Legitimacy and Constitutional Courts in Post-Communist Europe in a Comparative Perspective*, Springer, 2003, p. 349.
⑤ 在第一次世界大战之前，捷克共和国建立了有限的司法审查制度。参见 Wojciech Sadurski, *Rights before Courts: A Study of Constitutional Courts in Postcommunist States of Central and Eastern Europe*, Springer, 2014, 2nd edition, pp. 4 – 5.
⑥ Leonas Sabaliūnas, Comparative Perspective on Judicial Review in Lithuania, *Europe-Asia Studies* (1998), Vol. 48, p. 784.
⑦ Kataryna Wolczuk, The Constitutional Court of Ukraine: The Politics of Survival, in Wojciech Sadurski (ed), *Constitutional Justice, East and West: Democratic Legitimacy and Constitutional Courts in Post-Communist Europe in a Comparative Perspective*, Springer, 2003, p. 329.
⑧ Paul Blokker, Constitution-Making in Romania: From Reiterative Crises to Constitutional Moment?, *Romanian Journal of Comparative Law* (2012), Vol. 3, pp. 189 – 190.
⑨ Herman Schwartz, *The Structure for the Constitutional Justice in Post-Communist Europe*, The University of Chicago University Press, 2000, p. 172.
⑩ Rait Maruste & Heinrich Schneider, Constitutional Review in Estonia – Its Principal Scheme, Practice and Evaluation, in R. Müllerson, M. Fitzmaurice, & M. Andenas (eds.), *Constitutional Reform and International Law in Central and Eastern Europe*, Brill, 1998, pp. 91 – 92.
⑪ Alexei Trochev, Less Democracy, More Courts: A Puzzle of Judicial Review in Russia, *Law & Society Review* (2004), Vol. 38, p. 513. 如果想进一步讨论中东欧国家的司法审查制度，请参见 Michel Rosenfeld, Wojciech Sadurski, & Roberto Toniatti, Central and Eastern European Constitutionalism a Quarter Century After the Fall of the Berlin Wall: Introduction to the Symposium, *International Journal of Constitutional Law* (2015), Vol. 13, p. 119.
⑫ Tom Ginsburg, Constitutional Courts in East Asia: Understanding Variation, *Journal of Comparative Law* (2008), Vol. 8, p. 80; Jou-Juo Chu, Global Constitutionalism and Judicial Review, *Journal of Contemporary Asia* (2008), Vol. 38, p. 515.
⑬ 参见 1996 年的南非共和国宪法。

由于不同国家和地区存在不同的稳定性，所以也存在不同的复杂过程①。但是，我们很难否认违宪审查的广泛适用已经成为 20 世纪下半叶的普遍和明确的趋势②。同时，学者们也都在赞叹这个进程是朝向更美好世界的坚定步伐。主要的学术争论并非该进程是否已经发生以及是否存在积极的发展，而是它为什么发生以及如何发生，并且是否意味着不同法律体系的趋同性或是走向更大的多元性和差异性（译者注：原作者是用"趋同性"，但是显然是笔误）③。对本文研究而言，回顾标志宪法进程和挑战不断变化语义的辩证性动态具有重要性。我们需要在分析第三波司法审查浪潮时分析这些发展内容④。

（二）第二波司法审查浪潮——国际性和跨国性层面

第二波司法审查浪潮是依托于当代世界的国际法和国际制度增加的渐进性发展过程。这个过程与第一波司法审查浪潮发生在同一时期，一直持续到 19 世纪末期，并且在两次世界大战之间再度兴起。第二次世界大战以及冷战结束后也是具有标志性的两个时间段。尽管传统的国际法建立在双边协议和狭隘的功能目标基础之上，但是 20 世纪下半叶我们越来越多地看到更多具有雄心壮志精神的国际法的涌现。国际劳工组织和国际联盟是建构强有力的国际社会概念的早期先驱者。联合国、国际银行、《关税及贸易总协定》以及二战结束后欧洲人权法院的建立，甚至 20 世纪 60 年代制定的诸多国际人权公约，通过以个人为主体的国际社会理念，逐渐产生了取代主权国家集合性质的静态性国际法理念的全球性视野⑤。对国际社会的重新定义使得国际性的司法审查不仅成为主权国家间的法律争议解决机制，也使主权国家内部实施国际法规范的理念更加具有说服力和可接受性。

尽管第二波司法审查浪潮有很多"史前"的痕迹，但是直到二战结束后，其才展

---

① 关于中东欧国家逐渐对违宪审查制度的怀疑，请参见 Michel Rosenfeld, Wojciech Sadurski, & Roberto Toniatti, Central and Eastern European Constitutionalism a Quarter Century After the Fall of the Berlin Wall: Introduction to the Symposium, *International Journal of Constitutional Law* (2015), Vol. 13, p. 119.
② 汤姆·金斯伯格在比较宪法研究网站中记录了这些趋势。参见 http://comparativeconstitutionsproject.org/ccp-visualizations. 对此趋势的概括和相关过程细节的描述，请参见 David S. Law & Mila Versteeg, The Evolution and Ideology of Global Constitutionalism, *California Law Review* (2011), Vol. 99, p. 1162.
③ 关于这个问题的争论和解决之道，请参见 Rosalind Dixon & Eric A. Posner, The Limits of Constitutional Convergence, *Chicago Journal of International Law* (2011), Vol. 11, p. 399.
④ 关于宪法的趋同性和差异性的不同观点，请参见上文。关于不同方面的分裂性可能抵制宪法趋同性进程的文献，请参见 Stephen Gardbaum, Are Strong Constitutional Courts Always a Good Thing for New Democracies?, *Columbia Journal of Transnational Law* (2015), Vol. 53, p. 285.
⑤ 对作为共同体的国际法的进一步讨论，请参见 J. H. H. Weiler, The Geology of International Law: Governance, Democracy and Legitimacy, *Zeitschrift für ausländisches öffentliches Recht und Völkerrecht* (2004), Vol. 64, pp. 547 - 562; Bruno Simma, From Bilateralism to Community Interest in International Law, *Recueil des Cours de l'Académie de Droit International* (1994), no. 250, p. 217.

现出巨大的冲击力①。总体而言，第二波司法审查浪潮出现的标志是国际法的兴起。但是，更为重要的是具有裁量权的国际条约机构（例如《欧洲人权公约》、相关的美洲人权公约体系、《日内瓦公约》等）和同等重要的国际组织（例如欧盟）成为制定更高法源的国际机构。国内法院和国际性裁判庭会在行使司法审查权的过程中适用这些规范。

第二波司法审查浪潮发生在两个层面。在国际层面，主权国家的立法和行为可能面临着国际性"大审判庭"（Grand Chamber）的审查。例如，国际法院、欧洲人权法院、美洲人权法院、国际贸易组织的审判庭和上诉机构，国际海洋法审判庭、国际刑事法院和其他国际性司法机构皆有此项审查权。我们可以将它们履行司法审查权的过程称为争议解决。在事实和法律领域中，这些事例都属于国际性和跨国性裁判机构履行司法审查权的现象。

我们应该简短提及的一个例外情况，即主权国家发现它在某个国际裁判庭中的案件数量不是很多。与国内法院的裁判数量相比，国际裁判庭处理的案件数量是极其有限的（欧盟法院的情况也是如此。相比于数量较多的预先裁决的案件，欧盟法院需要处理的针对成员国的诉讼案件较少）。第二波司法审查浪潮的法律影响是其设定规范的功能以及对国内法理判决提供相应的规范。尽管国际性司法机构判决数量有限，但是其却塑造了国际法规范，并因此对国际法和国内法体系产生了溢出效应。然而，除了欧盟存在显著的不同，国际司法裁判机构的判决对日常的司法行政和个人命运的影响依旧较弱。甚至，相比于个案的司法行政，欧洲人权法院和美洲人权法院判决的影响更加具有规范性。

在国际层面上，最为显著的现象是国际性司法裁判机构介入对国家立法和行政行为的司法审查，可以在全球性的投资仲裁领域发现此现象②。这种现象自20世纪60年代起呈现指数性的暴增。数以千计的国际条约都包含了相关的条款，国际投资裁判庭在数以百计的案件中审查了缔约国行为的合公约性③。但是，我们不应该被"投资"性裁判庭的名称误导。相关案件的争议焦点并不仅仅涉及财产的征收。很多案件的核心

---

① A. W. B Simpson, *Human Rights and the End of Empire: Britain and the Genesis of the European Convention*, Oxford University Press, 2004; David Kennedy, The Move to Institutions, *Cardozo Law Review* (1986), Vol. 8, p. 841; Mark Mazower, *Governing the World: The History of Idea*, 1815 *to the Present*, Penguin Books, 2012; 转引自 Samuel Moyn, *The Last Utopia*, Harvard University Press, 2011.

② J. H. H. Weiler, The Geology of International Law: Governance, Democracy and Legitimacy, *Zeitschrift für ausländisches öffentliches Recht und Völkerrecht* (2004), Vol. 64, pp. 547–562; Bruno Simma, From Bilateralism to Community Interest in International Law, *Recueil des Cours de l'Académie de Droit International* (1994), no. 250, p. 217.

③ 更为深入的研究，请参见 Karl P. Sauvent, The Rise of International Investment, Investment Agreementsand Investment Disputes, in Karl P. Sauvent & Michael Chiswick-Patterson (eds.), *Appeals Mechanism in International Investment Disputes*, Oxford University Press, 2008, p. 3; Peter Egger & Valeria Merlo, BITs Bites: An Anatomy of the Impact of Bilateral Investment Treaties on Multinational Firms, *Scandinavian Journal of Economy* (2012), Vol. 114, p. 1240.

争议是社会福利导向的国家（social state）和规制性国家（regulatory state）对环境、水供应和禁止排放有毒有害物质的管控。换句话说，这些案件都具有社会敏感性和急迫性。然而，投资法庭与第二波司法审查浪潮仅有间接性关系。投资法庭仅在国家的公共政策领域行使事实性的司法审查权。它们的决定缩减了缔约国的公共领域空间和缔约国政府对公共利益的感知程度。倘若这个认知偏离了事实，那么就很难解释为何当前东道国政府对投资者——国家的争议解决机制表现出明显的反抗力量[1]。在某种程度上，投资仲裁法庭上的司法进程呈现出司法审查的逻辑理性：个体化的私人投资者通过双边投资协议获得了东道国的保护，从而承担着权力性的角色，而东道国可能会从中发现自己已经失去了权力[2]。全球范围内约有500个双边或者多边性的可涵盖多个领域的地区性贸易协议。部分国际协议也包含了强制性的司法审查模式（例如《北美自由贸易协议》），并且为国际或者国内的法律空间输出了大量的立法性和规制性的规范。

但是，更为有趣且与表象认知相反的是，在某些人眼中被视为英雄又在某些人眼中被视为魔鬼的国内法院扮演着关键性角色。国内法院的重要性源于越来越多的法治国家愿意将国际法规范适用于个人提出司法诉求的案件中，并将其作为产生法律义务的渊源[3]。出现这种情况的原因并非仅是国际法在国内法律体系中具有普遍存在性和可使用性，更为重要的是[4]，国内法律体系在国家范围内的运行提升了遵守国际法的标准，所以给予了国际法义务规范约束国家行为更为锋利的牙齿。

当然，原则上国际法规范在部分一元论的国家中具有约束力。但是，埃亚尔·本维尼斯蒂（Eyal Benvenisti）研究发现，国内法院在很长的一段时间内都会尽力避免适

---

[1] Gus van Harten, *Investment Treaty Arbitration and Public Law*, Oxford University Press, 2007; David Schneiderman, *Constitutionalizing Economic Globalization: Investment Rules and Democracy's Promise*, Cambridge University Press, 2008; Benedict Kingsbury & Stephan W. Schill, Investor-State Arbitration as Governance: Fair and Equitable Treatment, Proportionality and the Emerging Global Administrative Law, in Albert Jan van den Berg (ed.), *50 Years of the New York Convention: ICCA International Arbitration Conference*, Wolters Kulwer, 2009, 有关讨论全球性治理机构限制东道国利益空间的文献，请参见 Stefano Battini, The Procedural Side of Legal Globalization: The Case of World Heritage Convention, *International Journal of Constitutional Law* (2011), Vol. 9, p. 340; Eyal Benvenisti & George W. Downs, Democratizing Courts: How National and International Courts Promote Democracy in an Era of Global Governance, *New York University journal of international law & politics* (2014), Vol. 46, pp. 745-752.
[2] 试图平衡这种权力关系，请参见 Government of Canada, Department of Global Affairs, Trade, and Investment, Canada's Enhanced Corporate Social Responsibility Strategy (CSR) to Strengthen Canada's Extractive Sector Abroad（其他的事例则是对现有国际机制的辩论，典型的代表国家是澳大利亚）。
[3] Eyal Benvenisti & George Downs, National Courts, Domestic Democracy and the Evolution of International Law, *European Journal of International Law* (2009), Vol. 20, p. 59.
[4] Richard Falk, The Role of Domestic Courts in the International Legal Order, *Indiana Law Journal* (1964), Vol. 39, p. 429; Joseph H. H. Weiler, The Transformation of Europe, *Yale Law Journal* (1991), Vol. 100, p. 2403.

用国际法①。第二波司法审查浪潮的核心是接受国际法规范在法律等级上具有优先适用性,并且因此成为国内法院行使司法审查的基础②。

人权法是展现第二波司法审查浪潮的重要法律领域。国内与国际人权法理裁判彼此经常具有补充性和融合性,使得这些判决说理的内容可以被国内法院和国际性法院使用③。宪法法院会在判决中援引国际法规范作为其司法审查的基础,即使这些国际法规范尚未完全包含在国内宪法中。同时,国际司法裁判机构也会将国内法作为其解释的法源。在其他情境中,国际与国内司法机构间的结构性关系要求国内法院须援引已经由国际法院做出定义的国际法规范。欧盟成员国的国内法院和欧盟法院间的关系就是典型例证④。

依据上述分析,我们不同意国际性司法裁判机构承担第二波司法审查浪潮的关键角色⑤。相反,我们认为国内法院是具有重要性和影响性的司法机构。埃亚尔·本维尼斯蒂向我们展示了国内法院如何在各种情形之下适用国际法,将国际法规范作为国家对个人保护义务的基础⑥。相比于国际性司法裁判机构,普通民众能够以寻求国内法院救济的方式赋予其巨大影响力。同时,由于国内法院相对于国际裁判机构处于优势地位,所以国内法院为国际法的实施提供了强有力的机制。当然,也存在许多可以解释发展的权力参数。例如,卡伦·奥尔特(Karen Alter)已经精明地展示了在欧盟法律体系内较为低级的国内普通法院喜欢承担该角色,将此作为在等级化的国内法体系中自我赋权的方法⑦。

最后,对我们而言,被描述为全球宪法(政)主义(global constitutionalism)、宪法多元主义(constitutional pluralism)和全球行政空间(global administrative space)

---

① Eyal Benvenisti, Judicial Misgivings Regarding the Application of International Norms: An Analysis of Attitudes of National Courts, *European Journal of International Law*(1993), Vol. 4, p. 159.
② 安德烈·诺坎普(Andre Nollkaemper)从不同的理论视角阐释了这些进程:"这个景象一方面是越来越多的国际法可以向下延伸至国际法庭;另一方面,许多国家和法院都允许国际法指导他们的司法实践。"参见 Michael Zurn, Andre Nollkaemper, & Randall Peerenboom, Introduction: Rule of Law Dynamics in an Era of International and Transnational Governance, in Michael Zurn, Andre Nollkaemper, & Randall Peerenboom (eds.), *Rule of Law Dynamics: In the Era of International and Transnational Governance*, Cambridge University Press, 2014, p. 8.
③ Wen-Chen Chang & Jiunn-Rong Yeh, Internationalization of Constitutional Law, in Michel Rosenfeld & Andras Sajo (eds.), *The Oxford Handbook of Comparative Constitutional Law*, Oxford University Press, 2012, p. 1167.
④ Anne-Marie Slaughter, Alec Stone Sweet & Joseph H. H. Weiler (eds.), *The European Courts and National Courts: Doctrine and Jurisprudence*, Hart Publishing, 1998.
⑤ 参见 Bardi Fassbender, *The United Nations Charter as the Constitution of the International Community*, Brill, 2009.
⑥ Eyal Benvenisti, Reclaiming Democracy: The Strategic Uses of Foreign and International Law by National Courts, *American Journal of International Law*(2008), Vol. 102, p. 241.
⑦ Karen Alter, *Establishing the Supremacy of the European Law*, Oxford University Press, 2001.

的现象的全球性扩张是第二波司法审查浪潮的一部分。从本体论的视角而言，它们并不形成新的浪潮。当对其深入观察时，我们发现全球宪法主义的本质核心主要是将国际法规范作为国内法体系中具有更高效力的法源。换句话说，此现象在内部的扩张就是第二波司法审查浪潮定义和本体论的一部分。多年以来，第二波司法审查浪潮的原初形式和学术文献中的描述都在关注国际法规范的适用。国际条约条款的规范性源于国际条约通常是由国家之间协商并由国家议会批准的。然而，通过经验性的认知可以发现，特定的国际条约已经不再是规范性的重要渊源，而是有时我们称之为国际性或者跨国性治理的结果。国际或者国内的公务员通过制定国际性或者全球性行政法途径创制了全球性行政法的理念。全球行政法产生以及国内接受全球行政法的现象所产生的全新性社会、政治和规范的问题，与国内法院有时在司法审查中适用国际法有时又不适用国际法具有同样的困难性。然而，尽管在20世纪50年代到70年代和20世纪80年代到2000年期间第二波司法审查具有不同的内容和挑战，但是在我们的观点中皆处于相同的位置，仅是在不同方面存在些许差异。

（三）第一波与第二波司法审查浪潮：根本原理与解释

1. 根本原理

第一波和第二波司法审查浪潮的兴起是值得探讨的历史事件。正如在后续的分析中所展示的内容，法律学者、历史学者、社会科学研究者以及哲学家都在尝试对这两波司法审查浪潮的出现提出不同的基本原理阐释。

第一波司法审查浪潮兴起的普遍根本原理和叙事是结合反思二战的灾难性理论：这导致了德国（1949年）、日本（1947年）和意大利（1948年）宪法秩序的变化；对右翼独裁统治的反思，转变了西班牙（1978年）、葡萄牙（1982年）和拉丁美洲宪法制度的变化，以及东欧国家从高度集中的政治制度转变为分权的民主制度[①]。司法审查制度意味着对立法机关利用职权侵犯少数者和个人权利的约束、制约和限制[②]。约翰·费雷约恩（John Ferejohn）和帕斯夸雷·帕斯奎诺（Pasquale Pasquino）向我们解释了为何立法机构和司法机构的失效导致了意大利和德国建立起集中模式的违宪审查制度。这种模式使得（享有否决立法效力的）宪法法院独立于立法机构和（不得触及宪

---

① Bruce Ackerman, The Rise of World Constitutionalism, *Virginia Law Review* (1997), Vol. 83, pp. 772-723, fn. 4.

② Ran Hirschl, *Towards Juristocracy: The Origins and Consequences of the New Constitutionalism*, Harvard University Press, 2007; Mauro Cappelletti, *The Judicial Review Process in Comparative Perspective*, Clarendon Press, 1989; Bruce Ackerman, The Rise of World Constitutionalism, *Virginia Law Review* (1997), Vol. 83, pp. 772-723, fn. 4; Beth Simmons, *Mobilizing for Human Rights: International Law in Domestic Politics*, Cambridge University Press, 2009; Donald P. Kommers & Russell A. Miller, *The Constitutional Jurisprudence of the Federal Republic of Germany*, Duke University Press, 2012, 3rd edition, pp. 3-29.

法判决的）司法机构①。正如斯戴芬·加德鲍姆（Stephen Gardbaum）所说：

"立法机构至上的宪法制度无法阻止极权专制者的掌权，历史也证明这套宪法模式已经呈现出灾难性的失败后果。并且，在二战前以及战争期间，也出现了赤裸裸的人权侵犯。这些历史的教训都证明当战后的国家想重新开始，并且制定一部新宪法的时候，它们毫无例外地选择了美国的分权对抗的模式。这些国家抛弃了立法至上的模式，并且寻求于制定具有最高法地位且可以被司法机构实施的权利法案。"②

的确，德国和意大利的重要实践可以成为洛雷恩·E. 温里布（Loraine E. Weinrib）所说的"战后范式"（postwar paradigm）的先驱者③。在战后范式中，法院是"基本性宪法原则的特殊保护者。基本性宪法原则包括法治原则、分权原则、民主运行原则和宪法权利"，但是即便宪法法院拥有广泛的职权，它们也不可以"褫夺专属于政治领域的特权（political prerogatives），只能约束被选举的机构按照宪法的要求履行相关职权"④。

1980年约翰·哈特·埃力（John Hart Ely）在《民主与不信任》一书中提出了不以对抗专制或者灾难需求而存在的更为现代性的新司法审查理论。他将新的司法审查制度的根本原理定义为矫正代议制民主制度无法有效保障少数人权利免受多数人威胁时的一种方法："我们已经承认了既有的宪法设置无法充分地保障少数人的权利。无法为少数人免于多数人的暴政而制定出一份包含所有权利的清单，并且多元性的正式或者非正式机制也无法总能提供帮助。应该对现有的代议制理论进行拓展，不仅要避免代表将自身利益与多数人的利益割裂，也需要避免代表将多数人的集体利益与各类少数者的利益分割。"⑤ 因此，"至少在有些情况下，当已有的代议制程序虽然可以允许少数者投票，但是已经不能满足保障少数者权利的条件，司法介入就成为解决问题的恰当方式"⑥。"法官作为法律程序方面的专家和政治的局外人，拥有比政治官员更好和更

---

① John Ferejohn & Pasquale Pasquino, Constitutional Courts as Deliberative Institutions: Towards an Institutional Theory of Constitutional Justice, in Wojciech Sadurski (ed.), *Constitutional Justice, East and West: Democratic Legitimacy and Constitutional Courts in Post-Communist Europe in a Comparative Perspective*, Springer, 2003, p. 21.
② Stephen Gardbaum, The New Commonwealth Model of Constitutionalism, American Journal of Comparative Law (2001), Vol. 49, pp. 714 – 715.
③ Lorraine E. Weinrib, Post-War Paradigm and American Exceptionalism, in Sujit Choudhry (ed.), *The Migration of Constitutional Ideas*, Cambridge University Press, 2006, pp. 89 – 90.
④ 同上，p. 92.
⑤ J. H. Ely, *Democracy and Mistrust: A Theory of Judicial Review*, Harvard University Press, 1980, pp. 81 – 82.
⑥ 同上，p. 86.

优越的地位,行使审查代议制机构决定的权力。"① 我们相信在某些方面,埃力的理论支撑着民主国家正在实施的司法审查制度。

专制国家的历史可以成为多数人毫无理由地侵害少数人权利的清晰缩影。但是,一个强大国家的问题基础是它会利用其权威损害个人权利。这已经成为针对行政机构进行司法审查发展的中心环节。因此,在行政法和宪法领域实施司法审查的关键理论基础是通过保障个人权利的途径约束国家权力的扩张,以解决国家和个人之间关系的不平衡。正如兰·赫希尔(Ran Hirschl)在比较研究中的发现,违宪审查经常"被归结为旨在保障私人空间(个人和经济)免于'集体力量'(经常被解释为国家和规制的机构)干涉的权利目的。因此,这些国家的高等法院倾向于关注国家调控(state regulation)对自由和平等带来的威胁。这种关注程度远超于所谓的'私人'机构在社会关系和制度中的压迫和剥削"②。

由灾难性理论引发的意识形态解释将为司法审查的起源涂上浪漫主义色彩。司法审查经常被视为演化性和渐进性的制度。在二战结束后的岁月里,全球各国几乎都建立了司法审查制度的历史事实被视为支持这种宪法设计的胜利。正如汤姆·金斯伯格(Tom Ginsburg)所说:"毫无疑问,虽然各国因国内政治环境的不同而实施了不同的司法审查制度,但是成功的法院权力被效仿,并且成为其他国家渴望效仿的理想模式。"③ 其他对第一波司法审查浪潮更低程度的浪漫性解释可能与这种渐进性解释有着细微的差别,或者对前者有所补充抑或形成挑战。这些解释的视角包含霸权主义、功能主义和策略主义。

霸权主义视角关注美国政策决策者和思想家对战后欧洲宪法化过程的作用和影响④。功能主义的解释将司法审查制度的起源归因于碎片化的管理结构,尤其存在于像美国这类的联邦制国家⑤。部分解释探究了司法审查制度如何促进更大程度的融合性和有效性⑥。其他学者则阐释了司法审查制度如何在分裂的社会中成为潜在的解决冲突的工具:"在分

---

① J. H. Ely, *Democracy and Mistrust: A Theory of Judicial Review*, Harvard University Press, 1980, p. 88. 同时参见 Richard H. Fallon, The Core of an Uneasy Case for Judicial Review, *Harvard Law Review* (2008), Vol. 121, p. 1693.
② Ran Hirschl, "Negative" Rights vs. "Positive" Entitlement: A Comparative Study of Interpretation of Rights in an Emerging Neo-Liberal Economic Order, *Human Rights Quarterly* (2000), Vol. 22, p. 1095.
③ Tom Ginsburg, *Constitution in Authoritarian Regime*, Cambridge University Press, 2014, p. 87.
④ 例如, Udi Greenberg, *The Weimar Century: German Empire and Ideological Foundation of the Cold War*, Princeton University Press, 2014; Mark Mazower, *Governing the World: The History of Idea, 1815 to the Present*, Penguin Books, 2012, pp. 191 – 377.
⑤ 对于碎片化理论的进一步探讨, 请参见 John Ferejohn, Judicializing Politics, Politicizing Law, *Law & Cotemporary Problem* (2002), Vol. 65, pp. 55 – 60.
⑥ Martin Shapiro, The Success of Judicial Review in Constitutional Dialogue in Comparative Perspective, in J. Kenney, William M. Reisinger & John C. Reitz (eds.), *Constitutional Dialogue in Comparative Perspective*, Springer, 1999, p. 193.

裂的社会中，由于冲突的历史或者缺少共同的生活存在，宪法会经常性地成为塑造共同政治身份的重要工具。反过来，共同的政治身份也会成为宪法政体运行的必要条件。"[1]

规制性国家的兴起和相关的信息不平衡问题的出现为司法审查制度的产生提供了另一个功能性解释。根据这种解释，司法审查制度将暴露立法如何影响其管辖下的对象和审查国家机构行使职权的问题[2]。跟随相似的功能主义路线，司法审查可以提升可信的承诺[3]。戴维·劳（David Law）阐释了司法审查制度为那些希望吸引高技术劳工的国家提供了优势："就像尊重财产权可以帮助国家吸引和积累资本一样，尊重人权可以帮助国家有效吸引高层次的劳动力。受欢迎的宪法政策——例如，践行个人宗教信仰的权利、免于恐惧表达个人观点的权利以及观看和阅读近期流行的电影和小说的权利——构成了劳动力选择居留或者迁徙的非经济性刺激因素。"[4]

策略性解释不仅是对国家的解构，而且也对司法审查制度兴起的特殊政治环境进行了研究[5]。例如，赫希尔和金斯伯格等学者将开启司法审查制度的目的解释为精英们维持正在下滑的影响力和利益的策略[6]。策略性解释尤其是在从极权政体向民主政体转型的情境中最为普遍。在这种情况下，建立宪法法院的目的是约束未来多数人行使不民主的权利和抵抗一党独大的权力模式[7]。这类策略性表象解释了有组织的少数人是如何利用司法审查制度维持和恢复对国内政治的影响力的[8]。我们在下文中将要提及的政

---

[1] Sujit Choudhry, Bridging Comparative Politics and Comparative Constitutional Law: Constitutional Design in Divided Society, in Sujit Choudhry (ed.), *Constitutional Design for Divided Society: Integration or Accommodation*, Oxford University Press, 2008; 论法院作为调整种族性政治谈判紧张关系的功能的文献，请参见 Richard Pildes, Ethnic Identity and Democratic Institutions: A Dynamic Perspective, in Sujit Choudhry (ed.), *Constitutional Design for Divided Society: Integration or Accommodation*, Oxford University Press, 2008, pp. 195 – 198.

[2] Martin Shapiro & Alec Stone Sweet, *On Law, Politics and Judicialization*, Oxford University Press, 2002; Matthew McCubbins & Thomas Schwartz, Congressional Oversight Overlooked: Police Patrols versus Fire Alarms, *American Journal of Political Science* (1984), Vol. 28, p. 165.

[3] Barry Weingast, Constitutions as Governance Structures: The Political Foundation of Secure Market, *Journal of Institutional and Theoretical Economy* (1993), Vol. 149, p. 286.

[4] David S. Law, Globalization and the Future of Constitutional Rights, *New York University Law Review* (2008), Vol. 103, pp. 1322 – 1323.

[5] Ran Hirschl, The Strategic Foundation of Constitutions, in Dennis Galligan & Mila Versteeg (eds.), *Social and Political Foundation of Constitution*, Cambridge University Press, 2014, pp. 162 – 163; Tom Ginsburg, Economics Analysis and the Design of Constitutional Court, *Theoretical Inquiries Law* (2002), Vol. 3, p. 49.

[6] 同上。

[7] Samuel Issacharoff, Constitutional Court and Democratic Hedging, *Georgia Law Journal* (2011), Vol. 99, p. 961.

[8] Martin M. Shapiro, *Courts: Comparative and Political Analysis*, The University of Chicago Press, 1981; Martin Shapiro, The Success of Judicial Review in Constitutional Dialogue in Comparative Perspective, in J. Kenney, William M. Reisinger & John C. Reitz (eds.), *Constitutional Dialogue in Comparative Perspective*, Springer, 1999, p. 193; Jon Elster, Forces and Mechanisms in Constitutional Making Process, *Duke Law Journal* (1995), Vol. 45, p. 364; Tom Ginsburg, *Judicial Review in New Democracies: Constitutional Court in Asian Cases*, Cambridge University Press, 2003; Hirschl, supra note 67.

府对宪法法院的攻击，需要我们在司法审查建立时间之外对该制度进行反思。精英们或许在重要的制宪时刻支持用司法审查锁定他们的地位或者政策偏好。但是，正如在第三波司法审查浪潮中所呈现的那样，精英们可能在更大的舞台上抛弃了司法审查制度。

常见的第二波司法审查浪潮的根本原理是建立全球主义的人权保障理念。这是一种观念性的解释。政府促进人权国际化的原因是人权符合其自身的价值观①。在人权情境下运行的国际性司法机构很容易被当成具有全球主义色彩的代表国际社会运行的机构。除了全球主义的根本原理，现实主义者将第二波司法审查浪潮解释为大国联盟（great powers）行使霸权，将它们的意志强加于其他国家的工具②。制度主义者的观点阐释了国际性司法审查的存在和在国内体系中承诺尊重国际法规则有助于在特定的时间点上"锁定"国内机构遵守国际标准，防止未来出现其他的政治形态（降低国内的政治不稳定性），并且将国际性司法机构的判决和国际法标准作为限制政府自由裁量的方法③。有一个相关的理由呈现了现政府如何束缚未来政府的手脚，用以提升现有国内政策和制度的可信任性④。安德鲁·莫拉夫契克（Andrew Moravczik）在思考了第一波和第二波司法审查浪潮的关系后，展示了意大利和德国"由于具有强烈改善民主秩序的意愿"⑤，设置兼具国内法和国际法（《欧洲人权公约》）的违宪审查制度。马尔科·杜兰迪（Marco Duranti）也重视国内政治及其对《欧洲人权公约》的影响。但是，他挑战了莫拉夫契克和辛普森只关注政府和国家机构作用的视角，认为跨国非政府组织和部分个人对《欧洲人权公约》的历史起源和发展具有不可忽视的作用。杜兰迪承认反极权主义是欧盟统一运动的核心考量，强调极权主要体现在计划、国家化、限制言论自由等方面，并且探索了战后的国内政治、不列颠的自由市场保守主义和法国的社会保守主义对《欧洲人权公约》最初诞生具有决定性的塑造作用。相似的，塞缪尔·莫恩（Samuel Moyn）通过聚焦研究不同的主要参与者，阐释了战后的欧洲一体化进程，尤其是人权统治的创造，是一次深刻的保守主义计划⑥。

贝思·西蒙斯（Beth Simmons）对第二波司法审查浪潮的解释，把对国际人权制

---

① Thomas Franck, Legitimacy in the International System, *American Journal of International Law* (1988), Vol. 82, p. 705.
② 参见 Kenneth Waltz, *Theory of International law*, Waveland Press, 1979.
③ 参见 Andrew Moravcsik, The Origins of Human Rights Regimes: Democratic Delegation in Postwar Europe, *International Organization* (2000), Vol. 54, p. 217.
④ Robert D. Putman, Peter B. Evans & Harold Karan Jacobson, *On Double-Edged Diplomacy: International Bargaining and Domestic Politics*, University of California Press, 1993.
⑤ 参见 Andrew Moravcsik, The Origins of Human Rights Regimes: Democratic Delegation in Postwar Europe, *International Organization* (2000), Vol. 54, p. 233.
⑥ Mauro Duranti, *The Conservative Human Rights Revolution: European Identity, Transnational Politics and the Origins of European Convention*, Oxford University Press, 2017; 同时参见 Samuel Moyn, *Christian Human Rights*, University of Pennsylvania Press, 2014.

度的承诺作为动员政治团体和改善政治反对活动的一种手段①。通过国际或者国内的司法诉讼程序可以完成对国际人权承诺潜在力量的动员。本维尼斯蒂对国内法院实施第二波司法审查浪潮的权力提出了不同的观点。他认为国内法院是在行使集体行动权时反对被特定利益团体绑架的政府，并且这是在民主国家内维持民主和维护法院权威的方法②。

2. 解释：对现有的解释加入横向和纵向的影响视角

我们现在必须从根本原理步入因果关系的历史解释之中。根本原理经常与历史的因果关系有内在的关联性：因果关系往往是受到行为者根本原理说服的结果。但是，两者间也不是完全的重合。的确，部分国家仅存在较低或者没有民主制度。然而，或许有人会发觉这些国家至少表面存在司法审查制度。

首先，我们应该承认很多解释都将当地特殊环境作为司法审查制度的根源，所以全球性"浪潮"仅被视为与当地情况的联结纽带。但是，存在各异的地方性环境和解释的事实同样也凸显了存在超越地方性差异的全球性现象：司法审查已经成为欧洲、多数美洲国家和澳新地区（Antipodeans）国家的普遍现象。亚洲和非洲许多国家也具有司法审查制度。所以，根据第一波和第二波司法审查浪潮经验性的认知，全球性的现象已经成了解释本身的一部分。

正如上文提及的，对于卡佩莱蒂而言，这种发展呈现出规范的线性景象。这代表着司法审查制度的进步发展。并且，倘若起初存在涉及（司法审查）制度的民主信誉度的（偶尔性）重大激烈争论，即这项制度允许非民主选举的法官搁置多数人支持的立法，那么的确在很多国家会偶然性地爆发冲突，但是，反多数难题会以许多方式边缘化，以至于不会扩大，至少不会成为颠覆司法审查的力量。规范的议题不再是尖锐的立法者和司法者的矛盾，而转变为在全球性和比较性视野下更需要细致处理的问题，例如，国际法规范的民主信誉度和它对国家身份特征的影响。更进一步而言，这些过程将缠绕在复杂的关系之中。这些关系并不展现为清楚的线性关系，而是更多的对话性和多元性关系③。

尽管存在不同的解释，但是我们应该关注并且采取一种数轴性的解释方法。横轴表达某个国家司法制度对其他法域的影响，而纵轴则描述不同波次浪潮之间的相互影响。在横轴关系上，部分的解释理由已经不再从自上而下的宪法化过程中得以寻觅，

---

① Beth Simmons, *Mobilizing for Human Rights: International Law in Domestic Politics*, Cambridge University Press, 2009.
② Eyal Benvenisti, Reclaiming Democracy: The Strategic Uses of Foreign and International Law by National Courts, *American Journal of International Law* (2008), Vol. 102, p. 241.
③ 参见 Christopher McCrudden, A Common Law of Human Rights?, Transnational Judicial Conversation on Constitutional Rights?, *Oxford Journal of Legal Studies* (2000), Vol. 20, p. 499.

而是从跨越国界的观点传播[1]和司法对话中寻觅答案[2]。社会学家们认为全球趋同化的过程是部分国家通过理性或者鲜为人知的认知偏差向其他国家学习的结果[3]。有些国家可能希望提高国家层次和加速文明进程而选择设立司法审查制度[4]。有时，外国或者部分机构会强迫部分国家建立司法审查制度。后殖民性政权或者由占领者建立的宪法秩序就是典型例证[5]。市场激励机制也具有非常重要的作用。经验性的研究表明这些解释具有实效性，但只适用于部分国家的部分时间段内[6]。相似的，经验性研究似乎在暗示在规范内容的情境下，不具有法域隶属性质的水平性影响最有效，但是这种视角远不能解释为何特定国家会选择特定的司法审查模式[7]。

因此，有些事例可以比其他事例能够更加清晰地展示趋同性趋势，但是很难去挑战在其传播过程中存在支持司法审查制度的共同观念，将司法审查作为主要的民族精神。这些感知理念源于变革推动者的介入，这些推动者也同样是这段时期相互竞争的运动员。我们很难想象采取凯尔森主义的宪法法院模式仅是内部政治的结果，即便这个过程对于决定在何时以及在何种环境下采用宪法法院模式对特定政体具有可行性十分重要。

我们对横轴对象与纵轴对象互动的观念揭示出其他国家或者国际法域对国内宪法进程的影响。可以断定的是这存在巨大的牵引力，就如同社会学文献中宪法观点扩散、宪法文化趋同以及司法借鉴等横向性传播的解释。我们仅仅希望通过强调动态与辩证的横向关系和纵向关系之间互动的重要性完善上述解释。我们所提出的关系模式同样也可以在两个数轴上得以解释：横轴所表达的是在特定法域中每一波司法审查浪潮的发展影响或者可能帮助我们更好地理解对其他法域宪法发展的意义和重要性；而纵轴

---

[1] Helen Keller & Alec Stone Sweet, *A Europe of Rights*: *The Impact of ECHR on National Legal System*, Oxford University Press, 2008.

[2] 参见 Christopher McCrudden, A Common Law of Human Rights?, Transnational Judicial Conversation on Constitutional Rights? *Oxford Journal of Legal Studies* (2000), Vol. 20, p. 499.

[3] Beth A. Simmons & Zachary Elkins, The Globalization of Liberalization: Policy Diffusion in the International Political Economy, *American Political Science Review* (2004), Vol. 98, p. 184; David S. Law & Mila Versteeg, The Evolution and Ideology of Global Constitutionalism, *California Law Review* (2011), Vol. 99, pp. 1173 - 1174; Zachary Elkins & Beth Simmons, On Waves, Clusters and Diffusions: A Conceptual Framework, *The ANNALS of the American Academy of Political and Social Science* (2005), no. 598, pp. 43 - 44.

[4] 这主要是取悦于跨国利益群体或者群众希望在公共事务上设置司法审查制度。参见 Ryan Goodman & Derek Jinks, How to Influence States: Socialization and International Human Rights Law, *Duke Law Journal* (2004), Vol. 54, pp. 630 - 638.

[5] Benedikt Goderis & Mila Versteeg, Transnational Constitutions: A Conceptual Framework, in Dennis Galligan & Mila Versteeg (eds.), *Social and Political Foundation of Constitution*, Cambridge University Press, 2014, pp. 105 - 122.

[6] 应用于宪法传播机制的概述，参见同上，pp. 105 - 222.

[7] "权利可能代表'廉价的话语'，但是制度可能会发展为具有独立运行的品质。所以，宪法的设计者就需要将宪法制度视为具有高度利益性的事务。" Tom Ginsburg & Mila Versteeg, Why Do Countries Adopt Constitutional Review?, *Journal of Law, Economics and Organization* (2014), Vol. 30, p. 584.

部分则可以展现某个波次司法审查浪潮的发展对其他波次司法审查的影响。

就第一波浪潮的横向效果而言,倘若我们认为柏林墙倒塌和强有力的司法审查制度的宪法传播,不存在两个相互影响的法域,那么这个观点必然是不可想象的观点。虽然对于我们这些观察宪法现象并且绘制现象发展过程的人来说可能如此,但是我们也必须承认20世纪50年代的欧洲和21世纪头10年的欧洲显著不同。在20世纪50年代,只有少部分欧洲国家实践了司法审查制度。然而,在21世纪头10年只有少数欧洲国家尚未实践司法审查的某些方面。我们很难相信20世纪90年代的欧洲国家新制定的民主宪法会缺少司法审查制度。在第一波司法审查浪潮开始阶段,可以将德国和意大利设置凯尔森模式的宪法法院制度的许多共同点视为完全的巧合,整体性的全球视野也可以被视为一种偶然现象。有些影响在部分的事例中体现得很明显,而在其他事例中则体现为时代的精神。当学者触碰到很多国家的制宪进程的时候,难以设想新宪法会将国家违反宪法的行为排除在第一波司法审查之外——当然可能会在政治谈判或者最后批准时,拒绝将审查国家行为的合宪性纳入宪法文本。

在采用了司法审查制度作为首选模式后,不同的立宪民主国家间的横向关系会在后一个阶段继续存在。在过去的几十年中,我们已经见证了国内法院在判决书中越来越多地提及比较宪法的判决结果。有时将这种现象称为"跨法域的司法对话"——一种法律移植[①]或者宪法观点"迁移"的方法[②]。维基·杰克逊(Vicki Jackson)是此研究领域的权威学者之一,她曾经在一本专著中对宪法观点的横向移植过程做出描述:"近些年,跨国性宪法词语已经得到快速发展……越来越多的宪法法院在判决书中提及其他国家宪法法院的判决和理由——虽然在当代的情境中,提及比较法并不总是赞同域外宪法法院的决定,但是会对诸如人的尊严、平等和自由等基础概念做出改良或者优化性的解释。"[③]

这类对话潜移默化地赋予了法院的制度性权力。本维尼斯蒂和乔治·唐斯(George Downs)展示了可以将司法借鉴视为不同法域下的法院鼓励其他域外法院实施

[①] Alan Watson, *Legal Transplant: An Approach to Comparative Law*, University of Georgia Press, 1993.

[②] 参见 Christopher McCrudden, A Common Law of Human Rights?, Transnational Judicial Conversation on Constitutional Rights?, *Oxford Journal of Legal Studies* (2000), Vol. 20, p. 499; Sujit Choudhry, Globalization in Search of Justification Toward a Theory of Comparative Constitutional Interpretation, *Indiana Law Journal* (1999), Vol. 74, p. 819. 对此研究领域的概述和对"援引域外案例"的经验性研究,参见 Vicki C. Jackson, Comparative Constitutional Law: Methodology, in Michel Rosenfeld & Andras Sajo (eds.), *The Oxford Handbook of Comparative Constitutional Law*, Oxford University Press, 2012, pp. 58 – 60.

[③] 对这种现象支持的声音,参见 Vicky Jackson, Comparative Constitutional Federalism and Transnational Judicial Discourse, *International Journal of Constitutional Law* (2004), Vol. 2, p. 91; Lorraine Weinrib, Constitutional Conception and Constitutional Comparativism, in Vicki C. Jackson & Mark Tushnet (eds.), *Defining the Field of Comparative Constitutional Law*, Praeger, 2002, p. 3.

司法审查权的集体行动①。尽管部分学者怀疑不同法院之间组成跨国关系网的可能性和优势性②，但是仍有部分学者对于跨国关系网的前途抱有积极乐观的态度③。

就第二波司法审查浪潮而言，倘若我们以全球性的投资仲裁和地区性的自由贸易协定为例，那么将自然地显现出横向效果。每一部投资协定都是主权国家间的双边条约。但是，当我们观察其实质性内容和制度性运行机制时，就仿佛这些内容源自同一部打印机和同一位打字员复制和粘贴的操作结果。一个国家做出了直面规定，另一个国家就会在复制这份规定的基础之上做出些许的改变。相似的，如果我们观察区域性贸易协定领域，我们就会发现相似的"复制—粘贴"的现象④。在投资协定和地区性协定中，默认的立场是通过第三方争议解决程序处理违约方的责任。在投资领域，将产生约束投资方与东道国的司法决定；而在地区性协定领域中，相关的解决程序将产生更为软性的意见。系统性地借鉴司法审查的模式将作为一个方面的影响而存在。另一个方面则是"成熟性的影响"，即从其他国家的司法审查的实质性层面进行借鉴。

横向性的影响也可以塑造和展现出国内法院在司法审查中对国际法规范的态度。安西娅·罗伯茨（Anthea Roberts）的比较国际法的框架就阐释了不同国家对国际法解释态度的多元性以及这种多元性有助于在国际法规范的内容和含义层面形成丰富的对话⑤。在每个法律体系之内，这种司法对话使得基于国际法律规范的司法审查行使正当化，并且向域外法院展示了他们敢于成为同道中人⑥。

对跨法域背景下不同法院间相互影响存在更为深远和深入的解释。当国内法院将国际法规范纳入国内司法审查的法理论证之中，那么就意味本国的法律体系在与未援引外国法的法律体系对抗过程中陷入了不利地位。因此，倘若法院越加冒进地援引外

---

① Eyal Benvenisti & George Downs, *Between Fragmentation and Democracy: The Role of National and International Courts*, Cambridge University Press, 2017, Ch. 5.
② Antie Wiener & Philip Liste, Lost without Translation? Cross Referencing and a New Global Community of Courts, *Indiana Journal of Global Legal Studies* (2014), Vol. 21, p. 263. 对多元主义方法的经验性分析，参见 David S. Law & Wen-Chen Chang, The Limits of Global Judicial Dialogue, *Washington Law Review* (2011), Vol. 86, p. 534. "至少在现在，对司法比较主义赋予一种对话形式的努力将被更好地理解为表达对于未来的希望，而不是对当下司法实践的准确评估。"
③ 对于国内法院策略性使用比较法和国际法的分析，参见 Eyal Benvenisti, Reclaiming Democracy: The Strategic Uses of Foreign and International Law by National Courts, *American Journal of International Law* (2008), Vol. 102, p. 241; Helmut Philipp Aust, Alejandro Rodiles & Peter Staubach, Unity or Uniformity? Domestic Court and Treaty Interpretation, *Leiden Journal of International Law* (2014), Vol. 27, p. 75. 这个现象阐释了法官如何认为自身处于国家政体范围之外的共同体的一部分，但是这并没有减少他们需要国内的正当性以维护司法审查制度的稳定性。
④ https://www.wto.org/english/tratop_e/region_e/region_e.htm.
⑤ Anthea Roberts, Comparative International Law? The Role of National Courts in Creating and Enforcing International Law, *International and Comparative Law Quarterly* (2011), Vol. 60, pp. 73 - 74.
⑥ Eyal Benvenisti, Reclaiming Democracy: The Strategic Uses of Foreign and International Law by National Courts, *American Journal of International Law* (2008), Vol. 102, p. 241.

国法院的判决，被援引国法院就会越容易跟进援引国的判决内容。这种情况尤其真实地体现在涉及经济规范（与人权规范不同）的案件中，这些国际规则直接影响了国家间的关系。

同样，在第二波和第一波司法审查浪潮的纵向关系之中，国际法规范的使用可以为以国家权力为驱动力的经典司法审查制度开辟道路；同时，国家司法审查制度也可以促进国际法规范的应用①。在欧盟情境下，英国首先接受了相对强有力的司法审查制度，这至少间接地为《人权法案》的最终出台铺平了道路②。欧盟内的许多法院或者司法管辖范围都以某种形式存在着相似的情况，适用更高位阶的欧盟法已经成为司法纪律或者习惯，从而发展出更加合适的违宪审查习惯③。虽然意大利宪法中有司法审查制度，但并未能够强有力地实施国际法规范。这就导致该国朝向另一个方向发展。安德烈·诺坎普对这个状况给予了极为优雅和有说服力的评价："这幅图像呈现出：一方面越来越多的国际法已经向下延伸至国内法院；另一方面，许多国家和国内法院越来越多地向上寻觅国际法，并允许其成为引导它们司法实践的规范。"④ 我们认为诺坎普的理论不仅适用于司法审查的内容，也适用于司法审查作为一项强有力的国家制度的存在。

---

① 在拉丁美洲国家背景下的讨论，请参见 Symposium on the Constitutionalization of International Law in Latin America，*AJIL Unbound*，Vol. 109，11 Novermber 2015，available at http：//www.iconnectblog.com/2015/11/symposium-on-the-constitutionalization-of-international-law-in-latin-america，p. 89.

② 在《欧洲人权公约》生效（1950年11月4日签署，1953年9月3日生效）10年后，才出现对其支持的实质性进展。对这个问题的讨论，参见 Susan Sterett，Judicial Review in Britain，*Comparative Political Studies*（1994），vol. 26，pp. 428-429. 在将近50年以后，1998年英国议会通过了《人权法案》，该法案将公约条款纳入国内法，允许个人或者组织向国内法院寻求救济。这意味着除了欧洲人权法院之外，英国法院也可以适用《欧洲人权公约》的规定。参见 Jack Beatson et al，Human Rights：*Judicial Protection in the United Kingdom*，Sweet & Maxwell，2009；Richard Clayton & Hugh Tomlinson，*The Law of Human Rights*，Oxford University Press，2009，2nd edition；Brice Dickson，*Human Rights and United Kingdom Supreme Court*，Oxford University Press，2013.

③ 荷兰的状况也是如此。在批准《欧洲人权公约》之后，将违宪审查制度纳入国内法之中。Maurice Adams & Gerbard van der Schyff，Constitutional Review by the Judiciary in the Netherlands：A Matter of Politics，Democracy or Compensating Strategy，*Heidelberg Journal of International Law*（2006），Vol. 66，pp. 399-400. 进一步探讨欧盟法与欧洲人权法院对国内司法审查制度影响的论文，参见 Alec Stone Sweet，A Cosmopolitan Legal Power：Constitutional Pluralism and Rights Adjudication in Europe，*Global Constitutionalism*（2012），Vol. 1，pp. 53-90；Alec Stone Sweet，Trustee Courts and the Judicialization of International Regimes，*Journal of Law & Courts*（2013），Vol. 1，pp. 61-88.

④ 参见 Michael Zurn，Andre Nollkaemper，& Randall Peerenboom，Introduction：Rule of Law Dynamics in an Era of International and Transnational Governance，in Michael Zurn，Andre Nollkaemper，& Randall Peerenboom（eds.），*Rule of Law Dynamics：In the Era of International and Transnational Governance*，Cambridge University Press，2014，p. 8.

犯罪与公司：让惩罚适合公司

约翰·C. 科菲 著　鲁斯齐 译

摘要：长期以来，企业刑事责任的争论一直存在。支持者认为企业责任对于有效的威慑是必要的，而反对者则声称它"惩罚了无辜者"。本文既同意又不同意双方观点。企业刑事责任可以在建立有效的组织不端行为威慑方面发挥关键作用，但目前它在很大程度上失败了。目前，我们系统结合了暂缓起诉协议、不起诉协议和极其宽松的合规计划刑罚减免，但结果却是一个更多激励而不是惩罚的制度。证据表明，企业罚款很少影响公司的股价（即使它们是创纪录的罚款），公司很少自报其不当行为（尽管有法律激励），法院的罚款处罚可以轻松地被公司视为业务成本。这种分析导致许多人倾向于仅将焦点放在企业高管身上，而不将企业本身作为刑法的目标。不幸的是，这种方法的成本更高。尽管高管是可以被威慑的，但由于各种原因，很难确定和起诉高级企业高管。在这种情况下，企业刑事责任的关键作用在于给予企业更强的自我报告、监督员工和揭发责任人的动力。但这需要我们仅对产生威慑力的客观行为提供宽大处理。本文的一个主要目标是为我们如何使惩罚与企业相适应提供一份路线图。宽大处理可以作为一种工具，但不应该被毫无理由地延伸。最终，为了遏制企业不当行为，社会必须在高管代理责任（这与我们的传统相反，应该震惊民主自由主义者）和股东代理责任之间做出选择（后者已经有了一个世纪，并且总是受到有限责任的限制）。任何一种选择都会有其成本，但后者显然比前者更可取，本文提出了一些可能的替代方案。

关键词：企业治理；企业刑事责任；暂缓起诉协议；缓刑；累犯

自从企业刑事责任出现以来，它一直备受争议。鉴于法学教授们滔滔不绝的辩论能力，这场辩论很可能会永无止境。然而，即使是该学说最严厉的批评者也承认，"企业刑事责任可能会长期存在"[④]。尽管如此，对于刑法学者来说，攻击企业刑事责任是

---

① John C. Coffee Jr., Crime and the Corporation: Making the Punishment Fit the Corporation, 47 *Journal of Corporation Law* 963 (2022).
② 科菲教授就职于哥伦比亚大学法学院，是阿道夫·伯利荣誉教授和企业治理中心的主任。科菲教授在本文的撰写过程中要感谢哥伦比亚大学法学院2023级学生萨曼莎·黛西（Samantha Daisy）的宝贵研究协助。作者还受益于他的同事哈罗德·埃德加（Harold Edgar）教授和美国地区法官杰德·雷科夫（Jed Rakoff）的评论。这项研究得到了威廉·L. 凯里（William L. Cary）纪念基金的支持（科菲教授曾与凯里教授共同教学，并将他视为模范教授和学者）。
③ 鲁斯齐，上海对外经贸大学国际组织学院专任教师。
④ Albert W. Alschuler, Two Ways to Think About the Punishment of Corporations, 46 *American Criminal Law Review* 1359, 1372 (2009). 在英国，企业刑事责任至少可以追溯到18世纪末（甚至更早），这表明它一直存在。历史回顾见 John C. Coffee, Jr., Corporate Criminal Responsibility, 1 *Encyclopedia of Crime and Justice* 253 (1983).

建立新兴学派的最佳方式。无论是伟大的学者,还是不那么伟大的学者,都参与了这一讨论,并声称对作为一种法律拟制的公司课以刑事责任是荒谬的。例如,著名刑法学者阿尔伯特·阿尔舒勒教授在批评企业刑事责任时,他的第一句话就将其比作两种古老的法律实践——"赎罪奉献物"("deodand",对造成伤害的动物或物体进行惩罚)和"十户联保制"("frankpledge",当集体中的一名成员犯罪并逃逸,对集体中其他所有成员进行惩罚,下文简称"联保制")[1]。然而,这意味着赞同企业刑事责任的学者不得不做好心理准备,接受企业刑事责任类似于"赎罪奉献物"或"联保制"中的一种。其实,笔者在某种程度上同意以上观点,笔者认为团体责任是有道理的,并且可以被构建成对犯罪公司高层施加非刑事制裁的依据。这一举措的思路与对公司股东进行刑事判决的思路相似。对犯罪公司高层采取措施是必要的,因为公司高层既是最不受威慑的群体,也是最能够监督和修改公司行为的群体。

大多数批评者普遍认为,企业刑事责任"惩罚了无辜者"[2]。他们的具体批评又可以细分为两种观点:第一,从刑法哲学角度出发,早期和主流的观点认为对公司施加刑事责任与刑法的基本原则不一致,刑法的基本原则强调主观意图。第二,从经济角度出发,有学者认为,对公司施加严厉的惩罚是适得其反的,并认为这可能导致内部监督减少以及公司合规投资降低(从某种程度上说这是因为发现和报告犯罪都要付出更多成本)[3]。

本文不从刑事哲学角度出发进行批评[4],而是重点从经济学的实证角度出发对企业刑事责任进行批评。一般来说,这场辩论是在那些认为公司已经得到了足够的威慑(甚至过度威慑)的人与怀疑这一观点的人(包括本文作者)之间展开的。在这种情况下,本文不能接受公司只是一种法律拟制的观点。公开公司具有三个关键特征:(1)它们是复杂的信息网络,决策在分散的管理团队中共享;(2)它们可能(并且确实)遭受的名誉损失往往超过迄今为止所施加的现金罚款;(3)它们在公开市场上交易,其股价可能受到经济惩罚,这种惩罚比我们现有的现金罚款制度更能起到威慑作用。这些特征应该影响我们对最佳企业惩罚模式的探索。所有人都认识到,公司实体不是最终的成本承担者,但很少有人关注到高级管理人员是比股东更好的成本承担者。

对企业刑事责任的批评往往依赖于对企业治理参与者激励动机的错误理解。特别是以下假设需要重新审视和更准确地重申:

---

[1] Albert W. Alschuler, Two Ways to Think About the Punishment of Corporations, 46 *American Criminal Law Review* 1359, 1372 (2009).
[2] 同上。
[3] Jennifer Arlen, The Potentially Perverse Effects of Corporate Criminal Liability, 23 *The Journal of Legal Studies* 833 (1994); Assaf Hamdani & Alon Klement, Corporate Crime and Deterrence, 61*Stanford Law Review* 271 (2008). 一些学者反对从哲学和实用的角度来看。V. S. Khanna, Corporate Criminal Liability:What Purpose Does It Serve?, 109 *Harvard Law Review* 1477 (1996). 为避免有任何疑问,我认为所有这些学者都是一流的。
[4] 相关批评见 Sara Sun Beale, A Response to the Critics of Corporate Criminal Liability, 46 *American Criminal Law Review* 148 (2009).

有人认为，刑法的制裁比民法严厉得多，并且由于刑罚更重，刑事法律遵循民法的"上级负责"（使委托人对代理人的不当行为负责）被认为是不公正的。

有人认为，对公司施加严厉的惩罚并不会惩罚"无辜的利益相关者"。因为公司治理的利益相关者要么对不当行为一无所知，要么利益相关者们过于分散且无力阻止。

有人认为，对公司进行过度惩罚会导致危险，因此最好的解决办法是：如果企业采取了最低可接受的合规计划（该计划理论上应该能够比国家制定的惩罚措施更好地进行内部监控并预防企业犯罪），则对企业进行减刑甚至豁免。

其中，部分假设在过去可能是正确的，但在今天显然不准确。部分假设是基于信仰或意识形态，缺乏真实的经验证据支持。本文的第一部分将根据当前的数据来审视这些假设，我们将聚焦于公开公司展开讨论。第二部分将转向过度惩罚的问题：预期的惩罚是否通常超过预期的收益？当前的惩罚是否能够有效地遏制企业犯罪？预期的惩罚是否只是一种可接受的经营成本？尽管缺乏确凿的证据（主要是因为我们对企业未被发现的违法行为的数量知之甚少），但很容易找到违法收益远远超过罚款的案例，这表明在这种情况下罚款成了一种经营成本。第三部分将提出一些方法，使我们能够将惩罚聚焦于参与公司治理的关键参与者身上，从而避免对大多数"无辜利益相关者"进行惩罚。

最后一点：笔者对"无辜"这个词被滥用于股东、经理和其他利益相关者的说法持怀疑态度。民事责任也惩罚公司背景下的无辜者，民事法院可能会对公司施加绝大多数的惩罚（以及数额最大的惩罚）。此外，这种关于清白的说辞忽略了一半事实：由于股东承担有限责任，他们不面临任何个人责任风险。笔者同意我们不应该惩罚无能为力的人，因为这样做无济于事，但笔者认为，公共政策应该把法律威胁的重点放在那些本可以发现并防止犯罪的人身上（而且将来可能会这样做）。这些人包括哪些？这是一个未被充分研究的问题，将在下文的第一部分中进行探讨。

旧的神话和新的现实：公司幕后使者是谁？

一个传统的真理仍然有效：公司可能不会被送进监狱。但它们可能被送进一个"改造所"（至少在比喻意义上），但本文作者对公司的改造可行性与对的改造可行性都持怀疑态度①。从现实角度来看，我们假设公司只能受到财务和名誉制裁。公司不可能被监禁（也不太可能被改造），这一事实为公司刑事责任的反对者提供了第一个理由，说明为什么不应该"惩罚无辜"。对于承担企业所受成本（无论是公共执法机构还是私人执法机构

---

① 当然，有些人希望该公司以失去其企业特许经营权的形式被判"死刑"。Mary Krenier Ramirez and Steven A. Ramirez, The Case for the Corporate Death Penalty: Restoring Law and Order on Wall Street, 133 *Political Science Quarterly* 295 (2018). 这将真正导致对无辜者（和无能为力者）的惩罚，其程度远远超过目前使用的任何制裁。笔者承认公司也会遭受名誉资本的损失，但这是一个支持公司刑事责任的论点，因为刑法可以更好地使用这种惩罚。

强加的成本）的股东来说，刑事罚款、民事处罚或私人执法机构强加的惩罚性赔偿之间在经济上几乎没有区别。事实上，除非我们愿意承认"上级负责"的普通法规则也是不公正的，否则很难将股东最终承担对公司施加的惩罚这一事实视为不公正的证据。另外，不出所料，一些证据确实表明刑事处罚比民事处罚更能起到威慑作用①。在这种情况下，公共政策应该关注股东（或其他承担成本的人）能否阻止犯罪行为。

在这种情况下，我们接下来将关注当代股东和管理者在公司治理中的地位。

(一) 当今的股东

在阿道夫·伯尔和加德纳·米恩斯发表关于两权分离的观点以后，人们一直认为股东缺乏控制管理层的能力，因为他们太过分散，而且行使控制权对他们来说成本太高②。当然，这一观点在他们关于"所有权与控制权分离"的著名学说中得到了阐述，他们将其追溯到20世纪初③。20世纪30年代颁布的联邦证券法试图缓解这种分散性，但可能效果有限。

后来发生变化的不是法律，而是经济。机构投资者崛起了，从20世纪50年代的起步阶段到如今主导企业所有权的时代④。对于大型上市公司（如标准普尔500指数中的公司），机构投资者如今平均持有超过70%的股份⑤。更重要的是，这种所有权已经变得高度集中，美国的三大资产管理公司现在拥有大型企业超过23%的股权⑥。再加上

---

① Andrew B. Miller, What Makes Companies Behave? An Analysis of Civil and Criminal Penalties Under Environmental Law, (Dec. 2005), papers.ssrn.com/sol3/papers.cfm? abstract_id=471841 [https://perma.cc/S99TAYQE]. 可以说，在环境法领域，这可能是最真实的，因为公众和新闻媒体都更加关注这一领域的犯罪和不当行为。

② Adolf A. Berle and Gardiner Means, *The Modern Corporation and Private Property*, Transaction Publishers, 1932.

③ 同上书，第4-5页。

④ 对这一转变（以及机构监督的改进）的概述可见：John C. Coffee, Jr., Liquidity Versus Control: The Institutional Investor As Corporate Monitor, 91 *Columbia Law Review* 1277 (1991); Ronald J. Gilson & Jeffrey N. Gordon, The Agency Costs of Agency Capitalism: Activist Investors and the Revaluation of Governance Rights, 113 *Columbia Law Review* 863, 874-75 (2013).

⑤ 随着公司市值的增加，机构持股水平也会增加（因为机构需要流动性，因此更倾向于投资大型市值股票）。根据最近的经合组织（OECD）报告，如果我们观察美国公司中排名位于世界前1万的公司，机构持股比例为72%。Adriana De La Cruz, Alejandra Medina & Yung Tang, Owners of the World's Listed Companies, Organization for Economic Co-operation and Development (Oct. 17, 2019), https://www.oecd.org/corporate/Owners-of-the-Worlds-Listed-Companies.htm. 就我们的目的而言，这是要考虑的最相关的分组，因为这些公司对全球经济的影响更大。

⑥ 卢西恩·别布丘克（Lucian Bebchuk）教授和斯科特·赫斯特（Scott Hirst）教授估计，由"三巨头"共同持有的所有权比例为20%（并预测其最终会上升到40%或更高）。Lucian Bebchuk & Scott Hirst, The Specter of the Giant Three, 99 *Boston University Law Review* 721, 724, 734 fig.1, 738 fig.2 (2019). 经合组织最近的一项研究显示，到2021年，这一数据将达到23.5%。Serdar Celik & Daniel Blume, New OECD Corporate Governance Reports and the G20/OECD Principles of Corporate Governance, (July 15, 2021), https://corpgov.law.harvard.edu/2021/07/15/new-oecd-corporate-governance-reports-and-theg20-oecd-principles-of-corporate-governance/.

几家共同基金和养老金基金，就形成了绝对的投票控制权[1]。直到最近，这些股东还不愿参与投资组合公司的公司治理，但这种情况也在改变，因为他们现在经常参与代理权之争，甚至提起诉讼[2]。

这种转变将会带来什么样的影响？如果一个合伙企业中有五六个合伙人持有80%的股权，并因犯罪而被定罪，很少有人会对大部分惩罚落在这五六个人身上感到震惊。我们天然地认为，成本会通过合伙企业流向合伙人。那么，惩罚另一个由少数机构投资者控制的法人实体（称为公司）有什么不同呢？同样，一旦定罪，处罚将流向这些所有者，直到有限责任规定的上限。公司的主要区别在于股东享有有限责任的保护。在上市公司的情况下，股东主要由机构投资者构成并且高度分散，因此处罚将平均分摊给相关受益人，而不会对任何一个受益人产生不成比例的影响。

根据适用于大多数大型公司的特拉华州法律，控制权很容易由持有多数股份的人行使。除非公司的章程中有相反的规定，大股东可以简单地罢免董事（或整个董事会）并任命新的董事[3]。确实，这些大股东可能事先并不知道犯罪行为，但这可能仅仅是因为他们对相关犯罪事件漠不关心。如今，他们尽管拥有控制权，但只在特殊情况下行使这种权力[4]。

最大的机构投资者为自己辩护说，由于他们拥有的股票太多，所以他们无法密切监控投资组合中的每一只股票。三巨头之一的道富环球投资管理公司（State Street Global Advisors）目前长期持有10 000只股票（这意味着该公司和与其类似的大型机构投资者都很少出售股份或从投资项目中"退出"）[5]。实际情况要稍微复杂一些。在激烈的价格竞争中，三巨头和其他指数机构投资者逻辑上都遵循成本最小化的策略，因此拒绝在监督职能上花费资金。除了他们监督能力有限的说法之外，还有一个更重要的观点：他们从这种监督中获益甚少。由于大型机构投资者高度分散，他们在很大

---

[1] 例如，十大共同基金持有的上市公司股票（按资产价值计算）从2005年的46%上升到2019年的64%（按此计算，五大共同基金在2019年的持股比例为53%）。Investment Company Fact Book 46 fig. 2.14（60th ed., 2020），https：//www.ici.org/system/files/attachments/pdf/2020 _ factbook.pdf.

[2] Elroy Dimson, Oğuzhan Karakaş & Xi Li, Coordinated Engagements (Eur. Corp. Governance Inst., Working Paper No. 721/2021), https：//ssrn.com/abstract = 3209072 [https：//perma.cc/C3LZ-HJNT]（发现一个"长期股东合作影响公司环境和社会问题的国际网络"）。研究发现，当今时代多元化投资者正在对投资组合公司提起诉讼。见 Alexander I. Platt, Index Fund Enforcement, 53 *UC Davis Law Review* 1453, 1458 – 59 (2020).

[3] Del. Code Ann. tit. 8, § 141 (k) (2022)（允许任何董事或董事会作为一个整体，"有理由或没有理由，由大多数当时有投票权的股份"）。这种权力可以通过由这些多数人签署并交付公司的书面同意来行使。见 Del. Code Ann. tit. 8, § 228 (2022).

[4] Cyrus Taraporevala, Race & Ethnicity and the Role of Asset Stewardship, Harvard Law School Forum on Corporate Governance (Mar. 27, 2021), https：//corpgov.law.harvard.edu/2021/03/27 /race-ethnicity-and-the-role-of-asset-stewardship/（声称长期股票的所有者倾向于采取更自由放任的方式来管理他们的投资）。

[5] 道富环球投资管理公司（State Street Global Advisors）首席执行官赛勒斯·塔拉普莱瓦拉（Cyrus Taraporevala）在2021年3月做出了这一估计，并强调道富将长期持有这些股票。见前注。

程度上免受公司特定风险（包括刑事处罚）的影响。刑事（或民事）处罚通过这些机构流向数千名持有该机构产品的受益人。这减轻了对机构投资者的影响，并进一步削弱了监督的动力。也许，如果公司刑事处罚更高，他们的激励可能会改变。但是，正如后面讨论的那样，这也会给其他公司利益相关者（如员工、债权人、当地社区等）带来负担。

（二）高级管理人员

在我们当代的公司治理体系中，另一个可能受到威慑的主要利益相关者是享有控制权的公司高级管理层群体。举例而言，一名职位相对较低的美国上市公司经理在国外向外国官员行贿，以获取或保留公司的业务。这种行为肯定违反了《反海外腐败法》（Foreign Corrupt Practices Act，FCPA）①。但是，公司的高级管理层没有授权这些行贿行为，也没有以其他方式诱使初级经理进行贿赂。高级管理层可能对该部门存在行贿行为有一些了解，虽然该部门存在行贿的历史经验，但公司高层从未鼓励过行贿行为本身。根据以上事实，几乎不可能成功起诉任何高级管理人员协助和教唆违反《反海外腐败法》或参与违反《反海外腐败法》的阴谋②。

因此，只有公司和初级管理人员面临刑事责任，高级管理人员可能会理性地选择忽视公司中低层级部门中的不当行为。从其自利的角度来看，无知是福。如果犯罪行为利润丰厚，高级管理人员不仅会有忽视不当行为迹象的动机，甚至可能会向初级管理人员施压，要求他们采取非法手段，避免"过度"遵守法律。在不牵连自己的情况下，高级管理人员可以将积极的激励和消极的威胁混合在一起，引导初级管理人员，鼓励他们承担更多的法律风险。因此，我们又有了另一个可能的杠杆点（高级管理层），而这个杠杆点今天在很大程度上被忽视和浪费了。

解决办法并不是让高级管理人员为过失承担刑事责任。这种解决办法将构成替代责任，并将受到所有公民自由主义者（可能还包括大多数律师）的抵制。但或许有一种中间选择。可能存在一种中间的替代方案。在这里，让我们回到阿尔舒勒教授早先的观点，公司刑事责任类似于中世纪的"联保制"，即要求集体对集体中成员的不当行

---

① 1977年《反海外腐败法》，《美国法典》第15卷第78a条及以下。这是一部联邦法规，一般禁止美国个人和实体向外国官员和某些其他人行贿以获得或保留业务。
② 《美国法典》第18卷第2条禁止协助和教唆联邦重罪，该条款认为"协助、教唆、建议、命令、诱导或促成"犯罪的人应作为主犯承担责任。然而，判例法指出："协助和教唆定罪的必要要素是：(i) 被告具有便利他人犯罪的特定意图；(ii) 被告具有基本实质性犯罪的必要意图；(iii) 被告协助或参与了基本实质性犯罪的实施。"见 United States v. Sineneng-Smith, 910 F. 3d 461, 482 (9th Cir. 2018), *vacated*, 140 S. Ct. 1575 (2020). 对于最高法院早些时候解释这一罪行的判决，见 Nye & Nissen v. United States, 336 U. S. 613, 619 (1949); Rosemond v. United States, 572 U. S. 65, 76 (2014).

为承担责任①。我们不应该天然反感这种集体责任的观点,而应以符合正当程序的方式将其予以发展②。如果能够设计出一种与管理层对违法行为的明显容忍程度相称的集体惩罚,就在很大程度上解决了将不当行为归因于任何具体个人的困难,并避免了传统意义上的替代责任。

高级管理层是一个相对凝聚力强、共享大量知识的群体。让我们假设,对于一个高级管理人员来说,仅仅因为疏忽大意(或者对下层发生的非法行为有一种模糊的意识)而被追加巨额民事罚款是不可想象的(或者至少在政治上是不可接受的)。这太接近于替代责任,从政治上来说是不可行的。但是,正如后面所讨论的,可以设计一种修改过的"联保制",当公司因严重犯罪而被定罪时,对高级管理人员作为一个群体施加间接成本,剥夺他们某些补偿性福利。这种事实上的惩罚不会处以罚款,但会重点关注那些本可以更密切监控但未能做到的人。此外,由于这种限制并未针对任何具体个人,这种方法涉及的污名化和个人名誉损失较少。

关于这种惩罚的制度设计详见后文,但必须承认,在一定程度上,这将类似于古时的"联保制"(确实在其时代起到了作用③),集体因为其中一员的行为而承担了一定的成本④。这种制度通过在公司缓刑期间简单地剥夺某些福利(即激励性报酬)而不是施加罚金来起作用。其中,这些福利只针对那些在大型公司担任高级行政职位的人。该制度的正当性基础有以下三点:第一,激励性报酬可能具有犯罪倾向,因为它鼓励过度冒险;第二,激励性报酬是对高绩效的奖励,而被定罪的公司不应被视为表现优异;第三,我们怀疑高级管理人员默许了主动不当行为,而没有选择干预。这些管理人员既不是在法律意义上"有罪"的,也不是在伦理意义上"无辜"的,因此,"惩罚"必须量身定制,以适应他们的中间状态。

(三)刑事违法与民事违法

对企业刑事责任的标准批评始于一种观点,即刑法对违法行为的处罚要比民事法更加严厉,并且这些更严厉的处罚会落在无辜者身上⑤。就个人犯罪被告而言,这种观点似乎是准确的(因为个人确实会被监禁)。但是,如果企业通常只被处以罚款,那么难以忽视的事实是,民法(通过公共和私人执法)似乎在今天对企业施加了比刑法更

---

① Albert W. Alschuler, Two Ways to Think About the Punishment of Corporations, 46 *American Criminal Law Review* 1359, 1372 (2009).
② 同上文,第 1366-1367 页。
③ 同上文,第 1362 页。阿尔舒勒教授指出,联保制具有一定的效率优势,因为在当时,"没有专业的警察部队",因此,它实际上对"每个人"都施加了强制执行义务。实际上,针对高级管理人员的制裁也把他们变成了非自愿的执行者。
④ 同上文,第 1359 页。
⑤ 同上。

高的处罚①。

自 2008 年金融危机以来,这种情况有所加剧。截至 2009 年,美国司法部在起诉或和解中处以的最高刑事罚款金额为 11.95 亿美元(当年针对辉瑞公司及其子公司的罚款是因为非法推广某些药物的"标签外"用途)②。即使已经处以刑事罚款,公司仍因依据《虚假申报法》提起的民事诉讼而又向政府支付了 10 亿美元③。自那以后,最高罚款纪录不断被打破,目前最高纪录由法国巴黎银行(BNP)保持,该行因允许外国人违反美国法规进行美元交易而被处以 89 亿美元的罚款④,其中包括 40 亿美元的刑事罚款和支付给各监管机构的近 50 亿美元的民事罚款⑤。

不仅民事处罚往往大于刑事处罚,而且在很大比例的案件中,可能根本没有刑事处罚。布兰登·加勒特(Brandon Garrett)教授在一项研究中发现,在 2001 年至 2012 年的 255 起刑事案件中,近一半(47%)的案件没有处以刑事罚款⑥。无论向监管机构支付多少罚款,检察官似乎都很满意。在支付刑事罚款的情况下,往往也进行从轻判决⑦。这可能表明,检方做出了妥协,为了让被告承认责任,检方做出了减刑。

在监管机构中,惩罚性罚款已经变得十分普遍,往往是针对那些更像是禁止而不是违法⑧的行为。比如,在 2008 年金融危机后,银行监管机构与大型银行达成的巨额和解协议。其中,最大数额的和解协议是 2014 年与美国银行达成的近 167 亿美元的和

---

① 参见 Steven Schaefer, BNP Paribas Hit With Nearly $9 Billion Fine, Pleads Guilty to Skirting U. S. Sanctions, FORBES (June 30, 2014, 6: 15 PM), https: //www.forbes.com/sites/steveschaefer/2014/06/30/bnp-paribas-hit-with-nearly-9b-fine-pleads-guilty-to-skirting-u-s-sanctions/? sh=5a3b3c053c02 (讨论法国巴黎银行的民事和刑事处罚).

② Justice Department Announces Largest Health Care Fraud Settlement in Its History, U. S. Department of Justice (Sept. 2, 2009), https: //www.justice.gov/opa/pr/justice-department-annou nces-largest-health-care-fraud-settlement-its-history. (他指出,"11.95 亿美元的刑事罚款是美国有史以来对任何事项处以的最大刑事罚款".)

③ 同上。

④ 见 Steven Schaefer, BNP Paribas Hit With Nearly $9 Billion Fine, Pleads Guilty to Skirting U. S. Sanctions, FORBES (June 30, 2014, 6: 15 PM), https: //www.forbes.com/sites/steveschaefer/2014/06/30/bnp-paribas-hit-with-nearly-9b-fine-pleads-guilty-to-skirting-u-s-sanctions/? sh=5a3b3c053c02 (讨论 BNP 的认罪); Joel Slawotski, Reining in Recidivist Financial Institution, 40 *Delaware Journal of Corporate Law* 280, 283 (2015). (讨论解决法国巴黎银行和美国银行的调查)

⑤ BNP Paribas Sentenced for Conspiring to Violate the International Emergency Economic Powers Act and the Trading with the Enemy Act, U. S. Department of Justice (May 1, 2015), https: //www.justice.gov/usao-sd-ny/pr/bnp-paribas-sentenced-conspiring-violate-international-emergency-economic-powers-act [https: //perma.cc/HMH5-HB3J]. (讨论法国巴黎银行支付的罚款明细)

⑥ Brandon L. Garrett, *Too Big to Jail: How Prosecutors Compromise with Corporations*, Belknap Press, 2014, p. 149.

⑦ 同上书,第 150 页。

⑧ 此处原文为 "more malum prohibitum than mala in se"。"Mala in se" 是一个拉丁短语,意思是错误或邪恶本身(例如,杀人或武装抢劫)。普通公民完全知道这是被禁止的。相反,"Malum prohibitum" 指行为是错误的,因为它已经被禁止,而不是说它本身就是邪恶的。

解协议，2013年与摩根大通银行达成的130亿美元的和解协议①。然而，这两起案件并没有涉及任何起诉，甚至没有明确的刑事起诉威胁。将风险极高的抵押贷款支持证券组合起来，并将其推销给成熟的机构投资者，并不是摩西从山上带下来的两块石板上明确列出的罪过。在这两起案件中，银行都在很早的阶段就达成了和解，可能是为了终止正在进行的调查②。这种愿意早期和解的态度表明，与现行法律规定的经济处罚相比，银行和某些其他被告企业更担心名誉受损③。

监管机构也同样加大了处罚力度（由于缺乏刑事管辖权，处罚必然是民事处罚）。2019年，联邦贸易委员会对脸书（Facebook）处以50亿美元的罚款，这比其之前创纪录的2250万美元罚款（对谷歌）高出数个数量级，但Facebook的股价仍在公告后上涨④。美国证券交易委员会（SEC）也遵循类似的模式，许多民事和解金额现在已超过10亿美元的水平⑤。

不仅民事处罚的数额往往与刑事处罚一样大，甚至更大，而且与私人集体诉讼相比，刑事处罚数额更显得微不足道，其中一些罚款是在公共执法机构提出诉讼化解方案之后进行的。最新的例子是正在进行中的一起261亿美元的集体诉讼和解，涉及各州、三家阿片类药物分销商和强生公司⑥。其他许多主张阿片类药物责任的诉讼仍悬而未决，一位州检察长估计，如果所有州都加入目前260亿美元的和解协议，那么对各州和某些市政当局的责任总额将接近330亿美元⑦。

这里的出发点并不是说这些处罚足以起到威慑作用（这是一个不同的、复杂得多

---

① John Coffee, *Corporate Crime and Punishment: The Crisis of Underenforcement*, Berrett-Koehler Publishers, 2020.
② Bank of America to Pay $16.65 Billion in Historic Justice Department Settlement for Financial Fraud Leading up to and During the Financial Crisis, U. S. Department of Justice (Aug. 21, 2014), https://www.justice.gov/opa/pr/bank-america-pay-1665-billion-historic-justice-department-settlement-financial-fraud-leading; Justice Department, Federal and State Partners Secure Record $13 Billion Global Settlement with JPMorgan for Misleading Investors About Securities Containing Toxic Mortgages, U. S. Department of Justice (Nov. 19, 2013), https://www.justice.gov/opa/pr/justice-department-federal-and-state-partners-secure-record-13-billion-global-settlement.
③ 关于这一点，有相当多的文献表明，名誉损害比经济处罚更重要。当然，这一发现是基于美国量刑委员会提高企业处罚之前的处罚数据。举个主要的例子，见 Jonathan M. Karpoff & J. R. Lott, Jr., The Reputational Penalty That Firms Bear for Committing Criminal Fraud, 36 *The Journal of Law and Economics* 757, 758 (1993)（从132起大型企业欺诈案中发现，名誉损害远远超过法律处罚）；Jonathan M. Karpoff, D. Scott Lee & Gerald S. Martin, The Cost to Firms of Cooking the Books, 43 *Journal of Financial and Quantitative Analysis* 581, 581 (2008).
④ 见 John Coffee, *Corporate Crime and Punishment: The Crisis of Underenforcement*, Berrett-Koehler Publishers, 2020, p.64. 在这一创纪录的罚款宣布当天，Facebook的股价上涨了1.8%（第65页）。
⑤ 见 Tiffany Raiford, The Biggest SEC Fines in History, Worthly, https://worthly.com/news/15-biggest-sec-fines-history.（列出了SEC开出的最昂贵罚单）
⑥ Jan Hoffman, $26 Billion Deal Reached to Drop Opioid Lawsuits, *New York Times* (July 22, 2021), https://www.nytimes.com/2021/07/21/health/opioids-distributors-settlement.html.
⑦ 同上（引用北卡罗来纳州司法部部长乔希·斯坦的话）。

的问题),而是刑事处罚可能仅占公共和私人执法机构对企业实施的经济制裁的一小部分。关于公共机构何时使用刑事处罚与民事处罚,也没有明确的理由。当今发生大规模企业丑闻时,各个州和联邦监管机构会像一支追捕队一样涌入,提出重叠的索赔,并经常达成集体和解①。公众往往对此是民事诉讼还是刑事诉讼没有明确的概念;事实上,大型银行可能更担心联邦储备委员会而不是司法部。

然而,怀疑者可能会回应说,这个论点忽视了刑法作为威慑手段所独有的羞辱和耻辱能力。毫无疑问,名誉损失的可能性确实会威胁和激励企业(这可能解释了在一些最大的银行案件中,为了最大限度地减少负面宣传,在早期阶段就达成了大型和解)②。然而,尽管名誉损害可以起到威慑作用,上市公司已经找到了一种有效的方式,可以在很大程度上规避这种负面宣传。最近,暂缓起诉协议(DPA)和不起诉协议的流行,在很大程度上是因为这两种协议允许企业逃避这种负面宣传,至少比公开刑事审判的高度戏剧性带来的负面影响要小。比暂缓起诉协议更好的是在调查阶段早期达成和解,此时还没有具体提出指控(尽管暂缓起诉协议通常会详细列出指控的事实细节)。值得注意的是,羞辱可能会起到威慑作用,但不要低估熟练的辩护律师避免羞辱和狡辩的能力。

关于最近实施的民事和刑事处罚,还有一个要点:它们几乎从来没有在宣布之日(或不久之后)股价下跌,即使罚款金额如此之高(通常为数十亿美元),甚至达到创纪录水平③。这意味着什么?如果认为这意味着刑法不能威慑上市公司,那就过于草率和肤浅了。事实上,对被告股价的影响通常在定罪或判决之前就已经出现,即刑事执法的可能性首次为公众所知的早期阶段就已经对股价产生了影响④。这表明,公司因丑闻而遭受的名誉损失导致股价下跌⑤,而判决中的罚款对股价的影响较小,甚至没有影响。简而言之,名誉损失往往超过并先于经济处罚的影响。

综上所述,如果在遭受创纪录的罚款、股价下跌,以及超过了刑事处罚数额的

---

① Jan Hoffman, $ 26 Billion Deal Reached to Drop Opioid Lawsuits, *New York Times* (July 22, 2021), https://www.nytimes.com/2021/07/21/health/opioids-distributors-settlement.html. (讨论了起诉药品经销商的各种实体,包括州政府和市政府。)

② 见上文注释(222页注①—⑤)和所附案文。

③ John Coffee, *Corporate Crime and Punishment: The Crisis of Underenforcement*, Berrett-Koehler Publishers, 2020, pp. 65 - 67. 测算宣布最大民事和刑事处罚后的股价反应,发现市场的反应通常是积极的。这一证据并未表明企业对刑事起诉漠不关心,但确实表明企业的恐惧可能更多地来自负面的宣传(以及在涉及管理者的案例中,个人被起诉的风险)。如今,在刑事案件中的罚款看起来更像是狗身上的尾巴,是最后且最不重要的一步,很少对市场产生重大影响。

④ 见 Jonathan M. Karpoff & John R. Lott, Jr., The Reputational Penalty that Firms Bear from Committing Criminal Fraud, 36 *The Journal of Law and Economics*. 757, 775 - 85 (1993). (发现名誉损失发生在最初的新闻报道出现时,表明可能采取执法行动。)

⑤ "名誉损失"是一个需要拆解的合成词,因为它可以用来表示各种损失。正如本文所使用的,它可以包括公司的损失,因为消费者可能会因为丑闻而放弃公司的产品或服务,因为公司在与执法机构打交道时可能会经历一段瘫痪期,因为新闻报道可能表明公司未来将减少现金流。

民事处罚和集体诉讼赔偿的情况下,还对"无辜"股东施加惩罚是多么不合理和繁重。

经济处罚在多大程度上能威慑和强制守法?

即使是宣布创纪录的罚款,股市也很少做出不利反应,这一事实本身并不能证明该公司没有受到震慑。根据古典经济学理论,预期罚款超过预期收益才能起到威慑作用[1]。然而,在现实世界中,这几乎是不可能计算的,因为我们缺乏以下数据:(1)未报告和未被发现的公司不当行为的金额;(2)被抓获的可能性(这个百分比必须乘以可能的罚款金额才能得到"预期"罚款);(3)可能的收益(通常具有高度投机性)。但间接证据表明,与预期收益相比,对大公司的经济处罚仍然是适度的(尽管最近处罚大幅增加)。

第一,大公司发现的不当行为数量(基于它们自己的内部记录)与公开执法数据中报告的数量之间可能存在数量级差异。在这里,哈佛商学院教授尤金·索尔特斯(Eugene Soltes)在研究了几家大型跨国公司的内部记录后估计,每家公司每周至少有两起内部记录的公司不当行为[2]。这是一个惊人的差距,表明公司合规计划存在很大的遗漏。第二,即使我们无法可靠地估计被抓获的风险,这种明显高频的隐瞒行为表明被抓获的风险可能相当低。第三,实际处罚似乎不会对大多数上市公司构成重大威胁。例如,布兰登·加勒特教授计算了 2001 年至 2012 年间对上市公司施加的罚款与其市值的比例,发现这些罚款平均仅占公司市值的 0.04%[3]。这种潜在损失不太可能让首席执行官夜不能寐。

(一)相关论据

虽然很难找到同时证明收益和惩罚的证据,但那些提供此类证据的案例往往表明,与收益相比,惩罚是适度的。有时在和解协议中,被告会承认其应得的损害赔偿数额行为所造成的损失。这表明,对一家上市公司施加的惩罚仅仅是其收益的一小部分。

---

[1] 见 Gary S. Becker, Crime and Punishment: An Economic Approach, 76 *Journal of Political Economy* 169, 207–208 (1968).(注意,从经济学家的角度来看,当犯罪的成本高于所获得的收益时,威慑是最有效的。)因此,如果一个人假设有 50% 的被捕风险(这对大多数犯罪来说是很高的),那么从逻辑上讲,惩罚必须增加到预期收益的两倍,以补偿有限的被捕风险。

[2] Eugene Soltes, The Frequency of Corporate Misconduct: Public Enforcement vs. Private Reality, 26 *Journal of Financial Crime*, 923 (2019). 尽管一项研究不能让我们对未报告的公司不当行为的数量做出任何可靠的估计,但这一初步研究无疑表明,公司内部合规计划可能遗漏了许多不当行为。

[3] Brandon L. Garrett, *Too Big to Jail: How Prosecutors Compromise with Corporations*, Belknap Press, 2014, p.63. 如果包括被告支付的赔偿和追讨款项,这一比例将上升至 0.09%。鉴于在此基础上这些罚款的规模很小,这可能有助于解释为什么即使是创纪录的罚款,市场也不会做出负面反应。

例如,《华尔街日报》研究了前面提到的法国巴黎银行案,该银行支付了创纪录的89亿美元罚款,结果发现,每收到1美元的所谓收益,该行只支付了0.27至0.30美元的罚款①。因此,为了使预期的罚款超过这些事实的预期收益,我们需要将罚款增加近7倍(这需要我们假设一个不太可能的50%的高逮捕率)②。布兰登·加勒特教授发现了另一个类似的例子,他发现另一家国际银行渣打银行(Standard Chartered)在美国承认违反了对伊朗的制裁,并涉嫌隐瞒了与伊朗客户进行的约2400亿美元的非法交易,这些交易为其带来了约70亿美元的收益③。那么它支付了多少罚款呢?仅仅是总计6.74亿美元的民事和刑事罚款④。

  这些看似不充分的罚款暴露了一个关键的难题:如果我们假设被逮捕的风险为25%,那么渣打银行的预期罚款就必须提高到280亿美元,才能抵消70亿美元的预期收益。这样的处罚几乎会迫使该银行因为违反了"恶意禁止"的行为而破产。这样的案例并不罕见。此外,最近许多更为严重的企业违规行为涉及已经陷入严重的财务困境,可以说处于破产的边缘的公司(例如太平洋天然气和电力公司、普渡制药公司和波音公司)。公共政策不会乐意对这些潜在的公司判处死刑。

  同样重要的是,法官并不生活在遥远的象牙塔中,免受公众和政治压力的影响。任何一项惩罚(尤其是数十亿美元的惩罚)都会引起辩护律师可预见的反应:他们会告诉法庭,其提议的惩罚将迫使公司关闭工厂、削减服务、裁员等。有时,这可能是真实的;其他时候,这可能是夸大其词,但很少有法官愿意因对一家大公司施加死刑而获得臭名。结果是法官们收敛自己的力度,保持接近历史惩罚平均水平。此外,严厉的罚款可能会被上诉,理由是它们违反了宪法第八修正案中的"过度罚款条款"⑤。为了避免这种挑战,甚至检察官也可能愿意减少罚款,而不是花费数年时间在上诉法

---

① 参见 William Hobolin, France Claims Victory in BNP Paribas Case, *The Wall Street Journal* (July 1, 2014, 6:38 AM), https://www.wsj.com/articles/france-claims-victory-in-bnp-paribas-case-1404211120;见 Nick Werle, Prosecuting Corporate Crime When Firms are Too Big to Jail, 128 *The Yale Law Journal* 1366, 1376 (2019).("法国巴黎银行最终认罪并支付了89亿美元,但没有人被起诉。")
② 因为实际惩罚只占收益的30%而逮捕率假设为50%,预期惩罚需要是预期收益的2倍,这就要求我们将惩罚增加近7倍。
③ Brandon Garrett, The Rise of Bank Prosecutions, 126 *The Yale Law Journal* 33, 40 (2016); Kristie Xian, The Price of Justice: Deferred Prosecution Agreements in the Context of Iranian Sanctions, 28 *Notre Dame Journal of Law, Ethics & Public Policy* 631 (2014);纽约州监管机构称,该银行在这些交易中隐藏了2500亿美元。Stephen Joyce & Len Bracken, Money Laundering: Standard Chartered Hid $250 Billion in Iran Dealings, New York Regulator Says, 99 *BNA's Banking Report* 294 (Aug. 14, 2012).
④ Brandon Garrett, The Rise of Bank Prosecutions, 126 *The Yale Law Journal* 33, 40 (2016), p.40.
⑤ 美国宪法第八修正案规定,不得要求支付过高的保释金,也不得强加过高的罚款,也不得施加残酷和不正常的刑罚。如果罚款与罪行不成比例,上诉法院可以使其无效。参见 United States v. Bajakajian, 524 U.S. 321, 323 (1998).(注意到没收被告的357 144美元与政府的损失不成比例。)这一规定也通过纳入第十四修正案的方式扩展到各州。见 Timbs v. Indiana, 139 S. Ct. 682, 687 (2019).(认为第八修正案通过第十四修正案的合并适用于各州。)

院争论上诉事宜。

(二) 公司是否被过度威慑?

这是那些公司刑事责任反对者的主流观点（或至少是主要担忧）。但这种观点是否合理呢？从定义上讲，过度威慑要求非法行为的预期惩罚超过预期收益。虽然这些变量很难衡量，但我们知道，在白领的工作环境中，某些形式的犯罪行为仍然普遍存在。一个很好的例子就是内幕交易，尽管有许多成功的起诉，但这种行为仍然存在。我们知道它之所以持续存在，是因为并购交易中目标公司的股价在合并或其他交易宣布之前的几天内远远高于其先前的价格。结论是这种犯罪是难以避免的，这种犯罪行为具有较低的逮捕率，同时很少有人会建议我们通过判处无期徒刑来应对这个问题，因为这似乎与犯罪的严重性不成比例。

内幕交易并非个例。在当代世界，洗钱变得更加安全，因为资金通过加密货币在全球范围内几乎可以瞬间转移。此外，即使是看起来最终注定要被发现的犯罪（例如，庞氏骗局），也可能持续数十年。伯纳德·马多夫（Bernard Madoff）似乎在资金极度不足的庞氏骗局中运作了 30 年（尽管引起了许多人怀疑）。同样，安然（Enron）、世界通信（WorldCom）和其他一大批上市公司都是金融纸牌屋，导致了创纪录的破产，但没有检察官在这些公司破产之前采取行动。笔者认为，不是因为美国公司经常违法（事实上，笔者认为这些公司比其他地方注册的公司更遵守法律），而是公共监督薄弱（并且资金不足），而且由于美国法律未规定施加足够的惩罚来抵消大型公司违法的预期收益，这些大公司因而受到保护。使这个问题更加复杂的是，处罚可能会保持在较低的水平，要么是因为政治上的反对，要么是因为其他更容易理解的原因。与预期收益相等的高额罚款成本可能是不可接受的。

为什么会出现这种情况呢？从政治上讲，说大型公司"太大而不能倒"是不可接受的，但从实证上看可能是真实的。有几个原因可以解释：(1) 通货膨胀使得原本严厉的罚款变得微不足道，而立法机构并不急于更新它们（因为强大的游说团体会反对加大罚款力度）；(2) 公众既不了解公司犯罪的数量，也不了解低预期惩罚与高预期收益之间的差异；(3) 根据现行法律，真正抵消收益的惩罚性罚款将导致公司破产，从而产生社会和经济动荡，可能引发经济衰退。

那么，我们能做些什么呢？两种答案似乎是可能的。首先，我们可以试图更加关注自然人被告（他们无法将刑罚视为经营成本）。其次，在需要惩戒性企业处罚的情况下，我们可以设法限制惩罚的"泛滥"，使惩罚不致落到那些无权、无法阻止犯罪行为的人身上。然而，这两种方法都没有具有可操作性的实施手段。即使个人责任更可取，也并非易事。很难通过排除合理怀疑的证据给企业高管定罪，尤其是在决策分散和跨国的环境中。

有鉴于此，本文将提出三点建议：

（1）对被定罪的公司施加缓刑条件，限制其在公司缓刑期间授予激励性薪酬（包括股票期权）的能力，理由是此类薪酬可能具有犯罪倾向并鼓励过度冒险；这种制裁的后果是，其真正成本由高级管理人员作为一个群体承担——实际上，是一种修改后的"联保制"。

（2）股权罚款，一种仅在极端情况下使用的惩罚性罚款，以股票形式而非现金形式征收（以免员工、债权人、当地社区和其他利益相关者承担罚款）。这种罚款的主要优势是它不会影响公司的现金流，因此不会对员工、债权人或其他利益相关者造成伤害（当然，股东除外）。

（3）对暂缓起诉协议进行修订，要求公司自首并指认所有在犯罪中有任何角色、参与或知情的高管或员工，从而要求公司为获得宽大处理付出更高的代价。

简而言之，以上建议中的每一个都将极具争议性。

三、使惩罚适合公司

对于公司刑事责任的论证在一定程度上取决于是否能够设计出足够的惩罚措施，既能够威慑公司，又不会对无辜利益相关者造成不可接受的负面外部性。在这方面存在问题，因为一些惩罚可以作为经营成本被吸收，但其他惩罚，如名誉损失，很难估计或控制，可能根本不是真正的惩罚①。据推测，市场在接近破产时降低了安然股票的价格，不是因为它想要惩罚安然，也不是因为它意识到安然之前因其所谓的卓越公司治理而获得的股价溢价不再合理，而仅仅是因为它现在认识到安然是一个失败的企业，它面临的只有负的未来现金流。

本节将讨论本文对公司刑事责任的看法，即如何证明旨在威慑和使其丧失行为能力的新颖而独特的处罚是合理的。

（一）减少激励性报酬的"集体"惩罚

上市公司的高级管理人员（尤其是首席执行官）的大部分报酬以股权形式（包括股票期权和股票奖励）支付，通常是根据条件支付的②。这种股权报酬旨在激励和诱导

---

① 例如，股票市场对一家公司陷入法律危机的消息的负面反应可能只是反映了市场对该公司未来现金流量的一个新的、更准确的估计。这种反应并不是一种惩罚，而只是反映了一个相对有效的市场对新信息的正常反应。
② 薪酬咨询公司伊奎拉估计，美国公司首席执行官的薪酬（在标准普尔500指数的公司中）来自股权的比例为60%（现金占36%）。Equilar, 2015 CEO Pay Strategies, Equilar (2015), https：//www.equilar.com/press-releases/34-2015-CEO-pay-strategies.html

高管"顺从市场",但也成为鼓励他们承担更多风险的激励①。总体而言,股东有权希望一个发展迟缓、落后的公司勇于承担更多风险并更具创新性,至少在某种程度上是如此。然而,激励高级管理人员承担更多法律风险是另一回事,但基于激励的股权报酬可以实现这一点。

有一个实际案例可以佐证该观点,该案例显示激励性报酬似乎产生了犯罪倾向的影响。国际瓦伦特制药公司(Valeant Pharmaceuticals International)是一个臭名昭著的公司治理失灵的例子②。引起公众关注(并导致国会举行听证会)的原因是该公司的商业模式,即该公司购买处方药的专利(或购买拥有这些专利的公司),然后将这些药物的价格提高到600%甚至更高。这之所以成为可能,是因为它寻求的是没有明确竞争对手的药物(通常市场规模较小)。最终,在刑事调查之后,其股价下跌,管理层也随之变动。

是什么导致了这种看似掠夺性行为的模式,几乎没有人阻止?答案很大程度上可能在于该公司首席执行官的极端薪酬方案。这个薪酬合同由作为瓦伦特公司主要股东之一的一家对冲基金设计,该基金希望激励瓦伦特公司的管理层承担更多风险。该合同每年只支付给首席执行官100万美元的现金,然后根据之后三年的复合股东回报率增加股权薪酬:

如果三年股东回报率低于15%,则没有额外的股份授予;如果三年股东总回报率增加了15%~29%,则增加407 498股;如果三年总回报率增加了30%~44%,则增加814 996股;如果三年总回报率增加45%或更多,则增加1 222 494股③。

这样的公式让首席执行官专注于公司的股价,几乎不关注其他方面。

因此,在这种"要么全有,要么全无"的模式的激励下,这位首席执行官让他的公司将对有限受众至关重要的药物的价格提高了500%甚至更多。

人们可以谴责这位CEO在道德上的麻木不仁,但我们不能忽视的是,这种行为可能是由他的薪酬制度造成的。他被激励去从事其他公司从未尝试过的做法,他只是按照他所得到的报酬去做。

---

① 见 Jeff L. Coles, Naven D. Daniel & Lalitta Naveen, Managerial Incentives and Risk Taking, 79 *Journal of Financial Economics* 431, 432 (2006)(值得注意的是,高潜在的股权补偿增加了管理者做出高风险高回报决策的动力); David F. Larcker, Gaika Ormazzbel, Brian Taylor & Donald Taylor, Follow the Money: Compensation, Risk, and the Financial Crisis, *Stanford Closer Look Series*, Sept. 2014, 1, 9.

② David F. Larcker & Brian Tayan, CEO Pay at Valeant: Does Extreme Compensation Create Extreme Risk? (April 28, 2016). Rock Center for Corporate Governance at Stanford University Closer Look Series; Topics, Issues and Controversies in Corporate Governance No. CGRP-56, Stanford University Graduate School of Business Research Paper No. 16-22, https://www.gsb.stanford.edu/sites/default/files/publication-pdf/cgri-closer-look-56-ceo-pay-valeant-extremepay-risk.pdf.

③ 同上。(笔者估计这一股权薪酬方案的价值为1 600万美元。)

这样的案例并不单一①。但我们能做些什么呢？国会和法院都不会根据有限数量的极端案例制定关于高管薪酬的详细规定。他们也不需要这样做。适当的干预时机可能是在一家被定罪的公司被判刑时（或者当公司寻求达成暂缓起诉协议时）。在这一点上，联邦法律授权判决法院对公司施加缓刑条件（除了罚款和其他制裁）。被告公司也不能拒绝缓刑（至少在联邦法院中是如此）。

可以施加哪些缓刑条件呢？传统上，缓刑条件的一个目的是防止再犯，联邦法律承认这一目的②。但是如何防止再犯呢？一种方法可能是不鼓励在法律问题上冒险。有鉴于此，不妨考虑一种缓刑条件，即在缓刑期间被定罪的公司不得向其高管（或涉及犯罪的公司办公室的某些特定高管群体）提供超过适度水平的股权薪酬。这种限制同时实现了两个目标：首先，它减少了任何由薪酬推动的过度冒险的动机；其次，它施加了一种制裁，既可以阻止高级管理人员违法，也可以促使他们更密切地监督下级员工，以防止他们违法。高级管理人员（在有限的程度和有限的时间内）成为他的下级同事的担保人，因为如果他们违法，他可能会在经济上遭受损失。实际上，这种约束强化了注意义务。

理想情况下，高级管理人员应该被激励成为执法机构的代理人；他们需要在员工违法之前阻止那些即将违法的员工，以免失去他们的激励性报酬。当然，这里的关键

---

① 另一个很好的例子是世界通信公司。在 2002 年失败后，负责处理美国证券交易委员会对世界通信公司的诉讼的法院任命了前 SEC 主席理查德·C. 布里登（Richard C. Breeden）作为监察员，以研究世界通信崩溃的原因。他的报告着重关注了世界通信公司的薪酬实践，并指出：世界通信公司的薪酬实践允许高额薪酬，远远超出高级管理人员所增加的任何合理计算价值……在世界通信公司，薪酬滥用最鲜明地体现在股东向埃伯斯（其首席执行官）提供的超过 4 亿美元的贷款上，这些贷款最初是由两位长期与埃伯斯有关系的董事设立的。[参见 Richard C. Breeden, Restoring Trust: Report To The Hon. Jed S. Rakoff, United States District Court For The Southern District Of New York, On Corporate Governance For The Future Of Mci, Inc. 2 (Aug. 2003), https://www.sec.gov/Archives/edgar/data/723527/000119312503044064/dex992.htm (https://perma.cc/F2UP-P8Z5).] 因此，布里登得出结论称，这些贷款和大规模的股票授予使得世界通信的高管承受了巨大的压力，通过可疑的会计策略来维持和抬高世界通信的股价。[参见 Richard C. Breeden, Restoring Trust: Report To The Hon. Jed S. Rakoff, United States District Court For The Southern District Of New York, On Corporate Governance For The Future Of Mci, Inc. 2 (Aug. 2003), https://www.sec.gov/Archives/edgar/data/723527/000119312503044064/dex992.htm (https://perma.cc/F2UP-P8Z5).] 在这里可以举出其他许多以薪酬实践为动机的欺诈行为的例子。关于 2008 年危机时期及之前大型金融机构的这种欺诈行为的相当全面的概述，可以参考世界通信的相关文献[见 Joel Slawotski, Reining in Recidivist Financial Institution, 40 DEL. J. CORP. L. 280, 283 (2015)]。这里的重点不是要断言金融机构或其他公共公司普遍无法无天，而只是有些公司可能是如此，这可能是因为公司及其管理者今天面临的法律威胁不够严峻。

② 《联邦量刑指南》明确授权对组织（包括公司）进行缓刑判决，此判决可以与其他处罚措施（如罚款）相结合。参见 U. S. Sentencing Commission Guidelines Manual (U. S. Sentencing Comm'N 2018)（描述了如何将判决和其他处罚结合起来对被判有罪进行惩罚）。根据该手册的 8D1. 1 (a) (6) 条款，缓刑条件可能是为了确保"组织内部的变革以减少未来犯罪行为的可能性"。类似的，建立量刑委员会的《量刑改革法案》规定了该委员会的若干法定目的之一是"保护公众免受被告进一步犯罪的危害"。参见 18U. S. C. §3553 (a) (2) (C)。这里并不是说应该总是判处缓刑，但在像瓦伦特和世界通信这样的案例中，对薪酬进行控制的必要性显而易见。简而言之，极端的薪酬可能导致极端的风险承担，特别是当薪酬取决于维持或提高股价时。

惩罚不会自动生效。在暂停激励性报酬之前，可能需要作出一些调查，即合规制度的漏洞或管理人员可预见到的一些不合规风险。但仅仅存在一份纸面上的合规计划不应起什么作用。此外，由于大多数公司被告可能想要达成暂缓起诉协议，需要暂缓处理的公司被告可能愿意接受新的缓刑条件来获得暂缓处理。

是否存在反对这种缓刑条件的有效论据（至少在事实表明内部监控和合规性不足的情况下）？首先，这是否不公平？当然，这比在刑事或民事诉讼中对股东、债权人和其他人施加高额罚款要公平得多。那些被定罪的人和这些高管之间在组织架构上的层级距离比股东要近得多，受到如此处罚的高管通常至少会有一定程度的罪责。其次，它是否会产生反作用？一些人回应说，这可能会导致有价值的高级管理人员离开公司，到可以获得激励性薪酬的公司。这种反应的前提是，被定罪公司的高管流动性很强。事实上，经济理论表明，高管拥有公司特定的人力资本，他们无法将其转移（因此，对他们自己的公司可能比对其他公司更有价值）[①]。

这里的一个关键点是，这种制裁影响到那些对犯罪的下级员工没有直接指挥权的公司高级管理人员。如果没有这样的制裁，这些非监督人员几乎没有理由举报（或向上级报告）这样的员工，甚至不会阻止他们从事鲁莽行为。对同事的一种模糊的忠诚感也可能限制他们，但一旦他们自己的经济地位受到威胁，这种态度很可能会改变。

这个提议确实存在一个实际问题：检察官可能没有足够的筹码来坚持这一点。可能检察官比被告更需要达成暂缓起诉协议，因为他们根本没有足够的人力和预算来调查一个大型跨国案件。如果是这样，辩护律师可能会拒绝同意限制激励性报酬（或具有实质效力的其他条件）的暂缓起诉协议，迫使检察官在缺乏所有事实的情况下起诉。过去，辩护律师也曾拒绝同意暂缓起诉协议，除非他们得到不起诉高管的承诺。作为回应，奥巴马政府颁布了《耶茨备忘录》（Yates Memorandum），禁止美国检察官给予不起诉个人的保证[②]。类似的回应可能在这里也是必要的，但目前尚不清楚是否能够充

[①] 管理人员不是完全流动的，任何管理人员的人力资本的一个重要组成部分是在特定的程序系统和特定的企业文化中工作的能力。这意味着，他们的人力资本可能不足以让他们适应不同的商业模式或文化。有关概述，参见 Charles M. Elson & Craig K. Ferrere, Executive Superstars, Peer Groups and Overcompensation: Cause, Effect, and Solution, 38 *Journal of Corporation Law* 487 (2013). 这并不否认一些超级明星（比如某一特定市场的交易员）的流动性可能非常大。然而，试图从被定罪的公司移徙的人可能会发现他们身上有污点，可能会被其他公司怀疑，因为它们担心他们的离开至少部分是由于他们参与了犯罪。

[②] 此外，2008年金融危机后，奥巴马政府没有起诉任何主要金融高管，这让奥巴马政府在政治上感到尴尬。见 Memorandum from Sally Q. Yates, Deputy Att'y Gen., U.S. Deptment of Justice, on Individual Accountability for Corporate Wrongdoing to All U.S. Att'ys (Sept. 9, 2015), https://www.justice.gov/archives/dag/file/769036/download. 《耶茨备忘录》严格限制了联邦检察官同意不起诉企业高管的能力，以换取企业签署暂缓起诉协议。Matt Apuzzo & Ben Protess, Justice Department Sets Sights on Wall Street Executives, *New York Times* (Sept. 9, 2015), https://www.nytimes.com/2015/09/10/us/politics/new-justice-dept-rules-aimed-at-prosecuting-corporate-executives.html. （解释说《耶茨备忘录》是司法部对外界批评其纵容华尔街的回应。）后来，在特朗普执政期间，《耶茨备忘录》被实质性地淡化了。

分执行这样的政策①。类似于《耶茨备忘录》的强有力的声明,可能会要求负责公司案件的检察官考虑旨在鼓励守法文化和防止再犯的缓刑条件是否有用。

(二) 衡平法罚款

本文反复强调现金罚款通常是无效的,因为被告公司可以将其视为经营成本。如果问题仅限于此,答案将是显而易见的:大幅增加被授权的公司,并相应增强判决指南。但问题的另一面是:巨额罚款可能会产生负外部性,因为公司可能被迫(或自己威胁)关闭工厂、裁员或减少服务。本文将此称为"溢出"问题:处罚不仅对股东(他们至少通常从犯罪中受益)产生影响,还对其他更"无辜"的利益相关方产生影响,如员工、债权人、当地社区、养老金等②。

然而,对于这个问题有一个简单的答案:如果惩罚性罚款不是以现金形式,而是以股票形式实施,它们将不会对公司的现金流产生影响。债权人和员工不会因此受到影响,公司可以继续以几乎相同的价格生产相同的商品和服务。股东将遭受痛苦的股权稀释,这种威慑成本必须降低。采用这种惩罚的立法还可以规定一个上限和管理标准(例如,股权罚款不得超过获得的收益或对受害者造成的损失的两倍)。无论如何,第八修正案的"过度罚款"条款将使法院能够推翻不成比例的处罚③。

这种惩罚将如何运作?判决法院将要求被判有罪的公司向犯罪受害者赔偿基金发行相应数量的股票,其预期市值应等于为了遏制非法活动所需的现金罚款(即取消预期收益)。因此,如果一家中型上市公司在犯罪曝光之前的市值为200亿美元,法院希望对该公司的股权罚款为40亿美元(或20%),这将要求在罚款后将相当于已发行股份20%的股份发行给犯罪受害者赔偿基金。该基金的受托人将作为正常的受托人运作,因此有责任使其投资组合多样化;因此,这个提议并没有考虑到赔偿基金有能力无限期经营公司。受托人将清算基金的资产以支付赔偿给受害者;与集体诉讼相比,这将减少延迟和成本④。结果是稀释股东的权益,但不影响公司的信誉(而现金罚款会耗尽公司的资产并增加其杠杆)。由于公司可能没有足够的授权股份来发行这样的分配,授权股权罚款的法规还将修订该州的公司法典,允许量刑法院根据州的"保留权力"增

---

① 暂缓起诉协议最终是双方达成的妥协,双方都能从中获益。如果政府提出新的要求,一些公司可能会拒绝和解,希望政府能及时意识到,它不可能起诉每一个案件,最终会在其他方面作出妥协。
② John C. Coffee, Jr., No Soul to Damn: No Body to Kick: An Unscandalized Inquiry Into the Problem of Corporate Punishment, 79 *Michigan Law Review* 386, 413-414 (1981).
③ U.S. CONST. amend. VIII; see supra note 52 and accompanying text.
④ 一项集体诉讼可能在解决之前持续数年,而成功的原告律师通常会从基金中寻求他们的服务费,比例通常在25%~30%之间。理想情况下,该基金将被创建以支付基于企业刑事行为的所有受害者赔偿索赔,以便在一个案件中因公平罚款而追回的超额资金可以支付给其他情况下该公司破产的索赔人。

加授权股份的数量并批准发行①。

自笔者在几十年前首次提出这一建议，就引起了学术界的关注，包括苏格兰、澳大利亚在内的几个国家都对其进行了正式研究，甚至起草了立法。但在美国，还没有（甚至不可能）朝着这个方向迈出一步，因为最近的辩论主要由那些对公司刑事责任持怀疑态度并担心过度威慑的人主导②。尽管如此，这个想法一天比一天更有道理。当股权罚款首次提出时，个人股东拥有上市公司股票的大部分股份。这些股东在接受股权罚款时会感到相当痛苦，同时更换管理层仍然很困难。如前所述，如今，大型上市公司的大部分股票都是由大型多元化机构（如三巨头）持有的，这些机构会广泛地平均分摊罚款，并可以采取有效行动来限制或更换管理层。

（三）改革暂缓起诉协议

许多人只是简单地主张废除暂缓起诉协议③。然而，本文担心的是，涉及大公司的复杂案件可能不会被起诉，因为一小群检察官会担心被"太大而无法起诉"的案件压垮。或者，他们会在任何内部调查揭示犯罪的全部面貌之前，尽早、廉价地解决问题。或者，这些案件可能只通过起诉一名初级的"流氓员工"来解决④。事实上，公司可能会故意作出牺牲，以达成暂缓起诉协议⑤。鉴于被告对证据的控制，我们可以得出结论，如果我们想要追究高层管理人员的责任，我们需要一个能够进行客观研究的机制，对所有相

---

① 一些人可能会反对，认为州政府无法以事后方式改变公司章程，因为这违反了首次在达特茅斯学院受托人诉伍德沃德案［Trustees of Dartmouth College v. Woodward, 17 U. S. 518（1819）］中宣布的规则，即公司章程是一项合同，州政府不得侵犯或修改其义务。但是，今天这种说法不再适用，原因有两点：首先，在达特茅斯学院案中，根据约瑟夫·斯托里大法官的解释，州政府可以在其公司法中制定"保留权力"，赋予州政府随后限制（设置条件）、修改或以其他方式更改与公司的合同条款的权利。正如斯托里大法官解释的那样，股东们从州政府那里获得他们的特许，知道特许可以随时修改。几乎所有州都采纳了这种保留权。参见 Polk v. Mut. Rsrv. Fund Life Ass'n of N. Y., 207 U. S. 310, 326（1907）; People v. O'Brien, 18 N. E. 692, 703（N. Y. 1888）. （两者都支持保留权力。）其次，最高法院还承认，公司特许状始终受制于州政府为保护公共健康和安全而行使的警察权。参见 Bos. Beer Co. v. Massachusetts, 97 U. S. 25, 29（1877）; Stone v. Mississippi, 101 U. S. 814, 819-20（1879）. 州的警察权在刑事处罚的设计和实施中得到行使。
② 这种概括的一个例外是卡纳教授，他一般反对公司刑事责任，但确实认为股权罚款比名誉处罚更可取。见 V. S. Khanna, Corporate Criminal Liability: What Purpose Does It Serve?, 109 *Harvard Law Review* 1477（1996）, p. 1505.
③ 全面检讨最近对暂缓起诉协议的批评，以及最近立法提案（包括参议员伊丽莎白·沃伦提出的法规草案），见 Peter R. Reilly, Sweetheart Deals, Deferred Prosecution Agreements, and Making a Mockery of the Criminal Justice System, 50 *Arizona State Law Journal* 1113（2018）.
④ 当然，人们永远无法确定"流氓员工"是真正的异常情况，还是只是对公司内高级主管发出的隐性信号作出反应的员工。同样，真正不忠诚的员工和过度忠诚的代理人（遵循隐性信号的）之间的比率也是未知的。
⑤ 例如，为了达成暂缓起诉协议，波音公司指认其前首席试飞员马克·A. 福克纳（Mark A. Forkner）误导联邦航空管理局（Federal Aviation Administration），从而妨碍司法公正。这是令人难以置信的，陪审团宣判他无罪。见 Niraj Chokshi, Jury Finds Former Boeing Test Pilot Not Guilty of Fraud in 737 Max Case, *New York Times*（Mar. 24, 2022）, https://www.nytimes.com/2022/03/23/business/boeing-trial-737-max-mark-forkner.html.

关方进行访谈,审查所有相关文件和电子邮件(无论使用何种语言编写)。这是一项重大且昂贵的工作,远远超出了大多数美国检察官办公室的预算。那么,如何重新构建暂缓起诉协议的结构,以获得比公司层级底部的"流氓员工"更有意义的结果呢?以下是一些最低限度的要素,可以在不需要立法的情况下添加到美国检察官手册中:

第一,手册应要求向法院提交一份由与被告没有关系的独立律师事务所进行的客观研究报告,并由该律师向法院证明其(1)采访、审查和考虑了控方提出的所有证据、文件或证人,以及(2)考虑、评价和报告了这些证据或文件中包含的或通过其他方式得知的所有重要事实①。

第二,手册应进一步要求,由检察官和公司审计委员会共同选择进行此项研究的律师和会计师事务所,每个人都有权利取消其认为存在利益冲突或不合格的人员②;进行此项调查的法律顾问不应向公司管理层报告,而应向公司的审计委员会报告,该法律顾问与公司的外部或内部法律顾问之间不得有私下交流③。

坦率地说,公司不应该仅仅因为想要达成暂缓起诉协议就能达成。可以要求公司"自我报告"违法行为,或者至少要求其内部调查确定并牵涉到一名高级公司管理人员④。如果只能确定到低级员工⑤,该公司仍然应该被起诉,但其合作可能是一个重要的量刑考虑因素。

---

① 这是理想的标准,这将要求内部调查和案件辩护分别由不同的律师团队负责。如果这是不现实的(有些人可能认为是这样),最低要求应该是,本研究的律师团队:(1)与被告没有最近的联系;(2)要向法院和检察官证明,它意识到没有任何可能被隐瞒的重要事实。
② 这可能导致一种情况,即双方都无法接受任何一方的律师。但是,如果我们假设双方都希望达成延期起诉协议,这种情况是不太可能发生的。这里还必须指出一个更大的问题:如果进行内部调查的特别律师团队受到检察官的主导或控制,那么调查将不再被视为公司的私人调查,而可能成为政府的调查,这意味着第五修正案适用。参见 United States v. Connolly,No. 16-CR-370,2019 WL 2125044(S. D. N. Y. May2,2019)。在私人调查中,公司可以要求员工"要么说话要么离职",也就是说,回答公司提出的问题,否则就会被解雇。但是政府不能采取同样的做法,而是受制于反对自我指控的特权。参见 Garrity v. New Jersey,385 U. S. 493,497-498(1967)。因此,此处相关的问题在于,检察官参与特别律师团队的选择在何时使其成为政府调查。这个问题超出了本文的范围,但可以区分律师团队的选择参与和对律师团队所作的控制之间的区别,后者显然会触发 Connolly 案中的 Garrity 规定。参见 Harry First,Branch Office of the Prosecutor:The New Role of the Corporation in Business Crime Prosecutions,89 N. C. L. REV. 23,65-81(2010)(评估检察官和公司的目标之间的区别,甚至在"子部门角色"协议中)。
③ 公司内部法律顾问通常受到 CEO(可能还包括其他高管)的解雇或降薪的影响,因此不能被视为独立于他们之外。
④ 这并不意味着该公司的合作和可能的自我报告不能得到承认,从而在量刑时获得宽大处理。这些因素已经在量刑准则中表达出来。见下文 234 页注释③和所附案文。
⑤ 这里需要一个限定条件:如果起诉发生在州一级,州法律可能要求控方证明犯罪是由"高级管理人员"实施、监督或肆无忌惮地容忍的,正如《示范刑法典》所要求的那样。《示范刑法典》第 2.07(1)(c)条。各州在是否采用《示范刑法典》中的这一条款方面存在很大差异——大多数州没有采用。Christopher R. Green,Punishing Corporations:A Food-Chain Schizophrenia in Punitive Damages and Criminal Law,87 *Nebraska Law Review* 197,204-206(2008)(分析州法规)。然而,在联邦一级,任何雇员或代理人在其正常权限范围内的行为都可能对公司产生责任。

放弃一名或多名级别较低的员工,并不能成为公司免于附带民事诉讼的理由,也不能让公司免于在公开法庭上认罪的公开羞辱。暂缓起诉协议应该是对公司积极跟进案件并确定更高级别管理人员的奖励,而不是像今天这样的默认规则产物。

诚然,这些规定会给被告公司带来相当大的不确定性;它可能会花费数百万美元进行内部调查,但仍无法获得所希望的较轻的处理结果。但这恰恰为被告公司提供了必要的激励,促使其披露更多信息,甚至交出一名高管来保命。

如果没有获得宽大处理的保证,是什么激励着被告公司进行一项可能耗费1 000万～3 000万美元甚至更多的内部调查呢?除非我们能找到一个合理的动机,否则暂缓起诉协议改革很可能会失败。然而,可以给出三个简短的答案:首先,即使调查和调查结果不尽如人意,调查仍然可以为检察官提供武器,使他们能够自行推进案件。被告无法确定检察官此时是否已经掌握足够的信息来完成调查。因此,如果无法获得所期望的解决方案,被告不能安全地中途退出。其次,如果检察官拥有股权罚款或其他惩罚性制裁,那么检方的影响力就会增加,而被告无法安全地承担这种潜在制裁的风险。最后,还涉及进行这项研究的律师的利益:如果辩护律师提交了一个不充分的研究,这样的律师可能会发现,他们的服务将不会再次获批担任类似的进行内部调查的角色,而这个领域正在迅速成为公司实践中有利可图(但竞争激烈)的支柱①。进行这些内部调查的经济激励使辩护律师努力维护他们的专业名誉从而保持他们进一步开展业务的资格。

(四)刑罚减免:宽大处理何时起作用

美国量刑委员会于1991年引入《联邦量刑指南》②。尽管这些指南显著增加了对公司的刑罚,但它们更多地依赖于奖励而不是惩罚,如果公司采取以下任何一项措施,可以获得大幅度的刑罚减免:(1)自我报告犯罪(在政府追捕之前自首);(2)采用组织合规计划(公司建立一个监控员工以防止违法行为的系统);(3)承担责任并全面合作(即认罪但不进行审判)③。

---

① 在检察官在律师团的选择中发挥更大作用的情况下,辩护律师为保持他们的高质量声誉的愿望也会日益增加。
② 《量刑改革法案》于1984年设立了美国量刑委员会,但直到1991年,量刑委员会才颁布了组织被告的指导方针。这些准则载于量刑委员会指南手册(《联邦量刑指南》)第8章。作为披露事项,笔者曾作为量刑委员会的顾问,提供一些支持。
③ 《联邦量刑指南》第8章概括地指出,有两个因素可以证明在量刑时对公司更宽大处理是合理的:(i)预期的合规和道德计划的存在,(ii)自我报告、合作或接受责任(通常意味着认罪)。"有效的合规计划"是指促进组织尽职调查,以预防和发现犯罪行为,并以其他方式促进道德的组织文化。见《联邦量刑指南》§8 b2.1 (a)。这一规定还要求组织的管理机构"了解"项目的控制,并对其实施进行"合理的监督"。见《联邦量刑指南》§8 b2.1 (b) (2) (a)。合规计划必须包括监控和审计,以发现犯罪行为,定期评估计划的有效性,并公布员工可以报告不当行为的方法。见《联邦量刑指南》§8 b2.1 (b) (5)。如果在犯罪发生时有适当的合规程序,法院可能会从该组织的总体罪责得分中扣除3分(除非高层人员参与、纵容或故意不知情)。见《联邦量刑指南》§8 c2.5 (f)。自我报告的量刑信用更大,如果自我报告发生在组织意识到事件的"合理迅速的时间内",并且"在迫在眉睫的披露或政府调查威胁之前",法院可能会将组织的罪责得分降低5分。见《联邦量刑指南》§8 c2.5 (g)。接受责任通常是通过认罪来证明的,但也许令人惊讶的是,指导方针规定,在量刑听证会上,高管(不一定是首席执行官)出庭也可以证明这一点。见《联邦量刑指南》§8 c2.5 n.15。这似乎太简单了。

这些刑罚减免措施起到了什么作用？在被发现后，大多数公司（但仅仅是少数）确实会合作，不会上法庭[①]。这种愿意和解的意愿可能反映出，对于一家公开公司来说，审判本身就是一种惩罚，会造成负面的宣传和名誉损失的风险比悄无声息的辩诉交易更大[②]。更有趣的是，与这种认罪的微弱多数形成对比的是，上市公司纷纷匆匆采取合规计划。对于企业法律顾问来说，这是一个"无需动脑筋"的决定，因为采用这些计划所需的工作量很小，实施这些计划所付出的努力也不需要很大。然而，据估计，他们可以减少高达95%的罚款[③]。讽刺的是，这些合规计划只有在失败时才有意义。也就是说，我们只有在公司被判有罪并引用其合规计划以在判决时获得减轻处罚时才会看到它们的实际效果。学术研究几乎一致批评了关于合规计划的研究，认为这些研究在严谨性方面普遍不足，因为它们没有将合规计划的特征与结果联系起来[④]。简而言之，迄今为止的研究无法证明合规计划的有效性。

最后，还可以根据公司的下列行为减轻刑罚：公司是否自我报告？是否在政府怀疑它们有案件之前自首？在这一点上，自我报告和合规计划之间存在着显著差异。尽管上市公司热衷于采用合规计划，但很少有公司自我报告。事实上，美国量型委员会报告称，从2009年到2012年，没有一家公司获得过这样的自我报告信用，而仅有5家公司（在超过3 000家按照指南判决的公司样本中）获得过这样的刑罚减轻[⑤]。

因此，刑罚激励足以促使公司采用合规计划，但远远不足以激励公司自我报告。这里并没有断言合规计划毫无价值。有些可能是，但大部分可能也是为建立一个防止违法行为的系统而付出了宝贵且真诚的努力。然而，法律未能创造出足够强大的激励措施来说服公司自我报告或举报其高管。迄今为止，法律成功地说服公司采用了价值不确定的低成本合规计划。法律激励措施似乎能起到一些作用，但作用不大。

[①] 举例来说，布兰登·加勒特发现，在2012年，51%的上市公司在《联邦量刑指南》下会选择合作。参见Brandon L. Garrett, *Too Big to Jail: How Prosecutors Compromise with Corporations*, Belknap Press, 2014, p. 160.

[②] 一些社会科学家认为，名誉损失的影响超过了量刑时经济处罚的影响。见Jonathan M. Karpoff & J. R. Lott, Jr., The Reputational Penalty That Firms Bear for Committing Criminal Fraud, 36 *The Journal of Law and Economics* 757, 758 (1993), pp. 775-85.

[③] Pamela H. Bucy, Corporate Criminal Liability: When Does It Make Sense?, 46 *American Criminal Law Review* 1437, 1443 (2009); United States Sentencing Guidelines Manual, supra note 59, at 8, introductory cmt.

[④] 参见Chen Hui & Eugene Soltis, Why Compliance Programs Fail and How to Fix Them, 96 *Harvard Business Review* 115 (2018); Kimberly D. Krawiec, Cosmetic Compliance and the Failure of Negotiated Governance, 81 *Washington University Law Quarterly* 487 (2003); Marie McKendall, Beverly DeMarr & Catherine Jones-Rikkers, Ethical Compliance Programs and Corporate Illegality: Testing the Assumptions of the Corporate Sentencing Guidelines, 37 *Journal of Business Ethics* 367 (2002); Christine Parker & Vibeke Lehmann Nielsen, Corporate Compliance Systems: Could They Make Any Difference?, 41 *Administration & Society* 3 (2009); James Weber & David M. Wasielski, Corporate Ethics and Compliance Programs: A Report, Analysis, and Critique, 112 *Journal of Business Ethics* 609 (2013).

[⑤] Brandon L. Garrett, *Too Big to Jail: How Prosecutors Compromise with Corporations*, Belknap Press, 2014, pp. 159-60. 加勒特教授还估计，2012年大约有3%的企业被告进行了自我报告。

应该采取什么措施呢？理想情况下，如果合规计划起到作用并防止犯罪，它们本身就应该是一种奖励，但如果失败了，则不应获得刑罚减免。然而，从政治上讲，现在可能已经太晚了，以至于无法建立起一个更简单、更合理的系统。尽管如此，还是可以提出一些边缘性的改变：合规计划的减免应与合作和承担责任的减免相结合。一家公司如果选择上庭却不合作，就应该在监督员工方面承担较高的刑罚负担。相反，一家自首并且指认出违法行为者的公司应该获得免于刑事起诉的豁免权。这一立场长期以来一直是司法部反垄断部门的立场，在涉及涉嫌共谋（通常是价格操纵）的案件中，对于第一家自首的公司（但仅限于第一家公司），授予免于反垄断指控的豁免权①。总之，激励措施应该奖励有实效的行为，而不仅仅是自利的合规行为。

（五）初步总结

在短期内，上述任何一项改革都不太可能被采纳。但这也解释了为什么公司犯罪很可能会继续存在，受人尊敬的上市公司会一次又一次地签署暂缓起诉协议②。当然，并非所有公司都以如此玩世不恭的方式操纵合规系统，但那些面临压力的公司（无论是来自竞争对手还是激进的对冲基金）知道，如果它们被抓到，它们仍然可以进行谈判并获得暂缓起诉协议，它们甚至可能正处在上一个暂缓起诉协议的缓刑期内。它们也知道，即使是巨额罚款也不太可能对它们的股价产生太大影响。最后，高级管理人员知道，只要他们能够保持一种合理推诿的立场，只要他们能保持合理的否认能力，他们几乎不会面临个人刑事责任的风险。

四、结论

本文试图在长期争论中引入一些新的观点。其中最重要的观点是，从威慑的角度来看，最少被利用和最容易被忽视的杠杆点是运营上市公司的高级管理团队。对公司施加的经济处罚很少会影响股价，因此也很少会影响到他们。尽管他们可能值得成为被追究的目标，但追究高级管理人员对欺诈犯罪的刑事责任的前景是有限的，因为：（1）需要证明具体意图；（2）大型分散化公司内部的权力分散，以及高层和运营层之

---

① 至少从1983年开始，司法部的反垄断部门就一直遵循这样一项政策：垄断联盟的第一个成员向政府自首，并合作查明其他同谋者，就可以获得完全的豁免权（包括自己及其高管和雇员），但任何垄断联盟中只有一个成员可以获得豁免权。现有的经验证据表明，这种精明的策略是有效的。Joseph Harrington, When Can We Expect a Corporate Leniency Program to Result in Fewer Cartels, 58 *The Journal of Law and Economics* 417, 418 (2015); 参见 N. H. Miller, Strategic Leniency and Cartel Enforcement, 99 *American Economic Review* 750 (2009). 这一政策的前提是，众所周知，垄断联盟很难被发现和起诉，因此，有必要采取特殊的激励措施。

② 最近很多评论都集中在制药行业的"欺诈泛滥"上，包括默克（Merck）、葛兰素史克（GlaxoSmithKline）和辉瑞（Pfizer）在内的大公司都与司法部达成了一系列暂缓起诉协议。在辉瑞公司的案例中，政府甚至注意到辉瑞公司在上一次暂缓起诉协议到期之前就又签署了一份暂缓起诉协议。Eugene McCarthy, A Call to Prosecuting Drug Company Fraud as Organized Crime, 69 *Syracuse Law Review* 439, 456-59 (2019).

间存在组织结构上的层级差距;(3)与大多数美国检察官的资源相比,多次起诉的成本高昂。尽管我们希望检察官追究企业高管的责任,但检察官不可避免地受到成本、时间和个别案件中更大的无罪释放可能性的限制。从这个角度来看,公司刑事责任的一个未被充分认识但关键的作用是,它可以用来促使公司监督、惩戒和举报从事犯罪行为的负责员工。如果执行得当,企业刑事责任可以创造一种制度,在这种制度下,高级管理人员不敢诱使或施压下级员工走法律捷径或"不惜一切代价"实现利润最大化。换言之,在缺乏公司刑事责任的情况下,公司可能比国家通过法律威慑更能有效地激励员工去实施或容忍犯罪行为①。

即使企业刑事责任是有道理的,也很难相信我们当前的制度能够创造出产生理想结果的激励措施。相反,法律环境看起来至少像是由游说者设计的,以最小化企业被告的痛苦。对于企业合规计划的刑罚减免几乎是自动的。实际上,高级管理人员在容忍不合规行为时几乎没有承担责任的风险。潜在的问题是,企业不当行为的发生率可能远高于公开披露的②。这种情况能够改变吗?如果上市公司面临更高的实际责任,容忍不合规行为的策略可能变得不太可行。在一个设计合理的制度下,公司及其高级管理人员都应该有很强的动机去告发对方,从而在他们之间制造不确定性和竞争——实际上,这有点接近经典的"囚徒困境"③。

如果实施得当,企业刑事责任的关键优点在于,它可以防止公司以不透明的方式向自己员工施压。在没有企业刑事责任的情况下,高级管理人员可以找到不显眼的方式来威胁或奖励下属从而使其冒法律风险。他们都会这样做吗?当然不会;个人之间存在差异,许多合规计划都是通过真诚的努力来预防犯罪的。但是,来自激进股东追求更大利润的压力、来自竞争对手的竞争压力以及我们现有量刑体系中已经形成的根深蒂固的宽大处理倾向,使得许多公司和管理人员能够利用这一机会。

改革需要激励公司揭发其经理和高管以保护公司利益(而不是高级管理人员的利益,他们通常至少面临被起诉的潜在风险)。实现这一目标的一条途径是,对自我报告

---

① 入狱当然比失业更糟糕,但人们也必须考虑这两种结果的相对概率。被公司终止雇佣关系的可能性远远高于被国家刑事起诉的可能性。有些人可能会辩称,民事制裁也能很好地促使公司监督其员工。但这忽略了一个事实,即刑事制裁本身就包含了更大的名誉惩罚,因此比民事罚款更具威慑作用(而且更少溢出)。

② Eugene Soltes, The Frequency of Corporate Misconduct: Public Enforcement vs. Private Reality, 26 J. FIN. CRIME 923, 923 (2019). (讨论哈佛商学院教授 Eugene Soltes 的研究)。Soltes 教授发现,公司的内部记录显示,大型公司每周每家公司发现 2 起不端行为。也就是说,每家公司每年会发生 104 起此类情况。这意味着,在判决中获得宽大处理的内部合规程序可能并未发挥充分作用,即使这种情况常常被辩护律师在法律文献中不断地赞扬。

③ 笔者在最近的一本书中详细强调了这一点。参见 John C. Coffee, Jr., Corporate Crime And Punishment: The Crisis of Underenforcement 62, 65-66, 172n. 27 (2020). 然而,笔者认识到,在经典囚徒困境中,两个被告无法沟通,而在企业环境中,他们可能可以。因此,公司的审计委员会被赋予对谈判的控制权非常重要,因为其不太可能愿意达成勾结性协议。希望是,在压力下并且无法轻易勾结的情况下,公司被告可能会决定为获得自我报告的信用而自首,与高管合作。在大多数情况下,只有审计委员会才具备足够的独立性来行使这一选择。

给予更大的奖励，对单纯采用合规计划给予更小的奖励。只有当公司刑事责任能够激励内部监督，并使得公司愿意拒绝与其高级管理人员之间相互隐瞒的暗示时，企业刑事责任才能发挥有效作用。如今，企业和高级管理人员似乎结成了一种权宜之计的联结，这种联结让上述方案无从发生，并经常联结起来损害其他利益相关者的利益。理想情况下，检察官需要利用彼此之间的矛盾，能够使两者相互对抗。然而，那一天还在遥远的未来。